중국의 고대신화

中國古代神話
袁珂

# 중국의 고대신화

위앤커 지음 정석원 옮김

China's ancient myths

문예출판사

차례

## 일러두기

1. 이 책은 중화민국中華民國 이인서국본里仁書局本(1982. 8)을 저본으로 하였다.
2. 번역은 내용상 문제가 되지 않는 선에서 의역 위주로 하였으며,
   간혹 중복되는 부분은 삭제하였다.
3. 원서에 나온 난해한 문자는(특히 인명과 지명) 가능한 한 그대로 옮겼고,
   간혹 통용될 수 있는 문자로 대치하였다.
4. 주註는 원서에 없는 것으로, 독자의 편의를 고려하여 삽입하였다.
5. 장 제목을 제외한 모든 제목은 역자가 내용에 의거하여 붙였다.

머리말

## 1. 신화의 정의

신화神話란 무엇인가? 뚜렷한 해답을 밝히기가 대단히 어려운 문제라고 할 수 있다. 중국에는 원래 '신화'라고 하는 말조차도 없었다. 이 용어는 근세에 들어와 외국에서 수입한 명사名詞에 불과하다. '신화'라는 명사는 그 자체가 신괴변환神怪變幻의 요소를 지니고 있기 때문에 사람을 매혹시키는 속성이 있다. 그래서 사람들 대부분은 '신화'란 현실 생활과는 무관한 것이며, 인류의 두뇌에서 공상적으로 발생한 것에 불과하다고 생각한다. 이러한 인식은 이만저만한 착오가 아닐 수 없다.

일반적으로 '신화'란 곧 자연현상을 의미하는데, 옛 인류가 오랜 세월 동안 자연에 대하여 투쟁하고 폭넓은 사회생활을 이룬 과정을 개괄적으로 반영한 것이라고도 할 수 있다. '신화'는 이처럼 인류의 현실 생활에 기초를 두고 발생한 만큼, 결코 인간 머릿속의 공상에서 비롯된 것이 아니다. 그렇기 때문에 고대의 여러 시대에 나타난 신화의 기원과 특별한 의의 및 관련된 문제 등을 연구하려 할 때 당시 인류의 현실 생활을 떠나 근거 없는 추리를 전개하는 것은 바람직하지 않다.

신화는 인류와 대자연 사이에 발생하였던 각종 현상에 바탕을 두고 나타났다. 이를테면 비바람과 번개, 삼림의 대화재, 태양과 달의 운행, 무지개와 구름, 노을 등의 변화들이 옛 인류에게 거대한 경외심을 불러일으켰던 것이다. 이러한 대자연의 경외에 대하여 원만한 해답을 얻지 못한 인류는 그것들 모두를 영혼을 지닌 존재라고 여겼고, 이를 신神이라고 부르기 시작했다. 사람들은 태양이나 달 등을 신으로 여겼을 뿐만 아니라 각종 동식물, 심지어 메뚜기처럼 작고 하찮게 여겨지는 곤충들까지도 신격화하여 숭배했는데 이것이 바로 '만물유령론萬物有靈論'이다. 원시신화와 원시종교는 바로 이러한 우매해 보이는 관념에서 비롯되었는데, 당시 상황을 고려하면 이는 곧 초기의 인류가 자신들의 일상생활 속에서 갈고닦아낸, 이를테면 현명한 두뇌의 소산물이었다고도 할 수 있다.

초기의 인류는 오랜 기간 동안 생존 자체의 어려움뿐만 아니라 자연과의 투쟁에 따른 갖가지 어려움에도 시달려야 했다. 이러한 어려움을 극복해야만 한다는 사실을 인식한 그들은 자연과 투쟁하면서 빚어진 험난한 역정을 격정과 흥분이 넘치는 노래로 표현했다. 그들은 도끼로 천지를 열었다는 반고盤古를 노래했는가 하면, 인류를 창조하고 오색五色 돌을 다듬어 하늘을 기웠다는 여와女媧와, 나무를 마찰시켜 불을 발명했다는 수인燧人 등을 노래하기도 했다. 뿐만 아니라 약초를 발견한 신농神農이나, 동물을 길들였다는 왕해王亥, 인류에게 농작물 재배법을 알려주었다는 후직后稷, 홍수를 다스렸다고 하는 곤鯀과 우禹도 칭송의 대상이 되곤 했다. 이처럼 자연을 정복한 자나 인류의 생활을 개선한 영웅들은 모두 사람들로부터 최고의 존경을 받았다. 그들 모두가 '신'이자 '사람'으로 표현되었던 것이다.

한편 우리는 신화를 통해 제신諸神의 유명한 자손들이 어떻게 소를 이용하여 경작을 했고, 어떤 방법으로 농기구를 발명하였으며, 어떻게 수레와 배, 활과 각종 무기, 심지어는 음악과 가무, 악기 등을 발명하게 되었는지도 알 수 있다. 전설에 나오는 이 같은 창조와 발명 이야기는 곧 상고시대上古時代의 인간이 지니고 있었던 지혜에 대한 찬미라고 볼 수 있다.

까마득한 옛날부터 인류는 자유로이 하늘을 날아다니고 싶다는 몽상을 했는데, 그 결과 '비담飛毯(날아다니는 담요)'에 관한 이야기가 나타났다. 뿐만 아니라 빨리 달리고 싶다는 몽상은 '달리는 신발'에 관한 이야기를 낳았다. 이런 이야기들은 외국 신화에도 보이는 내용들이기는 하지만, 중국의 신화에도 '장비국長臂國(팔이 긴 사람들의 나라)'의 '장비長臂(긴 팔)'라든지 '기고국奇股國(다리가 기이한 사람들의 나라)'의 '비거飛車(날아다니는 수레)' 그리고 곰으로 변신하여 환원산轘轅山을 뚫고 홍수를 다스렸다는 우禹와 하룻밤 사이에 열 벌의 옷을 만들었다는 7선녀 자매 등의 각종 생동감 넘치는 이야기가 많이 등장한다. 이 이야기들은 모두 소박한 환상의 소산물로서 당시의 사회의식을 짙게 담고 있다.

이 밖에도 중국의 고대 신화에는 '선향락토仙鄕樂土'에 관한 전설이 적지 않게 등장하고 있다. '선향락토'에 관한 최고의 이상理想은 "일하지 않고도 배불리 먹으며, 옷감을 짜지 않고도 잘 입는다(不耕而食 不織而衣)"는 경지로 표현되고 있는데, 힘들게 일하지 않고도 즐겁고 행복하게 살 수 있는 상태를 말한다. 종북국終北國 신화는 바로 이러한 이상의 대표적인 예라고 할 수 있다. 그곳 사람들은 선산仙山에서 흘러나오는 '신분神瀵'이라는 물을 마시며 사는데, 그 물을 마시면 저절로 배가 부르기 때문에 아무 일도 할 필요가 없다고 한다.

## 2. 중국 신화의 유래

중국이나 인도, 그리스, 이집트와 같이 찬란한 고대 문명을 꽃피운 국가들은 제각기 풍부한 고대 신화를 지니고 있다. 그중에서도 그리스와 인도의 신화는 완벽하게 보존되어 전하고 있지만, 유독 중국의 신화는 그렇지 못하다. 처음부터 중국 신화가 풍부하지 않았던 것은 아니다. 다만 안타깝게도 후세에 전하는 과정에서 많이 유실됨으로써 단편적인 신화만이 남게 되었는데, 그것마저도 옛 사람들의 저작 속에 분산되어 있었기 때문에 내용에 조리가 없다. 그래서 그리스나 다른 민족의 신화와는 비교가 되지 못하니 참으로 애석한 노릇이 아닐 수 없다.

중국의 단편적인 신화들은 시인이나 철학자의 작품을 통하여 적지 않게 보존되어왔다. 이를테면 굴원屈原의 〈이소離騷〉나 〈구가九歌〉, 〈천문天問〉, 〈원유遠遊〉 같은 아름다운 시편들은 신화와 전설의 자료를 매우 풍부하게 포함하고 있는데, 그 가운데서도 특히 〈천문〉은 각종 기괴한 내용을 두루 담고 있다. 그러나 시詩의 형식을 빌린 데다 모두 문어체로 되어 있기 때문에 이해하기가 쉽지 않다. 게다가 지금으로부터 1천8백여 년 전 동한東漢의 왕일王逸이 굴원의 《초사楚辭》에 최초로 주석을 달면서부터 문의文意를 벗어난 억설臆說을 시도함에 따라 후세 사람들은 더욱더 자기 주장만을 펴기에 이르렀다. 그러나 우리가 좀 더 깊이 연구한다면 대강의 실마리는 찾아낼 수 있다.

철학자가 신화나 전설을 보존한 예도 많다. 이를테면 《묵자墨子》나 《장자莊子》, 《한비자韓非子》, 《여씨춘추呂氏春秋》, 《회남자淮南子》, 《열자列子》 등이 대표적인 예로, 이 서적들에서도 적지 않은 자료를 찾아낼 수 있다. 이 밖에 《맹자孟子》나 《순자荀子》에서도 고대의 법설에 관한 단편적인 자료를 얻을 수 있는데, 그 가운데서도 《순자》의 〈비상非相〉 편은 고대의 성주聖主나 현신賢臣(사실은 신인 경우도 있다)의 형상이 기술되어 있어 신화 연구에 좋은 자료로 쓰인다.

특히 신화 자료를 가장 많이 포함하고 있는 책으로는 역시 도가道家에 속한다고 볼 수 있는 《회남자》와 《열자》를 꼽아야 할 것이다. 《열자》가 진晋나라 사람의 위작僞作이라고는 하지만, 진대晋代(263～419)는 고대와 시간적으로 그리 멀지 않았던 만큼 당시 민간에 전하고 있었거나 각종 기록에 담긴 신화가 적지 않았을 것으로 추정된다. 물론 《열자》에 수록되어 있는 신화가 수정되거나 개작된 것일 가능성이 없지는 않지만, 날조되었을 가능성은 그리 많지 않다. (왜냐하면 《열자》를 위조했다는 작자 자신도 이 책의 신빙성을 고려하였을 것이기 때문이다. 만일 날조를 했다면 아무도 《열자》를 믿으려 하지 않았을 것이다.) 그러므로 《열자》에 보이는 신화는 매우 값진 자료라고 믿을 수밖에 없는 것이다.


## 3. 중국 신화의 보고—《산해경》

현존하는 서적 중 고대의 신화 자료를 가장 풍부하게 보존하고 있는 책은 《산해경山海經》이라고 할 수 있다. 총 18권으로 이루어진 이 책은 우禹와 백익伯益이 썼다고 기록되어 있지만, 사실은 무명씨의 작품이다. 어느 특수한 한 시대에 한 인물이 저술한 책이라고 볼 수 없기 때문이다. 이를테면 〈오장산경五藏山經〉은 동주東周시대의 작품이고, 〈해내외경海內外經〉 8권은 춘추전국시대에 씌어졌을 가능성이 많으며, 〈황경荒經〉 4권과 〈해내경海內經〉 1권은 한나라 초기의 작품이 틀림없다. 비록 《산해경》의 신화 내용이 단편적이기는 하지만, 신화의 본래 면모를 지니고 있는 만큼 매우 진귀한 자료라고 할 수 있다.

〈오장산경〉은 줄여서 〈산경山徑〉이라고도 하는데, 대부분 전해 내려오는 이야기와 상상에 따라 중국 명산대천名山大川의 동식물과 귀신들을 기술한 내용으로 이루어져 있다. 내용 대다수가 현재로서는 자세히 살펴 연구할 수 없는 것들인데, 각 편의 끝부분마다 신에게 제사 지낼 때 사용하는 수탉, 옥, 곡식 등을 기록하고 있는 점으로 보아 무사巫師들의 기도서祈禱書였던 것으로 추측되기도 한다.

〈해내외경〉과 〈황경〉은 줄여서 〈해경海經〉이라고도 한다. 〈해경〉의 내용은 각종 신괴神怪의 변신이라든지 원국이인遠國異人들의 형상과 풍속을 묘사한 것으로서 체재는 대체로 〈산경〉과 비슷하지만, 문장의 조리는 그만큼 명료하지 않다. 그렇다면 왜 이 같은 현상이 나타나게 되었을까? 이 의문에 대한 해답은 《산해경》의 그림〔圖畵〕과 문자의 관계에서 찾아야 한다.

원래 고대의 《산해경》은 모두 그림으로 이루어져 있었고, 이 그림은 상당히 중요한 가치를 지녔다. 이 때문에 《산해경》을 《산해도山海圖》라고도 하는데, 진晋나라의 위대한 시인 도연명陶淵明의 시에 "산해도에서 노닐다〔流觀山海圖〕"라는 시구가 나온다. 그러나 〈산경〉과 〈해경〉에 보이는 이 그림과 문자 사이의 관계가 일치하지 않기 때문에 별도로 고려해야 할 필요가 있다.

그림이 먼저 존재했고 나중에 문자가 출현하자 기록된 것이 〈해경〉이며, 그 문자는 그림을 설명하는 수단에 불과하였다. 그러나 〈산경〉은 반대였다. 즉, 먼저 체계적인 문자로 기술記述한 다음 그림을 삽입한 것이다. 그 증거로 현재 우리가 볼 수 있는 〈해내외경〉에 "일설에 의하면〔一曰〕"이라는 표현이 자주 등장하고 있음을 들 수 있다.

우사雨師의 첩이 그 북방에 살고 있는데 온통 검은 몸에 머리가 두 개이며 양쪽 귀에는 뱀을 한 마리씩 걸치고 있다. 즉, 왼쪽 귀밑에는 푸른 뱀을, 오른쪽 귀밑에는 붉은 뱀을 걸치고 있다. 일설에 의하면 10일(열 개의 태양)의 북쪽에 살고 있다고도 하며 검은 몸집에 사람 얼굴을 하고 거북이를 한 마리씩 들고 있다고 한다.(〈해외동경海外東經〉)

도견蚼犬은 개의 형상으로서 푸른색을 띠고 있다. 사람을 잡아먹을 때는 머리부터 삼킨다고 한다. 한편 궁기窮奇라고 하는 괴물은 호랑이 형상에 날개가 달렸는데, 이놈도 사람을 머리부터 잡아먹는다고 한다. 그런데 이들의 먹이는 머리를 풀어헤친 채 도견의 북방에 살고 있으며, 일설에 의하면 다리부터 잡아먹는다고도 한다.(〈해내북경海內北經〉)

즉, 이렇게 볼 때 유수劉秀가 《산해경》을 교록校錄할 때부터 이미 둘 또는 그 이상의 《산해경》이 있었다는 이야기가 된다. 따라서 그림이 다름에 따라 설명도 달라질 수밖에 없었으므로 '뱀'과 '거북이' 또는 '머리'와 '다리'라고 하는 각기 다른 설명이 나오게 된 것이다. 그래도 이것은 사소한 문제에 불과하다. 청나라 초기에 《산해경》을 교석校釋한 필원畢沅은 "〈해외·해내경〉에 보이는 그림은 우정禹鼎[1]의 그림이라고 봐야 한다"라고 말했다. 시간을 너무 소급시킨 면이 있는데, 아마도 전국시대 초기에 유행한 그림일 가능성이 많다. 그러나 후세에 오면 필원이 말한 것과 같이 현격한 이견이 나타나게 된다. 그는 또한 "〈대황경大荒經〉 이하 다섯 편에 보이는 그림은 한나라 때 상전相傳된 것이 틀림없다"라고까지 했다. 그저 대수롭지 않은 문제라고 볼 수도 있겠지만 〈해내외경〉과 비교해보면 양자의 내용이 뚜렷이 다르다는 것을 알 수 있

---

1 우禹 임금이 치수를 마친 후 솥을 주조했는데 이때 표면에 그림을 새겼다.

다. 또한 필원은 가끔 "이것은 해외 모 경海外某經의 모 부분을 해석한 것 같다"라든지 "해내 모 경海內某經의 모 부분을 해석한 것 같다"라는 식으로 주를 달고 있다. 즉, 이처럼 진정한 교석에 뜻이 있었던 것이 아니라 한나라 초기에 유행하던 그림과 그 이전의 그림 사이에 뚜렷한 차이가 있는 상태에서 그림으로 설명을 하다 보니 이처럼 다른 결과가 빚어진 것이다. 그러나 〈산경〉 부분만은 조리가 분명하여 이 같은 혼란이 나타나지 않고 있다. 이렇게 볼 때 먼저 문자가 있었고 나중에 그림이 나왔음을 알 수가 있다.

〈해경〉은 중국의 고대 신화에 관한 자료를 가장 풍부하게 포함하고 있어 신화를 연구하는 데 큰 도움이 된다. 그러나 그림을 위주로 하고 거기에 문자를 부기했기 때문에 매우 산만하며 누락된 부분도 있다. 먼저 산만한 부분의 예를 들어보자. 〈해외각경海外各經〉은 비교적 내용이 조리가 있지만 〈해내각경海內各經〉과 〈황경〉에서는 산만한 예를 찾아볼 수 있다.

사무산蛇巫山 꼭대기에 어떤 사람이 살고 있는데, 큰 지팡이를 들고 동쪽을 바라보며 서 있다. 일설에 의하면 구산龜山이라고도 한다. 한편 탁자에 비스듬히 기대 앉아 있는 서왕모西王母는 머리에 옥비녀를 꽂고 있다. 남쪽에 세 마리의 파랑새가 있어 서왕모에게 먹이를 날라주고 있다. 그는 곤륜산崑崙山의 구릉지 쪽에 있다. 혹자는 태행백太行伯, 파과把戈라고도 하며…….(〈해내북경〉)

동해의 바깥에 대학大壑이라고 하는 커다란 골짜기가 있는데 이곳이 바로 소호씨少昊氏의 나라이다. 소호의 어린 아들 전욱顓頊이 이곳에 살고 있었는데 잘못하여 거문고를 대학에 떨어뜨리고 말았다. 또한 감산甘山이라는 산이 있는데 이곳에서도 감수甘水가 흘러나와 감연甘淵이라는 못을 형성하고 있다. 대황大荒의 동남방 모퉁이에는 피모지구皮母地邱라는 산이 있다. 동해의 바깥, 대황의 가운데에는 대언大言이라는 산이 있는데 해와 달이 그곳에서 나온다.(〈대황동경大荒東經〉)

이상에서 보듯이 확실히 그림에 의거하여 설명하고 있음을 알 수 있다. 그래서 문구가 서로 독립되어 있어 서로 간에 의미가 연결되지 않고 있다. 《산해경》의 마지막 편인 〈해내경〉을 보면, 등장하고 있는 지명이 동서남북으로 무질서하며 순서도 온통 뒤섞여 있음을 알게 된다.

이번에는 소략疏略한 부분에 대해 알아보자. 〈해외남경〉에는 다음과 같은 구절이 있다.

삼묘국三苗國은 적수赤手의 동방에 있다. 그곳의 사람들은 상수相隨롭다.

여기서 '상수'가 어떤 상태인지 확실히 이해할 도리가 없다. 〈해외동경〉을 보자.

천천盞盞이 그 북쪽에 있으며 각기 두 개의 머리를 지니고 있다.

여기서 아무리 상상을 해도 '천천'이라는 괴물의 형상을 알 수가 없다. 〈대황동경〉을 보자.

오색의 새가 있는데 기사棄沙라는 곳을 서로 고향으로 삼고 있으며, 오직 제준帝俊만이 내려와 그들과 벗하고 있다.

이 말 역시 난해하기 그지없다. 〈대황남경大荒南經〉에는 다음과 같은 구절이 있다.

인인호因因乎라는 신이 있는데, …… 남극南極에 살면서 바람 속을 드나들고 있다.

그리고 〈대황동경〉을 보자.

석이石夷라는 자가 있는데, …… 해와 달의 길고 짧음을 주관한다.

여기 나오는 인인호나 석이의 형상은 아무리 상상력을 동원해도 알 수가 없다.

이와 비슷한 예는 이 밖에도 얼마든지 있다. 문자로 그림을 설명했다 하더라도 그 그림이 아직 남아 있었던 시대라면 이 같은 소략쯤은 별 문제가 되지 않았을지도 모른다. 그림을 참고하면 일목요연해지기 때문이다. 이렇게 볼 때 도연명이 산해도의 흥에 취해 있었던 것도 무리는 아니리라. 그러나 그림이 사라지고 문자만 남아 있는 현재로서는 그저 막연할 뿐이다.

그러나 《산해경》은 신화의 자료를 많이 보존하고 있는 만큼 매우 중요하며 시급히 연구되어야 할 저작이라고 할 수 있다. 예전에도 몇몇 사람이 연구를 한 적이 있지만 단편적인 고찰에 그쳤을 뿐 (물론《산해경》의 문자 자체부터 단편적이기는 하지만) 신화라는 관점에서 문제를 제기하고 깊이 연구한 이는 아직까지 없다. 중국의 고대 신화를 정리하는 데 지대한 도움이 되는《산해경》연구는 그만큼 매우 중요한 의미를 지닌다고 할 수 있다.

다시 본론으로 돌아오자. 《산해경》은 고서古書 중에서도 꽤 난해한 편에 속하는 만큼 문자를 해석하는 데 어려운 점이 많다. 따라서 깊이 연구를 한다는 것은 그만큼 어려울 수밖에 없다. 바로 이 점 때문에 이 책에 대한 문자의 교감校勘이나 훈고訓詁(특히 〈해경〉 부분) 분야의 연구가 중시되고 있다. 현재 통용되는 《산해경》의 주석본으로는 필원의 《산해경교본山海經校本》과 학의행郝懿行의 《산해경전소山海經箋疏》가 있다. 이들은 모두 곽박郭璞의 오래된 주를 보존하고 있어 꽤 훌륭한 저술이라고 할 수 있는데, 특히 《산해경전소》는 예리한 견해를 많이 담고 있다. 필원과 학의행의 주석본 이전에도 오임신吳任臣의 《산해경광주山海經廣注》가 있었다. 이 책은 광범위하게 인증引證을 곁들여 참고 자료로도 손색이 없지만, 애석하게도 현재에는 그리 많이 남아 있지 않다.

이상의 여러 주석을 보면 반드시 신화를 연구하겠다는 특수한 입장에서 저술한 것이 아니었기 때문에 약간 지나친 부분도 있다(물론 당시에는 신화가 무엇인지도 몰랐을 테지만). 예를 들면 〈해외북경〉에 "공공共工의 신하 중 상류相柳라는 자가 있는데 아홉 개의 머리〔九首〕를 하고 있다"라는 구절이 보인다. 분명히 머리가 아홉 개인 괴물로 묘사되어 있는데, 필원의 주에서는 "아홉 개의 머리란 아마 아홉 사람〔九人〕을 지칭할 것이다"라고 하여 역사상의 어떤 보편적인 현상으로만 해석해버렸다. 다시 〈해내경〉을 보자. "건목建木이라는 나무는 푸른 잎에 자줏빛 줄기를 하고 있다. 꽃은 검고, 노란 열매를 맺는다. ……태호太皥가 이 나무를 통해 하늘을 오르내린다〔太皥爰過〕. 이 나무를 황제黃帝께서 키우고 있다"라는 구절이 있다. 그 가운데 "태호가 이 나무를 통해 하늘을 오르내린다"라는 부분에 대해 곽박은 "포희庖羲(복희의 다른 이름)가 이곳을 지나갔다"라고 주를 붙였고, 학의행은 "포희가 이곳에서 그리 멀지 않은 성기成紀라는 곳에서 태어난 만큼 아마도 이곳을 지나갔을 것이다"라고 해석함으로써 둘 다 본래 의미를 곡해하고 말았다. 사실 '過(과)' 자는 '통과한다'는 뜻보다는 '건목을 통하여 하늘을 오르내린다'는 뜻으로 해석해야 옳았을 것이다.


## 4. 신화의 속성과 미신·전설·설화의 관계

고대 중국은 광대한 토지에 수많은 민족이 살았다. 그들은 오랫동안 빈번하게 접촉을 했기 때문에 각 민족의 고유한 신화 역시 서로 부단히 영향을 주고받았다. 게다가 동주東周에서 위魏, 진晉, 육조六朝에 이르는 1천수백 년 동안 신화를 기록하게 되면서 시대적 요소와 기록자의 개성이 첨가되는 바람에 신화는 매우 복잡하게 형성되어갔다. 이처럼 복잡다단하고도 단편적인 중국의 고대 신화를 연구, 정리하여 원형을 창출해낸다는 것은 실로 매우 어려운 작업이다.

변모와 발전을 거듭하고 있는 신화의 속성 또한 간과할 수 없다. 서왕모西王母 신화를 예로 들어보자. 《산해경》의 묘사에 의하면 본래 서왕모는 "표범의 꼬리에 호랑이 이빨"을 하고 "쑥대머리에 옥비녀를 꽂은" 형상으로 등장한다. 그녀는 질병과 형벌을 주관하였던, 이를테면 포악한 괴신이었던 셈이다. 그녀에게는 세 마리의 파랑새가 있었는데 언제나 그녀에게 음식을 물어다주었다고 한다. 그러나 이런 서왕모가 《목천자전穆天子傳》에 와서는 달라진다. 즉, 주 목왕周穆王은 여덟 마리의 준마가 끄는 수레를 타고 엄산崦山으로 가 서왕모를 만나게 된다. 여기서 이들은 시가로 창답唱答을 하게 되는데, 이렇게 볼 때 서왕모는 기상과 위풍을 갖춘 왕으로 등장하고 있다. 그러나 조금 뒤에 나온 《회남자》에서는 "예羿가 서왕모에게 불사약不死藥을 청했다"라는 구절이 보인다. 그렇다면 서왕모는 흉신凶神에서 길신吉神으로 변모했다는 이야기가 된다. 그 뒤 반고가 지었다고 하는《한무고사漢武故事》에 오면 서왕모의 존재는 더욱 꾸며져 "서방의 왕모"로 묘사되고 있다. 그러나 문장만은 그래도 소박한 맛이 남아 있고, 세 마리의 파랑새에도 아무런 변화가 없다. 하지만 이보다 조금 뒤에 역시 반고가 지었다고 전하는《한무내전漢武內傳》에 오면 상황이 크게 달라지고 만다. 즉, 같은 이야기가 더욱 꾸며지고 변형되어 "서방의 왕모"가 이제는 "나이가 30세쯤 된 절세미인"으로 등장하게 된다. 그녀를 위해 음식을 물어다줬다는 세 마리 파랑새도 동쌍성董雙成·왕자등王子登 등과 같은 아름다운 시녀로 둔갑한다. 본래 엄산의 동굴 속에 살면서 "표범의 꼬리에다 호랑이 이빨"을 하고 "쑥대머리에 옥비녀를 꽂았다"던 '서왕모'와는 천양지차가 된 셈이다.

그러나 이러한 변화는 문인들이 의도적으로 꾸민 결과일 뿐이기 때문에 그것을 신화 자체의 변모와 발전이라고 보기는 어렵다. 그렇다고 해서 문인들이 신화를 변형함으로써 파생된 영향을 과소평가해서는 안 된다. 이처럼 문인들에 의해 변형된 신화는 모두 민간 신화의 근원이 되었기 때문이다. 이를테면 민간 전설에 등장하는 서왕모는 "표범의 꼬리에 호랑이 이빨"을 한 흉악한 괴신이 아니라, 이미 미화된 서왕모를 모델로 삼고 있다. 또한《신이경神異經》에서는 동왕공東王公이 고독한 서왕모의 배우자로 나타나고 있으나, 섬서성陝西省 지역에서 유전되고 있는 신녀봉神女峯 전설에서는 동왕공이 마침내 서왕모의 배우신配偶神으로까지 출현하고 있다. 그렇다면 동왕공이라는 인물은 문인의 재창작에 의한 결과로 나타난 것인가, 아니면 원래부터 민간 전설에서 구전되고 있었던 것인가? 이 점 역시 연구해볼 만하다. 이처럼 신화 자체가 부단히 변모, 발전하고 있다는 점을 감안하면 신화 연구를 섣불리

해서는 안 된다는 사실을 알 수 있다.

　신화 연구에서 또 하나 주의해야 할 부분은 어떻게 미신을 신화로부터 분류해내느냐 하는 문제다. 신화와 미신은 본질적으로 다르다. 그러나 우리가 어느 신화를 구체적으로 연구하다 보면 다음과 같은 현상을 발견하게 된다. 즉, 대부분의 신화가 많든 적든 간에 어느 정도는 미신적인 요소를 지니고 있으며, 결국 그것이 신화를 구성하는 한 부분으로 자리 잡고 있기 때문에 신화와 미신을 확연하게 구별하기란 거의 불가능하다는 점이다. 이와 같은 현상은 고대의 신화 중에서도 영웅이나 위대한 인물의 강생降生 같은 경우에 많이 보인다. 그러나 그것이 영웅일 경우에는 신화로 간주해도 무방하다. 이를테면 복희伏羲나 상계商契의 탄생을 보자. 미신적인 요소가 다분히 내포되어 있기는 하지만 그들은 고대인들로부터 진정한 영웅으로 숭배되었던 만큼 신화로 간주하는 것이 타당하다. 왜냐하면 후세에 와서 제왕을 신격화하기 위해 전문적으로 조작해낸 소위 '감생설感生說' 따위의 '신화'와는 그 성격이 다르기 때문이다. 이 점을 유념할 필요가 있다.

　또한 귀신의 출현도 순수한 미신만을 의미하는 것이라고는 볼 수 없다. 먼저 어떤 성격의 귀신인지를 살펴야 한다. 이를테면 숙명宿命사상을 선전하기 위해 등장시킨 귀신이 있을 수 있고, 숙명을 타파한다든지 원한을 갚기 위한 귀신도 있을 수 있다. 《묵자》의 〈명귀明鬼〉편에는 무고하게 죽은 나머지 원귀寃鬼가 되어 주 선왕周宣王을 쏘아 죽이는 두백杜伯이라는 자가 나오는데, 이것이 바로 후자에 속하는 예라고 할 수 있다. 이 경우는 신화의 범주에 포함시켜 고찰해볼 필요가 있다. 그러므로 신화에서 미신을 분류하려 할 때는 신중을 기해야 한다.

　그렇다면 신화와 전설은 어떻게 다른가? 역시 선뜻 해답을 내리기가 곤란한 문제다. 왜냐하면 일반적으로 이 양자를 뚜렷이 구별하지 않왔기 때문에 전설도 신화로 간주되곤 했기 때문이다. 구태여 구별을 하자면 다음과 같이 말할 수 있을 것이다. 즉, 신화가 점차 발전하면서 그 신화 속의 주인공도 차츰 인간의 성품을 구비하게 되었는데 이처럼 사람의 성품에 근접한 주인공의 발자취를 서술한 것이 곧 전설이라고 할 수 있다. 전설에서 서술하고 있는 것은 예羿와 같은 고대의 용감한 영웅일 수도 있고, 1년에 한 번 오작교烏鵲橋에서 만나 사랑을 나눈다는 견우와 직녀 같은 연인일 수도 있으며, 사물의 기원을 설명해주고 있는 반호槃瓠(즉 반고)나 잠마蠶馬 등에 관한 이야기일 수도 있다. 결론적으로 말해 전설이 신화와 다른 점은 인류 문명이 발전함에 따라 신화에서 볼 수 있는 거칠고 조잡한 성분이 점차 사라지는 대신 합리적이면서도 인정미가 넘치는 구성으로 전환되었다는 데에 있다. 이처럼 우리는 신화가 전설로 변천되는 과정을 통해 인류가 자신의 정치적 또는 현실적인 이상을 어떤 방법으로 신화에 기탁했으며 어떻게 문화를 발전시켜 왔는지를 알 수 있다.

마지막으로, 그렇다면 신화와 선화仙話의 차이점은 무엇일까? 반고의 전설을 예로 들어 설명할 수 있다. 반고에 관하여 언급한 책으로는 서정徐整의 《삼오력기三五歷記》가 있다. 이 책에 의하면 반고는 천지가 아직 형성되기 전에 계란과 같은 혼돈 상태에서 태어났다. 그 뒤 갑자기 천지가 열렸는데, 양기陽氣의 맑은 기운은 하늘이 되고 음기陰氣의 탁한 기운은 땅이 되었다. 이때부터 하늘은 매일 한 길씩 높아졌고 땅역시 한 길씩 깊어져갔다. 물론 반고의 키도 한 길씩 커졌다. 이렇게 1만 8천 년이 지나자 하늘은 굉장히 높아졌고 땅도 깊어졌으며 그의 키도 극에 달하게 되었다는 것이다. 내용이 다소 황당하기는 하지만, 고대 인류가 지니고 있던 전설의 진면목을 엿볼 수 있는 좋은 신화다.

그러나 이러한 반고도 도가道家의 저작에서는 완전히 탈바꿈하고 만다. 예를 들어 《원시상진중선기元始上眞衆仙記》에는 이렇게 기록되어 있다. 천지가 아직 분리되지 않았을 무렵, 자칭 '원시천왕元始天王'이라고 하는 반고진인盤古眞人이 그곳을 활보하고 다녔다. 그 뒤 천지가 열리자 반고진인은 옥경산玉京山의 정상에 있는 궁전에 가서 이슬과 샘물을 마시며 살았다. 얼마 후 산 밑 바위 계곡의 피 웅덩이에서 '태원옥녀太元玉女'라는 절세가인이 태어났다. 반고진인이 산에서 내려와 놀다가 그녀를 만나게 되고, 둘은 혼인을 했다. 반고진인은 그녀를 산 위의 궁전으로 데려와 같이 살았고, '천황天皇'이라는 아들과 '구광현녀九光玄女'라는 딸을 낳았다고 하는 내용이다. 이처럼 도가의 환상[玄想]을 묘사한 이야기를 '선화'라고 한다.

신화에 부분적으로 뒤섞여 있는 선화를 구별하는 것은 매우 어려운 일이다. 예를 들어 《회남자》에 보면 "예羿가 서왕모로부터 불사약을 얻었는데 나중에 항아(姮娥, 嫦娥)가 이를 훔쳐 달로 도망쳤다"는 구절이 있는데, 내용상 선화 성격이 뒤섞여 있지만 여전히 신화로 취급된다. 고대 선인의 행적을 기록한 선화 중에서도 내용과 성격이 신화에 가까운 부분이 적지 않다. 이와 같은 선화도 신화의 범주에 포함하여 연구해야 할 것이다.


## 5. 신화의 중요성

우리가 신화를 연구하는 목적은 다음의 몇 가지 이유에서이다.

첫째, 신이 인류 사회 유년기의 소산물이라고 할 수 있기 때문이다. 이미 다 큰 어른이 어린이로 변할 수는 없지만, 어린이의 천진난만한 모습은 어른을 감동시키기에 충분하다. 신화를 통해 우리는 이와 같은 고대인들의 사상과 관념을 엿볼 수 있다. 즉 그들이 상상했던 세계의 모습 외에도, 영웅을 어떻게 노래하였고 희망찬 생활에 대한 기대가 어떠하였으며 생명을 어떻게 찬미했는가 하는 점 등을 알 수 있는 것이다. 신화 연구는 우리의 생활과 인류를 더욱 사랑할 수 있는 방법을 터득하게 해준다.

둘째, 신화 자체가 매우 흥미롭기 때문이다. 신화는 문학과 예술에 지대한 영향을 미친다. 문학이나 예술은 신화를 통해 더욱 아름답고 참신해질 수 있다. 이를테면 우리가 잘 알고 있는 고대 그리스의 뛰어난 조각은 거의 모두 신화와 연관되어 있지 않은가? 뿐만 아니라 중국에서도 은주殷周시대의 솥이나 식기를 보면, 신화에 등장하는 기금이수奇禽異獸로 장식되어 있어 신화적인 냄새를 물씬 풍긴다. 위대한 시인 굴원의 〈이소〉와 〈천문〉, 〈구가〉 등과 같은 유명한 시들도 대부분 신화에서 소재를 따왔다. 굴원은 이를 통해 조국 초나라의 혼란과 부패에 대한 울분을 토로하였던 것이다. 이집트의 벽화와 인도의 서사시도 신화적 색채를 다분히 내포하고 있는데 이 점은 모두 신화와 문학 그리고 예술의 관계를 잘 설명하고 있다. 따라서 신화 연구는 고대의 우수한 문학과 예술의 유산을 더 깊이 이해하는 계기가 된다.

셋째, 비록 신화는 역사가 아니지만 다른 한편으로 역사의 그림자일 수 있으며 역사에서 돌출된 단편적인 기록일 수도 있기 때문이다. 신화 속의 인물을 고대에 실존했던 제왕들로 간주한다면 물론 황당무계하다고 할 것이다. 그러나 신화 속의 사적事蹟이 암시하고 있는 역사적 내용을 깡그리 무시하는 것도 타당하지 않다. 예를 들어보자. 곤륜산과 서왕모의 이야기는 중화민족과 이민족의 문화 교류를 의미한다고 볼 수 있다. 이처럼 우리는 신화를 연구함으로써 그것이 암시하고 있는 내용으로 역사의 진상을 캐낼 수도 있는 것이다.

여기서 주의해야 할 부분이 있다. 각국의 신화는 특유의 민족성을 반영하고 있다는 점이다. 어느 나라의 신화든 제각기 자기 나라의 민족적 특성을 반영하는 것이 사실이다. 중국의 신화도 도처에서 중화민족의 특성을 반영하고 있다. "과부가 해를 좇는다〔夸父逐日〕", "여와가 하늘을 깁고〔女媧補天〕", "정위가 바다를 메우며〔精衛塡海〕", "곤과 우가 홍수를 다스렸다〔鯀禹治水〕" 등과 같은 단편적인 신화를 보더라도 중화민족은 매우 강인하고 희망찬 민족이었음을 알 수 있다. 신화가 보여주는 조상들의 위대한 정신을 우리는 본받고 발전시켜야 할 것이다. 이렇게 볼 때 신화 연구는 민족성의 뿌리를 이해하는 계기가 되며, 그 민족성의 장단점도 파악할 수 있게 해주는 것이다. 그리하여 장점은 계속 발전시켜가야 할 것이고 단점은 개선해가야 할 것이다. 결국 신화 연구는 조상으로부터 물려받은 훌륭한 유산을 계승한다는 면에서도 큰 도움을 준다고 할 수 있다.

# 제1장 하늘과 땅은 어떻게 시작되었는가(上)

아득한 태초, 누가 이를 말할 수 있을까. 천지도 없었는데 무엇으로 알리오. 어둡고 혼탁한 천지, 그 누가 알겠는가. 천지에 가득 찬 원기, 어떻게 형용할 수 있겠는가.

# 1

## 몇 편의 신화

**천문**

아득한 태초, 누가 이를 말할 수 있을까.

천지도 없었는데 무엇으로 알리오.

어둡고 혼탁한 천지, 그 누가 알겠는가.

천지에 가득 찬 원기元氣, 어떻게 형용할 수 있겠는가.


음양陰陽과 회명晦明의 분리는 누구의 조화였던가.

음양이 합하여 천지가 되고 천지는 또 어떻게 되었던가.

구중九重의 하늘은 누가 다스렸던가.

위대한 역사役事, 주재자는 누구인가.


아득히 먼 2천3백여 년 전, 위대한 시인 굴원은 유명한 〈천문〉 편에서 천지의 개벽과 우주의 생성 및 그 주재자를 이렇게 노래하였다. 여기서 우리는 철리哲理로 가득 찬 고대 중국의 신화와 전설의 그림자를 엿볼 수 있다. 그러나 굴원은 문제 제기에만 그쳤을 뿐, 자세한 해답은 제시하지 않고 있다. 뿐만 아니라 고대의 전적典籍들도 이 분야에 대해서는 구체적으로 언급한 것이 별로 없다. 따라서 우리가 2천 년 이전으로 거슬러 올라가 고대 신화의 진상을 파악한다는 것은 실로 엄청나게 어려운 작업이라고 할 수 있다.

신화와 비슷한 것으로는 '우언寓言'이 있다. 굴원보다 약간 먼저 세상에 나온 《장자莊子》의 〈우언〉을 보면 다음과 같은 이야기가 나온다.

> 남해의 천제天帝에 숙儵이라는 자가 있었고, 북해의 천제에는 홀忽이라는 자가 있었다. 한편 중앙의 천제는 혼돈混沌이었다. 숙과 홀은 혼돈을 찾아가 놀곤 했는데 혼돈은 이들을 매우 친절하게 대해주었다. 어느 날 이에 감복한 두 사람은 그의 은혜에 보답하기로 했다. 둘은 눈, 코, 귀, 입 등 일곱 개의 구멍이 있어서 보고 듣고 말할 수 있었지만 혼돈만은 그렇지 못했다. 그래서 그들은 혼돈에게 구멍을 뚫어주기로 했다. 마침내 도끼와 정을 갖고 가서 구멍을 뚫게 되었는데 하루에 한 개씩 일주일이 걸려 총 일곱 개의 구멍을 뚫었다. 그러나 불행히도 혼돈은 고통을 견디다 못해 끝내 죽고 말았다.

매우 익살스런 우언이지만 천지개벽 신화를 어렴풋하게나마 지니고 있다. 이처럼 혼돈은 숙·홀儵忽(신속한 시간을 의미)에 의해 일곱 개의 구멍이 뚫렸고, 비록 그는 죽었지만 그의 뒤를 이어 세계와 우주가 탄생하게 된 것이다.

## 혼돈

중국의 고대 신화에는 혼돈이 한 천신의 이름으로 등장한다. 《산해경》의 〈서차삼경西次三經〉에는, 서방에 천산天山이라는 산이 있는데 그 위에는 이상하게 생긴 신조神鳥가 산다는 기록이 있다. 이 신조는 커다랗고 노란 주머니처럼 생겼는데 온통 불덩이처럼 붉은색을 띠고 있

**제강**
제강은 이목구비가 전혀 없고 음악과 춤을 즐겼다고 한다.

다. 여섯 개의 다리와 네 개의 날개가 달려 있지만, 이목구비는 전혀 없다. 그러나 음악과 춤만은 잘 알았는데, 그의 이름은 '제강帝江'이라고 했다. '제강'은 곧 '제홍帝鴻'을 의미하는 것으로, 다름 아닌 중앙의 상제인 '황제皇帝'가 바로 그다. 그렇기 때문에 《장자》의 〈우언〉에서는 그를 중앙의 천제라고 기술해버린 것이다. 일설에 의하면 혼돈은 황제의 아들이라고도 하는데, 이것은 나중에 생긴 전설일 가능성이 크다.

혼돈이 천제이든 그의 아들이든 간에 '자연'과 '무위無爲'를 주장하는 도가를 제외하고는 아무도 흐리멍덩한 그를 좋아하지 않았다. 결국 후세의 전설로 오면서 그는 매우 추악한 형상으로 묘사되곤 했다. 이를테면 《신이경神異經》에서는 그가 개와 같다고 했는가 하면, 사람과 곰의 모양을 합친 것 같다고도 했다. 눈은 있지만 볼 수가 없고, 귀도 있지만 듣지 못한다. 그래서 길을 걷는 것도 힘들지만, 남이 찾아오는 것만은 용케도 알아맞힌다. 또한 덕을 갖춘 사람에게는 포악한 짓을 하면서도, 나쁜 사람에게는 오히려 꼬리를 흔들면서 아부하고 친절하다고 했다. 그의 이처럼 비열한 성격은 선천적인 것으로서, 평소 아무 일이 없으면 제 꼬리나 물면서 놀거나 벌렁 드러누워 하늘을 쳐다보며 파안대소를 하곤 했다.

이상에서 보더라도 암흑을 의미하는 혼돈에 대해 인류는 별로 호감을 갖고 있지 않았음을 알 수 있다.

### 거령과 박부

천지개벽의 신화를 정식으로 언급하고 있는 기록은 한나라 초기에 나온 《회남자淮南子》라고 할 수 있다. 이 책에 의하면, 태초에 아직 천지가 생성되지 않았을 무렵 세계의 형상은 어둠과 혼돈의 도가니 같아서 아무런 징조도 나타나지 않고 있었다. 그러다가 이 암흑 속에서 음신陰神과 양신陽神이라고 하는 두 대신大神이 탄생하게 되었다. 그들은 열심히 천지를 경영하였고, 후에 음양이 갈라지게 되면서 8방의 위치도 정해졌다. 그래서 양신은 하늘을, 음신은 땅을 각각 다스리게 되었는데, 이렇게 하여 현재의 세계가 형성되었다는 내용이다.

그러나 《회남자》의 내용은 철학적인 의미가 너무 짙은 나머지 별다른 흥미를 끌지 못하였다. 비교적 흥미를 끄는 것은 또 다른 서적에 기록되어 있는 '거령巨靈'이라는 천신에 관한 신화다.

거령은 '구원진모九元眞母'라고도 하는데, 그는 '원기元氣'와 함께 이 세상에 강생降生하였다. 그는 초능력의 소유자로서 "산천을 만들고 강하江河를 뚫어내는" 힘을 지니고 있었다. 곧 조물주의 자격을 갖추고 있었던 셈이다. 분수汾水 가의 미려尾閭라는 곳에서 태어났다는 그는 원래는 하신河神이었다고 한다. 한번은 그가 자신의 초능력을 과시하기 위해 화산華山에서 조화를 부렸다. 그래서 황하黃河 가운데를 가로막고 있던 화산을 "손발로 뒤흔들어 두 동강을 내버렸다". 화산이 갈라지면서 황하가 흐르게 되니 이제는 멀리 돌아갈 필요가 없었다. 지금도 화산에는 그의 흔적이 완연하게 남아 있다고 한다.

이와 같은 전설 때문에 도가나 방사方士들이 귀여운 하신을 천지개벽의 조물주로 격상시켰을 가능성이 크다. 이처럼 조작과 수식을 거친 결과, 본디 소박했던 신화는 빛을 잃게 되고 말았다.

하신 거령 외에도, 홍수 막는 일을 게을리하여 벌을 받았다는 거인 부부의 고대 전설 이야기를 빼놓을 수 없다. 하늘과 땅이 막 갈라졌을 무렵 홍수가 대지를 휩쓸고 있었다. 이것을 걱정한 상제는 거인 박부撲父와 그의 아내를 보내 이를 다스리도록 했다. 부부의 체격은 엄청나게 컸는데, 키가 1천 리나 되었고 허리도 그만큼 굵었다. 마치 호박처럼 생긴 이들은 홍수를 다스리는 힘든 작업이 달갑지 않아서 하는 둥 마는 둥 일을 끝내고 말았다. 그 결과, 같은 바닥의 깊이가 일정하지 않았으며 강줄기도 뻗어나가지 못하게 되었다. 한마디로 졸속 공사를 하여 일을 오히려 망쳐놓았던 것이다. 결국 오랜 시간이 흐른 뒤에 우가 이 일을 다시 하지 않으면 안 되었다. 이에 화가 난 천제는 둘의 직책을 박탈해버리고 발가벗겨 동남방에 있는 대황大荒의 광야에 세워놓았다. 이때 부부로 하여금 어깨를 서로 맞대고 서 있게 된 상태에서 아무것도 먹지 못하게 했으나, 추위나 더위는 느끼지 못하도록 했다. 그들은 배가 고프면 그저 이슬이나 먹어야 했다. 황하의 물이 맑아질 때까지 벌이 계속되도록 정한 천제는 때가 되면 원래의 관직으로 '복직'시켜주기로 했다. 그러나 황하의 물이 맑아진다는 것은 불가능한 노릇이어서 이 게으름뱅이 부부는 영원히 발가벗긴 채 광야에 서 있을 수밖에 없게 되었다.

박부 부부의 이야기에 나오는 것처럼 고대 신화의 본래 면모는 매우 소박하다. 홍수를 다스렸다는 둘의 행적은 천지개벽에 나오는 인물들의 행적과 흡사하다. 그러나 스토리의 내용이 완전하지 못한 데다 두 인물의 품행 또한 올바르지 못해 이를 조물주나 인류의 조상 이야기로 삼기에는 부족한 감이 없지 않다.

### 귀모와 촉룡

이 밖에도 '귀모鬼母'에 관한 신화가 있다. 귀모는 남해의 소우산小虞山이라는 곳에 살았는데 일명 '귀고신鬼姑神'이라고도 한다. 호랑이의 머리에 용의 다리를 하고 있으며 이무기의 눈썹과 교룡의 눈을 가진 괴물이었다. 그는 초능력이 매우 뛰어나 하늘과 땅 그리고 귀신을 낳을 정도였다. 한꺼번에 열 마리의 귀신을 낳는데, 아침에 낳아서는 밤이 되면 간식으로 잡아먹는다. 그 역시 일종의 조물주와 같은 존재이기는 하지만 귀신인 데다 아들을 잡아먹는 부도덕한 행위 때문에 결국 '귀모'에 머물고 말았다.

천지개벽에 관련된 인물 중 마지막으로 등장하는 것이 《산해경》에 기록되어 있는 '촉룡燭龍'이라는 신이다. 그는 종산鍾山에 살고 있는데, 사람의 얼굴에 뱀의 몸뚱이를 하고 있다. 피부는 붉으며 키가 1천 리나 된다. 또한 괴이하게 생긴 눈이 마치 올리브 열매처럼 수직으로 튀어나와 있어, 감으면 막대기 두 개를 세워놓은 것과 같다. 그의 능력도 대단했다. 눈을 뜨면 세계는 낮이 되었다가도, 감으면 칠흑 같은 밤이 되고 만다. 숨을 내쉬면 구름과 눈이 휘날리는 겨울이 오며, 입김을 불면 찌는 듯한 여름이 온다. 그는 종산에 도사리고 앉아 먹지도 마시지도 않으며 잠도 자지 않고 호흡도 하지 않는데, 어쩌다 한 번 호흡이라도 하면 만리장풍이 되곤 한다. 그는 신력으로 칠흑 같은 구중천九重泉도 밝힐 수 있는데, 늘 입에 촛대를 물고 북방의 어두운 천문天門을 밝혀준다고 한다. 그래서 그를 '촉음燭陰'이라고도 부른다.

**촉룡**
천지개벽과 관련해 《산해경》에 등장하는 촉룡은 조물주의 능력을 가졌다.

촉룡의 형상이나 능력으로 보아 그 역시 조물주의 자격을 갖추었다고 할 수 있다. 그러나 그는 여전히 동물의 형체를 하고 있어 다른 천신처럼 인간화하지 못했기 때문에, 기묘한 형상에 초능력을 갖추었지만 아무도 조물주로 인정하지 않았다. 그저 산에 물러나 앉은 산신으로 취급될 뿐이니, 그 역시 불행한 존재가 아닐 수 없다.

# 2
## 반고의 천지개벽

　그렇다면 천지를 개벽한 인물은 대체 누구란 말인가? 본론으로 들어가기 전에 우선 기이하고도 충성스런 개가 임금을 위해 적을 물어 죽이고 결국 공주를 아내로 맞이하게 되었다는 이야기부터 살펴보자.

　고신왕高辛王이 통치하던 먼 옛날의 일이었다. 하루는 황후가 갑자기 귓병에 걸려 무려 3년간이나 앓게 되었다. 유명하다는 의술을 모두 동원해보았지만 전혀 효과가 없었다. 그러던 어느 날 황후의 귓속에서 누에처럼 생긴 황금빛 벌레가 나왔다. 크기가 세 치 정도인 이 자그마한 벌레가 나오자마자 귓병은 씻은 듯이 나았다.

　황후는 기이하게 생각한 나머지 이 벌레를 박 속에 넣고는 쟁반으로 덮어놓았다. 그런데 누가 짐작이라도 했겠는가! 쟁반 밑에 있던 벌레가 갑자기 용구龍狗로 변해 있었다. 용구는 온몸에 비단을 두르고 있었는데 그 빛이 찬란하기 그지없었다. 그는 쟁반[盤]과 박[瓠] 속에서 태어났다고 하여 '반호槃瓠'라고 불리게 되었다. 고신왕은 이 개를 보고 매우 기뻐하였으며 언제나 데리고 다녔다.

　그 당시 방왕房王이 변란을 일으켜 고신왕의 나라는 존망의 위기에 놓여 있었다. 고신왕은 군신들을 모아놓고 다음과 같이 말했다. "그대들 가운데 내게 방왕의 머리를 바치는 자에게 공주를 아내로 주겠다." 그러나 방왕의 위세를 잘 알고 있었던 신하들은 그런 모험을 하려 하지 않았다.

그날 이후로 궁정에서 반호의 그림자가 갑자기 보이지 않았다. 아무도 그가 어디로 갔는지를 몰랐다. 사람들이 며칠 동안 찾아 헤맸지만 허사였다. 고신왕은 매우 기이하게 생각했다.

한편 궁정을 빠져나온 반호는 방왕의 진중陣中으로 치달았다. 방왕을 보자 반호는 머리와 꼬리를 흔들었다. 그를 본 방왕은 매우 기뻐한 나머지 대신들에게 말했다. "고신 씨도 이제 얼마 남지 않았다. 그의 충견조차 그를 배반하고 나한테 귀순해버렸으니. 이제 나는 강성해질 것이다." 그날 방왕은 큰 연회를 베풀어 길조를 자축하였다. 그날 밤 환락에 빠져 만취한 방왕은 군중의 천막 속에서 곯아떨어졌다. 이때를 틈타 반호는 방왕의 머리를 잘라 물고 바람처럼 궁정으로 돌아왔다.

고신왕은 자신의 충견이 적의 머리를 물고 돌아오자 기쁨을 감추지 못했다. 충견에게 맛있는 고기를 듬뿍 주도록 한 것은 물론이다. 그러나 뜻밖에도 반호는 고기를 줘도 냄새만 맡아보고는 이내 외면해버렸다. 그러고는 자기 집으로 가더니 만사가 귀찮다는 듯이 계속 잠만 잤다. 아무것도 먹지 않은 채 꼼짝하지 않았고, 고신왕이 불러도 일어나려 하지 않았다. 그렇게 사흘이 지났다.

고신왕은 난처한 나머지 반호에게 물었다.

"충견아! 왜 먹지도 않고, 불러도 기척이 없느냐? 내가 공주를 아내로 주겠다는 약속을 지키지 않아서 그러는 것이냐? 내가 약속을 어긴 것은 아니다. 개와 사람은 결혼을 할 수 없지 않느냐?"

그러자 반호가 갑자기 사람의 말로 대답했다.

"폐하, 걱정 마십시오. 저를 황금 종 안에 일주일 동안만 넣어두시면 사람으로 변할 수 있습니다."

이 말을 듣고 소스라치게 놀란 고신왕은, 반호를 황금 종에 넣고는 어떻게 변신하는지 살펴보기로 했다. 하루, 이틀, 사흘…… 엿새가 지났다. 결혼을 기다리고 있던 공주는 행여 반호가 굶어죽지나 않았을까 걱정되어 몰래 황금 종을 열어보았다. 아니나 다를까! 그는 이미 온몸이 사람으로 변신해 있었고 머리만 아직 변하지 않은 상태였다. 그러나 공주가 종 안을 들여다본 뒤부터 그의 몸은 더 이상 변하지 않게 되었다.

황금 종 밖으로 뛰쳐나온 반호는 옷을 걸쳐 입었고, 공주는 개머리 모양의 모자를 쓰고 그와 황궁에서 결혼식을 올렸다. 이후 반호는 아내와 함께 남산으로 가서 인적이 끊어진 심산深山의 동굴 속에서 살았다. 공주는 예전에 입었던 화려한 의상을 벗어버리고 소박한 서민의 옷으로 갈아입었고, 자신이 직접 일을 하면서도 아무런 불평이 없었다. 반호는 매일 사냥을 나가 끼니를 이었다. 이렇게 부부는 행복한 나날을 보냈고 3남 1녀를 두었다. 그러던 어느 날 부부는 아이들을 데리고 고신왕을 찾아갔다.

아이들에게 아직 성姓이 없었기 때문에, 반호는 고신왕에게 성을 하사해달라고 청했다. 큰아들은 태어나자마자 쟁반에 담아두었다고 하여 반盤을 얻었고, 둘째 아들은 바구니에 담았다고 하여 남藍을 받았다. 그러나 고신왕은 셋째에게 알맞은 성이 없어서 고심했는데, 그때 마침 하늘에서 천둥과 번개가 쳤기 때문에 뇌雷로 정하였다. 딸도 성인이 되자 용감한 병사를 남편으로 삼았고, 남편의 성인 종鐘을 따랐다. 반, 남, 뇌, 종은 모두 결혼을 하여 자손이 늘어났고, 드디어 국족國族이 되었다. 그들은 모두 반호를 공동의 조상으로 모셨다.

이 고사는 중국 남방의 요족傜族, 묘족苗族, 여족黎族 등 각 민족 사이에서 전해 내려오고 있다. 나중에 '반호槃瓠'는 '반고盤古'로 음이 변했다. 들리는 바에 의하면 요족은 반고에게 매우 성대한 제사를 올리는

**천지를 개벽한 반고**
반고는 세상을 창조하고 자신의 몸을 희생해 세상 만물을 풍족하게 했다.

데, 그를 '반왕盤王'으로 부른다고 한다. 또한 반고를 인간의 생사와 수요壽夭, 빈천貧賤을 주관하는 신으로 인식하여, 가뭄이 들 때마다 그에게 기우제를 지내고 그의 형상을 만들어 메고 밭둑을 거닌다고 한다. 묘족에게도 구약의 〈창세기〉와 비슷한 내용을 담은 《반왕서盤王書》라는 기록이 전하고 있다. 이들은 반왕을 각종 문명 기물의 창조자로 모시고 있다. 삼국시대의 서정徐整은 남방의 민족 사이에서 전승되고 있던 '반고'의 전설을 수집하여 《삼오력기三五歷記》를 지었다. 그가 전설 외에도 고대 경전에 보이는 철리성哲理性과 자신의 상상을 가미하여 반고의 천지개벽 신화를 창조해냄으로써, 반고는 중화민족의 공동 조상으로 받들어지게 되었다.

이처럼 우리는 신화를 통해 천지의 개벽과 우주의 생성 문제에 대하여 합리적인 해답을 얻을 수 있다. 반고에 관해서는 다음과 같은 전설도 있다.

천지가 아직 분리되지 않았을 무렵, 우주의 형상은 거대한 계란과 같이 암흑과 혼돈의 도가니였다. 우리의 조상 반고는 이 거대한 계란 같은 곳에서 태어났다. 그는 그 속에서 성장하였는데 언제나 잠에 빠져 있었다. 이렇게 하기를 1만 8천 년, 어느 날 갑자기 깨어난 그는 눈을 뜨고 사방을 두리번거렸다. 그러나 아무것도 보이지 않는 칠흑 같은 어둠뿐이었다.

그는 이 상황이 너무 답답했다. 화가 난 그는, 어디서 구했는지 모를 도끼를 가지고 눈앞에 보이는 암흑과 혼돈의 세계를 힘껏 내리쳤다. 산이 무너지는 듯한 굉음이 나면서 그 거대한 계란이 깨지고 말았다. 그리하여 계란 속에 있던 가볍고 맑은 기운은 위로 올라가 하늘이 되었으며, 나머지 무겁고 탁한 것들은 가라앉아 땅이 되었다. 이렇게 하여 원래 암흑과 혼돈의 도가니였던 천지는 반고가 휘두른 도끼에 의해 나누어졌다.

천지가 나눠지자 반고는 그것이 다시 붙을까 걱정했다. 그래서 머리로 하늘을 떠받치고 발로는 땅을 버티면서 서 있었다. 하늘과 땅이 변함에 따라 반고의 모습도 변해갔다. 하늘은 하루에 한 길씩 높아졌으며, 땅도 한 길씩 깊어져갔다. 그러니 그의 키도 한 길씩 커진 셈이다. 이렇게 다시 1만 8천 년이 지나자 하늘은 엄청나게 높아졌고 땅도 그만큼 깊어졌으며, 반고의 키도 극에 달할 정도가 되었다.

반고의 키는 얼마나 될까? 추산한 바에 의하면 9만 리나 된다고 한다. 이처럼 거대한 신이 천지가 다시 붙을까 두려워 마치 장대처럼 버티고 서 있었던 것이다.

그는 외롭게 서 있었다. 이처럼 어려운 작업이 몇 년이나 계속되었는지 모른다. 오랜 세월이 흘러 하늘과 땅이 굳어져 더 이상 버틸 필요가 없게 되자 그도 이제는 휴식이 필요했다. 이윽고 반고는 인간처럼 쓰러져 죽었다.

임종이 가까워질 무렵에 반고의 몸에서는 커다란 변화가 일어났다. 입으로 내뿜은 입김은 바람과 구름이 되었고, 목소리는 천둥이 되었다. 그의 왼쪽 눈은 태양이, 오른쪽 눈은 달이 되었으며, 손과 발 그리고 몸뚱이는 지구의 4극과 5방의 명산이 되었다. 한편 그의 피는 강으로, 힘줄은 길로, 근육은 전토田土로 바뀌었고, 머리카락과 수염은 하늘의 별로, 피부와 털은 풀과 나무로, 이빨과 뼈 등은 빛나는 금속이나 단단한 돌 또는 진주와 옥석으로 변하였다. 또한 쓸모없던 땀은 비와 이슬이 되었다. 이처럼 반고는 자신의 몸을 바쳐 이 세계를 풍부하고도 아름답게 해주었던 것이다.

반고의 신력이나 변화에 관한 전설은 이 밖에도 수없이 많다. 그가 울 때 흘린 눈물은 강으로, 내쉰 숨은 바람으로, 소리는 천둥으로, 눈빛은 번개로 변했다는 설이 있는가 하면, 어느 전설에서는 그가 즐거울 때는 날이 맑다가도 화를 내면 먹구름이 낀다고 한다. 이보다도 기이한 전설은 그가 용의 머리에 뱀의 몸뚱이를 하고 있으며, 숨을 천천히 내뿜으면 바람과 비가 되지만 세게 내뿜으면 번개가 친다고 했다. 또한 눈을 뜨면 낮이고 감으면 칠흑 같은 밤이 되는 등 형상과 능력 면에서 《산해경》에 보이는 종산鍾山의 '촉룡신燭龍神'과 완전히 일치하고 있다.

이처럼 반고에 대해 약간씩 다른 전설이 전하고 있는 것은 사실이지만, 한 가지 공통되는 점은 천지개벽의 진정한 주인공이라 할 수 있는 그를 후세 사람 모두가 존경 내지는 숭배하고 있다는 점이다. 《술이기述異記》의 기록에 의하면 남해에 반고의 혼백을 모셔놓았다는 묘가 있는데 규모가 장장 3백 리에 달한다고 한다. (그가 육신을 묻기로 했다면 3백 리로는 어림도 없었을 것이다.) 그리고 반고국이라는 나라도 있는데, 이곳 사람들은 모두 반고를 성으로 삼고 있다고 한다.

# 3
## 인류의 탄생

신화에 나타난 천지개벽에 관하여 어느 정도 답을 얻게 된 듯하다. 그렇다면 인류는 또 어떻게 탄생하였는가 하는 의문이 생기게 된다. 초기의 전설에 따르면 인류는 앞에서 언급한 바 있는 음과 양이라는 두 위대한 신의 공적으로 탄생하게 되었다는 설이 지배적이었다. 즉, 천지를 창조한 이들이 그곳에 남아 있던 원기 중에서 혼탁한 기운으로 벌레와 짐승을 만들었으며 청명한 기운으로는 인류를 만들었다는 설이다. 그러나 이처럼 기체의 변화에 의해 인류가 창조되었다는 주장은 아무도 믿는 자가 없었기 때문에 후세에 자연히 소멸되어 아무런 영향도 미치지 못하고 말았다.

나중에 나타난 주장은 위대한 반고가 인간을 창조했다는 설이다. 즉 반고가 죽으면서 그의 몸에서 나온 각종 기생충이 변화를 거듭하여 인류가 탄생했다는 이야기인데, 이 같은 전설은 반고의 위대성을 강조하기는 하지만 도리어 인간의 자존심을 손상시키고 있기 때문에 역시 소멸하고 말았다.

그보다 나중에 출현한 전설에는 다음과 같은 이야기가 있다. 반고에게 아내가 있었는데, 인류는 그의 아내가 낳은 자손들에 의해 불어났다는 내용이다. 매우 합리적인 논조이기는 하지만 위대한 반고에 대한 인류의 환상을 손상시키고 있으므로 이것도 인정을 받지 못하고 사라졌다.

그러나 인류의 탄생에는 좀 더 기이하면서도 재미있는 이야기가 있다. 다름 아니라 하늘에 있는 여러 신이 공동으로 인류를 창조했다는 설이다. 이 주장은 인간의 성기관性器官은 황제가, 이목구비는 상변上骈이, 사지는 상림桑林이 각각 만들었고, 우리가 언급하고자 하는 여와도 인류 창조 과정에서 모종의 역할을 담당했다는 내용이다. 그러나 여와가 구체적으로 맡은 역할에 관해서는 아직도 확실히 알 수 없다.

이처럼 인류가 '제신의 공동 창조물'이라는 신화는 흥미를 더해주고 있는 것이 사실이지만 애석하게도 고서에서는 이 내용을 자세히 다루고 있지 않다. 또한 여기서 거론되고 있는 네 명의 신을 보더라도 황제와 여와를 제외하고는 상변이나 상림이 어떠한 신인지조차 우리는 모르고 있다. 뿐만 아니라 그들이 '공동으로 인류를 창조했다'는 과정의 구체적인 경과나 내막도 더욱 큰 미지수로 남아 있다. 이처럼 불명확한 내용 때문에 인류의 '공동 창조설'에 관한 신화도 결국 전하지 못하고 말았다.

그러나 이처럼 수많은 전설 중에서도 인류의 탄생은 앞서 언급된 여신 여와의 독창적인 창조라는 설이 상당한 설득력을 지니게 되었다. 즉 평범하지 않으면서도 정리情理에 접근한 이 신화가 대중으로부터 받아들여지게 된 것이다. 이리하여 '여와의 인류 창조'라는 신화는 신화 중에서도 독특한 지위와 의미를 띠게 된다.

여와를 언급하자면 자연히 다른 전설에도 보이는 복희에 관해 이야기하지 않을 수 없다. 복희는 복희宓犧, 포희庖犧, 복희伏戲, 포희包義, 포희包犧, 복희伏犧, 포희庖犧, 복희虙戲 등 다른 이름이 많은데, 고대의 역사서에서 동일인을 다르게 표기했던 것뿐이다. 이 복희도 우리의 조상 가운데 매우 중요한 위치를 차지하는 신이다. 전설에 의하면 복희와 여와는 오빠와 동생 사이라고 하는데, 어떤 전설에서는 부부라고도 한다. 어쨌든 한나라 때의 석각화상石刻畵像이라든지 벽돌에 새겨져 있는 그림 그리고 서남방에 거주하는 묘족, 요족, 동족侗族, 이족彝族과 같은 소수 민족 사이에서 유행하는 전설을 보더라도 두 사람의 관계에 대한 전설은 '상당히 오래된' 것이 틀림없다.

한나라 때의 석각화상이나 벽돌에 새겨져 있는 그림을 보면 사람의 머리에 뱀의 몸뚱이를 한 복희와 여와의 모습이 자주 눈에 띈다. 그림 속에서 그들의 상반신은 사람의 형상이며, 치마를 입었고 머리에는 모자를 쓰고 있다. 그러나 하반신은 뱀 모양을 하고 있으며 (간혹 용의 형상도 있다) 두 꼬리가 서로를 꼭 감고 있다. 얼굴은 마주 보고 있는데, 서로 등을 돌리고 있는 경우도 있다. 남자의 손은 굽은 자를, 여자의 손은 컴퍼스 같은 것을 쥐고 있는가 하면, 어떤 그림에서는 남자가 태양을 들고 있는데 그 속에 황금 까마귀가 들어 있고, 여자는 알을 받쳐 들고 있는데 그 속에 두꺼비가 들어 있다. 또 다른 그림에서는 구름이 곁들여 있는데, 사람 머리에 뱀 몸뚱이를 한 천사가 날개를 달고 하늘을 훨훨 날고 있다. 이 밖에도 천진난만한 어린이가 두 사람 사이에서 옷소매를 잡고 있는 화목한 가정을 그린 듯한 그림도 있다.

이 그림들을 보면 고대의 전설에서 복희와 여와가 부부 관계였음이 확실하다. 또한 그림과 사서史書 기록들을 같이 고찰해보면 인류는 확실히 반인반수半人半獸인 이 부부에 의해 불어나게 되었다는 것을 알 수 있다. 바로 이 점 때문에 이들은 시조신으로 받들어지게 되었고, 보호신으로 숭배되기도 한다. 고대의 사당에는 복희와 여와의 그림이 많이 보이는데, 그들을 모심으로써 죽은 자를 보호하고 저승 생활을 안락하게 보이도록 하기 위해서였다.

**복희와 여와, 한대 석각화**
인류의 시조로 알려진 복희와 여와는 뱀의 형상으로 묘사되어 있는 경우가 많다.

　앞에서 언급한 중국 서남방의 묘족이나 요족 같은 소수 민족의 민간 전설에는 더욱 재미있는 이야기가 있다. 이들의 민간 전설에는 복희와 여와 부부가 친남매에서 비롯된 부부로 묘사되어 있다. 이 같은 전설은 어느 민족에서나 비슷한데, 여기서는 광서성廣西省 융현融縣 나성羅城 지역에 살고 있는 요족의 민간 전설을 옮겨보겠다.

　먹구름이 끼고 바람이 거세게 몰아닥치더니 금방이라도 비가 쏟아질 것만 같았다. 하늘에서는 번개와 천둥이 치고 아이들은 무서워 어쩔 줄 모르고 있었다. 그러나 어른들은 평상시와 다름없이 태연하게 일하고 있었다. 여름 날씨란 늘 이렇게 비바람이 불고 천둥이 친다는 사실을 잘 알고 있었기 때문이다.

　그때 한 사나이가 밖에서 일을 하고 있었다. 그는 평상시처럼 계곡에서 따온 이끼를 한데 모으고 있었는데, 비가 오려 해서 나무껍질로 이은 지붕을 이끼로 덮을 참이었다. 그래야 비가 새지 않기 때문이었다. 그 사나이는 이끼로 지붕을 덮고 있었고, 이제 갓 열 살을 넘긴 듯한 두 아이가 집 밖에서 천진난만하게 놀며 아버지가 일하고 있는 모습을 보고 있었다. 일을 마친 아버지는 지붕에서 내려와 아이들을 데리고 방 안으로 들어갔다. 그때부터 비가 억수같이 쏟아지기 시작했다. 아버지는 방문을 닫고 아이들과 함께 따뜻한 안방에서 쉬고 있었다.

비는 갈수록 많이 쏟아졌고 바람도 점점 거세게 불었다. 천둥소리도 더욱 커졌다. 마치 하늘의 뇌공雷公이 노하여 인간에게 큰 재앙이라도 내릴 것만 같은 기세였다. 이 같은 징조를 예견이라도 한 듯이 사나이는 미리 만들어놓았던 쇠로 된 새장 같은 것을 들고 나와 처마 밑에 놓았다. 그 속에서 호랑이를 잡을 때 사용하는 창을 꺼내 든 그는 용감한 모습으로 뭔가를 기다리며 서 있었다.

하늘은 시커먼 먹구름으로 뒤덮고 번개도 연달아 내리쳤지만, 처마 밑의 용감한 사나이는 조금도 두려운 기색 없이 침착하게 서 있었다. 이때 번개와 천둥이 치더니 이와 동시에 푸른 얼굴의 뇌공이 도끼를 들고 비호처럼 지붕에서 내려와 앉았다. 그의 등에는 날개가 퍼떡이고 있었으며, 눈은 무시무시한 섬광을 발하고 있었다. 뇌공이 내려오는 것을 보자마자 사나이가 재빨리 그를 창으로 찔렀다. 창은 뇌공의 허리를 꿰뚫었다. 이와 동시에 사나이는 그를 새장에 집어넣어 집 안으로 끌고 들어왔다. "이제 네놈을 잡았다. 너도 더 이상 조화를 부리지 못할 테지." 그는 뇌공을 보며 비웃듯이 말했다. 뇌공은 고개를 푹 숙인 채 아무런 대꾸도 없었다. 아버지는 아이들을 불러 뇌공을 지키도록 했다. 괴이한 모습의 뇌공을 본 아이들은 처음에는 무서워서 어쩔 줄 몰랐지만 시간이 지나자 그 모습에 익숙해졌다.

이튿날 아침 사나이는 향료를 사기 위해 시장에 갔다. 뇌공을 죽여 젓갈을 담아 반찬으로 먹기 위해서였다. 그는 집을 나서면서 아들에게

"절대로 그놈에게 물을 먹여서는 안 돼!" 하고 당부를 했다.

사나이가 집을 나서자, 새장 속에 갇혀 있던 뇌공은 꾀를 냈다. 그는 일부러 신음소리를 내면서 아픈 시늉을 했다. 아이들이 달려와 묻자 뇌공은 말했다.

"목이 타니 물 한 사발만 다오."

그러자 나이가 좀 더 위인 아들이 말했다.

"아버지가 단단히 당부하셨기 때문에 물을 줄 순 없어."

그러자 뇌공은 애걸하듯이 말했다.

"한 사발이 안 된다면 한 잔이라도 좋으니 다오. 목이 타서 죽겠다."

그래도 아이는 거절했다.

"안 돼, 아버지가 아시면 큰일 나!"

뇌공도 포기하지 않고 간곡하게 말했다.

"좋아, 그렇다면 부뚜막의 수세미라도 좀 갖고 와서 몇 방울만이라도 뿌려다오. 목이 말라 죽을 것만 같구나."

그러면서 뇌공은 눈을 감고는 입을 떡 벌리고 기다렸다. 아직 나이가 어린 여동생은 뇌공의 딱한 모습을 보자 가련하다는 생각이 들었다. 게다가 갇힌 지 이미 이틀이나 되었으니 오죽 목이 마르겠는가! 그래서 오빠에게 말했다.

"오빠! 몇 방울만 주면 어떨까?"

오빠가 곰곰이 생각해보니 그 정도의 물이라면 괜찮을 것 같아 동의를 했다. 결국 그들은 부엌으로 가서 수세미를 갖고 나와 몇 방울의 물을 뇌공의 입에 뿌려주고 말았다. 물을 마시고 난 뇌공은 고마움을 표했다.

"정말 고맙다. 잠시만 이곳을 떠나다오. 나가고 싶으니까."

그들이 막 문밖으로 나서는 순간 천지를 뒤흔드는 듯한 굉음이 들리더니 뇌공이 새장을 뚫고 집 밖으로 나왔다. 그러고는 입에서 이빨을 하나 빼내어 건네며 다음과 같이 말했다.

"빨리 이것을 밭에다 심어라. 만약 앞으로 재앙이 닥치거든 그것의 열매 속에 들어가 숨으렴."

말을 마치기가 무섭게 그는 굉음을 내면서 하늘 높이 날아가버렸다. 아이들은 멍청하게 하늘만 쳐다볼 뿐이었다.

이윽고 향료를 산 아버지가 돌아왔다. 새장이 깨지고 뇌공이 도망친 것을 본 아버지는 소스라치게 놀랐다. 아이들에게 물어본 그는 자초지종을 알게 되었다. 이제 어찌할 수도 없었다. 큰 재앙이 닥칠 것을 알고 있는 그는 무지한 아이들을 꾸중해봤자 아무 소용없다는 것을 잘 알고 있었다. 그로서는 밤낮을 가리지 않고 철선鐵船을 만드는 것이 급선무였다. 바로 재난에 대비하기 위해서였다.

두 아이는 장난삼아 뇌공의 이빨을 땅에 묻어보기로 했다. 그런데 이상하게도 심은 지 얼마 지나지 않아 땅에서 파란 새싹이 돋아났다. 그것은 점점 자라나더니 그날로 꽃이 피고 열매를 맺었다. 이튿날 아침에 아이들이 다시 가보니 열매는 엄청나게 큰 호리병박이 되어 있었다. 아이들은 박을 집에 가져와 톱으로 켰다. 그런데 박 속에서는 놀랄 만한 일이 벌어지고 있었다. 그 속에 무수한 이빨이 돋아나 있었던 것이다! 그러나 아이들은 두려워하지 않고 이빨들을 모두 파내버리고는 그 속에 들어가보았다. 둘이 들어가면 딱 알맞은 크기였다. 두 아이는 호리병박을 조용한 곳에 잘 모셔놓았다.

사흘째 되는 날 아이들의 아버지는 철선을 완성하였다. 바로 그날 날씨가 갑자기 변하더니 사방에서 어둡고 강한 바람이 불어닥치면서 비가 쏟아져 내렸다. 그리고 이내 홍수가 일면서 야생마처럼 세상을 휩쓸고 다녔다. 언덕이며 집, 나무 할 것 없이 온통 물에 잠겼고, 세상은 바다로 변해버렸다.

"얘들아, 빨리 피해라! 뇌공이 홍수로 보복해 온다."

빗속에서 아버지가 외쳤다. 두 아이는 황급히 호리병박 속으로 피신하였고, 아버지는 자신이 만든 철선으로 들어갔다. 이리하여 그들은 홍수 위를 떠다니게 되었다.

홍수는 갈수록 심해졌고 드디어 하늘에 닿을 정도가 되었다. 한편 철선에 탄 용감한 사나이는 바람과 파도에 따라 침착하게 배를 몰아 천문天門에 이르게 되었다. 그는 뱃가에 서서 탕탕 천문을 두드렸다. 그 소리는 구중九重의 하늘에 메아리쳤다.

"빨리 문을 여시오. 나를 들여보내주시오!"

그는 문밖에서 외쳐대면서 주먹으로 천문을 힘껏 두드렸다. 문 안에 있던 천신天神은 이것이 두려워 얼른 수신水神에게 명령했다.

"빨리 물을 빼라!"

명령에 따라 수신이 물을 빼니 비바람이 금세 그치고 홍수가 순식간에 물러가 세상이 예전처럼 돌아갔다. 그런데 홍수가 물러날 때 워낙 물이 빨리 빠져나갔기 때문에 사나이는 배와 함께 하늘에서 떨어졌다. 그 단단했던 철선은 땅에 떨어져 산산조각이 나고 말았다. 이때 뇌공에게 용감하게 맞섰던 그 사나이는 불행히도 배와 함께 박살이 나 죽고 말았다.

한편 호리병박 속에 숨은 두 아이는 용케 죽음을 면할 수 있었다. 왜냐하면 호리병박은 가볍고 탄력이 있어서 땅에 떨어져도 깨지지 않았기 때문이다. 아이들은 아무런 상처도 입지 않았다.

이처럼 한바탕 홍수를 겪고 나자 세상에서 사람들이 전멸해버렸고, 오빠와 누이동생 두 사람만 살아남았다. 인류 가운데서 유일하게 생존한 자들인 셈이다. 그들은 원래 이름이 없었는데 호리병박 속에서 살아났다고 하여 '복희伏羲'라고 부르게 되었다. 복희란 '포희匏犧',[2] 곧 '호로葫蘆' 박을 뜻한다.

이렇게 하여 세상에서 인류가 멸종되었지만, 용감한 두 어린이는 열심히 일하면서 행복하게 살아갔다. 그 당시만 해도 하늘과 땅은 그리 멀지 않았고 천문은 항상 열려 있었다. 오빠와 누이동생은 손을 마주잡고 천제天梯(하늘의 사다리)를 타고 천국에 올라가 놀곤 하였다.

어느덧 세월이 흘러 둘은 성인이 되었다. 오빠는 자신의 동생과 결혼을 하고 싶었지만 늘 동생이 반대하였다.

"오빠가 나를 쫓아와봐. 만약 나를 잡을 수만 있다면 오빠와 결혼을 하지."

여동생이 말했다. 그래서 두 사람은 큰 나무를 사이에 두고 쫓고 쫓기기 시작했다. 그러나 누이동생이 워낙 민첩하여 오빠가 아무리 쫓아도 잡을 수가 없었다. 꾀를 낸 오빠가 묘안을 생각했다. 즉 계속 쫓다가 갑자기 방향을 바꾼 것이다. 이렇게 하자 전혀 눈치채지 못하고 있던 누이동생은 오빠의 품에 안기고 말았다. 그래서 둘은 결국 결혼을 하게 되었다.

그들이 부부가 되고 나서 얼마 지나지 않아, 아내가 공처럼 생긴 둥근 고깃덩어리를 낳았다. 부부는 기이하게 생각한 나머지 이 공을 잘라 조각을 내어 종이에 싸놓았다. 한번은 이것을 든 채 천제를 타고 천국에 올라가 놀려 했는데, 사다리를 반도 채 오르기 전에 갑자기 일진광풍이 불어와 종이가 찢어지고 말았다. 고기 조각이 사방으로 흩어져 땅에 떨어졌는데, 이 살덩이가 모두 사람으로 변했다. 나뭇잎에 떨어진 것의 성은 엽葉이 되었고 나뭇가지에 떨어진 것의 성은 목木이 되는 식

---

2 포匏와 희犧는 모두 박 또는 표주박을 의미한다.

으로 각기 떨어진 장소에 따라 하나씩 성이 주어졌다. 이때부터 세상에 다시 인류가 생겨났다.

이렇게 하여 복희 부부는 인류를 재창조한 시조가 되었다고 하는데, 이야기의 내용이 인류의 시조로 받아들여지는 반고의 경우와 매우 비슷하다. 그래서 어떤 이들은 복희가 곧 반고라고 주장하는데, 그럴 가능성도 크다고 할 수 있다.

# 4

## 복희와 불의 발명

앞에서는 인류의 기원과 복희와 여와라는 두 인물에게 공통적으로 해당되는 신화를 이야기했다. 이 신화는 중국의 소수 민족 사이에서 유행하였다. 여기서는 한족의 고대 전설에 입각하여 두 사람의 신화를 구분하여 설명하려 한다. (왜냐하면 진한秦漢 이전의 고서 기록에는 복희와 여와 사이에 아무런 연관성이 나타나 있지 않기 때문이다.) 먼저 복희와 관련 있는 신화를 이야기하고 다음 절에서 여와 신화를 이야기하겠다. 여와 신화를 읽고 나면 인류의 기원 문제에 관해서는 원만한 해답을 얻을 수 있을 것이다.

지금까지 남아 있는 복희 신화는 그리 많지 않다. 그래서 단편적인 자료를 동원하여 이야기할 수밖에 없다.

중국의 서북방 수만 리 떨어진 곳에 '화서씨華胥氏의 나라'라는 극락 세계가 있다. 이 나라는 얼마나 멀리 있었는지, 걸어서든 수레를 타고서든 인간은 도저히 갈 수가 없다. 오직 '마음속으로밖에 꿈꿀 수 없는' 그런 나라다. 그곳에는 임금도 없고 정부도 없어서 일반 백성은 아무런 욕심도 없이 살아간다. 모든 것을 자연의 순리에 따르며 살기 때문에 누구나 장수를 누리며 행복하고 즐거운 생활을 영위하고 있다. 그곳 사람들은 물 위를 걸어도 빠질 염려가 없으며 불 속에 들어가도 타

죽을 염려가 없다. 하늘을 마치 땅 위에서 걷듯 날아다니며 안개나 구름도 그들의 시야를 가리지 못하고 번개나 천둥이 쳐도 그들의 귀에는 아무런 영향을 미치지 못한다. 사실 이곳에 사는 백성들은 사람과 신의 중간쯤 되는 사람들로서 엄밀히 말하면 지상의 신선이라고 할 수 있다.

바로 이 극락에 이름도 없이 그저 '화서씨'라고만 불리는 아리따운 아가씨가 살고 있었다. 한번은 그녀가 동쪽에 있는 '뇌택雷澤'이라는 호수에 놀러 갔다. 그곳은 나무가 울창하고 풍경도 더없이 수려한 곳이었다. 거기서 그녀는 호숫가에 찍혀 있는 어떤 거인의 발자국을 우연히 보게 되었다. 그녀는 워낙 신기하고 재미있어서 자신의 발로 그 거인의 발자국을 밟아보았다. 그때 어떤 야릇한 기운을 느낀 그녀는 나중에 '복희'라는 아들을 낳게 되었다.

위의 이야기에 나오는 호숫가에 찍힌 거인의 발자국이 도대체 누구의 것인가는 고서에도 기록이 없어 알 수가 없다. 그러나 호수를 주관하는 신이라는 것은 알 수 있다. 이른바 '뇌신雷神'인 것이다. 그는 사람의 머리에 용의 몸을 한 반인반수의 천신이라고 할 수 있다. 이 발자국이 뇌신의 것이 아니라면 누구의 것이란 말인가? 전설에 보이는 복희의 형상이 '인면사신人面蛇身' 또는 '인면용신人面龍身'인 점으로 미루어보아도 그와 뇌신의 혈연관계는 자명해진다. 곧 복희는 뇌신의 아들임에 틀림없다고 할 수 있다.

앞에서 말한 대로 복희가 천신과 인간 사이에 위치해 있는 어느 극락 세계의 여인이 낳은 아들이었다면, 그 자신 역시 충분한 신력을 지니고 있었을 것이다. 그에게 신력이 있었다는 추측은 천제를 타고 하늘과 땅을 자유자재로 오르내렸다는 것만으로도 충분히 증명된다. 이 점에 대해서는 이미 앞 절에서 그와 누이동생의 이야기를 한 바 있다. 그러나 천제가 어떤 물건인지는 좀처럼 상상이 되지 않는다. 여기서 잠시 천제에 관해 자세히 알아보기로 하자.

천제란 우리가 일상생활에서 자주 사용하는 통속적이고 인공적인 사다리는 결코 아닐 것이다. 그렇다면 그것은 두 가지일 가능성이 크다. 하나는 산이고 다른 하나는 나무라고 볼 수 있다. 이들은 모두 인공을 빌릴 필요가 없는, 다시 말하자면 자연발생적인 것이다. 고대인들의 사고는 꽤 단순하였다. 따라서 신인이나 선인들이 '하늘을 오르내릴 수 있었다'는 데 대해 '구름이나 안개를 타는' 식으로는 결코 생각하지 않았다.

그들은 그저 신도 사람처럼 산이나 나무를 타고 한 발짝씩 올라갔으리라고 여겼을 것이다. 그러나 이것도 간단한 문제는 결코 아니다. 왜냐하면 첫째로 어디에 천국과 직통할 수 있는 산이나 나무가 있는지를 알아낼 만한 지혜가 있어야 할 것이고, 둘째로 이것을 오를 수 있는 능력도 있어야 할 것이다.

예를 들어 곤륜산을 보자. 누구나 그곳은 천제天帝의 '도읍지'가 있는 곳이며 정상에는 천국과 직통하는 길이 있다는 것쯤은 알고 있다. 그러나 불행히도 그 산 밑에는 깊은 못이 둘러쳐져 있으며, 그 밖은 훨훨 불타고 있는 큰 산으로 다시 막혀 있어서 그곳에 도착하기란 거의 불가능한 일이다. 아마 천제도 이처럼 수많은 장애물로 싸여 있을 것이다. 고서에서 천제를 타고 하늘을 마음대로 오르내린다는 것은 사람을 제외한 신인이나 선인 또는 무사巫師들 사이에서나 가능한 이야기였을 것이다. 물론 그보다 오래전인 태고시대, 천국과 직통하는 길이 있었을 때는 우리 인간도 이 천제를 타고 자유자재로 천국을 왕래한 것이 틀림없다. 그러나 이 점에 대해서는 언급하지 않기로 한다.

천제를 갖고 있던 산은 앞서 언급한 곤륜산 외에도 화산과 청수靑水의 동쪽에 있다고 하는 조산肇山이 있다. 일설에 의하면 '백고柏高'라는 선인이 바로 이 조산을 타고 하늘로 올라갔다고 한다. 이외에도 서방의 황야에 있다고 하는 등보산登葆山이 있다. 이 산은 무사들이 사용하는 산으로서, 천국의 궁전까지 곧장 연결되어 있어 백성의 사정을 천신에게 보고할 때 이용한다고 한다.

한편 나무 중에서도 천제의 성격을 띠고 있는 것이 있는데, 현재 우리가 알고 있는 것으로는 '건목建木'이 유일한 존재다. 물론 이 밖에도 북방의 바다 밖에 있다는 '삼상三桑'과 '심목尋木'이 있으며 동쪽 바다 바깥에서 자란다는 '부상扶桑', 그리고 서방의 황야에 있다는 '약목若木' 등이 있기는 하다. 이들은 모두 키가 수천 리에 달하는 거목들이지만 천제의 성질을 지니고 있었느냐 하는 점에 대해서는 고서에도 분명한 기록이 없어 단정하기가 곤란하다. 다만 이 '건목'만이 현재 우리가 알고 있는 유일한 천제 나무라고 할 수 있다.

건목은 서남방에 있는 '도광都廣'이라는 광야에서 자란다. 이곳이 바로 천지의 중심으로서, 유명한 신녀나 소녀素女들은 모두 이곳에서 태어난다고 한다. 천국과 같은 이곳은 온갖 곡식이 저절로 자라며 춘하추동을 가리지 않고 아무 때나 파종할 수가 있다. 이곳에서 생산되는 곡식은 매끄럽고 윤기가 흐른다. 이곳에서는 또한 '난조鸞鳥'라는 새가 노래를 부르고 봉황이 춤을 춘다. 뿐만 아니라 가지각색의 짐승과 새가 모여 있으며 초목은 사시장철 푸름을 자랑한다. 또한 대나무처럼 가지가 뻗은 '영수靈壽'라는 나무가 늘 아름다운 꽃을 피우고 향기를 뿜고 있다. 그야말로 지상의 낙원이라고 하겠다. 어떤 사람은 그곳의 위치나 풍경으로 보아 현재의 사천성四川省 성도成都가 여기에 속한다고 주장한다. 그럴듯한 이야기다.

거대한 건목은 바로 이 낙원의 중앙에서 자란다. 낙원 그 자체가 이미 천지의 중앙에 해당하므로 건목이라고 하는 천제는 중앙의 중앙

**복희를 보좌하는 신 구망**
구망은 봄을 주관하며 손에 컴퍼스 같은 자를 들고 있다고 전해진다.

인 셈이다. 따라서 매일 정오가 되면 태양은 건목의 머리 꼭대기를 비추게 되는데 이때는 그림자조차 보이지 않는다. 여기에서 외치는 소리는 즉시 허공으로 흩어져버리며 아무런 메아리도 들리지 않는다.

건목의 형상도 매우 특이하다. 즉 가늘게 뻗은 나무는 하늘을 꿰뚫을 듯 솟아 있고 주위에는 가지가 하나도 나와 있지 않다. 다만 나무의 맨 꼭대기에만 가지가 굽이굽이 뻗어 나와 마치 우산과 같은 모양을 하고 있다. 그리고 또 하나 기이한 것은 나무줄기를 당기면 껍질이 끝없이 벗겨지는데 마치 노란 뱀처럼 생겼다고 한다.

이처럼 천지의 중앙에 서 있는 천제는 바로 각 지방의 천제가 하늘을 오르내리는 데 사용하는 사다리다. 그들은 이처럼 가지도 없이 하늘로 솟아 있는 건목을 통해 하늘을 출입하고 있는 것이다(물론 신력이 필요하겠지만). 복희도 이 사다리를 통해 올라간 적이 있는데, 그가 아마도 이 나무를 이용한 최초의 인물인지도 모른다. 복희의 신력에 대해서는 이상으로 충분히 설명이 되었을 것이다.

　다음으로 설명하고자 하는 것은 그가 '거문고'라는 악기를 만들었다는 점이다. 그는 거문고를 만들었던 인연으로 '가변駕辯'이라는 매우 아름다운 노래까지 만들었다고 한다. 원래 그는 거문고를 50개의 현으로 만들었다. 그런데 한번은 그가 도광의 광야에 있는 신녀와 소녀들을 시켜 거문고를 뜯도록 했는데 소리를 듣고보니 너무 감상적이었다. 참다못해 거문고 연주를 멈추라고 명령했지만 망나니 같았던 시녀들은 계속 뜯어댔다. 더 이상 참지 못한 복희는 거문고를 두 동강 내버렸다. 이제는 25현이 되었으니 덜 감상적이었다. 따라서 후세의 거문고는 19현, 23현 또는 25현으로 모두가 25현을 넘지 않고 있다. 그가 도광의 신녀에게 거문고를 뜯게 했다는 내용으로 봐도 보통 인물이 아니라는 것이 증명된다.

　고대의 신화나 전설에 의하면 동방의 상제인 복희를 보좌하는 신 중에 '구망句芒'[3]이라고 하는 목신木神이 있었다. 그는 손에 컴퍼스 같은 자(尺)를 쥐고 있는데, 동방의 상제인 복희와 함께 공동으로 봄(春)을 주관했다. 그의 형상은 사람의 얼굴에 새의 몸이었는데, 두툼하고 둥근 얼굴에 흰 옷을 입고서 늘 두 마리의 용을 타고 다녔다. 일설에 의하면 그는 이름이 '중重'으로서 본래 서방의 상제인 소호少昊 금천씨金天氏의 아들인데 이곳으로 와서 동방 상제를 보좌했다. 그를 '구망'이라고 부르는 까닭은 봄에 초목이 돋아나면 새싹이 모두 구부러져 있기 때문이다. 따라서 구망은 봄과 생명을 상징한다고 하겠다.

　또한 일설에 의하면 춘추시대의 진秦나라 목공穆公은 현명한 군주였다. 그는 현명한 신하(賢臣)를 매우 중시하였다. 그래서 한번은 다섯

---

3 목신 겸 생명신. 원래 句(구)는 굽었다는 뜻이고 芒(망)은 새싹이라는 뜻이다.

장의 양가죽을 바쳐 초나라에 갇혀 있던 백리혜百里傒를 모셔 와서 국가의 중임을 맡겼다. 목공은 또한 백성에게도 관대하여 자기에게 못된 짓을 했던 3백 명의 기하야인岐下野人들을 사면해주었다. 후에 그의 은덕에 감복한 이들이 그를 도와 진晉나라 군사를 대패시키고 진나라 왕 이오夷吾를 사로잡는 데 큰 공을 세웠다. 상제는 이와 같은 진 목공의 덕행을 보고는 목신 겸 춘신春神인 구망에게 명하여 그의 수명을 19년이나 연장해주도록 했다고 한다. 여기에 나오는 상제가 바로 다름 아닌 동방의 상제인 복희다.

복희에게는 '복비宓妃'라는 귀여운 딸이 있었는데 낙수洛水를 건너다 그만 물에 빠져 죽었다. 그녀는 후에 낙수의 여신이 되었다는데, 후세의 많은 시인들이 그녀의 미모에 대하여 최고의 예찬을 아끼지 않았다. 복비에 관해서는 5장에서 자세히 이야기하려 한다.

인류에 끼친 복희씨의 공헌에 관하여 전해 내려오는 기록은 일반적으로 다음과 같이 언급하고 있다. 즉 그가 8괘八卦와 결승結繩을 발명했다는 점이다. 우선 8괘에 대하여 알아보자. 8괘란 다음과 같다.

☰ (乾, 건): 하늘[天]을 표시

☷ (坤, 곤): 땅[地]을 표시

☵ (坎, 감): 물[水]을 표시

☲ (離, 이): 불[火]을 표시

☶ (艮, 간): 산(山)을 표시

☳ (震, 진): 번개[雷]를 표시

☴ (巽, 손): 바람[風]을 표시

☱ (兌, 태): 못[澤]을 표시

이 부호들은 천지 사이에 있는 만물을 포함하고 있다. 그래서 백성들이 일상생활에서 일어나는 모든 사건을 8괘를 통하여 기록할 수 있게 된 것이다.

또한 복희는 새끼를 발명하고 이것을 엮어 어망을 만들었다. 이제 인류는 고기도 잡을 수 있게 되었다. 한편 그의 신하였던 망씨芒氏(아마도 구망일 것이다)는 그것을 본떠 새 그물을 발명함으로써 인류에게 새를 잡는 법도 가르쳐주었다고 한다. 이처럼 그의 발명은 인류의 생활을 개선하는 데 지대한 공헌을 했다.

그러나 복희가 인류에게 끼친 최대의 공헌은 불의 발명이라고 할 수 있을 것이다. 불이 생긴 덕분에 인류는 음식물을 익혀 먹을 수 있게 되었고, 자연히 위장병과 배탈도 방지할 수 있었다. '불의 발명'에 관해서는 옛 기록에도 '수인燧人', '복희', 심지어 '황제' 등의 설이 많다. 아마도 옛날부터 정설이 없었던 듯하다. 그러나 앞서 말한 것처럼 '복희'는 '포희庖羲' 또는 '포희炮犧'라고도 불렸다. 여기서 '포庖'는 주방, 부엌이라는 뜻이고 '희犧'는 제사를 지낼 때 사용하는 희생물(특히 동물)을 말한다. 따라서 그의 이름은 "희생물을 주방에 채우다"(《제왕세기帝王世紀》)라든지 "날고기를 익혀 먹는다"(《습유기拾遺記》)라는 의미를 지니고 있다. 그러자면 반드시 불이 있어야 했을 것이므로 '포희炮犧(동물의 고기를 굽는다는 뜻)'의 발명은 곧 '불의 발명'을 의미한다고 하겠다.

수인은 나무를 서로 비벼 불을 취했다고 하는데, 그도 역시 '포희炮犧'하기 위한 목적에서였다. 신화적으로도 복희는 뇌신의 아들이었으며, 그와 동시에 봄을 주재하는 동방의 상제이다. 따라서 복희와 수목의 생장은 밀접한 관계가 있는 셈이다. 번개가 수목에 떨어졌다면 어떻게 될 것인가? 틀림없이 그 나무는 타버릴 것이고 이어서 대화재가 발생하게 될 것이다. 그의 출생과 그가 지니고 있던 신직神職을 연관시켜 생각해보면 자연히 '불'이라는 개념을 떠올릴 수 있다. 따라서 '불의 발명'은 수인보다는 복희에게 돌리는 것이 타당할 것이다. 물론 복희가 발명했던 불은 큰 번개가 내리친 후 수풀에서 발생하였던 자연적인 '불'이었을 것이다. 그 뒤 수인이 나무를 서로 비벼서 불을 발명하게 되었는데, 그것은 번개에 의한 자연적인 '불' 이후에 발명된 인공적인 '불'이었다고 할 수 있다. 나무를 서로 비벼 불을 발명했다는 데 대해서는 신화와 비슷한 전설이 또 하나 있다.

옛날 태곳적에 서방의 황원荒遠 지방에 '수명국遂明國'이라는 나라가 있었다. 이곳은 태양이나 달 등의 어떠한 빛도 도달하지 못할 정도로 먼 지방이다. 그래서 이곳은 태양이라는 것이 없으며, 낮과 밤이라는 개념도 없다. 이 나라에는 '수목遂木'이라는 거대한 나무가 자라고 있는데, 워낙 커서 가지만 해도 수만 리를 덮는다고 한다.

후세에 어느 현자가 천하를 편력하다가 어찌나 먼 곳까지 여행을 갔었던지 해와 달도 보이지 않는 곳까지 가게 되었다. 결국 그는 수명국의 도읍지까지 가서는 수목이라는 거대한 나무 밑에서 잠시 휴식을 취하게 되었다. 생각해보라! 수명국 자체만 해도 해와 달이 비치지 않는 암흑천지일 텐데 수목 밑은 얼마나 어둡겠는가? 그러나 어찌 알았겠는가! 그 거목 밑에서는 도처에서 아름다운 불빛이 반짝거리고 있었다. 마치 진주와 보석의 섬광처럼 찬란한 그 불빛은 주위를 환하게 밝히고 있었다. 평생토록 태양을 구경조차 못하는 수명국의 백성들은 바로 이 나무 밑의 찬란한 불빛 아래서 일하고 휴식하며 식사하고 잠을 자고 있는 것이 아닌가!

그래서 현자는 도대체 그 불빛이 어디서 나오고 있는지를 찾아보기로 했다. 빛의 근원을 찾아다닌 현자는 그 빛이 독수리처럼 생긴 거대한 새로부터 나온다는 사실을 알게 되었다. 그 새는 발톱이 길고 등

**복희**
복희는 8괘뿐 아니라 인류에게 필요한 불과 거문고 등을 발명했다.

은 흑색이었으며 배는 흰색이었는데, 단단한 부리로 수목을 쪼아대고 있었다(아마도 수목의 벌레를 잡아먹는 것일 테지만). 그 새가 나무를 쪼아대는 순간 찬란한 섬광이 나온다는 사실을 알게 된 것이다. 현자는 이 광경을 보고 불현듯 불을 채취하는 방법을 생각해냈다. 그래서 그 수목의 가지를 벗겨 와 작은 가지로 힘껏 쪼아보니 과연 그곳에서 불이 생겨났다. 그러나 애석하게도 그 불은 번쩍이는 섬광이지 무언가를 태울 수 있는 불꽃은 아니었다. 그 뒤 현자는 다른 나무를 사용하여 실험해 보았다. 비록 수목보다는 힘이 들었지만 얼마간 비벼대니 연기가 나고 마침내 불꽃이 솟아올랐다. 나무가 타버릴 정도의 불꽃이었다. 이제 드디어 진정한 불을 얻게 된 셈이다.

그는 자신의 나라로 돌아와 이 방법을 백성들에게 가르쳤다. 그 방법은 널리 퍼졌고, 백성들은 불이 필요하면 언제든 쉽게 얻을 수 있게 되었다. 이제는 더 이상 번개를 기다릴 필요가 없었으며, 불씨가 사라질까봐 사시사철 불씨를 지키고 있을 필요도 없게 되었다. 백성들은 이 방법을 가르쳐준 그에게 감복하여 그를 '수인燧人'이라고 불렀다. '수인'이란 바로 '불을 채취하는 자'란 뜻이다.

한편 복희의 후대로서 서남방에 '파국巴國'이라는 나라가 있었다. 일설에 의하면 복희는 함조咸鳥를 낳았고, 함조는 승리乘釐를 낳았으며, 승리는 후조後照를 낳았는데, 후조가 바로 파국의 시조라고 한다. 파국은 건목에서 그리 멀지 않은 곳에 있는데 그 부근에 '유황신씨流黃辛氏'라고 하는 작은 나라가 있었다. 이 나라의 주위 3백 리쯤 되는 곳에 산과 물로 둘러싸여 속세와 동떨어진 곳이 있는데, 이를테면 선경과 같은 곳이라고 했다. 이렇게 볼 때, 파국의 경치도 이곳과 비슷하지 않을까 생각된다.

# 5
## 여와의 인류 창조와 혼인제도

### 인류의 창조

여와라는 이름은 《초사》의 〈천문〉편에 최초로 기록되어 있다. 그런데 〈천문〉편은 다음과 같은 밑도 끝도 없는 질문을 던지고 있다.

여와의 몸은 그 누가 만들었는가?

매우 기이한 질문이라고 할 수 있다. 이 질문이 뜻하는 바는 여와가 사람의 신체를 만들었다고 하는데 그렇다면 그 자신은 누가 만들었는가 하는 내용이 틀림없다. 《초사》를 주해한 동한의 왕일은 또 다른 전설에 입각하여 여와의 형상을 설명하고 있다. 그에 의하면 여와는 사람의 머리에 뱀의 몸뚱이 형상인데, 그렇다면 무량사武梁祠[4]에 그려져 있는 그림과 동일한 모습이다. 그러나 안타깝게도 그의 성별에 대해서는 아무런 설명이 없다. 따라서 중국 최초로 편찬된 자전字典을 참고로 할 수밖에 없다. 자전을 보면 '와娲'자 아래에 다음과 같은 해석이 있다.

---

[4] 지금의 산동성山東省 가상현嘉祥縣에 있는 사당으로, 석실에 많은 벽화가 그려져 있다.

고대의 성신녀聖神女로서 만물을 만들어낸 사람이다.

곧 그가 여성 천신天神임을 분명히 하고 있다. 여와의 신력神力은 엄청났다. 전하는 이야기에 따르면 그녀는 하루에도 70번이나 둔갑을 했다고 하는데, 어떤 모양으로 변했으며 그 목적이 무엇이었는지는 현재 알 수가 없다. 아마도 인류의 창조와 관계가 있지 않을까 추측된다. 그러면 그녀의 둔갑에 관해서는 (확실히 알 수가 없기 때문에) 언급을 생략하고, 그녀가 인류를 창조했다는 고사에 관해 이야기하기로 한다.

천지가 개벽하고 나니 대지에는 산천과 초목, 심지어 새와 짐승과 벌레, 물고기까지 생겨나게 되었지만, 아직 사람만은 출현하지 않고 있어서 어쩐지 황량하고 삭막해 보였다. 이 황량한 대지를 걷고 있던 여와라는 대신은 고독하기가 이루 말할 수 없을 정도였다. 반드시 무엇이 있어야만 생기가 돌 것 같았다.

생각 끝에 그녀는 땅에 꿇어앉아 지상의 진흙을 한 움큼 팠다. 그리고 이것을 물과 반죽하여 어떤 형체를 만들어보았다. 그것을 땅에다 내려놓자마자 신기하게도 살아 움직이는 것이 아닌가! 그러더니 이상한 소리를 내면서 기뻐 이리저리 뛰어다녔다. 그것이 곧 '사람'이라는 것이었다. 그의 신체는 비록 왜소했지만, 일설에 의하면 신이 직접 창조해냈기 때문에 새나 짐승과는 달리 신과 상당히 닮았다고 한다. 게다가 그는 우주를 지배할 수 있는 기세도 지니고 있는 것 같았다. 자신의 창조물을 보고 매우 만족한 여와는 진흙을 빚어 자꾸만 사람을 만들어냈다. 수없이 많은 남자와 여자가 만들어졌는데, 그들은 아무것도 걸치지 않은 채 여와를 둘러싸고 춤추며 노래하였다. 한바탕 즐겁게 지낸 그들은 혼자서 혹은 여럿이 무리를 지어 뿔뿔이 흩어졌다.

놀라움과 안도감이 충만해진 여와는 그 뒤에도 계속 인간을 만들었다. 그러고 나자 이제는 어디에서나 사람의 소리를 듣게 되어 더 이상 고독하지 않았다. 그녀는 이처럼 지혜로 가득 찬 창조물을 세상 가득 만들어놓고 싶었다. 그러나 세상은 너무나 광대한데다 그녀의 기운도 이제는 떨어져갔다. 마지막으로 그녀는 새끼줄을(아마도 암벽에 붙어 있던 덩굴일지도 모르지만) 가져와 진흙탕 속에 넣고는 휘저었다. 그 후 새끼줄을 꺼내자 진흙물이 땅에 뚝뚝 떨어졌다. 그것은 모두 환희에 겨워 춤을 추는 사람으로 변하였다. 이 방법은 너무나 편리했다. 한꺼번에 수많은 사람이 탄생하게 되자 세상은 얼마 가지 않아 인류로 가득 차게 되었다.

일설에 의하면 부귀를 누리고 있는 사람은 여와가 직접 만들어낸 것들이고, 빈천한 사람은 새끼줄을 뿌려 만든 것들이라고 하는데 전혀 근거 없는 설이다. 그녀가 인류를 차별하여 창조했을 리가 만무하다.

## 여와의 신화

이제 세상에는 인류가 존재하게 되었다. 따라서 여와의 일도 다 끝난 것처럼 보였다. 그러나 여와에게는 아직 한 가지 문제가 남아 있었다. 어떻게 하면 인류가 끊이지 않고 계속 생존할 수 있을까 하는 문제였다. 사람은 결국 죽게 되어 있다. 그렇다고 해서 다시 만들어낸다는 것도 성가신 일이 아닐 수 없었다. 그래서 그녀는 남자와 여자를 결합시키는 것을 생각해냈다. 둘이서 스스로 후손을 낳고 양육한다면 인류는 영원히 생존해나갈 수 있을 뿐만 아니라 갈수록 그 숫자도 불어날 것이라고 그녀는 생각했다.

결국 여와는 혼인제도를 만들어 남자와 여자를 결합시켜주었다. 그녀는 인류 최초의 중매쟁이였던 셈이다. 그래서 후세인들은 그녀를 '고매高禖'로 받들고 있는데, 이는 '중매의 신' 또는 '결혼의 신'이라는 뜻이다. 사람들은 '고매'에게 제사 지낼 때 매우 성대한 예를 갖춘다. 교외에 제단을 쌓는가 하면 신묘神廟도 세우고 제물까지 갖춰 성대하게 지낸다. 매년 춘삼월이 되면 신묘 부근에서 잔치를 벌여 그 나라의 모든 청춘남녀들을 불러 모아 즐기도록 해준다. 이때 청춘남녀 중 서로 마음이 맞는 사람이 있으면 아무런 의식도 없이 자유롭게 결혼식을 거행할 수 있다. 별빛 찬란한 하늘을 지붕으로 삼고 푸른 대지를 침대로 삼는다. 그들의 이 같은 행동은 아무도 간섭할 수가 없다. 이것이 바로 '천작지합天作之合'[5]이 아니겠는가?

잔치가 벌어지는 기간에는 신에게 제사 지내는 동시에 아름다운 음악과 춤으로 청춘남녀들의 흥을 돋우어준다. 결혼은 했지만 아이가 없는 사람은 신묘에 와서 신에게 자식을 기구한다. 그래서 혼인의 신은 아들을 점지해주는 역할까지 겸하게 되었다. 고매를 제사 지내는 장소는 나라에 따라 달랐다. 송나라는 '상림桑林'이라고 하는 숲 속에서 지냈는가 하면, 초나라는 '운몽雲夢'이라는 호수에서 지냈다. 그러나 한 가지 공통되는 점은 모두 풍경이 수려한 곳을 선정하여 제사를 지냈다는 점이다. 제단 위에는 돌 하나를 올려놓는데, 사람들은 이 돌을 신주 모시듯 했다. 돌이 지니고 있는 의미는 확실치 않지만 아마도 원시시대의 인류가 인간의 생식기능을 숭배했던 것이 아닌가 추측된다.

### 전쟁의 시작

이상에서 보듯이 여와는 인류를 창조하였고 혼인 제도까지 만들어주었다. 그 뒤 인류는 오랫동안 태평무사한 생활을 하였다. 그러나 뜻하지 않게도 '공공共工'이라는 수신水神과 '축융祝融'이라는 화신火神이

---

5 하늘이 내려준 짝.

**인류를 창조한 여와**
여와는 혼인제도를 만든 최초의 중매쟁이이기도 했다.

아무런 까닭도 없이 싸우기 시작했다. 이 싸움은 인류의 행복과 안녕을 파괴하는 중대한 사건이 되었다.

수신 공공은 악명 높았던 천신이다. 그는 사람의 얼굴에 뱀의 몸뚱이를 하고 있는데, 붉은 머리카락이 그의 흉악한 성격을 잘 나타내주고 있다. 그에게는 '상류相柳'라는 신하가 있었다. 그 역시 공공과 똑같은 인면사신人面蛇身을 하고 있는데, 다만 온몸이 푸른색이며 머리가 아홉 개 달린 것만이 다를 뿐 성정이 포악하고 탐욕스러운 점은 공공과 같았다. 그는 공공의 신하 중에서도 가장 흉악한 놈이었다. 또한 '부유浮游'라는 신하도 있었는데 역시 흉악하기 그지없었다. 부유의 형상에 관해서는 알 수 없는데, 다만 그가 죽은 뒤 붉은 곰으로 둔갑하여 진나라 평공平公의 침실로 뛰어들어가 병풍 뒤에 숨었다가 평공을 놀라게 하여 병이 들게 했다는 이야기가 있다.

또한 공공에게는 이름도 없는 아들이 하나 있었는데, 아들 역시 그리 좋은 녀석은 아니었다. 그는 동짓날에 죽어 악귀로 둔갑하여 인간을 괴롭힌다고 한다. 이 귀신은 아무것도 무서워하지 않는데, 오직 팥만은 두려워한다. 인간은 지혜롭게도 그의 결점을 잘 알고 있기 때문에 매년 동지만 되면 팥죽을 쑤어 먹는다. 팥죽을 보면 이놈은 멀리 도망치기 때문이다. 이처럼 공공의 주위에 있는 것들은 모두 흉악한 자들뿐이지만 '수修'라고 하는 아들만은 그런대로 괜찮았다. 그는 성품이 활달했고 여행을 무척 좋아했다. 그래서 수레나 배가 갈 수 있는 곳이라면 어디든 가리지 않고 명산대천을 누비고 다녔다. 사람들은 이러한 그에 대해 그다지 나쁜 감정이 없었다. 그래서 인간은 그가 죽은 후 그를 조신祖神으로 모시게 되었는데, 조신이란 '여행의 신'이라는 뜻이다. 옛날 사람들은 집을 나설 때 언제나 조신에게 먼저 제사를 지내곤 했는데 이것을 '조도祖道' 또는 '조전祖餞'이라고 한다. 이때 주연을 갖추어 전송을 했는데, 여행길이 평안하도록 신령께 비는 뜻이 포함되어 있다.

수는 공공과 축융의 전쟁에 참가하지 않고 훌쩍 여행을 떠나버렸다. 그러나 뱀의 몸뚱이에 아홉 개의 머리가 달린 상류와, 죽어서 곰으로 둔갑하여 조화를 부린다는 부유, 그리고 팥을 두려워한다는 아들만은 이 전쟁에 뛰어들었을 가능성이 많다. 하지만 이는 가능성일 뿐 고서에서도 자세하게 다루지 않았기 때문에 구체적인 상황은 알 수 없다. 다만 전쟁이 하늘에서 인간 세계까지 영향을 미쳤을 정도로 치열했다는 점만은 알 수 있다. 원래 물과 불은 상극이다. 어떤 전설에서는 공공이 인면수신에 두 마리의 용이 끄는 운거雲車를 타고 다닌다는 축융의 아들이라고 한다. 그렇다면 이들은 부자간에 무력 충돌을 벌인 셈이 된다.

공공과 그의 부하들은 거대한 뗏목을 타고서 파도를 일으키며 축융을 공격해 들어갔다. 강에 살고 있던 각종 동물들은 모두 그의 병마兵馬였을 것이다. 그러나 잔뜩 화가 나 있는 화신 축융을 감당할 수는 없었다. 축융이 이글거리는 불꽃을 토하여 이들을 새까맣게 태워버렸던 것이다. 결과는 뻔했다. 선은 늘 악을 이긴다는 상리常理처럼 광명을 상징하는 화신 축융이 전쟁에서 승리하였다.

한편 전쟁에 패한 수신 공공의 군대에서는 비참한 상황이 벌어지고 있었다. 성질이 급한 부유는 홧김에 회수淮水에 뛰어들어 죽고 말았으며, 팥을 두려워한다는 아들도 화병으로 죽고 말았다. 머리가 아홉 개인 상류만은 죽지 않았지만, 그도 의기소침하여 곤륜산이 있는 지방으로 도망가 숨어버리고 말았다. 사람을 대할 면목이 없었기 때문이다.

수신 공공은 전쟁이 실패로 돌아가고 부하들마저 뿔뿔이 사라지게 되자 세상이 싫어졌다. 죽기로 결심한 그는 서방에 있는 부주산不周山을 머리로 들이받았다. 그러나 그리 세게 받지 않았는지 죽지 않고 깨어났다. 그는 홍수를 다스리고 있던 우에게 가서 또다시 싸움을 걸기도 했다. 비록 죽지는 않았지만 그가 부주산을 건드렸기 때문에 천지의 모양이 바뀌어 세상에는 엄청난 재앙이 발생하게 되었던 것이다.

### 여와 보천

원래 부주산은 하늘을 받치는 기둥이었다. 그런데 수신 공공이 머리로 들이받는 바람에 기둥이 부러지고 모퉁이도 파괴되었다. 하늘의 반쪽이 무너져버림에 따라 거대하고 흉악한 구멍이 뚫리게 되었고 땅도 두 조각으로 갈라지고 말았다. 이 엄청난 변화 때문에 산림이 불타기 시작했고 땅에서는 홍수가 솟구쳐 나와 대지가 삽시간에 바다로 변하게 되었다. 이제 인류는 더 이상 생존할 수 없게 되었다. 그들은 게다가 산림에서 도망쳐 나온 각종 맹수에게도 시달려야 했다. 한마디로 생지옥이 되어버렸던 것이다.

한편 자기의 후손이 비참한 상황에 처하게 된 것을 본 여와는 가슴이 찢어질 것만 같았다. 죽여봐야 되살아날 공공에게 벌을 주는 것은 아무 소용없는 짓이었다. 힘이 들더라도, 이 부서진 천지를 보수하는 수밖에 별다른 도리가 없었다.

하늘을 보수하는 데는 엄청난 어려움이 따랐다. 그러나 인류의 인자한 어머니 여와는 후손의 행복을 위해 아무런 불평 없이 이 험난한 공사를 혼자서 해냈다.

그녀는 먼저 강에서 오색 돌을 주운 다음 불에 구워 풀처럼 끈끈한 액체로 만들었다. 그녀는 이것으로 흉악하게 구멍이 뚫린 하늘을 하나하나 메워갔다. 비록 자세히 보면 좀 이상하기는 했지만 멀리서 보니 그런대로 괜찮았다. 그러나 또다시 하늘이 무너져내릴까 두려웠던 여와는 거대한 거북이의 네 다리를 잘라 하늘의 기둥으로 삼았다. 이것을 사방에 꽂아놓았으므로 하늘은 마치 천막을 쳐놓은 형상과 같게 되었다. 기둥이 워낙 견고했기 때문에 이제 더 이상 하늘이 무너져내릴 걱정은 없었다.

그 후 그녀는 중부 지방에서 악명을 떨치고 있던 흑룡黑龍을 죽이고 맹수와 흉조들도 모조리 쫓아냈다. 이제 인류는 맹수의 위협에서 벗어날 수 있게 되었다. 뿐만 아니라 그녀는 갈대를 태워 만든 재로 홍수를 막았다. 이번의 재앙은 위대한 여와에 의해 수습되었다. 인류는 마침내 구원을 받게 된 것이다.

### 바다의 전설

파괴된 천지는 여와에 의해 어느 정도 보수되었지만, 원래 상태대로 완전히 복구된 것은 아니었다. 일설에 의하면, 서쪽의 하늘은 여전히 약간 기울어진 상태였다. 그래서 태양과 달, 별이 모두 그쪽으로 쏠리게 되었고, 결국 모두가 그곳으로 떨어지고 말았다. 뿐만 아니라 대지의 동남방에는 거대한 구덩이가 생겨 강물이 모두 그곳으로 흘러들어 바다를 이루고 말았다.

바다! 그것은 인류의 환상을 불러일으키기에 가장 적합한 대상이다. 일망무제, 변화무쌍한 대양에 대해 인간은 각종 환상을 품었다. 즉 그곳에는 기이한 동물들이 살고 있을 것이며, 아름다운 것들도 있을 것이라는……. 후세의 전설에 나오는 용궁이라든지 용녀 그리고 구요龜妖 따위의 이야기가 그것이다.

여기서는 거대한 게[蟹]와 인어에 관해 전해 내려오는 전설 두 가지를 들어보려 한다.

그 게의 크기는 1천 리에 달할 정도였다. 그 크기만 해도 인간의 호기심을 만족시켜주기에 충분하겠지만 인간은 여기에 만족하지 않았다. 옛날 어느 상인이 배를 타고 무역을 하고 있었다. 얼마나 갔을까! 망망한 대해에 갑자기 섬 하나가 나타났다. 그 섬에는 짙푸른 나무들이 빽빽하게 들어서 있었다. 이 아름다운 광경에 매혹된 상인은 배를 정박시키고 사공들과 함께 섬으로 갔다. 해안에 도착한 그들은 나뭇가지를 잘라 점심을 짓고 있었다. 그때 갑자기 섬이 흔들리기 시작하더니 바다 밑으로 가라앉기 시작했다. 깜짝 놀란 그들은 급히 배에 올라타고 섬을 빠져나왔다. 자세히 보니 그것은 등이 불에 타서 움직였던 거대한 게였다.

한편 인어의 전설은 더욱 흥미롭다. 초기의 전설에 의하면 '능어陵魚'로 불린 인어는 얼굴은 사람 같았고 몸은 물고기 같았는데 손과 발이 달려 있다고 한다. 바다와 육지 모두에서 산다고 하여 '능어'라는 이름이 붙게 되었다. '능어'란 '육지에 사는 물고기'란 뜻이다. 이것은 제5장에서 다루게 될 어느 여자 무당이 타고 다닌다는 '용어龍魚'와 형태가 같다. 어쨌든 반인반어半人半魚의 이 동물은 성격이 매우 포악했지만, 후세의 전설에서는 상당히 미화되어 등장한다. 어떤 전설에서는 다음과 같은 이야기가 전한다. 남해의 깊숙한 곳에 '교인鮫人'이라는 인어가 살고 있다. 비록 바다에 살고 있지만 사람처럼 베틀에 앉아 베를 짠다고 한다. 그래서 파도가 잔잔한 깊은 밤, 별빛이 반짝이는 바닷가에 가면 교인이 베를 짜는 소리가 들린다고 한다. 그는 사람처럼 감정을 갖고 있어서 울기도 하는데, 울 때는 진주같이 영롱한 눈물을 흘린다고 한다.

또 다른 어느 이야기에는 다음과 같은 내용이 있다. 인어의 형상은 사람과 똑같아서 눈썹이며 눈, 코, 손, 발 등 없는 것이 없다. 남자든 여자든 매우 아름다워서, 피부는 백옥 같고 머리카락은 말의 꼬리처럼 길다. 이들은 술을 조금이라도 마시면 온몸이 분홍색을 띠게 되어 더욱 아름답다고 한다. 그래서 해변에 사는 과부나 홀아비들은 이들을 잡아다가 남편 또는 아내로 삼는다고 한다.

또 다른 이야기도 있다. 옛날 어떤 사람이 조선朝鮮에 외교관으로 파견된 적이 있었다. 그는 우연히 그곳에서 해변가를 거닐다가 한 여인이 누워 있는 것을 보았다. 그 여인은 팔꿈치에 붉은 털이 길게 나 있었는데, 바로 인어였다는 이야기다.

이상으로 인어의 전설을 들어보았는데 안데르센의 〈인어공주〉에 나오는 것과 비슷한 내용들이다. 이러한 전설은 이 밖에도 얼마든지 있다. 이처럼 바다가 불러일으킨 인간의 상상력이란 동서고금에 차이가 없는 것 같다.

바다에 대한 인류의 끝없는 환상, 바로 이 점이 고대의 인류로 하여금 강에 대해서도 똑같은 환상을 품도록 했다. 밤낮없이 바다로 흘러

**능어**
사람 얼굴에 물고기 몸을 하고 있는 능어는 인어 전설의 초기 형상을 보여준다.

들어가는 강을 본 인류는 걱정을 하기 시작했다. 바다가 크다고는 하지만 언젠가는 넘칠 텐데……. 그 결과는? 이 같은 고민으로 인해 또 다른 전설이 태어났다.

발해의 동쪽 수억만 리 되는 곳에 거대한 계곡이 있다. '귀허歸墟'라고 불리는 이 계곡은 밑도 끝도 없이 컸다. 세상의 모든 강물이 이곳으로 흘러들지만 수면은 항상 일정했다. 그래서 사람들은 걱정을 하지 않았다. 물이 넘칠 우려가 없기 때문이었다.

귀허에는 대여岱輿와 원교員嶠, 방호方壺, 영주瀛州 그리고 봉래蓬萊라는 다섯 개의 신산神山이 있는데, 각기 그 높이와 둘레가 3만 리가 넘는다. 산과 산의 거리는 보통 7만 리이고, 정상에는 9천 리나 되는 넓은 평원이 있다. 산 위에는 황금으로 축성한 궁전과 백옥으로 만든 난간이 있는데, 여기가 바로 신선이 사는 곳이다. 그곳의 새나 짐승은 모두 색깔이 하얗고, 도처에 진주와 보석이 열리는 나무들이 자라고 있다. 그 나무들은 꽃이 피고 열매를 맺는데, 열매는 바로 진주나 보석이다. 이 열매는 먹으면 장생불사長生不死하는 효험을 지니고 있다. 한편 이곳에 사는 신선들은 대부분 흰 옷을 입고 있으며 등에는 조그마한 날개가 달려 있다. 그들은 하늘과 대해를 새처럼 자유자재로 날아다니며 다섯 개의 신산에 있는 친구들을 찾아가기도 한다. 그들은 모두 행복한 생활을 누리고 있다.

그러나 이처럼 행복하게 지내는 그들에게도 한 가지 걱정거리가 있다. 다름 아니라 바다에 떠 있는 이 신산은 뿌리가 없기 때문이다. 그래서 평상시에는 아무 일도 없지만, 바람이 불면 걷잡을 수 없이 흔들리고 만다. 그렇게 되면 신선들의 나들이가 여간 불편하지 않았다. 친구를 찾아 집을 나섰지만 산이 밀려나 있어 이리저리 찾아 헤맨 적이 한두 번이 아니었다. 실로 힘들고 짜증나는 노릇이라고 아니할 수 없었다. 결국 그들은 대표를 선출하여 천제에게 호소하기로 결정했다. 이러한 사정을 전해들은 천제는 곰곰이 생각했다. 신산이 흔들리는 것쯤이야 대수롭지 않은 문제지만, 바람이 너무 심해 북극으로 밀려난다든지 대해에 침몰하여 그들이 살 곳을 잃게 되면 정말 큰일이었다. 생각 끝에 천제는 북해의 해신海神인 우강禺强에게 적당한 조치를 취하도록 명령했다.

우강은 천제의 친손자인데 풍신風神까지 겸하고 있다. 그가 풍신으로 등장할 때는 사람의 얼굴에 새의 몸뚱이를 하고 있으며 발과 귀에 두 마리의 푸른 뱀을 달고 있는, 그야말로 위세가 등등한 천신의 모습을 드러낸다. 그는 자신의 거대한 두 날개를 움직여 맹렬한 바람을 불러일으키는데, 그 바람 속에는 질병과 병균이 잔뜩 들어 있기 때문에 이 바람을 맞는 사람은 곧 죽게 된다. 그러나 이렇게 무서운 그도 해신으로 나타날 때에는 다른 모습을 보인다. 마치 능어처럼 물고기의 몸에 손발이 붙어 있는 모습으로 두 마리의 용을 타고 다닌다. 그의 몸이 어

**우강**
천제의 친손자인 우강은 풍신의 업무까지 겸하고 있다.

째서 물고기 형상이 되었는가 하면, 그가 원래 북방의 대해에 살고 있던 '곤鯤'이라는 물고기였기 때문이다. 그 물고기는 길이가 수천 리에 달하는 엄청난 고래였다. 또한 그가 몸을 한 번 비틀면 '붕鵬'이라는 새가 된다. 이 새는 매우 흉폭한 봉황새로서 등의 길이만 해도 수천 리에 달할 정도로 엄청나게 길다. 화라도 나서 하늘을 날 때면 검은 날개가 흡사 하늘에 먹구름이 낀 것처럼 보인다고 한다.

　　매년 겨울, 바닷물이 움직일 때면 그는 북해에서 남해로 날아간다. 그때는 물고기에서 새로, 해신에서 풍신으로 둔갑을 한다. 천지를 핥듯이 불어대는 한랭한 북풍은 바로 이때 평소 해신이었던 우강이 큰 새로 둔갑하면서 일으킨 바람인 것이다. 그가 막 큰 새로 둔갑하여 북해를 떠날 때면 날개를 한 번 쳐서 하늘에 닿을 듯한 3천 리에 달하는 엄청난 파도를 일으키는데, 이 파도와 폭풍을 타고 9만 리의 하늘까지 높이 치솟는다. 그는 이렇게 장장 반년을 날아 목적지인 남해에 다다라서 약간의 휴식을 취할 뿐이다. 그가 바로 해신 겸 풍신인 우강으로서 이제 천제의 명령을 받고 신선이 사는 곳을 위해 적당한 조치를 취하게 되었던 것이다.

해신은 천제의 명령인 만큼 일을 게을리할 수가 없었다. 그는 급히 열다섯 마리의 거대한 거북이를 귀허로 보내 다섯 개의 신산을 등에 지도록 했다. 한 마리는 지고 나머지 두 마리는 그 밑에서 교대하도록 했는데, 6만 년에 한 번씩 차례가 돌아왔다. 그러나 거북이들은 이 일에 그다지 정성을 기울이지 않았다. 산을 지고 있다가도 갑자기 내려놓고는 한데 어울려 춤을 추기도 했다. 물론 이들의 행동에 대해 신선들은 약간 불만이 있었지만, 그래도 바람에 시달려야 했던 옛날에 비하면 천만다행이었다. 이제 신선들도 종전처럼 행복한 생활을 할 수 있게 되었다. 그리하여 몇만 년이 지난 어느 날, 뜻하지 않은 일이 발생하고 말았다. 용백국龍伯國의 거인이 장난을 치는 바람에 신선들이 다시 한번 엄청난 재앙에 시달리게 된 것이다.

용백국은 곤륜산에서 북쪽으로 수만 리 떨어진 곳에 자리 잡은 거인국이다. 백성은 모두 용의 종족이라 하여 '용백'이라고 불렀다. 하루는 그곳에 사는 한 거인이 심심해서 낚싯대를 메고 동방의 바다 밖에 가서 낚시를 했다. 그는 몇 발짝 만에 귀허의 신산에 닿았고, 다시 몇 발짝을 가자 다섯 개의 신산을 한 바퀴 돌았다. 그리고 낚싯대를 몇 번 던져 오랫동안 굶주렸던 거북이 여섯 마리를 낚아 올렸다. 그는 아무 일도 없었다는 듯이 낚싯대를 메고 집으로 돌아왔다. 거북이 등을 발라 점이나 칠 생각이었다. 그러나 뜻하지 않게 이 일이 있고부터 대여산岱輿山과 원교산員嶠山이 북극으로 떠내려가 바닷속에 침몰하고 말았던 것이다. 이때 수많은 신선들이 급히 집을 뛰쳐나와 공중을 헤매며 큰 홍역을 치렀다.

이 일을 알게 된 천제는 화가 머리끝까지 치밀었다. 그래서 위대한 신력을 발휘하여 용백국의 국토를 최대한 줄여놓았고 사람들의 키도 작게 하여 더 이상 재앙을 저지르지 못하도록 했다. 그 뒤 신농神農의 시대에 오면 그들의 키는 더 이상 줄일 수 없을 정도로 작아져 있다. 그러나 인류가 보기에는 그래도 수십 길은 되었다.

이렇게 하여 귀허의 5대 신산은 두 곳이 침몰하고 봉래蓬萊, 방장方丈, 즉 방호方壺, 영주瀛州 세 산만이 남게 되었다. 한편 거대한 거북이들은 용백국 거인을 통해 교훈을 얻고 나서부터 성실하게 임무를 수행하게 되었다. 지금까지도 거북이들은 신산을 등에 지고 있지만 아직 아무런 일도 발생하지 않았다.

한편 용백국 사건이 일어난 후부터 신선들의 이름이 널리 퍼지게 되었다. 결국 육지에 사는 인류에게도 그들의 소식이 알려졌다. 이렇게 아름다운 신산이 있다는 사실을 알게 된 사람들은 누구나 그곳에 가서 구경을 하고 싶어 했다. 그런데 실제로 그런 일이 벌어졌다. 옛날에 어느 어부 부부가 고기를 잡고 있었는데 우연히 바람이 불어 배가 신산 부근까지 밀려가게 되었다. 그들은 그 산으로 올라갔고, 신선들은 이 부부를 매우 친절하게 맞아주었다. 그곳에서 얼마쯤 지낸 부부는 다시 선풍仙風을 타고 무사히 돌아왔다는 이야기가 있다. 이때부터 사람들 사이에는 신산에 관한 전설이 알려졌으며, 신선들이 불사약을 갖고 있다는 등의 흥미진진한 이야기가 퍼져나갔다. 이 전설은 드디어 황제에게까지 알려지게 되었다. 인간의 부귀영화를 모두 맛본 그들은 사신死神이 갑자기 내려와 자신들의 영화를 빼앗는 것이 가장 두려웠다. 신산에 불사약이 있다는 사실을 알게 된 그들은 수단과 방법을 가리지 않았다. 배를 건조하고 많은 양식을 준비시켜 방사方士들을 보내 불사약을 찾아오도록 했다. 이와 같은 예는 역사적으로도 많이 나타났다. 즉 전국시대 제齊나라의 위왕威王이나 선왕宣王, 연燕나라의 소왕昭王, 진秦의 진시황秦始皇 그리고 한나라의 한무제漢武帝 등이 그 대표적인 군주들이다. 그러나 그들도 결국은 보통 사람과 다름없이 죽어갔으며 불사약은커녕 신산의 그림자조차도 발견하지 못했던 것이다.

한편 불사약을 찾으러 갔던 사람들에 의하면 신산은 틀림없이 존재하며 두 눈으로 직접 보았다는 주장이 있다. 멀리서 보면 하늘에 떠 있는 한 조각 구름 같지만 가까이 가서 보면 몇 개의 신산이 수정처럼 영롱한 빛을 발하며 바다에 잠겨 있더라고 했다. 그들은 대사루臺榭樓라는 높은 누각에 올라 신선의 나무와 동물들을 분명하게 보았다고 한다. 다시 배를 저어 가니 갑자기 일진광풍이 몰아쳐 더 이상 전진하지 못하고 신산의 부근까지 갔다가 되돌아왔다고 한다. 이상의 내용이 사실이라면 신선들은 황제가 보낸 사자들을 별로 달가워하지 않았다는 이야기가 된다. 그러나 저 주장은 방사들이 꾸며낸 수많은 거짓말 가운데 하나에 불과할 뿐이다. 어쨌든 이후부터는 신산에 대한 전설만 존재하게 되었을 뿐 구체적인 이야기는 전하지 않게 되었다.

## 여와의 죽음

이야기는 다시 여와로 되돌아간다. 여와는 천신만고 끝에 하늘을 보수하였으며 땅을 고르게 하고 재앙을 종식시켰다. 이제 인류는 구제받았고, 대지에는 희망의 기상이 다시 나타났다. 춘하추동의 사계절은 순조롭게 찾아왔고, 여름은 덥고 겨울은 추워져서 그야말로 완전히 정상을 되찾게 된 것이다. 이미 흉악한 맹수들은 다 죽었고 남아 있던 짐승들도 성질이 온순해져 인류의 친구가 되었다. 인류는 이제 행복한 생활을 영위하게 되었다. 대지에는 온통 먹을 것이 가득 찼고 서두르지 않아도 배불리 먹을 수 있게 되었으며 먹다 남은 양식들은 한 모퉁이에 쌓아놓았다. 갓 태어난 아기들은 나무 위의 둥지에서 자랐는데, 그곳은 천연적인 요람이기도 했다. 호랑이의 꼬리를 잡고 놀았으며 뱀을 밟아도 무섭지 않았다. 후세인들이 이상으로 그리고 있던 태고의 '황금시대' 바로 그것이었던 것이다.

여와는 자신의 후손들이 행복하게 사는 것을 보자 무척 기뻤다. 전설에 의하면 여와는 또한 '생황笙簧'이라는 악기도 만들었다고 한다. 이악기는 봉황새의 꼬리처럼 생겼는데, 열세 개의 관을 반쪽으로 잘라낸 호리병에 꽂아놓은 것이다. 그녀는 이것을 후손에게 선물로 물려주었는데, 이때부터 인류는 더욱 즐겁게 살게 되었다. 이렇게 볼 때 여와는 인류를 창조한 여신일 뿐만 아니라 음악의 여신이기도 하였던 것이다.

여와가 만들었다는 생황은 현재 중국 서남방의 묘족과 동족이 사용하고 있다. 그들은 이것을 '노생蘆笙'이라고 부르는데, 만드는 법이 약간 다를 뿐이다. 즉 옛날의 생황은 호리병을 사용한 데 비해(이것은 복희와 여와가 호리병박 속에서 홍수를 피했다는 전설과 관계가 있다) 지금은 나무를 파내어 그것으로 대신하고 있고 관의 수도 몇 개 줄어들었다. 그러나 대체로 고대의 방법을 답습하고 있다고 하겠다.

이 생황은 고대의 민족에게 커다란 환락을 가져다주었을 것이 틀림없다. 생황은 성대한 연회석상에서 연주되었고, 이때 청춘남녀들의 애정도 깊어간다. 매년 춘삼월, 복사꽃이 만발하고 구름 한 점 없는 달 밝은 밤이 되면 사람들은 적당한 곳을 골라 '월장月場'이라는 놀이를 한다. 화려하게 차려 입은 남녀들이 노생을 불면서 음악에 맞춰 춤을 추는데 이것을 '도월跳月'이라고 한다. 남녀 둘이서 짝을 지어 춤을 추기도 하고, 남자가 노생을 불면서 앞장을 서면 여자는 방울을 흔들면서 뒤를 따른다. 이렇게 원을 그리면서 밤늦도록 피곤함도 잊고 춤을 춘다. 혹 두 사람 간에 마음이 맞으면 함께 손을 잡고 그곳을 빠져나와 한

적한 곳에서 사랑을 나누기도 한다. 고대의 청춘남녀들이 고매高禖의 신묘 앞에서 춤추고 노래하던 풍습과 너무도 흡사하다. 이처럼 생황의 창조는 애정 그리고 결혼과 밀접한 관계를 지니고 있었던 것이다.

인간을 위해 할 일을 다 한 여와는 이제 휴식을 하게 되었다. 우리는 그 '휴식'을 '죽음'이라고 부른다. 그러나 여와의 죽음은 결코 멸망을 의미하는 것이 아니라 반고처럼 우주의 다른 사물로 변신하는 것을 말한다. 이를테면 《산해경》에서는 여와의 죽음을 다음과 같이 기록하고 있다. 즉 여와의 창자는 열 명의 신으로 화하였으며 그들은 모두 율광栗廣이라는 광야에 산다고 한다. 그래서 그들의 이름을 '여와의 창자'라고 한다. 그녀의 창자 하나가 열 명의 신으로 화했을 정도라면 전신에서는 어떤 변화가 일어났는지 짐작이 될 것이다.

또 다른 전설에 의하면 여와는 결코 죽지 않았다고 한다. 즉 그녀는 인류를 위한 일을 다 끝낸 뒤 뇌거雷車를 타고 비룡飛龍을 몰면서 하늘 높이 사라졌다고 한다. 그녀의 행차에는 뱀이 뒤를 따랐고 황금색 구름이 수레를 감쌌으며 천지의 수많은 신들이 그 뒤를 따랐다고 한다. 여와는 그렇게 용이 끄는 구름 수레를 타고 구중의 하늘로 치솟아 천문으로 들어갔다. 그곳에서 천제를 알현하고 그 동안의 경과를 자세히 보고했다. 그녀는 이때부터 천국에서 조용한 나날을 보냈다. 마치 은자처럼 자신의 공로에 대해 자랑하지도 않았고, 명예를 위해 노력하지도 않았다. 그녀는 자신의 공로를 대자연에게로 돌렸다. 왜냐하면 자신은 오직 대자연의 섭리에 따라 인류에게 보잘것없는 일을 했을 뿐이라고 여겼기 때문이다. 바로 이 점 때문에 인자하고 겸손한, 그리고 위대한 인류의 어머니 '여와'는 영원히 인류의 마음속에 남아 있게 되었다.

# 제2장 하늘과 땅은 어떻게 시작되었는가(下)

태양신 염제는 원래 매우 인자한 대신이었다. 염제는 먹을 것이 부족한 인류에게
오곡을 심는 방법을 가르쳐주었고, 스스로의 노력으로 생활할 수 있는 지혜를 일러주었다.

# 1

## 태양신 염제

　여와가 죽은 뒤 얼마가 지났을까. 다시 대신大神이 나타나게 되었으니 그가 바로 태양신 염제炎帝이다. 그는 증손자인 화신火神 축융祝融과 함께 남방 1만 2천 리에 있는 지방을 통치하고 있었다. 그는 남방의 상제였던 것이다. 일설에 의하면 그와 황제는 어머니가 같고 아버지는 다른 형제간이라고도 하는데 각기 천하를 반반씩 나누어 다스렸다고 한다. 황제는 선정을 베풀었지만 염제는 그렇지 않았는데, 나중에 둘은 탁록涿鹿의 광야에서 일대 격전을 벌인다. 이때 병사들이 흘린 피 때문에 낭아봉狼牙棒[6]이 둥둥 떠다닐 정도였다고 한다. 그러나 이 전설은 전혀 신빙성이 없다. 이 전설에 관해서는 다음 장에서 자세히 언급하겠다. 다만 그와 황제가 형제간이라는 주장은 다른 기록에도 보이는 점으로 미루어 어느 정도 신빙성이 있다고 볼 수 있다.

　태양신 염제는 원래 매우 인자한 대신이었다. 따라서 선정을 베푸는 데는 황제보다 더 열심이었는지도 모른다. 그가 세상에 출현하였을 때만 해도 대지에는 이미 수많은 인간이 살고 있었기 때문에 먹을 것이 부족한 상태였다. 그래서 염제는 인류에게 오곡을 심는 방법을 가르쳐

---

6　창과 비슷한 무기. 나무 끝에 이리의 이빨과 같은 침을 꽂아서 붙여진 이름이다.

**신농 염제, 한대 석각화**
한나라 때 그려진 염제의 석각화에는 농기구를 들고 있는 모습으로 묘사된다.

주었고, 스스로의 노력으로 생활할 수 있는 지혜를 일러주었다. 그 당시 인류는 공동으로 일을 했고, 수확한 곡식은 서로 나누어 가졌다. 그래서 인류는 서로 친형제처럼 가까이 지냈다. 염제는 또한 태양에게 충분한 빛을 보내도록 하여 오곡이 성장할 수 있게 만들었기 때문에 이때부터 인류는 의식衣食에 대해 더 이상 걱정할 필요가 없게 되었다. 이에 감사한 인류는 그의 은덕을 기리고 그를 신농神農이라고 불렀다. 전설에 의하면 그는 소의 머리에 사람의 몸뚱이 형상이었다. 이처럼 그의 모습이 소와 같았다는 점은 농업에 많은 공헌을 했음을 의미한다.

이상에서 보듯 염제는 태양신이자 농업의 신이었다. 그가 막 태어나자마자 주위에 저절로 아홉 개의 우물이 생겨 물이 솟아올랐다고 한다. 그 우물은 서로 연결되어 있는 듯해서, 한 우물의 물을 길으면 나머지 여덟 개의 우물이 출렁거렸다. 또한 그가 인류에게 오곡의 파종법을 가르치려고 할 무렵 하늘에서 수많은 씨앗이 떨어졌다. 그는 이것을 모아 밭에 심었는데, 이것이 바로 인류가 먹는 오곡의 시초가 되었다고 한다. 더욱 흥미로운 이야기는 다음과 같다. 당시 붉은 새 한 마리가 아홉 개의 이삭이 달리는 벼를 입에 물고 하늘을 날아다녔다. 그 이삭이 땅에 떨어지자 염제가 주워 밭에 심었는데, 곧 커다란 곡식이 열렸다. 그런데 이 곡식은 식용으로 사용할 수 있을 뿐만 아니라 먹으면 장생불사한다고 했다.

이상의 전설을 보면 내용이야 어떻든 간에 신농시대의 인류는 야생 곡식을 인공 재배하는 방법을 이미 터득하고 있었던 것 같다.

염제는 농업의 신일 뿐만 아니라 의약의 신이기도 하다. 태양은 곧 건강의 원천이므로 당연히 의약과 관계가 있다. 전설에 의하면 그는 자편赭鞭이라는 일종의 신비한 채찍을 사용하여 각종 약초를 채찍질했다. 이 약초들은 채찍질을 가하면 독성의 여부나 약효 등이 자연히 나타나게 되었다. 그는 이처럼 각종 성질이 다른 약초들을 이용하여 병을 치료했다. 또 다른 전설에 의하면 그는 자신이 직접 각종 약초를 맛보았다고도 한다. 그 때문에 그는 하루에도 70번씩이나 중독이 되었다. 또 다른 민간 전설에서는 그가 단장초斷腸草라는 독초를 잘못 맛보고는 그만 창자가 끊어져 죽었다고 한다. 그는 사람을 위해 희생되었던 것이다. 그래서 지금도 후세 사람들은 담장에 노란 꽃을 피우고 있는 담쟁이덩굴을 보면 무서워하는데 바로 신농 염제가 그 독 때문에 죽었기 때문이다.

이처럼 염제에 대해서는 약간씩 서로 다른 전설이 전해 내려오고 있다. 그러나 인류에 대한 그의 희생정신만은 높이 평가되고 있다. 의약에 끼친 그의 공적―약을 맛본 것과 약을 채찍질한 것―은 지금도 남아 있다. 즉 산서성山西省 태원현太原縣의 부강釜岡에는 아직도 그가 약을 맛보았다고 하는 솥이 있으며, 성양산成陽山에는 그가 약초를 채 찍질했다는 장소가 있다. 그래서 그 산을 '신농원약초산神農原藥草山'이라고도 부른다.

태양신 염제는 인류가 이제 의식衣食 면에서 풍족하게 되었지만 그래도 생활하는 데 불편한 점이 있다는 것을 알았다. 그래서 시장이라는 것을 두어 서로가 필요한 물건을 교환할 수 있도록 했다. 당시에는 시계도 없었고, 시간을 기록할 만한 어떤 방법도 없었다. 물건을 교환하는 시간은 어떻게 정해야 할 것인가? 하루 종일 시장에서 기다리고 있을 수는 없는 노릇 아닌가! 그래서 염제는 자기 자신—혹은 아마도 자기가 거느리고 있던 태양—을 가지고 표준으로 삼도록 했다. 즉 태양이 머리 위에 떴을 때 시장이 서도록 하고 얼마쯤 지나면 끝나도록 했다. 모두들 이 방법을 따라 했더니 매우 정확하면서도 편리하여 다들 좋아하였다.

태양신 염제에 관한 신화는 그리 많지 않다. 앞에서 언급한 몇 가지 전설이 고작인데 그것도 역사성이 짙다. 그러나 그의 자손, 특히 그의 딸에 관해서는 재미있는 신화가 많이 전한다. 일설에 의하면 그에게는 백릉伯陵이라는 손자가 있었는데, 인간 세상에 있는 한 미모의 부인과 연애를 하게 되었다. 그 부인은 오권吳權의 처로서 아녀연부阿女緣婦라고 했다. 둘은 결국 관계를 가지게 되었고, 아녀연부는 임신한 지 3년 만에 고鼓와 연延, 수殳라는 세 아들을 낳았다. 수는 활의 과녁을 만들었고, 고와 연은 공동으로 '종鍾'이라는 악기와 여러 음악을 만들었다. 그래서 음악은 인간 세계에서 더욱 발전하게 되었다. 현재 연과 수의 형상에 대해서는 알 수 없지만, 고의 형상은 뾰족한 머리에 코가 하늘을 향해 나 있었다고 전한다.

그리고 하계下界에는 '호인互人'이라는 나라가 있는데 그곳 사람들

88

은 사람의 얼굴에 물고기의 몸을 하고 있다. 마치 앞에서 살펴본 인어와 같은 형상이었다. 손은 있지만 발은 없고, 허리 아래는 완전히 물고기 같은 모습이었다. 그들은 구름을 타거나 비를 몰고 올 수도 있으며 하늘과 땅을 마음대로 다닌다고 했는데 염제의 직계 후손이라고 한다.

염제의 자손 가운데 특히 유명한 인물로는 앞에서 언급한 바 있는 화신 축융祝融 외에도 수신인 공공共工과 토신土神인 후토后土 그리고 '12년'이라는 세월을 낳았다고 하는 시간의 신 열명噎鳴 등이 있다. 이처럼 유명한 자손을 두었다는 점으로 보아 태양신이라는 염제가 얼마나 대단한 존재였는지를 쉽게 알 수 있다.

염제에게는 또한 세 딸이 있었는데 그들의 운명과 처지는 각기 달랐다고 한다. 먼저 그 가운데 한 딸을 보자. 그녀는 이름이 없이 그저 염제의 '소녀少女'라고만 알려져 있다. 그러나 나머지 두 딸도 '소녀' 또는 '계녀季女(막내딸)'라고 되어 있기 때문에 누가 언니이고 동생인지 분간하기 힘들다. 여기서 말하는 '소녀'란 젊은 여자를 가리키는 통칭일 뿐, 반드시 '막내딸'을 의미하는 말은 아닐 것이다. 그럼 여기서는 이름 없는 그 딸이 어떻게 고대의 한 유명한 선인仙人을 따라 승천하게 되었는지 알아보자.

그 유명한 선인은 적송자赤松子라는 사람으로서, 염제 때에 비[雨]를 맡아 다스리던 관리였다. 그는 언제나 '수옥水玉(수정)'이라는 신기한 약을 먹으며 몸을 단련했다. 그 결과 불에 뛰어들어 자신을 불사를 수 있는 신기한 능력을 갖게 되었다. 그는 이글거리는 불 속에서 연기와 함께 오르내리다가 결국 선인으로 탈바꿈했다. 선인이 된 그는 곤륜산으로 가서 서왕모가 살았다고 하는 석실石室에서 살았다. 새털처럼 가벼운 그는 비바람이 부는 날에는 매번 높은 벼랑에서 비바람과 함께 떠다니곤 했다. 한편 염제의 이름 없는 딸은 늘 선인이 되고 싶어 했다.

적송자를 사모하고 있던 그녀는 결국 이곳까지 그를 쫓아왔다. 그 뒤 그녀도 적송자와 똑같은 방법으로 선인이 되어 그와 함께 먼 곳으로 가 버렸다고 한다.

염제에게는 또한 요희瑤姬라는 어린 딸이 있었다. 그녀는 결혼할 나이가 될 무렵 갑자기 요절하고 말았다. 정열에 가득 찼던 그녀가 죽은 후 그녀의 영혼은 고요산姑媱山으로 가 요초瑤草가 되었다. 요초는 잎이 겹겹으로 매우 무성하게 나 있으며 노란 꽃을 피웠고 야생마野生馬와 비슷한 열매를 맺었다. 그런데 누구든지 이 열매를 먹으면 사랑에 빠진다고 한다.

천제는 그녀의 요절을 불쌍하게 여긴 나머지 그녀를 무산巫山으로 보내 운우雲雨의 신으로 봉했다. 그래서 그녀는 아침이면 아름다운 구름으로 변해 산과 골짜기를 마음대로 활보하다가도 저녁만 되면 비로 변하여 자신의 슬픔을 알린다고 한다.

그 뒤 전국시대 말년에 이르러 초나라의 회왕懷王이 운몽雲夢을 여행하던 도중 '고당高唐'이라는 대관臺館에 투숙하게 되었다. 정열과 낭만의 신이었던 요희는 친히 고당으로 내려와 마침 낮잠을 자고 있던 회왕에게 자신의 사랑을 고백하였다. 잠에서 깨어난 회왕은 그 꿈이 슬프기도 하고 신기하기도 하여 고당 부근에 그녀를 기리는 사당을 짓고 '조운朝雲'이라고 이름을 붙였다. 그 뒤 회왕의 아들인 양왕襄王이 다시 이곳으로 여행을 오게 되었는데, 아버지의 에피소드를 들은 그는 요희瑤姬를 사모하게 되었다. 그 결과 양왕도 그날 밤에 똑같은 꿈을 꾸었다고 한다. 한편 당시 양왕의 어전 시인이었던 송옥宋玉은 회왕과 양왕이 꾸었던 꿈을 〈고당부高唐賦〉와 〈신녀부神女賦〉라는 두 편의 부賦로 읊었다.

끝으로 염제의 또 다른 딸인 여와女娃에 관한 슬픈 이야기를 들어

보자. 이 이야기는 앞에서 이야기한 두 고사와는 완전히 성격이 다르다. 이 이야기는 영원히 사람의 심금을 울리고 있다.

전하는 바에 의하면 한번은 여와가 동해에 놀러갔는데 그만 파도가 크게 일기 시작했다. 불행히도 결국 그녀는 바다에 빠져 죽고 말았다. 이후 그녀의 영혼은 까마귀와 흡사한 '정위精衛'라는 새로 변하였다. 그 새는 아름다운 머리에 흰 부리와 붉은 다리를 하고 있었고, 북방의 발구산發鳩山에서 살았다. 자신의 젊은 생명을 앗아간 바다에 한이 맺힌 그녀는 서산에 있는 돌과 나뭇가지를 물어다 동해를 메우려 했다. 조그마한 새가 망망대해를 메운다는 일이 얼마나 어려웠겠는가? 그녀의 가련한 처지와 불굴의 정신은 사람들을 감동시켰다. 진정 태양신의 딸다웠던 그녀는 태양과 함께 지금도 기억되고 있다. 진나라의 유명한 시인 도연명도 〈독산해경讀山海經〉이라는 시편에서 다음과 같이 노래하고 있다.

정위는 나뭇가지를 물어와
바다를 메우려고 하네.

애틋한 느낌과 그녀에 대한 찬미의 정감이 넘쳐흐르고 있다. 일설에 의하면 이 새는 갈매기와 짝이 되어 자식을 낳았는데, 암컷은 정위를 닮았으며 수컷은 갈매기를 닮았다고 한다. 지금도 동해에는 정위가 물에 대해 맹세를 했다는 곳이 있다. 즉, 그녀는 그곳에서 물에 빠져 죽었기 때문에 그곳의 물은 죽어도 마시지 않겠다고 맹세를 했다고 한다. 그래서 정위를 '서조誓鳥' 또는 '지조志鳥', '원금寃禽'이라고 부르며, 민간에서는 '제녀작帝女雀'이라고도 한다. 이름이 이처럼 많다는 것은 그만큼 우리에게 널리 기억되고 있다는 이야기이기도 하다.

# 2
## 서방의 신 소호

앞에서는 염제와 관련하여 내려오는 이야기를 전했다. 염제보다 약간 뒤에 황제가 나타나는데 이 이야기는 다음 장에서 다루겠다. 여기서는 서방의 천제인 소호少昊와 북방의 천제가 되었다는 전욱顓頊[7]에 대하여 알아보자. 먼저 소호에 관한 이야기를 소개하려 한다.

서방의 천제인 소호는 탄생부터가 특이하다. 그의 어머니인 황아皇娥는 원래 천상의 천궁에서 베를 짜는 선녀였다. 그녀는 가끔 밤늦도록 베를 짜곤 했는데 어쩌다 몸이 좀 피곤하면 뗏목을 타고 은하로 가서 놀곤 했다. 그녀는 은하의 물줄기를 거슬러 올라가다 서해의 끝에 있는 '궁상窮桑'이라는 나무 밑까지 노를 저어 가곤 했다. 궁상은 높이가 1만여 길에 달하는 거대한 뽕나무인데, 잎은 단풍처럼 붉었고 커다란 열매는 자수정처럼 빛났다. 그 열매는 1만 년에 한 번씩 열리는데, 이것을 먹는 사람은 천지의 수명보다도 오래 살 수 있다고 한다. 황아는 바로 이 뽕나무 밑에서 노니는 것을 무척 좋아했다.

이곳에 용모가 뛰어난 한 소년이 있었다. 자칭 '백제白帝'의 아들이라고 했지만, 사실 그는 다름 아니라 새벽 하늘의 동쪽에서 반짝거리는

---

7 북방의 천제를 지냈으며 중앙 상제도 잠시 지낸 적이 있다. 다음 절에서 자세히 거론하겠다.

계명성啓明星(또는 金星)이었다. 그는 하늘에서 은하의 물가로 내려와 황아와 함께 거문고를 뜯고 노래를 부르며 놀곤 했다. 서로 사귀면서 애정이 싹튼 이들은 때로는 집으로 돌아가는 것조차 잊을 정도였다. 황아가 뗏목을 타고 오면 소년이 올라 직접 노를 저으며 월광月光의 바다에서 놀았다. 계수나무 가지를 잘라 돛을 만들었고 향긋한 향초를 돛 위에 달아 깃발을 세우기도 했다. 그들은 또한 옥에 비둘기를 새겨 돛대의 끝에 매달아 바람의 방향을 표시했는데, 비둘기가 1년 사계절의 풍향을 알고 있기 때문이었다. 후세 사람들은 돛대나 지붕에 바람의 방향을 알리는 '상풍오相風烏'라는 까마귀를 만들어 달곤 했는데, 바로 이 비둘기에서 나온 풍습이다.

두 사람은 뗏목에 나란히 앉아 오동나무로 만든 거문고를 뜯었다. 황아가 노래를 부르면 소년은 거문고를 뜯었고 간혹 답창答唱을 하기도 했다. 이렇게 서로 번갈아 노래를 부르며 지내니 둘은 더없이 즐거웠다. 두 사람은 이 사랑의 결실로 아이를 낳았는데, 그가 바로 소호로서 일명 '궁상씨窮桑氏'라고도 한다.

신의 아들인 소호는 장성한 후 동방의 바다 밖으로 가서 나라를 만들고 '소호국少昊國'이라는 이름을 붙였다. 그곳이 바로 앞에서 이야기한 다섯 개의 신산神山이 있다고 하는 귀허歸墟로 추정된다.

소호국은 보통 나라와 다른 점이 많았다. 그의 신하들은 모두 각종 새 종류였다. 다시 말해 새의 왕국이었던 것이다. 그의 신하 가운데 제비와 까치, 안작鷃雀(종달새), 금계錦鷄[8]가 각각 춘하추동을 다스렸는데, 이들은 봉황의 다스림을 받았다.

또한 다섯 마리의 새가 국정을 전담하고 있었다. 즉 발고鵓鴣(집비

---

8 머리는 닭의 볏과 비슷하고 깃털은 꿩을 닮았다고 한다.

둘기)와 취조鷲鳥(독수리), 포곡布穀(뻐꾸기), 응조鷹鳥(매), 골구滑鳩(종달새의 일종) 등이 그것이다. 발고는 날이 흐리고 비가 올 때쯤 되면 자신의 아내를 둥지 밖으로 쫓아냈다가도 비가 그치고 날이 맑아지면 다시불러들인다. 이처럼 그는 아내를 잘 다룰 수 있으므로 부모에게도 효도를 다할 것으로 평가되어 교육을 담당하게 되었다. 또한 취조는 위무가당당한 생김새에다 성격까지 포악하여 병권兵權을 맡게 되었다. 포곡은뽕나무에서 일곱 명의 자식을 길렀는데 매일 먹이를 물어다 먹였다. 그런데 아침에는 큰놈부터 먹이고 밤에는 막내둥이부터 먹여서 형제간에아무런 불평이 없었다. 그래서 소호는 그에게 건축을 맡겨 사람에게 집을 짓거나 개울을 파 주도록 했다. 그렇게 함으로써 불평을 막도록 하기 위해서였다. 그리고 응조가 있다. 이 새도 취조처럼 위엄이 당당한데다 성격이 거칠기로 유명했다. 게다가 공평무사한 데가 있어서, 그에게는 법률과 형벌을 맡겼다. 끝으로 골구라는 새가 있다. 꼬리가 짧고청흑색을 띤 조그마한 새인데, 하루 종일 쉬지 않고 노래만 불러댔다.그래서 그에게는 조정의 발표자 역할을 맡겼다. 이 밖에도 다섯 마리의들닭이 있는데 이들에게는 각기 목공木工과 금공, 도공, 피혁공, 염색공을 맡겼으며, 아홉 종류의 호조扈鳥(콩새)는 농업을 맡도록 했다.

이처럼 소호국은 새의 왕국인 만큼 조정에서 회의라도 여는 날에는 진풍경이 벌어진다. 각종 새가 이리저리 분주히 날아다니며 알 수없는 묘한 소리를 낸다. 소호는 백조百鳥의 왕으로서 조정의 중앙에 앉아 있다. 그러나 그의 형상은 고서에도 정확한 기록이 없어 현재 미지로 남아 있다. 그러나 그를 '지摯'라고도 부른 것으로 보아, 그와 발음이같은 지조鷙鳥, 즉 새매일 가능성이 크다. 그가 새매였기 때문에 백조를거느리고 동방에 새의 왕국을 건설할 수 있었던 것이 아닐까?

이상이 고서의 기록된 내용인데, 그가 '새에게 관직을 주었다'는

**서방 천제 소호**
소호는 동방에 있는 새의 왕국을 다스렸는데 나라의 문무백관은 모두 새였다고 한다.

이야기에서 '관직'이란 말은 후세 사람들이 갖다 붙였을 뿐 크게 신빙성이 있는 이야기는 아니다.

　소호가 동방에 있는 새의 왕국에서 국왕으로 군림하고 있을 때, 그의 조카인 전욱이 그를 찾아와 국정을 도운 적이 있었다. 이 소년은 재능이 뛰어났지만 나이가 어려서 오락과 놀이에만 열중하였다. 그러자 그의 숙부인 소호는 특별히 그에게 거문고와 비파를 만들어주고는 갖고 놀게 했다. 나중에 성인이 된 전욱은 자기 나라로 돌아가게 되었는데 그때는 이미 그 악기들이 필요 없게 되었다. 그래서 소호는 거문고와 비파를 동해 밖에 있다고 하는 어느 거대한 계곡에 갖다 버렸다. 그때부터 이상하게도 달 밝은 고요한 밤에 파도가 자는 날이면 그 계곡에서 아름다운 거문고 소리가 들려왔다. 후세에 와서 어떤 사람이 배를 타고 그곳을 지나가다가 파도에 실려 들려오는 이상한 음악 소리를 들었다고 한다.

한편 동방의 왕국을 다스렸던 소호는 한참 시간이 흐르자 서방의 고향으로 돌아갔다. 이때 새의 몸에 사람의 얼굴을 한 '중重'이라는 아들을 동방의 천제인 복희의 속신屬神으로 남겨두었는데 그가 바로 목신木神 '구망'이다. 소호는 '해該'라는 아들을 데려와 자신의 속신으로 삼았다. 그가 곧 금신金神인 '욕수蓐收'로서 동방의 천제가 되어 서방 1만 2천 리의 땅을 다스렸다고 한다.

이들 부자의 직책은 어느 정도 한가했던 것 같다. 소호는 장류산長留山에 살고 있었는데, 그의 임무는 서산으로 지는 태양의 동쪽에 비추는 빛이 정상인지 아닌지의 여부를 살피는 것이었다. 한편 욕수는 장류산 부근에 있는 유산泑山에 살았는데 아버지와 비슷한 임무를 수행하고 있었다. 일반적으로 태양이 지고 나면 노을이 하늘에 드리워진다. 그래서 소호는 원신員神이라고도 하고 욕수는 홍광紅光이라고도 부른다. 그들의 이름만 보아도 해가 질 때의 장엄하고 아름다운 풍경이 눈에 떠오른다.

다른 전설에 따르면, 대지의 서쪽 끝 서해 바닷가에 있는, 옛날 소호의 모친이 연인과 함께 놀았다는 거대한 뽕나무 위에는 연꽃처럼 붉게 이글거리는 태양 열 개가 일자로 나란히 걸려 있다고 한다. 열 개의 태양은 교대로 일하며 이곳에서 휴식을 취한다고 한다. 그 찬란한 불빛이 대지에 내리쪼인다고 상상해보라! 얼마나 아름답겠는가? 서산에 지는 해가 반사하는 빛을 감독하였다는 소호나 욕수도 틀림없이 매일 이 아름다운 광경을 감상했을 것이다.

욕수는 태양의 빛을 감독하는 임무 외에 천상의 형벌도 관장하고 있었다. 일설에 따르면 옛날 춘추시대에 '괵虢'이라는 작은 나라가 있었다. 국왕의 이름은 '추醜'라고 했는데 그가 어느 날 밤에 이상한 꿈을

**천상의 형벌을 관장하는 신인 욕수**
욕수는 천상뿐 아니라 지상의 인간에게도 나타나 죄악을 벌했다.

꾸었다. 꿈속에서 그는 종묘의 계단에 위풍당당하게 서 있는 한 신을 보았다. 신은 사람의 얼굴에 호랑이의 발톱을 하고 있었으며 온몸에 흰 털이 나 있었고 손에 커다란 도끼를 들고 있었다. 국왕 추는 깜짝 놀란 나머지 쏜살같이 도망치고 말았다. 그때 신의 목소리가 들려왔다.

"도망가지 말지어다. 천제께서 나에게 명령을 내리셨다. 진晉나라의 군대로 너의 도읍을 치리라."

국왕은 무서워서 아무 말도 못하고 그저 황급히 허리를 굽혀 읍할 뿐이었다. 그 순간 잠에서 깨어난 그는 꿈이 심상치 않다고 생각하여 태사太史 은囂을 불러 길흉을 점치게 했다.

한참을 생각한 태사는 다음과 같이 말했다.

"폐하께서 말씀하신 꿈속의 신은 형상을 보아하니 욕수임에 틀림 없습니다. 욕수란 다름 아닌 천상의 형벌을 다스리는 신이므로 폐하께서 꿈에서 보셨다면 길조는 아니옵니다. 부디 조심하셔야겠습니다. 왜 냐하면 군주의 길흉화복은 오로지 정치를 어떻게 하느냐에 달려 있기 때문입니다."

사실 추는 정치를 엉망으로 하고 있었다. 그는 내심 태사가 좋은 해몽을 해주기를 기대하고 있던 차에 이 같은 직언을 듣고 나니 화가 머리끝까지 치밀었다. 그래서 곧장 태사를 감옥에 가두어버리고는 명을 내려 국내의 백관을 불러 모아 이 꿈을 축하하라고 했다. 이 우둔한 국왕은 그렇게 하면 전화위복이 될 줄 알았던 것이다.

한편 주지교舟之僑라고 하는 대부大夫는 그처럼 당치도 않은 국왕의 행동에 장탄식을 금치 못하고 있었다. 그래서 가족을 불러 다음과 같이 말했다.

"나는 옛날부터 이놈의 나라가 망하고 말 것이라는 이야기를 수많은 사람들로부터 들어왔다. 이제 그것이 사실이라는 것을 알게 되었다. 국왕은 얼마나 어리석은가! 악몽을 꾸었다면 그 이유를 살펴 각성은 하지 않고 오히려 사람을 불러 축하를 하라니. 대국이 침략해 올 것을 축하하란 말인가! 그렇게 해서 화근을 없애버리겠다고 하니 얼마나 어리석은 짓인가! 이곳에 남아 나라가 망하는 것을 보느니 차라리 이 기회에 멀리 떠나리라."

결국 주지교는 가족들을 데리고 진나라로 가버렸다. 그 뒤 6년이 지나자 과연 진나라 헌공獻公이 우虞나라로부터 길을 빌려 곽나라를 침공했다. 결국 곽나라는 멸망했고, 그 뒤를 이어 우나라도 같은 운명에 처하고 말았다.

위의 이야기를 통해보면 천상의 형벌을 주관한 욕수는 곧이곧대로 천제의 명령을 수행한 셈이다. 그는 형 구망과는 달리 성실한 신이었고, 소호의 유명한 아들 중에서도 명실상부한 아들이었다고 할 수 있다.

소호의 후손 중에는 이 밖에도 유명한 인물이 많다. 활과 화살을 발명했다는 반般이라는 아들이 있는가 하면, 남방 계리국季釐國에 있는 민연緡淵이라는 곳으로 귀양을 가서 그곳의 주신主神이 되었다는 배벌倍伐이라는 아들도 있다. 북방의 바다 밖에는 '일목국一目國'이라는 나라가 있는데 그곳 사람들은 형상이 기이했다. 눈이 하나였는데, 그것도 얼굴의 가운데에 있었다고 한다. 일설에 의하면 이들도 소호의 후손이라고 한다. 이 밖에도 요임금 시대에 그를 도와 국정을 다스렸다는 고도皋陶나 우임금 때에 함께 홍수를 다스렸다는 백익伯益, 그리고 분수汾水의 수신 대태臺駘도 그의 후손이라고 한다.

속담에 "한 손에 나 있는 손가락도 길이가 서로 다르다"라는 말이 있듯이 소호의 자손 중에도 불초 자손이 있었던 모양이다. 그중에서도 궁기窮奇라는 후손이 대표적인 예라고 할 수 있다. 일설에 의하면 그는 호랑이 같은 맹수로서 겨드랑이에 날개가 달려 있어 하늘을 마음대로 날아다닌다고 했다. 또한 사람의 말도 알아들은 그는 하늘에서 내려와 사람을 잡아먹곤 했다. 그가 사람을 잡아먹는 방법도 매우 특이하다. 즉 사람들이 서로 싸우고 있을 때면 반드시 정직한 사람을 잡아먹는다. 어느 정직한 사람이 그에게 코를 먹혔는가 하면, 악한에게는 오히려 짐승을 잡아다 주었다고 한다. 정말 알 수 없는 괴물이었던 모양이다.

그러나 또 다른 기록에 의하면 궁기가 그렇게 나쁜 인물은 아니었던 듯하다. 옛날에는 납일臘日[9]을 성대하게 지냈다. 당시의 풍습에 의하면 음력 12월 7일이 되면 황제의 궁전에서 성대한 의식을 거행했다고 한다. 이것을 '대나大儺'라고 하는데 이를 통하여 마귀를 쫓아낸다고 한다. 이 의식은 우선 환관宦官의 가족 중에서 10세 이상 12세 이하의 어

---

9 음력 12월 8일. 민간이나 조정에서 종묘나 사직에 제사 지내던 날.

린 소녀 120명을 선발하여 '진자假子'로 삼는 것으로 시작한다. 진자는 머리에 붉은 두건을 두르고 검은 옷을 입었다. 그리고 손에는 커다란 흔들북을 들고 요란하게 흔들어대면서 '방상씨方相氏'를 뒤따랐다. '방상씨'란 마귀의 왕으로 분장한 사람을 말하는데, 금박으로 오려 붙인 네 개의 눈에서 섬광을 발하는 커다란 가면을 썼다. 등에는 곰 가죽을 뒤집어쓰고 검은 상의에 붉은 치마를 입었다. 또한 오른손에는 창을, 왼손에는 방패를 들고 맨 앞에서 길을 인도했다. 그의 뒤에는 열두 사람이 각기 기이한 동물 모양의 탈을 쓰고 뒤따랐다. 그 열두 마리의 동물 가운데 궁기가 있었는데, 그의 임무는 '등근騰根'이라는 짐승과 함께 사람들을 해치는 '고蠱'를 잡아먹는 것이다. '고'라는 것은 대개 강한 독성을 지니고 있는 일종의 독충으로서 도마뱀이나 거머리, 말똥구리 등을 가리킨다. 일설에 의하면 어떤 고약한 자는 이런 독충들만 전문적으로 길러 사람을 해치게 했다고 한다. 이를테면 각종 독충을 한곳에 집어넣어 서로 잡아먹게 한 다음, 최후의 생존자를 골라내어 사람을 해치도록 한다는 것이다. 궁기와 등근의 임무는 바로 이 같은 독충들을 박멸하는 것이었다. 이처럼 독충들을 박멸하는 긴 행렬은 환관이나 궁정의 잡역부들로 충당되는 것이 보통인데, 이들은 무리를 지어 황제의 궁원을 거닐었다. 뿐만 아니라 마귀가 들으면 등골이 오싹해지는 이상한 노래를 환관들이 선창하면 아이들이 뒤따라 불렀다. 그 노래의 가사는 대체로 다음과 같다.

마귀야, 마귀야
함부로 날뛰지 마라.
우리에게는 열두 명의 신이 있는데
그들은 하나같이 용맹스러워 감당하지 못할지니!

게다가 그들은 몰인정하여

사람을 해치는 네놈들을 모조리 죽일 것이다.

네놈의 몸뚱이를 새까맣게 태우고

팔다리는 갈기갈기 찢어놓겠다.

게다가 네놈들의 몸뚱이를 난도질하고

오장육부를 꺼내놓을 것이니

아직도 몰랐거든 늦지 않았으니 빨리 도망치거라.

그렇지 않으면 네놈들을 잡아다 성찬을 차리리라.


노래가 끝나면 방상씨의 열두 마리의 짐승들은 한데 어울려 춤을 춘다. 주위에 있는 사람들도 환호성을 지르면서 궁원의 앞뒤를 세 바퀴 돈다. 그다음 횃불을 들고 궁전에 있는 역귀疫鬼를 쫓아내는데, 궁문 밖에 있던 1천 명의 기사들이 이 횃불을 건네받아 말을 타고 곧장 성 밖에 있는 낙수洛水로 달려간다. 그리하여 횃불을 모두 낙수에 던져버리는데, 이렇게 해야 마귀가 횃불과 함께 물에 휩쓸려 떠내려간다고 믿었기 때문이다. 의식이 여기까지 진행되면 이제 사람들은 안심하고 집으로 돌아가 잠자리에 드는 것이다.

이상의 풍속을 보면 소호의 불초 후손이라고 여겨지던 궁기도 반드시 그렇게 사악한 존재는 아니었던 것 같으며 때로 인간에게 좋은 일도 했음을 알 수 있다.

# 3

## 북방의 신 전욱

앞에서는 서방의 천제인 소호에 대하여 알아보았다. 한편 그와 거의 동시에 북방의 천제라고 하는 대신이 나타났으니 그가 바로 '전욱'이다. 그는 황제의 증손자라고 할 수 있다. 《산해경》을 보면 황제의 처는 '뇌조雷祖', 즉 양잠을 발명했다는 '유조嫘祖'였으며 그녀는 '창의昌意'를 낳았다. 그런데 창의는 천궁에서 잘못을 범하는 바람에 인간 세상에 있는 약수若水[10]로 귀양 가서 살게 되었다. 창의는 그곳에서 '한류韓流'라는 아들을 낳았는데, 이 아들의 생김새가 매우 기이하였다. 긴 목에 귀가 아주 작았으며, 얼굴은 사람 같았지만 입은 돼지처럼 생겼다. 또한 기린처럼 기다란 키에 두 다리가 한곳에 붙어 있었고, 발은 돼지의 발 모양이었다. 그는 요자씨淖子氏의 딸인 아녀阿女를 아내로 맞아 아들 하나를 낳았는데, 그가 바로 전욱이라는 것이다. 전욱의 형상은 그의 부친인 한류와 비슷했다.

앞에서도 잠시 언급했듯이 소호가 동방의 바다 바깥에서 새의 왕국을 통치하던 무렵, 아직 어린아이였던 전욱이 그곳으로 놀러간 적이 있었다. 그는 그곳에서 숙부인 소호를 도와 국정을 보좌했는데, 나중에

---

**10** 지금의 사천성四川省 일대.

장성하여서는 중국으로 돌아와 북방의 천제로 지냈다. 그의 부하 신 중에는 1장에서 언급한 바 있는 해신 겸 풍신 우강禺強이 있다. 우강은 원명元冥이라고도 하는데, 연배로 보자면 전욱의 아버지뻘이 된다. 그러나 그는 자신보다 한참 어리지만 강력한 신인 전욱 밑에서 아무런 불평없이 부하 역할을 충실히 수행하였다. 이들은 공동으로 북방의 동토凍土 1만 2천 리를 다스렸던 것이다.

## 신과 인간의 분리

중앙의 천제는 신국의 최고 통치자인 황제였다. 그가 태평무사하게 직책을 수행하고 있을 무렵 갑자기 묘족을 이끌고 쳐들어온 치우蚩尤 때문에 국내는 온통 수라장이 되고 말았다. (황제와 치우의 전쟁은 다음 장에서 자세히 설명하겠다.) 몇 년간 전쟁을 치른 끝에 치우를 죽이고 난리도 평정할 수 있었지만 황제는 마음이 불쾌하기 그지없었다. 때로 상제라고 하는 직책에 대해 염증도 느꼈다. 게다가 증손자인 전욱이 잘 다스리는 것을 보자 그만 중앙의 상제 자리를 그에게 넘겨주고 말았다. 전욱에게 자신의 신권神權을 대행시킨 것이다.

황제의 뒤를 이어 상제 보좌에 오른 전욱은 과연 자신의 통치 능력을 유감없이 발휘했다. 그가 통치한 우주는 증조부인 황제 때보다도 훨씬 잘 다스려졌다. 그가 상제에 오르고 나서 처음 착수한 대사업은 대신大神 중重과 여黎를 시켜 천지간에 놓여 있던 통로를 끊어버리게 한 것이다. 천지는 전욱이 상제가 되기 전부터 이미 분리되어 있었지만 그사이에 길이 나 있어 서로 왕래할 수 있었다. 그 길이 곧 앞에서 언급한 바 있는 '천제'라는 하늘의 사다리였던 것이다. 천제는 신과 선인仙人 그리고 무사巫師, 이 세 부류를 위해 가설되어 있었다. 그러나 인간 세상에 살고 있던 사람들도 이것을 이용하여 천궁에 오를 수 있었다. 특히 지혜와 용기를 지닌 많은 사람들이 자신의 능력을 발휘하여 오르곤 했다. 그래서 춘추시대 초나라의 소왕昭王이 대부인 관야부觀射父에게 다음과 같이 말했던 것이다.

"《주서周書》를 보니 중과 여가 천지간의 통로를 끊어버려 서로 왕래하지 못하도록 했다고 하는데 그게 무슨 뜻인가? 만약 그들이 통로를 끊어놓지 않았더라면 인간이 하늘을 오르내릴 수 있었다는 말인가?"

매우 천진난만한 물음이라고 아니할 수 없다. 그러나 소왕의 물음은 고대 신화의 진상을 잘 설명해주고 있다. 확실히 옛날에는 천지간에 통로가 연결되어 있어서 자유로이 왕래할 수 있었다. 사람들은 무슨 어려운 일이라도 생기면 천궁에 올라가 신에게 직접 하소연할 수 있었고, 신들도 자유롭게 인간 세상으로 내려와 놀곤 했다. 당시만 해도 인간과 신 사이에는 그렇게 엄격한 구분이 없었던 것이다.

불행히도 그 시절은 오래 지속되지 못했다. 다른 기록에 의하면 천상에는 치우라는 고약한 신이 있었다. 그는 기회만 있으면 천제를 타고 인간 세상으로 몰래 내려가 사람들을 선동하고 반란을 획책하였다. 원래 묘족들만은 그의 선동에 전혀 응하지 않았다. 그러자 치우는 가혹한 형벌을 만들고는 그들을 못 살게 굴었다. 시간이 흐름에 따라 묘족들은 그 고통을 감당해낼 수 없게 되었다. 게다가 선행을 한 자에게는 벌을 주고 악행을 일삼은 자에게는 오히려 상을 주었기 때문에 그들의 선량했던 천성도 차츰 변하게 되었다. 결국 그들은 치우의 반란에 협조하고 말았다.

묘족은 천성이 변하고 나서부터 매우 흉폭해졌다. 치우에게 협조했던 초기의 그 어느 종족보다도 오히려 더 흉폭해져버린 것이다. 그들의 목적은 치우를 도와 상제의 신좌를 탈취하는 데 있었다. 결국 선량

**중앙 천제 전욱**
황제의 뒤를 이어 중앙의 천제로 등극한 전욱은 천계와 인간 세계를 잇는 통로를 끊었다.

한 백성들이 먼저 묘족의 공격 대상이 되었고 수많은 무고한 목숨이 죽어갔다. 그들은 원혼이 되어 천상의 황제에게 하소연하기 시작했다. 이 사건을 전해들은 황제는 사람을 보내 진상을 조사하도록 했다. 아니나 다를까 묘족이 실로 엄청난 죄악을 저지르고 있다는 사실이 드러나자 황제는 선량한 백성들을 보호하기 위해 천상의 병졸과 장수를 보내 묘족을 징벌하게 했다. 그 결과 치우는 피살되었고 묘족도 멸망하고 말았다. 몇몇 후손들이 남게 되었지만, 부족을 형성할 만큼 많지 않았다. 이리하여 황제는 '천상의 토벌'을 완수하게 되었다.

한편 치우와 묘족이 남긴 교훈을 잘 알고 있었던 전욱은 황제의 자리를 물려받자 심사숙고하지 않을 수 없었다. 그는 신과 인간이 아무런 구분 없이 한데 뒤섞여 어울리면 장점보다는 단점이 많이 생긴다고 생각했다. 그렇게 되면 제2의 치우 사건이 발생할지도 모르는 일이었다.

심사숙고한 그는 결국 손자인 대신 중과 여를 보내 원래 천지간에 놓여 있던 통로 '천제'를 절단하도록 했다. 더 이상 신과 사람이 왕래하지 못하게 하기 위해서였다. 자유로운 왕래보다 우주의 안녕과 질서를 유지하는 것이 훨씬 중요하다는 생각에서였다. 이때부터 대신인 중은 하늘만 전문적으로 관리하게 되었으며, 여는 땅만 다스리게 되었다고 한다.

땅을 다스리게 된 여는 지상에 내려오자마자 '열噎'이라는 아들을 낳았다. '열'은 사람처럼 생기긴 했지만 팔이 없었고 다리가 머리 위에 나 있었다. 그는 대황大荒의 서극西極에 있다고 하는 일월산日月山에서 살았다. 그 산꼭대기에는 '오희吳姬의 천문天門'이 있는데―태양과 달이 이 천문으로 출입한다고 한다―그는 이곳에서 부친을 도와 일월성신의 운행을 다스렸다. 그 역시 염제의 7대손인 열명噎鳴처럼 시간을 다스리는 신이었다고 할 수 있다. 이렇게 하여 신과 인간은 더 이상 뒤섞이지 않게 되었고 음과 양이 질서를 되찾았으며 천상과 인간 세상에도 평화가 찾아오게 되었다.

하늘과 땅의 교통이 두절되자 천상의 신은 가끔 인간 세상에 몰래 내려올 수 있었지만, 지상의 인간은 이제 더 이상 하늘에 오를 수 없게 되었다. 그래서 사람과 신의 관계는 순식간에 멀어지고 말았다. 이제 신은 천상에 앉아 인간이 봉헌하는 희생물과 제사를 받을 수 있었지만 인간에게는 고통과 재난이 끊이지 않았다. 신들로서는 인간이야 어떻게 되든 이제 알 바가 아니었다. 그들은 인간의 일에 전혀 관심을 보이지 않게 된 것이다.

신과 인간 사이에 거리가 생기자, 그 결과가 곧장 인간 세상에 영향을 미치기 시작했다. 이제는 인간과 인간 사이에도 날이 갈수록 거리가 생기게 된 것이다. 어떤 자는 지상의 통치자가 된 반면 수많은 사람이 그의 노예로 전락하고 말았다. 뿐만 아니라 각종 불행한 사건이 끊이지 않음에 따라 인간 세상에는 점차 먹구름이 끼게 되었다.

그러나 상제인 전욱은 이 같은 인간의 고통에 아무런 관심도 보이지 않았던 것 같다. 다른 역사 기록을 보더라도 그가 인간의 고통에 대해 관심을 보였다는 흔적이 없기 때문이다. 또 다른 전설을 보면 전욱은 '예의禮義'를 중시했던 것 같다. 전하는 바에 의하면 그는 여자를 천시하는 '중남경녀重男輕女'의 법률을 만들었다고 한다. 그는 부녀자가 길에서 남자를 만나게 되면 반드시 길을 비켜 가야 한다고 널리 공표했다. 이 법을 따르지 않을 경우, 여자를 십자로에 끌고 가 무당을 불러 요란하게 푸닥거리를 시켰다. 그 여자에게 붙어 있는 요기를 쫓아낸다는 것이었다. 이 얼마나 불행한 노릇인가? 이때부터 가련한 여인들은 매사에 주의하게 되었고, 남자를 보게 되면 귀신이라도 만난 것처럼 황급히 도망쳐버렸다. 법을 만든 자는 이렇게 함으로써 쾌감을 느꼈다는 말인가?

또한 일설에는 당시 어느 오빠와 누이동생이 결혼하여 부부가 되었는데, 이를 알게 된 전욱이 격노하여 예의범절을 문란케 했다는 죄명으로 이들을 공동산崆峒山이라는 깊은 산속으로 귀양 보냈다고 한다. 그들에게는 먹을 것도 입을 것도 주어지지 않았다. 추위와 허기에 지친 부부는 결국 산속에서 굶어 죽고 말았다. 그 뒤 신조神鳥—아마도 해신이며 풍신인 우강일 것이다—가 우연히 이곳을 지나다가 이 불쌍한 부부를 보게 되었다. 그는 불사초를 물고 와 그들의 몸을 덮어주었다. 7년이 흐른 어느 날 부부는 부활하게 되었다. 그러나 부활하기는 했지만 그들의 몸은 붙어 있었다. 몸뚱이는 하나인데 머리는 두 개, 그리고 네 개의 손발이 달린 괴인으로 변해 있었던 것이다. 이들은 자손을 낳았는데, 그 후손도 마찬가지로 몸이 붙어 있었다. 그들은 부족을 이루어 몽쌍씨蒙雙氏라는 이름으로 불렸다.

## 전욱의 후손

질서와 예의를 지나치게 중시했던 상제 전욱에 대해 인간은 그리 호감을 품지 않았던 모양이다. 그 이유는 질서와 예의에 대한 강요 때문이라기보다 다른 데 있었다. 전설에 따르면 그의 불초 자식이 다른 어느 상제보다도 많았기 때문이다. 그는 아들을 여럿 두었는데 그중 세 명이 요절을 했다고 한다. 그중 하나는 강수江水에서 살다가 죽었는데 학질의 귀신으로 변하여 인간에게 학질을 옮겼다고 한다. 그래서 학질에 걸리게 되면 추위와 더위를 못 이긴다. 또 다른 아들은 약수若水 가에 살았는데, 죽은 후 망량魍魎이라고 하는 해괴망측한 도깨비로 변했다. 이 도깨비의 외양은 세 살짜리 어린아이 같은데 눈이 붉고 커다란 귀가 달려 있었다. 이놈은 캄캄한 밤중에도 붉은 몸뚱이를 드러내고 있는데 머리에는 검은 기름을 부은 듯 빛나는 머리카락이 나 있었다. 사람의 목소리를 잘 흉내 내어 그들을 유혹했다고 한다. 또 한 아들은 소귀小鬼로 변하여 사람들의 집 지붕에 살면서 병이나 부스럼을 옮기는가 하면 어린아이들을 놀라게 했다고 한다.

이처럼 전욱의 요절한 세 아들은 모두가 사람을 해치는 악귀로 변했다. 앞에서 언급한 것처럼 방상씨方相氏가 몰아낸다고 하는 잡귀의 무리에 속하는 것들이다. 궁중에서 잡귀를 쫓아내는 의식이 성대했던 것처럼 민간에서도 의식을 올려 잡귀를 물리치려 했다. 농촌에서는 매년 음력 12월 8일이 되면 허리가 잘록하게 생긴 장구 같은 북을 치면서 금강역사金剛力士[11] 놀이를 벌인다. 이는 한 사람이 머리에 귀신 모양의 가면을 쓰고 앞장서서 잡귀를 멀리 쫓아내는 놀이이다.

---

11 금강저金剛杵를 가진 역사. 금강저란 불교 용어로 인도에서 만들어졌다는 병기를 가리킨다. 이것으로 악귀를 쫓아낸다고 한다.

**삼면일비국인**
전욱의 후손으로는 얼굴이 세 개에 팔은 하나인 삼면일비국의 사람들이 있다.

이 밖에도 전욱에게는 '도올檮杌'이라는 아들이 있었다. 도올은 앞의 세 아들보다도 포악했다. '오한傲狠' 또는 '난훈難訓'이라는 별명만 봐도 어떤 인물인지 짐작하고도 남는다. 맹수였던 도올은 호랑이와 비슷하게 생겼지만 몸집은 그보다 훨씬 컸고 온몸에 두 자나 되는 긴 털이 나 있었다. 그러면서도 사람의 얼굴에 호랑이의 발, 돼지의 입을 하고 있는데, 이빨에서 꼬리까지의 길이가 한 길하고도 여덟 자나 되었다고 한다. 이놈은 흉폭한 성질을 마음대로 발휘하여 황야를 누비면서 닥치는 대로 나쁜 짓을 저질렀지만 아무도 그를 말릴 수 없었다.

그렇지만 전욱의 후손도 다른 천제처럼 많이 번성했다. 이를테면 남방의 황야에 있다는 계우국季禺國과 전욱국顓頊國, 서방의 황야에 있는 숙토국淑士國 그리고 북방의 황야에 있는 숙촉국叔歜國과 중륜국中輪國 등은 모두 그의 후손 국가이다. 이 밖에도 서방의 황야에는 삼면일비국三面一臂國이 있는데 그곳 사람들은 모두 얼굴은 세 개면서도 팔은 하나뿐인데도 장생불사했다고 한다. 이들 역시 전욱의 후손들이다.

## 팽조의 장수

전욱의 후손 중에는 우리에게 유명한 인물도 있다. 그가 바로 오래
산 것으로 이름난 '팽조彭祖'다. 팽조는 전욱의 현손玄孫이었다. 팽조가
태어나기 전, 그의 아버지 육종陸終은 귀방씨鬼方氏의 딸인 '여회女嬇'를
아내로 맞아들였다. 여회는 3년이나 임신을 했지만 아이가 나오지 않
았다. 하는 수 없이 칼로 양쪽 겨드랑이 밑을 갈라 각각 세 아들을 꺼내
모두 여섯 명의 아들을 낳게 되었다고 한다. 팽조는 그 가운데 하나였
는데, 성이 전籛이고 이름은 견鏗이었다. 전설에 의하면 그는 요순 임금
시대부터 주나라 초기까지 도합 8백여 년을 살았다고 하는데, 그것도
부족하여 죽을 때는 단명을 한탄했다고 한다. 그는 어떻게 그토록 오래
살 수 있었을까? 천제의 후손이었기 때문에 가능했을 수도 있다. 그러
나 천제의 후손이라고 해서 모두 그처럼 장수한 것은 아니니 틀림없이
다른 까닭이 있었을 것이다. 또 다른 전설을 들어보자.

은나라 말기, 팽조의 나이는 이미 767세였다. 그러나 얼굴에는 조
금도 늙은 흔적이 없었다. 당시 은나라 왕은 그의 장수 비결을 사모한
나머지 아름다운 궁녀를 보내 그 비결을 알아 오도록 했다. 팽조는 궁
녀에게 다음과 같이 말했다.

"물론 장수에는 비결이 있지. 하지만 나는 견문도 적고 무식해서
말로 표현해낼 수가 없단 말이야. 나를 예로 들어 설명하자면, 태어나
기도 전에 아버지가 돌아가셨고 어머니도 3년 만에 돌아가셨지. 갑자
기 고아가 되었지 뭐야. 그 뒤 견융犬戎의 난리를 당해 서역 지방으로
떠돌아다니는 신세가 되었지. 그러기를 무려 1백 년 동안이나 말이야.
젊어서부터 지금까지 총 마흔아홉 명의 아내와 사별을 했고 그동안 자

**전욱의 후손인 팽조**
팽조는 천제에게 야계탕을 바치고 상을 받아 8백 살 넘게 장수했다.

식들도 쉰네 명이나 요절(?)하는 것을 내 눈으로 목격했지. 참으로 우환이 많았던 인생이라고나 할까? 정신적으로 받은 타격도 컸지. 게다가 어릴 때 잘 먹지 못해 몸도 튼튼하지 못했고 그 후로도 마찬가지여서 네가 보듯 이렇게 깡마르지 않았는가? 나도 머지않아 세상을 떠날 것 같은데 무슨 장수 비결을 말하라는 것인지 모르겠구먼."

말을 마치기가 무섭게 팽조는 긴 한숨을 내쉬고는 어디론지 사라져버렸다. 그 사건이 있고 나서 70여 년 뒤 어떤 사람이 유사국流沙國의 서방 국경 지대에서 "머지않아 세상을 떠날 것"이라던 팽조를 보았다고 하는데, 그가 낙타를 타고 천천히 어디론가 가고 있었다는 이야기였다.

이처럼 팽조 자신이 장수의 비결을 발설하지 않았기 때문에 각종 추측만 난무하게 되었다. 혹자는 그가 계지桂芝라는 특수한 약을 먹었기 때문이라고 주장하는가 하면, 어떤 사람은 팽조가 심호흡에 정통했기 때문이라고 주장했다. 그러나 모두 사실과는 거리가 멀다. 그가 장수했던 비결은 바로 맛있는 야계탕野鷄湯[12]을 요리하는 비법을 알고 있었기 때문이다. 그는 이 탕을 천제에게 봉헌한 적이 있다. 야계탕을 먹고 그 맛에 놀란 천제는 기쁜 나머지 그에게 8백 년의 수명을 내려주었던 것이다. 그러나 욕심이 많았던 팽조는 그것도 부족하다고 생각했는지 임종 때에 자신의 단명을 한탄했다고 한다.

### 저파룡

전욱의 후손 가운데 유명한 인물은 팽조 외에도 노동老童과 태자 장금長琴이 있다. 노동은 전욱의 아들이라고 하는데, 말하는 목소리가 마치 악기를 연주하듯 음악적인 정취가 있었다. 태자 장금은 노동의 손자였는데, 서북 바다 밖의 요산橋山에 살면서 아름다운 노래를 많이 지었다고 한다.

이처럼 후손들이 음악적인 재능을 지닌 것은 전욱이 음악을 좋아했던 것과 밀접한 관계가 있다. 상제라는 면에서 볼 때 그는 결코 이상적인 상제가 못 되었다. 그러나 음악에 관해서만큼은 뛰어난 식견을 지녔던, 소위 드물게 보는 '음악 애호가'였다고 할 수 있다. 어린 시절의 전욱이 숙부 소호가 다스리는 새의 왕국에서 지내던 무렵, 그의 음악성은 백조들의 노랫소리 덕분에 이미 충분히 발달해 있었다. 게다가 소호가 거문고와 비파를 만들어주어 갖고 놀게 했던 만큼 그는 음악 쪽에서 탁월해질 수 있었다. 나중에 상제에 오른 전욱은 어느 날 천풍이 불어주는 소리가 마치 악기를 연주하는 것처럼 아름답게 들렸다. 그는 이처럼 바람이 연주해주는 음악을 좋아해서 천상의 비룡飛龍으로 하여금 바

---

12 야생 닭을 요리한 국.

**노동**
전욱의 후손 중 노동은 음악적 재능이 뛰어났다.

람을 모방하여 각종 음악을 연주하게 했는데, 이 음악을 '승운지가承雲
之歌'라 한다. 전욱은 이 음악을 당시 잠시 물러나 있던 증조부 황제에
게 헌상하여 기쁨을 사려고 했다.

　그는 직접 곡을 만들어보려 했지만 너무 힘들자 저파룡猪婆龍에게
대신 작곡을 하도록 명했다. 저파룡은 주둥이가 짧은 악어처럼 생겼는
데 크기는 한 길쯤 되었다. 다리는 네 개였고, 등과 꼬리에는 단단한 인
갑鱗甲이 덮여 있었다. 성질이 워낙 게으르고 잠자기만을 좋아해서 언
제나 눈을 감고 있었지만, 화가 나면 상대방에게 필사적으로 달려들었
다. 그는 원래 음악에는 문외한이었지만 상제의 어명을 받고 나니 어쩔
수 없었다. 그는 육중한 몸집을 당상에 눕히고는 불룩 튀어나온 흰 뱃
가죽을 꼬리로 두드려댔다. "둥둥, 둥둥!" 꽤 아름다운 소리가 났다.
이 소리를 들은 전욱은 매우 즐거워했고 결국 저파룡을 천상의 악사로
임명하였다.

저파룡의 이름은 순식간에 인간 세계에까지 전해져 그 가죽이 아름다운 소리를 낸다는 소식이 널리 알려졌다. 그 결과 저파룡의 후손들은 불행히도 큰 재앙을 당하고 말았다. 사람들이 저파룡을 잡아 가죽을 벗겨서 북을 만들었기 때문이다. 전쟁 때나 제사를 지낼 때, 심지어 놀이할 때에도 그 북소리가 끊이지 않았다. 그래서 저파룡의 후손은 날이 갈수록 줄어들 수밖에 없었다고 한다.

다른 천제처럼 전욱도 시간이 흘러 결국 죽음을 맞이했다. 그가 죽은 뒤 그의 몸에서는 기이한 변화가 일어났다. 대풍이 북방에서 휘몰아쳐 올 때면 땅속의 샘물도 바람 때문에 땅 위로 솟아오르게 된다. 이때 어떤 뱀은 물고기로 둔갑하는데, 그것이 곧 죽은 전욱의 화신이라고 한다. 그는 뱀이 물고기로 둔갑할 때 그 몸에 붙어 다시 부활하게 된다. 부활한 그의 몸은 반은 사람의 형태이고 나머지 반은 물고기 모양이라고 한다. 이것을 '어부魚婦'라고 하는데 그의 아내인 물고기가 생명을 구해주었다는 뜻이 담겨 있다. 일설에 의하면 주나라의 시조인 후직后稷도 이와 비슷한 변화로 태어났다고 한다. 그는 무덤 속에서 부활했는데 몸의 절반이 물고기 형상이라고 한다.

# 4

# 인류의 수난

앞에서도 이야기했듯이 전욱이 중과 여를 시켜 하늘과 땅 사이의 통로를 절단한 뒤부터 신과 인간의 거리가 멀어지게 되었다. 그 결과는 곧 인간 세상에도 영향을 미치기 시작했고, 얼마 지나지 않아 사람과 사람 사이의 거리도 멀어지고 말았다. 오직 극소수만이 높은 지위에 오를 수 있게 되었고, 백성들 대부분은 전락하고 만 것이다. 높은 지위에 오른 사람은 인간 세상의 신이 되었다.

물론 이때까지만 해도 세상에는 그리스 신화에 나오는 '판도라의 상자' 같은 것은 없었다. 그러나 인간 세상에는 여러 가지 불행한 사건이 나타났다. 인간에게 재앙을 안겨주는 각종 괴조怪鳥와 동물이 늘어났고 산과 들에는 무수한 신령들이 들어차게 되었던 것이다. 이제 사람들은 우환과 공포 속에서 생활해야 했고, 세상에는 어두운 그림자가 차츰 드리워졌다.

일설에 의하면 '비유肥遺'라고 하는 뱀은 여섯 개의 다리에 네 개의 날개가 있는데, 이놈이 한번 하늘을 날면 대지에는 무서운 한발이 닥친다고 했다. 또한 영령䴎䴎이라는 괴수도 있다. 소처럼 생긴 이 괴수의 몸은 호랑이 가죽처럼 반점으로 얼룩져 있다. 영령이 인간 세상에 나타나는 날에는 반드시 엄청난 홍수가 발생한다고 한다. 그리고 '비

**비유**
여섯 개의 다리에 네 개의 날개가 달린 비유가 날면 한발이 내린다고 한다.

蜚'라고 하는 괴물은 소처럼 생겼지만 머리가 희고 눈이 한 개이며 뱀의 꼬리를 하고 있다. 이 괴물이 강에 나타나면 바닥까지 물이 마르고, 초목에 나타나면 모든 식물이 고사枯死하게 된다. 또한 인간 세상에 출현하면 엄청난 질병을 몰고 온다고 한다. 이 밖에 괴조도 나타났다. '필방畢方'이라는 새는 학처럼 생겼는데 푸른 바탕의 몸에 붉은 반점이 나 있으며 흰 부리에 다리는 하나뿐이다. 이 새가 나타나는 곳에는 반드시 화재가 발생하게 된다. 그리고 '산여酸與'라는 새도 있는데, 뱀처럼 생긴 몸에 네 개의 날개와 여섯 개의 눈, 그리고 세 개의 다리가 있다. 이 새가 나타나는 곳에서는 사람들이 공포에 질려 떨게 된다. 또한 시랑豺狼이라고 하는 여우도 있다. 이놈은 여우의 형상에 흰 꼬리를 하고 있으며 커다란 귀를 달고 있는데, 이놈이 출현하는 곳에서는 늘 전쟁이 벌어진다고 한다. 이 밖에 '오색조五色鳥'도 있는데, 이 새는 사람의 얼굴에 머리는 긴 털로 덮여 있다. 이 새가 내려앉는 나라는 반드시 멸망하고야 만다고 한다. 이처럼 각종 괴조와 괴수가 도처에서 나타나 재앙을 끼치자 인간의 생활은 고통스러워졌고 괴물들은 모두 고통의 상징

**산여**
네 개의 날개와 여섯 개의 눈, 세 개의 다리를 가진 산여는 사람을 공포에 떨게 했다.

이 되었다.

그러나 기이한 동물들 가운데는 인간에게 해를 끼치지 않는 것들도 있다. '환䑚'이라는 동물은 양의 형상이지만 입이 없는데, 더욱 놀라운 점은 어떤 방법으로도 이 짐승을 죽이지 못한다는 것이다. 남해의 바깥에서 산다는 '쌍쌍雙雙'이라는 짐승은 세 마리의 푸른 짐승이 한데 붙어 있어서 그렇게 불리게 되었다. 또한 북방의 천지산天池山에서 산다는 비토飛兎라고 하는 조그만 짐승은 토끼의 형상에 쥐의 머리가 달려 있다. 이 짐승은 등에 나 있는 털을 날개 삼아 하늘을 마음대로 날아다닌다고 한다. 이들은 최소한 인간에게 해를 끼치지 않는 짐승들이다.

해를 끼치지 않을 뿐만 아니라 도움을 주는 것들도 있다. 이들은 대부분 약용으로 쓰인다. 이를테면 '효鵁'라고 하는 새가 있는데, 날개가 네 개이고 눈은 하나이며 개의 꼬리가 달려 있다. 이 새를 먹으면 복통이 가신다고 한다. 그리고 잉어처럼 생겼으면서도 닭의 발이 두 개 달린 '초어鯈魚'라는 물고기가 있는데, 혹을 제거하는 데 효과가 있다고 한다. 양처럼 생긴 '박이䝙䝙'는 꼬리가 아홉 개이고 등에는 네 개의 눈

**박이(왼쪽)와 선구(오른쪽)**
꼬리가 아홉 개 달리고 등에는 네 개의 눈이 있는 박이와 발이 부르트는 것을 치료해주는 선구.

이 있다고 한다. 가죽을 벗겨 몸에 두르고 있으면 겁이 없어진다고 한다. 또한 '당호當扈'라고 하는 새는 야생 닭처럼 생겼는데 두 뺨에 나 있는 수염으로 날아다닌다고 한다. 이 새를 먹으면 눈이 밝아진다고 한다. 이 밖에도 발이 부르트는 것을 치료해준다는 '선구旋龜', 번개를 무서워하지 않게 해준다는 '비어飛魚', 빨리 달리게 해준다는 '생생狌狌', 악몽을 꾸지 않게 해주고 사악함을 막아준다는 '기도기鵁鵁鳥鵁' 등이 있다. 이들은 수가 많기는 하지만 안타깝게도 우리가 쉽게 구할 수는 없다고 한다.

　도움을 주지 않고 오히려 사람을 잡아먹는 새도 많다. 이를테면 북산에 산다는 '저회諸懷'와 '포악狍鴞', 서산의 '궁기窮奇', 북산의 '고조蠱雕', 동산의 '갈저猲狙'와 '기작鵸雀' 그리고 중산의 '서거犀渠' 등은 하나같이 형상이 괴이하고 성격도 포악하기 그지없다고 한다. 가끔 갓난아이가 우는 듯한 소리를 내며 사람을 유혹하는데, 유혹당한 이들 중 살아 돌아온 사람이 아무도 없다고 한다.

그러나 또한 사람에게 유익한 식물도 많다. 소실산少室山에는 '제휴帝休'라는 나무가 자라고 있는데, 길이 죽 뻗어 있는 것처럼 다섯 개의 가지가 밖으로 나 있다고 한다. 잎은 백양나무 잎과 같고 노란 꽃이 피며 검은 열매를 맺는다. 꽃과 열매를 끓여 먹으면 마음이 평화로워지고 화를 내지 않게 된다 한다. 중곡산中曲山에는 '회목櫰木'이라는 나무가 있다. 이 나무는 당리棠梨 나무와 비슷하게 생겼는데 잎이 둥글고 열매가 붉다. 열매는 주먹만 한데, 사람이 먹으면 힘이 저절로 커져 나무를 통째로 뽑을 수 있고 심지어는 산까지도 밀어낼 수 있다고 한다. 또한 소형산少陘山에서 자라나는 '강초崗草'는 줄기가 붉고 흰 꽃을 피운다. 잎은 해바라기처럼 생겼으며 포도 같은 열매를 맺는다. 이 열매를 먹으면 총명해진다고 한다. 대귀산大騩山에서 자라는 '낭독초狼毒草'는 쑥처럼 생겼는데 잔털이 많다. 푸른 꽃이 피며 흰 열매를 맺는데 이것을 끓여 먹으면 장수하게 되고 위장병도 낫는다고 한다. 이 밖에도 부스럼을 낫게 해준다는 죽산竹山의 '황관黃蘿'이라는 풀이 있는가 하면, 부종을 낫게 해준다는 풍산豊山의 '양도羊桃' 그리고 추위를 이기게 해준다는 민산敏山의 '계박蓟柏' 등의 여러 식물이 있다.

지방에 따라 기이한 사적들도 많다. 웅산熊山이라는 산의 정상에는 곰의 동굴이 있다고 한다. 이 동굴에는 이상한 신이 드나드는데, 여름에는 저절로 열려 있다가도 겨울만 되면 입구가 막혀버린다고 한다. 그러나 겨울에도 입구가 열려 있는 해에는 틀림없이 큰 전쟁이 일어난다고 한다. 또한 뒤에서 말하게 될 경부신耕父神이 살고 있는 풍산에는 입이 아홉 개나 달린 종鐘이 있다고 한다. 이 종은 매년 서리가 내릴 때가 되면 이상한 소리를 내며 운다고 한다. 그리고 조서鳥鼠의 동굴 산에는 '도鵌'라는 새가 살고 있는데, 닭과 흡사하지만 크기는 약간 작다. 이 새의 날개는 노란 바탕에 검은 점이 박혀 있다. 그리고 꼬리가 짧은

쥐도 있는데 이들은 산속에서 서너 자 깊이로 구멍을 뚫고 사는데 서로 다투지 않고 함께 어울려 사이좋게 지낸다고 한다. 새인 도遂가 밖에서 먹이를 찾는 동안 이 쥐는 동굴 안에서 집안일을 한다. 마치 다정한 부부처럼 살아가는데 새끼를 낳으면 다 클 때까지 공동으로 양육한다고 한다.

수풀이나 호수에 있는 신 가운데는 선량한 신보다 악한 신이 더 많다. 이를테면 조양朝陽의 계곡에 살고 있다는 '천오天吳'라는 수신은 사람 머리 여덟 개가 달려 있으며 다리도 여덟 개다. 또한 몸은 호랑이 같고 푸른빛을 띤 털이 나 있으며 꼬리가 열 개나 된다고 한다. 교산騎山의 산신인 '충위蟲圍'는 사람의 얼굴에 양의 뿔이 나 있으며, 호랑이의 발톱을 하고 있다. 이 신은 저수雕水와 장수漳水의 깊은 물속에서 즐겨 노는데, 물에 들어가고 나올 때면 몸에서 섬광이 번쩍인다고 한다. 아마도 사람이 쉽게 접근할 수 없는 신이었던 듯하다. 광산光山에 살고 있다는 '계몽신計蒙神'은 사람의 몸에 용의 머리를 한 괴물로 늘 장수의 깊은 못에서 논다고 하는데, 물에 들어가고 나올 때는 폭풍우를 동반한다고 한다. 평봉산平逢山에 살고 있다는 '교충신驕蟲神'은 사람의 몸을 하고 있지만 목에 머리가 두 개 달려 있다. 그는 독충의 우두머리인데, 그의 목에 있다는 두 개의 머리는 바로 벌집이다. 그는 여기에 벌을 가득 담아놓고는 꿀을 만들게 하고 있다. 그래서 사람들은 이놈만 보면 멀리 도망을 치고 만다.

그리고 경부신耕父神이 있는데 그는 풍산豊山에 있는 차가운 연못에 살며 물속에 드나들 때마다 몸에서 강한 빛이 난다고 한다. 이 신이 나타난 국가는 반드시 멸망한다고 한다. 또한 요수瑤水에 산다고 하는 어느 무명신無名神은 소의 형상을 하고 있지만 여덟 개의 다리에 두 개의 머리 그리고 말의 꼬리를 달고 있다. 그가 출현하는 곳에서는 반드

**풍산의 차가운 연못에 사는 경부신**
경부신이 나타나는 나라는 반드시 멸망한다고 한다.

시 전쟁이 일어난다. 그래서 아무도 그를 좋아하지 않으며 건드리지도 않는다고 한다.

### 제대와 태봉

앞에서 천지의 통로가 끊긴 후 인간에게 밀어닥친 수많은 귀신과 괴물에 대하여 이야기하였다. 이처럼 흉악한 귀신이 있었던 반면 '판도라의 상자'에 나오는 '희망希望'처럼 선량한 신도 있어 인간에게 위안을 던져주었으니 그가 바로 천제天帝인 '제대帝臺'와 길신吉神인 '태봉泰逢'이다. 먼저 제대에 대하여 알아보자.

제대에 관해서는 고서에도 기록이 나와 있지 않기 때문에 우리가 알 수 있는 것은 많지 않다. 다만 몇몇 유적을 통하여 그의 행적과 위인 됨을 알 수 있을 뿐이다. 그가 활동했던 범위는 그리 넓지 않아서 중원

**태봉(왼쪽)과 천오(오른쪽)**
길신 태봉은 사람의 몸에 호랑이 꼬리가 있으며 천오는 사람 얼굴에 호랑이 몸이다.

일대의 몇몇 작은 산으로 국한되어 있다. 길신인 태봉과는 이웃이라고 할 수 있는데 고증에 따르면 지금의 하남성河南省 지역을 벗어나지 않고 있다.

그의 고사를 이야기하자면 휴여산休與山을 빼놓을 수 없다. 휴여산에는 오색으로 빛나는 아름다운 돌이 하나 있는데 메추리알처럼 둥글고 매끄러워 '제대의 바둑돌'이라고 한다. 전설에 따르면 제대가 이 돌을 사용하여 사방의 신령에게 기도를 드렸다고 한다. 그래서 돌에는 아직도 영기가 남아 있어서 이 돌을 끓여 마시면 마귀나 악령을 물리칠 수 있다고 한다. 휴여산에서 멀지 않은 곳에 고종산鼓鍾山이 있는데 전설에 따르면 제대가 여기서 종과 북을 두드리며 각지의 신령들에게 잔치를 베풀었다고 한다. 이 두 산에서 약간 멀리 떨어진 곳에 고전산高前山이 있다. 이곳에는 산꼭대기에서부터 내려오는 차고 맑은 샘물 한 줄기가 흐른다. 이것을 '제대의 간장'이라고 하는데 마시면 마음의 병을 치료해준다고 한다.

이상의 유적에서 보면 제대는 조그마한 땅을 다스렸던 소천제였음이 틀림없으며 인자하고도 온화한 성품을 지닌 자로서 주나라 목왕 때의 서언왕徐偃王과 비슷했던 것 같다. 그는 비록 인간 세계를 떠나고 없지만 인간의 마음속에는 아직도 그가 남긴 사당이 있다.

길신吉神 태봉은 화산和山(東首陽山)의 주신이었다. 외양은 사람과 흡사하지만 호랑이 꼬리가 달려 있다는 점이 특이하다. 일설에 의하면 호랑이 꼬리가 아니라 참새의 꼬리라고 한다. 참새 꼬리가 그의 신분에 더 적합할지도 모르겠다. 그래야 그의 선량한 성품에 익살스러운 맛을 더해주기 때문이다. 태봉은 대단한 신력을 지니고 있었기 때문에 천지를 감동시키는가 하면 바람과 구름을 마음대로 일으켰다. 전설에 의하면 그는 하夏나라의 우둔한 왕 공갑孔甲이 사냥을 나갔을 때 폭풍우를 일으키고 길을 잃게 하여 혼내주었다고 한다. 그 이야기는 뒤에서 자세히 다루도록 하고, 먼저 진晉나라의 평공平公 이야기부터 전하겠다.

춘추시대 때 진의 평공이 당시 유명한 음악가였던 사광師曠과 함께 마차를 타고 회수澮水 가에 놀러갔다. 그때 갑자기 어떤 사람이 백마 여덟 마리가 끄는 마차를 타고 달려오는 광경이 보였다. 마차가 그 앞에 이르자 그가 마차에서 뛰어내려 평공의 수레 뒤를 따라오는 것이 아닌가? 평공이 뒤를 돌아보니 그는 들고양이 같은 몸에 여우 꼬리가 달려 있었다. 겁이 난 평공은 옆자리에 있던 사광에게 그의 정체를 물었다. 사광은 평공에게 다음과 같이 말했다.

"모양을 보아하니 아마도 수양산首陽山의 산신인 길신吉神 태봉인 것 같습니다. 그리고 얼굴이 온통 붉은 것을 보니 곽태산霍太山의 산신에게 가서 술을 마시고 돌아오는 길임이 틀림없습니다. 이제 회수 가에서 만나게 되었으니 보통 경사가 아닙니다. 삼가 축하드리는 바입니다. 머지않아 경사가 닥쳐올 것입니다."

이상의 이야기에서 보듯 길신 태봉은 인간에게 복을 내려주는 신이었음을 알 수 있다. 그래서 사람들은 예로부터 그를 좋아했다. 태봉은 화산和山 부근에 있는 부산鳧山의 남쪽에 살았는데, 이곳을 출입할 때마다 몸의 주위에 섬광이 뒤따랐다고 한다. 악신인 경부耕父에게서 볼 수 있는 빛과는 성질이 다른, 이를테면 길상吉祥의 빛이었다고나 할까? 그 빛은 바로 선량한 중국 민족이 좋아하는 '희망의 빛'이라고 할 수 있다. 넘어졌던 사람도 그 빛 때문에 일어날 수 있으며 고난에 처한 사람도 끝까지 참고 견딜 수 있는 것이다. 그러나 사실 그의 존재는 너무 미약한 면이 없지 않다. 왜냐하면 우리에게는 이미 희망의 빛이 가득하기 때문이다. 더 이상 그의 빛은 필요 없게 되었기 때문이다.

# 제3장 황제와
## 치우의 전쟁

머리가 구리이고 이마가 쇠인 치우는 황제의 권좌를 넘봐 염제를 몰아내고 황제에게
싸움을 걸었다. 탁록에서 벌어진 이 전쟁에서 결국 황제가 승리하여 치우는 죽임을 당한다.

# 1

## 곤륜산의 제도

앞에서도 잠깐 이야기했듯이 황제는 염제보다 약간 나중에 출현한 신이다. 고서에서는 그를 '황제皇帝'라고 표기하고 있는데, 이는 '황천 상제皇天上帝'를 의미한다. 황제의 '제帝' 자는 《시경詩經》이나 《서경書 經》,《주역周易》그리고 갑골문이나 종정문鐘鼎文 등에도 보이는데, 원래 '상제'를 지칭하는 말이었다. 즉, '황皇'은 '제'를 수식하는 형용사로서 '제'가 '광명스럽고 위대함'을 뜻하고 있다. 이와 같은 예는 중국에서 가장 오래된 시집이라 할 수 있는 《시경》에 많이 보인다. 즉, 대아大雅 〈황의皇矣〉 편에는 "황의상제皇矣上帝(위대한 상제)"라는 구가 있는가 하면 소아小雅 〈정월正月〉 편에는 "유황상제有皇上帝(위대한 상제)", 그리고 노송魯頌 〈비궁閟宮〉 편에도 "황황후제皇皇后帝(위대한 상제)"라는 구가 있다. 이처럼 황皇 자는 모두 상제가 '장엄하고 위대하다'는 뜻을 내포 하고 있다.

고대 중국에서는 국왕에게 '제帝'라는 칭호를 붙이지 않았다. '왕' 이라고 하는 칭호도 주나라 때 비로소 쓰이기 시작했다. 문왕文王에서 무왕武王을 거쳐 진秦에게 멸망당한 난왕赧王까지도 왕으로만 불렸다. 그러나 이 같은 현상은 전국시대 말에 와서 돌변하기 시작했다. 일부 야심에 불타던 제후들은 '왕'을 참칭하였고, 그것도 부족하여 칭제稱帝

까지 하였으니 진秦은 서제西帝였고, 조趙는 중제中帝였으며, 연燕은 북제北帝라고 칭했다. 그 뒤 진시황이 중국을 통일하면서 심지어 '황제'를 자칭하게 되어 스스로를 '황천상제皇天上帝'라고 했다. 이때부터 '황제'는 대대로 이어져 인간 제왕의 통칭으로 변하고 말았다.

황제를 이야기하자면 우선 그와 밀접한 관계가 있는 곤륜산을 이야기하지 않을 수 없다. 전설에 따르면 곤륜산에 장엄하고도 화려한 궁전이 있는데, 바로 황제가 인간 세상을 다스렸던 제도帝都이자 즐겨 찾았던 유락궁이라고 한다. 이 궁전을 관리하는 자는 '육오陸吾'로서 매우 무서운 형상을 하고 있다. 그는 사람의 얼굴에 호랑이의 몸과 발톱을 지녔는데, 꼬리는 아홉 개였다. 유락궁뿐만 아니라 천상에 있는 구성九城까지 관리했으며, 천궁의 화단도 관장했다. 또한 붉은 봉황도 있었는데, 그는 궁전의 용구와 의복을 관리했다고 한다. 황제는 천상을 다스리다 틈이 나면 인간 세계로 내려와 이곳에서 휴식을 취하였다.

황제는 그곳에서 쉬다가 흥이라도 나면 동북쪽으로 4백 리쯤 떨어진 괴강산槐江山까지 산보를 나갔다고 한다. 바로 이곳에 그가 인간 세계에서 가지고 있던 화원 가운데 가장 크고 유명한 '현포(懸圃 또는 平圃, 元圃)'라는 정원이 있다. '현포'라는 이름은 이곳이 너무 높은 곳에 있어서 마치 구름 속에 걸려 있는 것[懸] 같다고 하여 붙은 이름이다. 그곳에서 곧장 위로 올라가면 천궁까지 이를 수 있는데, 이것에 대해서는 복희의 고사를 이야기하며 언급한 바 있다.

현포를 관리하는 자는 '초영招英'이라고 하는 천신이다. 그는 사람의 얼굴에 말의 몸을 하고 있으며, 등에는 날개 한 쌍이 달리고, 온몸에 호랑이의 반점이 있다. 그는 늘 공중을 날아 사해를 유람하면서 괴상한 소리를 낸다. 현포는 매우 아름다운 곳인데 그곳에서 사방을 내려다보면 경치가 더더욱 장관이다. 밤에 남쪽을 내려다보면 섬광에 둘러싸여

**중앙 상제인 황제**
치우와의 탁록에서의 전쟁을 승리로 이끌고 중원 문화를 이끈 신이다.

있는 곤륜산이 보이는데 장엄하고도 화려한 궁전이 이 빛에 싸여 더욱 아름다운 자태를 보여준다. 한편 서쪽을 내려다보면 '직택稷澤'이라는 거대한 호수가 보인다. 은백색의 수면은 하늘에 닿을 듯 뻗어 있고 호수의 주위에는 울창한 나무들이 하늘을 찌를 듯 서 있다. 여기가 곧 주민족周民族의 시조인 후직의 신령이 있다는 곳이다.

다시 북방으로 눈을 돌려보자. 그곳에는 '제비산諸毗山'이라고 하는 거대한 산이 우뚝 솟아 있는데 '괴귀槐鬼'가 여기에 산다. 정상의 하늘에서는 무서운 독수리와 새매가 맴돌고 있다. 동쪽을 내려다보면 '항산恒山'이라는 산이 우뚝 솟아 있는데 '궁귀窮鬼'라는 귀신이 무리 지어 살고 있다. 항산은 새매가 사는 곳이기도 하다. 전설에 따르면 그곳에 거대한 새 한 마리가 살고 있는데—아마도 새매일 것이다—새끼 네 마리를 낳았다고 한다. 그들은 각기 장성하여 어미의 곁을 떠나 사방으로 흩어지게 되었다. 그들의 고향이 광야와 하늘임을 알고 있는 어미는 더 이상 그들을 곁에 둘 수 없어 슬피 울기만 할 뿐이었다. 이때 어미의 울음소리가 천지를 진동시켰다고 한다.

이상에서 보듯 현포 주위는 그야말로 장관의 연속이다. 한편 현포의 아래에는 거울처럼 맑고 얼음장같이 찬 '요수瑤水'라는 샘물이 흐르고 있다. 이 샘물은 곤륜산 부근에 있는 '요지瑤池'라는 연못까지 흘러들어간다. 요수를 지키는 자는 무명의 천신이다. 소의 형상을 하고 있으며 여덟 개의 다리와 두 개의 머리 그리고 말의 꼬리가 달려 있다. 마치 피리를 부는 듯한 괴상한 소리를 내는데 이놈이 나타나는 곳에는 전쟁이 일어난다고 한다.

그럼 이제 곤륜산의 정상을 보자. 주위는 옥석의 난간으로 둘러쳐져 있으며 각 방향마다 아홉 개의 구멍이 뚫린 우물과 아홉 개의 문이 있다. 그 문을 들어서면 우뚝 솟은 거대한 궁전이 나타나는데, 이 궁전은 다섯 개의 성과 열두 개의 누각으로 이루어져 있다. 맨 꼭대기에는 키가 네 길쯤 되고 둘레가 다섯 아름이나 되는 거대한 벼가 자라고 있으며, 서쪽에는 각종 보석 나무가 자란다. 또한 봉황과 난조鸞鳥도 있는데 그들은 뱀을 머리에 두르고 발로 밟고 있으며, 가슴에도 붉은 뱀을 감고 있다.

벼의 동쪽에는 '사당수沙棠樹'와 '낭간수琅玕樹'가 있다. 특히 낭간수에는 진주 같은 보석이 열리는데, 매우 진귀한 것이어서 황제는 특별히 '이주離朱'라는 사신을 보내 지키도록 했다. 이주는 눈이 무척 밝으며, 머리는 세 개나 된다. 그는 낭간수 옆에 있는 '복상수服常樹'에서 살고 있다. 언제나 복상수에 누워서 지내는데 세 개의 머리가 교대로 잠을 자면서 낭간수를 감시한다. 그 눈이 어찌나 밝은지 가을 하늘에 날아다니는 티끌도 찾아낼 수 있을 정도인데 하루 종일 밤낮을 가리지 않고 낭간수의 동정을 살핀다. 워낙 감시가 철저해서 아무리 능력이 있는 자라도 감히 보석을 훔칠 엄두를 내지 못한다.

그 거대한 벼의 남쪽에는 '강수絳樹'와 '조조鵰鳥', '복사蝮蛇', '육수교六首蛟' 그리고 '시육視肉'이라는 매우 괴이한 동물들이 살고 있다. 또한 벼의 북쪽에는 '벽수碧樹', '주수珠樹', '요수瑤樹', '문옥수文玉樹' 그리고 '우기수玗琪樹'라는 이상한 나무들이 자라고 있는데, 이들은 모두 진주와 구슬을 맺는 나무들이다. 그 가운데서도 특히 문옥수가 가장 아름답고 오색찬란한 구슬을 맺는다고 한다. 또한 불사수란 나무도 있는데 이 열매를 먹으면 장생불사한다고 한다. 여기에도 봉황과 난조가 살고 있는데, 그들은 머리에 방패를 썼다고 한다. 이 밖에 단물이 흘러나온다는 '예천醴泉'이란 샘도 있다. 예천의 주위에는 각종 기이한 꽃나무들이 많이 자라는데, 요지와 함께 곤륜산에서 유명한 명승지다. 여기에는 앞에서 언급한 괴이한 동물인 시육이 살고 있다고 한다.

시육은《산해경》에도 자주 등장한다. 명산대천이나 고대의 유명한 제왕의 무덤이 있는 곳에는 이놈이 빠지지 않고 나타난다고 한다. 도대체 어떻게 생긴 동물일까? 원래 시육은 사지와 뼈라고는 하나도 없이 오직 살덩이로만 된 괴물이었다. 마치 소의 간처럼 생긴 데다 두 개의 눈이 그 가운데에 붙어 있다. 전설에 의하면 이 괴물은 인간이 가장 좋아하는 식품인데 먹어도 끝이 없었다고 한다. 먹은 만큼 금세 또 자라나기 때문에 아무리 먹어도 원래의 모양 그대로였다. 지하에 묻혀 있는 조상들에게는 더없이 이상적인 먹이였다. 이것만 있으면 굶어 죽지는 않기 때문이다. 또한 이놈은 명산대천마다 있기 때문에 여행자들도 따로 음식을 만들어 가지고 갈 필요가 없어서 매우 편리하다.

시육과 비슷한 생물은 다른 기록에도 보인다. 전설에 의하면 월준국越巂國이라는 나라에 '초할우稍割牛'라고 하는 소가 한 마리 있다. 이

소는 살덩이를 한 점 베어내도 하루만 지나면 원래 상태로 돌아온다고 한다. 이 소는 온통 검은데다 넉 자나 되는 긴 뿔이 나 있는데 최소한 열흘에 한 번은 살을 베어내야 한다. 그렇지 않으면 소가 고통을 견디다 못해 죽는다고 한다. 그리고 월지국月支國이라는 나라에 양이 한 마리 있는데 이놈은 특히 꼬리가 비대하다고 한다. 꼬리 하나가 열 근이나 나가는데 사람에게 좋은 식량이 된다. 사람이 이것을 베어 먹어도 얼마 지나지 않아 꼬리가 생겨난다고 하니 참으로 재미있는 동물이라고 할 수 있다.

이제 기이한 동물에 대해서는 이만 이야기하고 다시 곤륜산에 대해 알아보자. 곤륜산은 실로 엄청나게 커서 모두 9층으로 쌓여 있는데, 한 층 한 층 쌓인 모습이 성궐과도 같다. 산 밑에서 정상까지는 1만 1천 리에 1백 14보 그리고 2자 6치나 된다고 한다. 산 밑은 '약수弱水'라는 깊은 못으로 둘러싸여 있으며, 사방이 다시 불꽃의 산으로 막혀 있다. 그 산에는 아무리 태워도 모두 타지 않는 나무가 자라고 있는데 바로 이 나무가 밤낮을 가리지 않고 타면서 불꽃을 낸다. 폭풍우나 소낙비가 제아무리 퍼부어도 끄떡없이 타올라 그 불빛 때문에 곤륜산에 있는 황제의 궁전이 더욱 찬란한 자태를 자랑하게 되는 것이다. 또한 그 불꽃의 산속에는 소만 한 쥐가 살고 있다. 이 쥐는 몸무게가 무려 1천 근이나 되며 털의 길이만 해도 두 자나 되는데 명주실처럼 가늘다. 이 쥐는 불꽃의 산에 있을 때는 붉은색을 띠지만 일단 밖으로 나오면 백설처럼 하얗게 변한다. 그런데 이 쥐가 불에서 나올 때 물을 끼얹으면 죽는다고 한다. 이것을 아는 사람들은 이 쥐를 잡아서 가죽으로 옷을 해 입는데, 그 옷은 아무리 오래 입어도 세탁할 필요가 없다고 한다. 불에 잠시 달구었다가 꺼내기만 하면 눈처럼 희어지기 때문이다. 사람들은 이 옷감을 '화완포火浣布'라고 불렀다.

곤륜산에 있는 궁전의 대문은 정확히 동쪽을 향하고 있다. 그 문을 '개명문開明門'이라고 하는데 태양 광선을 맞이하기 위하여 동향을 하고 있다. 문 앞은 '개명수開明獸'라고 하는 수신獸神이 지키고 서 있다. 호랑이만 한 몸집에 아홉 개의 머리가 달려 있는데, 모두 사람의 얼굴을 하고 위풍당당하게 황제의 궁전을 수호한다.

황제가 출입하는 궁은 이곳 외에도 청요산靑要山[13]에 또 하나가 있다. 곤륜산의 궁전보다 규모가 작은 이곳은 황제의 비밀궁인데 '무라武羅'라는 신이 관리하고 있다. 무라는 사람의 얼굴에 표범의 무늬를 하고 있으며, 허리가 잘록하고 이빨이 새하얗다. 뿐만 아니라 귀고리까지 하고 있는데 우는 소리가 마치 구슬을 굴리듯 아름답다고 한다. 그의 형상을 보아 그리 나쁜 신인 것 같지는 않다. 마치 《초사》의 〈구가〉에 나오는 '산귀山鬼' 같다고나 할까?

《산해경》에 의하면 이곳은 특히 여자에게 적합하다고 한다. 그 부근에는 몸이 푸르고 눈이 옅은 분홍색이며 들오리처럼 꼬리가 붉은 '요鴢'라는 새가 있는데, 이 새를 잡아먹으면 아들을 낳을 수 있기 때문이었다. 그리고 노란 꽃에 붉은 열매를 맺는 '순초筍草'라는 풀도 있는데 여자가 그 열매를 먹으면 아름다워진다고 한다. 이런 내용에 비춰볼 때 '무라'는 '산귀'처럼 미모를 갖춘 여신이 아닌가 생각된다. 《초사》〈구가〉의 〈산귀〉 편을 보면 산귀의 형상에 대해 읊은 구절이 있다. 청요산의 '무라'에게도 적용됨 직한 내용이다. 참고로 그 일부를 들어본다.

그 깊은 산에는 여자가 산다네.

몸에는 풀잎 의상을 걸치고

---

**13** 지금의 하남성河南省 신안현新安縣.

허리에는 덩굴의 띠.

다정한 눈빛과 사랑스런 미소

온화한 성품에다 아름다운 자태

붉은 표범을 타고 아름다운 여우가 뒤를 따르네.


개나리를 수레 삼고

계수나무 깃발 달아

향기로운 난초로 수레를 싸고

두형초杜衡草의 향기를 내뿜으며

아름다운 꽃을 꺾어 님에게 보내고자.


그녀가 부르는 처량한 노랫소리

님아! 그대를 위해 이곳에서 기다리건만

그대는 이미 훌쩍 떠나버렸으니

내 청춘도 이제는 늙었구나.

그 누가 내 청춘을 되돌려주리?


영지靈芝를 따서 그대에게 보내고자

험한 바위와 성가신 덩굴들

야속한 님이여!

왜 아니 오시는가?

그대도 나를 생각하고 있는지?


어떤 기록은 무라를 '서리의 신'이라고 하는가 하면 또 다른 기록
에서는 그가 틀림없는 여성의 산신이라고도 한다. 이에 대해 혹자는

**저파룡**
뱃가죽에서 좋은 소리가 난다고 알려져 천상의 악사로 임명되었다.

《산해경》의 기록을 보고 견강부회한 것이라고 일축해버리지만, 유래가 오래된 것으로 미루어 전혀 근거 없는 말은 아닌 듯하다.

곤륜산에서 그리 멀지 않은 곳에 '밀密'이라고 하는 산이 있다. 이 곳에는 부드러운 백옥이 나는데, 이것을 짜면 윤기 흐르는 기름이 나온다고 한다. 황제는 바로 이 기름을 먹고산다. 먹다 남은 기름은 '단목丹木'이라는 신목에 뿌려주는데, 5년이 지나면 이 나무에 아름다운 오색 꽃이 필 뿐만 아니라 다섯 가지 맛이 나는 열매도 열린다고 한다. 또한 황제가 그 기름을 종산鍾山의 양지바른 곳에 뿌렸더니 나중에 갖가지 아름다운 옥이 났다고 한다. 그 뒤부터 천지의 모든 귀신들은 이 옥을 먹고 살게 되었다. 그래서 사람들이 이 옥을 조각하여 장식물로 차고 다니면 마귀를 물리칠 수 있다고 한다.

황제는 늘 곤륜산에서 놀기를 좋아했다. 한번은 적수赤水를 건너 곤륜산에 가게 되었는데, 돌아올 때 잘못하여 가장 아끼는 보석을 그만 적수에 떨어뜨리고 말았다. 그는 다급한 나머지 즉시 '지知'라는 유능한 신에게 보석을 찾아오게 했다. 지는 한참동안 애썼지만 끝내 찾지 못하고 빈손으로 돌아와 보고할 수밖에 없었다. 그러자 황제는 곤륜산의 복상수 위에서 낭간수琅玕樹를 지키고 있던 신 '이주離朱'를 시켜 다시 찾아보도록 했다. 황제는 이주의 능력을 믿었지만, 그 역시 허탕을 치고 말았다. 그래서 이번에는 힘이 장사인 '끽구喫詬'라는 천신을 보냈다. 그러나 조그마한 보석을 찾아낸다는 것은 그의 능력에 걸맞지 않은 일이어서, 능력을 발휘해보지도 못하고 결국 그도 빈손으로 돌아올 수밖에 없었다. 이제 황제도 어찌할 수가 없었다. 그래서 마지막으로 신국에서도 거칠기로 유명한 천신인 '상망象罔'을 보내 찾아보도록 했다. 그는 어명을 받고도 하는 둥 마는 둥하다가 적수까지 오게 되었다. 눈을 뜨고 사방을 한번 휙 둘러보는 순간, 이게 어찌된 일인가? 뜻하지도 않게 너무도 쉽게 그 보석을 찾을 수 있었다. 검게 윤이 나는 그 보석은 풀밭에 떨어져 있었던 것이다. 그는 보석을 주워들고서는 올 때와 마찬가지로 어슬렁어슬렁 돌아와 황제에게 바쳤다.

황제는 그가 갖고 온 보석을 보자 놀라움을 금치 못했다.

"참으로 알 수 없는 노릇이군. 아무도 찾지 못했던 것을 네가 찾다니……."

결국 황제는 자신이 가장 아끼는 보석을 상망에게 보관시켰다. 그러나 얼마 후 사건이 터지고 말았다. 유능한 신인 줄 알았던 상망은 그 보석을 자신의 소매 속에 그냥 집어넣고는 매일 놀기만 하며 도무지 관심을 두지 않았다. 결국 그 소식을 진몽씨震蒙氏의 딸이 알게 되었고, 그녀는 갖은 계략을 써서 보석을 쉽게 훔쳐내고 말았다. 이 소식을 전해들은 황제는 고민에 빠진 나머지 자세한 상황을 조사하도록 했다. 그리고 천신을 보내 진몽씨의 딸을 잡아오게 했다. 한편 벌이 두려웠던 그녀는 그만 보석을 삼키고는 문천汶川[14]이라는 강에 투신하여 자살하고 말았다. 그녀의 혼은 말의 머리에 용의 몸뚱이를 한 '기상奇相'이라는 괴물로 변했다고 한다. 이때부터 그녀는 문천의 수신이 되었다고 하는데, 특히 나중에 우임금이 홍수를 다스리느라 문천부터 공사에 착수할 때 많이 도와주었다고 한다.

일설에 의하면 황제가 적수에서 잃어버렸다는 검은 보석은 결국 찾아내지 못했다고 한다. 그 후 적수에는 찬란한 빛을 발하는 나무 한 그루가 자라났다. 이 나무는 잣나무와 흡사한데, 나뭇잎은 온통 빛나는 진주로 가득했다. 그 후 이 나무의 양쪽에 또 다른 나무가 각기 한 그루씩 자라났는데 멀리서 보면 혜성의 꼬리처럼 보였다고 한다. 그래서 '삼주수三珠樹'라는 이름이 붙게 되었다.

---

14  지금의 사천성에 있는 만강岷江.

# 2
## 중앙의 신 황제

황제는 중앙의 상제까지 겸했다. 물론 동서남북 사방에는 각기 그 곳을 주관하는 상제가 따로 있다. 이들에 대해서는 앞에서 소개한 바 있다. 그러면 여기서 다시 한번 전체적으로 그들의 면모를 살펴보자.

동방의 상제는 태호太皞다. 그를 보좌하는 신은 목신인 구망인데, 손에 자를 들고 있으며 봄을 관장한다. 그리고 남방의 상제는 염제로서 그를 보좌하는 신은 화신인 축융이다. 축융은 손에 막대기를 들고 있으며 여름을 관장한다. 서방의 상제로는 소호가 있다. 그를 보좌하는 신은 금신인 욕수로서 손에 굽은 자를 들고 있으며 가을을 다스린다. 끝으로 북방의 상제는 전욱이다. 그를 보좌하는 신은 수신인 현명玄冥으로서 해신海神이자 풍신風神인 우강이다. 손에 저울추를 들고 있는 그는 겨울을 관장한다. 한편 황제는 천궁의 중앙에 살고 있는데 그를 보좌하는 신은 토신인 후토이다. 후토는 손에 새끼줄을 들고 있으며 사면팔방을 모두 관장한다. 이상으로 볼 때 우주의 통치 구조는 매우 완벽했으며 동시에 가장 이상적으로 짜여 있음을 알 수 있다.

### 네 얼굴의 황제

전설에 따르면 황제는 매우 특이하게도 얼굴이 네 개였다고 한다.

동서남북 사방을 동시에 볼 수 있기 때문에 중앙의 상제인 그는 매우 편리했을 것이다. 어디서 무슨 사건이 일어나든 그의 눈을 피할 수가 없는 것이다.

　　그래서 여러 신들 사이에 충돌이나 유혈사태가 생기면 그가 가장 공평한 재판관 노릇을 할 수 있었다. 예를 들어보자. 종산鍾山의 산신은 촉룡燭龍이다. 그에게는 사람의 얼굴에 용의 몸집을 한 '고鼓'라는 아들이 있는데, 고는 '흠비欽䲹'라는 천신과 작당하여 '보강葆江(祖江이라고도 함)'이라는 천신을 곤륜산의 동남방에서 죽여버렸다. 이 사건이 황제에게 알려지자, 그는 발끈하여 신하를 보내 이들을 종산의 동쪽에 있는 요애瑤崖라는 곳에서 죽였다. 이렇게 황제는 불쌍한 보강을 위해 원수를 갚아주었던 것이다. 하지만 고와 흠비는 죄를 뉘우치기는커녕 죽어서 악귀로 둔갑했다. 거대한 독수리로 변한 흠비는 흰 머리에 붉은 부리 그리고 호랑이의 날카로운 발톱을 가졌으며 등에는 검은 반점이 박혀 있었다. 이 독수리가 출현하는 곳에는 늘 엄청난 전쟁이 일어난다고 한다. 고는 장끼로 변했다. 이놈도 독수리와 비슷하게 생겼는데 붉은 다리에 흰 머리 그리고 곧게 뻗은 부리를 하고 있으며 등에는 황색 반점이 나 있다. 이놈이 출현하는 곳에는 늘 엄청난 가뭄이 몰아닥친다고 한다.

　　이 밖에 또 다른 사건이 있다. 뱀의 몸에 사람의 형상을 하고 있는 천신 이부貳負에게는 '위危'라고 하는 신하가 있었다. 마음이 고약했던 위는 이부를 꾀어 '계유猰貐'라고 하는 천신을 죽이고 말았다. 황제가 이 사건을 알게 것은 물론이다. 그는 즉시 사람을 보내 위를 잡아 와서 서방에 있는 소속산疏屬山에 가두고는 오른쪽 다리에 칼을 채우고 두 손과 머리카락을 함께 묶은 다음 커다란 나무에 매달아놓았다. 그런데 전설에 의하면 수천 년이 지난 뒤 어떤 사람이 굳게 막혀 있는 석실 안에서 그를 발굴해냈다고 한다. 한편 황제는 무고하게 죽은 계유를 불쌍히 여겨 그를 곤륜산으로 데려오게 했다. 그리고 여러 무사巫師를 시켜 불사약으로 치료하게 한 결과 과연 그는 되살아났다. 그러나 나중에 계유는 곤륜산 아래에 있는 약수의 깊은 물에 빠져 죽고 말았다. 그러고는 사람을 잡아먹는 괴물로 둔갑을 했다. 옛날과는 전혀 다른 악귀로 변하고 말았던 것이다. 여기에 대해서는 5장에서 다시 이야기하겠다.

### 신도와 울루

황제는 명실공히 신국神國의 최고 통치자였다. 어떤 신이라도 그의 명령에는 복종할 수밖에 없었다. 그는 신국의 통치자였을 뿐만 아니라 귀국鬼國의 통치자이기도 했다. 그의 속신인 후토는 귀국의 왕이었던 것이다.

그는 한편 인간 세상에 횡행하고 있는 귀신들은 신도神荼와 울루鬱壘 형제가 다스리도록 했다. 이 형제는 동해에 있는 도도산桃都山에 살았는데, 그곳에는 커다란 호두나무 한 그루가 서 있다. 그 나무가 얼마나 큰지, 뻗어 나온 가지가 무려 3천 리를 덮는다고 한다. 이 나무 끝에는 금계金鷄 한 마리가 서 있는데 아침에 떠오르는 태양이 첫 햇살을 그의 몸에 비추고 부상扶桑나무 가지 위에 서 있는 옥계玉鷄가 울 때면 이놈도 같이 따라 운다. 매일 이때쯤이면 신도와 울루도 호두나무의 동북쪽에 있는 귀문鬼門 밑에 위풍당당하게 서서 인간 세계로부터 돌아온 각종 귀신들을 검열하기 시작한다. (일설에 의하면 귀신은 밤에만 출몰하여 닭이 울기 전에 도망친다고 했다.) 만일 귀신 중에서 인간에게 해를 끼치는 놈이라도 있으면 형제는 그에게 가차 없이 벌을 내린다. 갈대 새끼줄로 꽁꽁 묶어 호랑이의 밥으로 던져버린다. 이렇게 악귀는 차츰 종적을 감추게 되었다고 한다. 그래서 후세 사람들은 매년 섣달 그믐날

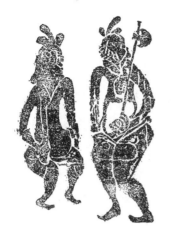

**신도와 울루(왼쪽), 두 문신(오른쪽)**
악귀를 막기 위해 신도와 울루, 두 문신의 그림을 대문에 붙이는 풍습이 있었다.

밤이 되면 손에 갈대 새끼줄을 든 두 신(신도와 울루)을 호두나무에 조
각하여 대문 양옆에 놓아둔다. 그리고 대문의 기둥에는 커다란 호랑이
한 마리를 그려놓았다. 악귀를 막기 위해서였다. 호랑이 그림이 너무
번잡하면 두 형제의 그림만 그려 대문에 붙이는가 하면 그들의 이름만
써놓기도 하는데, 그래도 효과는 동일하다고 한다. 이처럼 신도와 울루
는 민간의 문신門神으로 전해 내려왔다.

이 밖에도 또 다른 문신들이 있다. '진군秦軍'과 '호수胡帥'라는 두
문신은 대장군처럼 손에 병기를 들고 있다. 전설에 의하면 당 태종唐太
宗이 병을 앓는 도중에 귀신을 보게 되었다. 그는 무서워서 진숙보秦叔
寶와 호경덕胡敬德 두 장수를 시켜 문밖에서 지키도록 했다고 한다. 이
때부터 두 장수는 세도가의 문신으로 전하게 되었는데, 민간에서 모시
고 있는 신도와 울루와는 성격이 다르다고 하겠다.

남방의 황야에도 신도나 울루와 비슷한 문신이 있다. 모두 열여섯

명이나 되는데, 얼굴이 갸름하고 팔이 붉다. 이들은 서로 손을 마주 잡고 밤에 황제를 지킨다. 아마도 귀신이 출몰하여 오랫만에 모처의 궁전에서 숙면을 취하는 황제를 귀찮게 할까 봐 순시를 하는 것인지도 모른다. 그들은 낮에는 숨었다가도 밤만 되면 나타나기 때문에 '야유신夜遊神'이란 이름으로 불린다. 어쩌다 황야에서 이들을 만나도 그들이 밤에 근무를 하고 있다는 것을 알기 때문에 사람들은 별로 놀라지 않는다.

전설에 의하면 '백택白澤'이라고 하는 신수神獸도 있다. 한번은 황제가 곤륜산의 동방에 있는 항산恒山에서 놀다가 우연히 바닷가에서 그를 만났다고 한다. 그는 사람의 말을 할 수 있으며 두뇌가 아주 총명하여 천지간에 있는 귀신의 일을 속속들이 알고 있었다. 심지어는 산림과 수택의 '정기'가 조화되어 나온 각종 귀신에 대해 꿰뚫고 있었다. 이를테면 무슨 산에는 기망상夔罔象이라는 정령精靈이 있으며, 물의 정령 용망량龍罔兩은 어떻고, 도로의 정령인 작기作器와 분묘墳墓의 정령인 낭귀狼鬼는 무슨 짓을 하였다는 등 이들을 손바닥 들여다보듯 환하게 알고 있었다. 한편 우주의 최고 통치자로 자처하고 있던 황제는 은근히 부끄러운 마음이 들었다. 자신도 그렇게 많은 일을 속속들이 알지는 못하기 때문이었다. 그래서 신하를 시켜 백택이 이야기한 각종 괴물들을 일일이 그려 오도록 했다. 뿐만 아니라 그림 옆에 빠짐없이 주해를 붙이도록 했는데, 신하가 그려 온 그림에는 무려 1만 1천5백20종에 달하는 각종 괴물들이 망라되어 있었다. 이렇게 함으로써 황제는 그들을 더 손쉽게 통치할 수 있었다고 한다.

### 군신의 영도자

황제는 다른 천신처럼 많은 후손을 두었다. 그 가운데는 신도 있고, 인간 세상의 민족도 있다. 사람의 얼굴에 새의 몸집을 하고 있으며 귀에는 두 마리의 노란 뱀을 걸치고 있는 해신 우호禺貌도 그의 아들이다. 우호는 역시 해신인 우경禺京을 낳았다. 이처럼 부자가 모두 해신으로 하나는 동해를 다스리고 다른 하나는 북해를 다스리고 있다. 이 밖에도 천상에서 '식양息壤'이라는 신의 흙을 훔쳐 와 인간 세상의 홍수를 다스렸다고 하는 대신 곤鯀은 그의 직계 후손이고, 전욱은 증손자이며, 천지간의 통로를 끊어버렸다는 중重과 여黎는 그의 5대손이다. 또한 황원에 살고 있는 견융犬戎이나 북적北狄, 묘민苗民, 모민毛民 등의 민족도 모두 그의 후손이라고 한다. 이처럼 황제는 신과 인간이 공동으로 모시는 조상이었기 때문에 인간의 전설 중에서도 각별히 위대한 존재로 등장하고 있는 것이다.

전설에 따르면 이처럼 위대한 황제가 태산泰山에서 천하의 각종 귀신들을 회합시킨 적이 있다. 이때 그는 거대한 코끼리가 끄는 보거寶車에 앉았고, 그의 뒤를 여섯 마리의 교룡蛟龍이 따랐다고 한다. 황제의 수레는 '필방畢方'이라고 불리는 신조神鳥가 몰았다. 이 새는 학처럼 생겼고 흰 부리가 달려 있지만 얼굴은 사람과 같았다. 또한 푸른 몸집에 붉은 반점이 박혀 있으며 다리는 하나뿐인데, 우는 소리가 "필방畢方! 필방!"이라고 하여 그 이름이 붙었다. 이 새가 나타나는 곳에서는 화재가 일어난다고 한다. 한편 치우라는 놈이 호랑이 떼를 이끌고 황제를 인도하였으며, 풍백風伯과 우사雨師가 뒤따라오면서 길의 먼지를 깨끗이 쓸어놓았다.

풍백의 이름은 비렴飛廉으로서, 참새의 머리에 한 쌍의 뿔이 돋아나 있다. 사슴을 닮은 몸은 표범 무늬가 있고 뱀의 꼬리가 달려 있다. 우사의 이름은 '평호萍號' 또는 '병예屛翳'라고도 불리는데, 매우 기이한 동물이다. 누에처럼 보잘것없게 생겼지만 결코 호락호락한 존재가 아니었다. 그가 조화를 부리기라도 하면 하늘에는 금세 먹구름이 끼고 순식간에 엄청난 소나기가 내린다고 했다.

그 밖의 귀신들도 모두 황제의 수레를 따라왔다. 그중에는 말의 몸에 사람의 얼굴을 한 것이 있는가 하면, 새의 몸에 용의 머리를 한 귀신도 있었고, 사람의 얼굴에 뱀의 몸을 한 놈도 있었으며, 심지어는 돼지의 몸에 다리가 여덟 개이고 뱀의 꼬리가 달린 놈도 있었다. 뿐만 아니라 하늘에는 봉황새가 춤을 추고, 땅에는 '등사騰蛇'[15]가 기어다니는 등 황제의 행렬은 장관을 이루었다.

### 애가-청각

황제는 흥에 겨운 나머지 〈청각〉이라는 노래를 지었다. 이 노래는 너무도 처량하여 "천지를 감동케 하고 귀신의 심금까지 울리게 할" 정도였다고 한다.

춘추시대 진晋나라의 평공은 음악을 굉장히 좋아했다. 어느 날 위衛나라의 영공靈公이 자신을 찾아오자 시이施夷라는 누각에서 성대한 주연을 베풀고 놀았다. 그때 영공은 데려 온 악사인 '사연師涓'에게 애상의 음악인 〈청상淸商〉을 연주하게 했다. 그러나 음악을 다 들은 평공은 그리 마음이 움직이지 않았다. 그래서 자신의 악사인 '사광師曠'에게 물었다.

"설마 〈청상〉이 가장 슬픈 노래는 아니겠지?"

그러자 사광이 대답했다.

"〈청상〉보다 더 슬픈 〈청징淸徵〉이라는 음악이 있습니다."

결국 평공은 그에게 〈청징〉을 연주하게 했다. 사광은 거문고를 타기 시작했는데 바로 그때 검은 학 열여섯 마리가 남쪽에서 날아오더니

---

15 날개 달린 뱀.

대오를 갖추어 성문의 누각에 사뿐히 내려앉았다. 그러고는 목을 길게 빼고 날개를 파닥이면서 박자에 맞추어 춤을 추는 것이었다. 연회에 참석한 빈객들은 흥이 절정에 달하였고 평공도 기분이 좋아서 어쩔 줄 몰랐다. 그는 친히 술잔을 들어 사광에게 축수祝壽를 할 정도였다. 그는 다시 사광에게 물었다.

"그렇다면 〈청징〉이 가장 슬프단 말인가?"

사광이 대답했다.

"그렇지만 〈청각淸角〉만큼은 슬프지 않사옵니다."

그래서 이번에는 다시 〈청각〉을 연주하도록 했다. 그러자 사광은 〈청각〉의 유래를 자세히 설명했다. 이 곡은 황제가 서태산西泰山에서 천하의 모든 귀신을 불렀을 때 작곡한 음악이어서 함부로 연주했다가는 큰 재앙이 생길지도 모른다는 내용이었다.

그러나 평공이 계속 〈청각〉을 고집하였으므로 사광도 어찌할 수 없었다. 그는 마음이 내키지는 않았지만 어명을 거역할 수 없어 거문고를 연주하기 시작했다.

사광이 연주를 시작하자마자 서북쪽 하늘에서 갑자기 먹구름이 몰려들기 시작했다. 조금 더 연주하자 이번에는 일진광풍이 휘몰아쳤다. 그때 바람과 함께 우박이 소나기처럼 쏟아 붓더니 기와가 날아가고 누각에 쳐놓은 발이 갈기갈기 찢어졌다. 연회장은 아수라장으로 변하고 말았다. 겁에 질린 빈객들은 혼비백산하여 도망쳤으며 평공은 방의 구석으로 기어가 오들오들 떨었다.

이때부터 진나라는 3년간이나 가뭄에 시달렸고 평공도 중병에 걸리고 말았다고 한다. 인간으로서는 천국의 음악을 들을 자격이 없었던 것이다.

# 3
## 치우

황제 시대에 벌어진 커다란 사건 가운데 하나는 바로 치우와의 전쟁이다. 치우는 앞에서도 이야기했듯 태산泰山에서 황제가 제신을 불러 모았을 때 호랑이 떼를 이끌고 황제의 수레를 인도한 자다. 그런데 어째서 황제와 싸움을 하게 되었을까?

치우는 우리 인간에게 악신으로 낙인찍혀 있지만, 사실은 용감무쌍한 한 거인족의 이름에 불과했다. 원래 염제의 후손이었다는 이 부족은 남방에 살고 있었다. 고서의 기록을 보면 그에게는 총 81명(72명이라고도 한다)의 형제가 있었는데 하나같이 표독스럽게 생겼다고 한다. 그들은 머리가 구리이고 이마가 쇠로 되어 있으며, 짐승의 몸을 했는데도 사람의 말을 했다. 민간의 전설에서는 그 모습이 더욱 기이하게 묘사되고 있다.

즉, "사람 몸에 소의 발굽을 하고 네 개의 눈과 여섯 개의 손을 가지고 있다"라고 했는가 하면, 어느 전설에는 머리에 날카로운 뿔이 있고 귀밑의 수염이 창처럼 뻗어 있다고 하기도 했다. 이 밖에도 그들의 몸에 여덟 개의 손과 다리가 달렸다는 전설도 있다. 이처럼 전설마다 묘사가 조금씩 다르다. 종합해보면 그는 신과 인간의 중간쯤에 속하는 존재였다고 보는 것이 타당하다. 뿐만 아니라 형상도 소와 비슷한 점으로 보아 그가 사람의 몸에 소의 머리를 한 염제의 후손일 것이라는 주장에도 신빙성이 있다.

　치우는 형상만 특이한 것이 아니라 먹는 것도 상상을 초월할 정도여서 모래나 돌, 심지어 쇳덩이까지 먹었다고 한다. 또한 각종 병기를 잘 만들었는데, 창이며 방패, 도끼, 활 등을 직접 만들어 썼다. 이 점이 바로 그의 특기였다. 또한 초인간적인 신력도 지니고 있었는데 여기에 관해서는 곧 이야기가 전개될 것이다. 이와 같이 그는 뛰어난 실력을 지니고 있었던 만큼 자기의 분수를 지키지 못하고 끝내 황제의 권좌를 넘보고 만다. 실로 야심만만한 악신이었던 것이다.

　앞에서도 언급한 것처럼 황제가 태산에서 천하의 제신을 회합시켰을 때 그도 참가하였다. 그는 표면적으로는 황제에게 복종했지만 그 기회를 통해 상대방의 실력을 염탐하려 했다. 회합을 마치고 돌아온 그는 황제의 실력을 자세히 평가하기 시작했다. 황제의 군대는 규모야 거창했지만 그가 보기에는 실속이 없었기 때문에 무력 대결을 벌인다면 승산은 틀림없이 자기 쪽에 있다고 판단하였다.

　치우는 황제의 권좌를 넘보기 전에 자기의 조상인 염제炎帝의 자리부터 탈취하여 위세를 떨친 다음 황제에게 도전하기로 결심했다. 이미 만반의 준비를 갖추고 명령만 기다리고 있던 형제들을 규합하기 시작한 그는 도깨비들까지 긁어모아 전격적인 작전을 개시했다.

　한편 태양신 염제는 부장副將으로 화신火神 축융까지 거느리고 있었기 때문에 무력 대결을 벌인다면 오히려 치우를 이길 수도 있었다. 게다가 그 자신도 엄청난 신력을 지니고 있는 터였다. 그러나 아무런 준비가 되어 있지 않은 상태에서 치우의 군대가 흉폭하게 밀고 들어오자 어쩔 수가 없었다. 자비로웠던 그는 전쟁이 백성들에게 가져다줄 재난도 생각하지 않을 수 없었다. 결국 그는 남방의 권좌를 물려주고는

**소의 형상을 한 치우상**
치우는 염제의 후손으로 중앙 상제인 황제에게 싸움을 걸었으나 패배한다.

북방에 있는 탁록涿鹿[16]으로 피신해버렸다. 이리하여 치우는 손쉽게 남방의 천제 자리를 탈취할 수 있었다.

염제의 권좌를 탈취한 치우는 그 자신이 염제의 후손이었으므로 아예 자기도 염제라고 칭하고 나섰다. 이 가짜 염제는 야심이 대단해서 남방의 천제로는 눈에 차지 않았다. 그의 최후 목적은 중앙의 상제인 황제의 보좌를 탈취하는 것이었다.

앞에서도 언급했듯이 남방에 살고 있는 묘족은 황제의 후손들이다. 이들은 매우 용감한 민족이었기 때문에 군대를 확충하는 데 혈안이 된 치우의 주목을 받았다. 그는 수단과 방법을 가리지 않고 그들을 위협하고 회유하여 결국 황제를 치는 전쟁의 대열에 끌어들였다. 묘족은 처음에는 완강히 반대했지만, 치우의 위협을 견디다 못해 결국 동조하고 말았다.

---

**16** 지금의 하북성河北省 탁록현涿鹿縣.

## 탁록지전

이제 치우는 모든 준비를 갖추고 호시탐탐 기회만 노리고 있었다. 그의 곁에는 강력한 군대가 있을 뿐만 아니라, 구리 머리에 쇠 이마를 한 형제들이 도사리고 있었고, 용감무쌍한 묘족과 수많은 도깨비들까지 있었다. 이처럼 막강한 무력을 보유하고 있던 그에게 끝내 기회가 왔다. 그는 이 기회를 놓칠세라 전 군대를 동원하여 살기등등하게 탁록을 향해 쳐들어갔다. 우선 염제를 완전히 정복하기 위해서였다.

한편 탁록으로 피신한 염제는 치우의 군대가 물밀듯이 쳐들어오자 자신도 군대를 직접 지휘하여 맞아 싸우기 시작했다. 몇 번 전투를 치러보았지만 흉폭한 치우의 군대에게는 실로 중과부적이었다. 하는 수 없이 그는 황제에게 사자를 보내 구원을 요청하기에 이르렀다.

이때 황제는 현포懸圃의 궁원宮苑에서 한가롭게 노닐고 있었다. 현포란 태평성대의 상징이다. 여기서 그는 뜻하지 않게도 치우가 군대를 동원하여 그의 형제인 염제를 치고 있다는 소식을 듣게 된 것이다. 그것도 탁록에서 싸우고 있는 것이 아닌가! 탁록은 황제의 관할지였다. 치우가 이곳에까지 쳐들어왔다는 것은 자신에게 도전한 것이나 다름없었다.

그의 놀라움과 분노는 극에 달했다. 고서의 기록에 의하면 그는 무력을 사용하기에 앞서 먼저 치우를 인의仁義로 설득했다고 한다. 그러나 야심만만했던 치우가 황제의 설득을 들어줄 리가 없었다. 황제는 결국 치우와 일대 결전을 벌이지 않을 수 없었다.

탁록의 결전은 실로 엄청난 규모였다. 우선 치우의 군대를 보자. 앞에서도 이야기했듯이 구리 머리에 쇠 이마를 한 7, 80명의 형제들이 있는 데다 묘족과 온갖 도깨비까지 합세했다. 한편 황제의 군대에는 사방의 귀신 외에 각종 맹수들과 인간 세상의 몇몇 민족이 있었다.

양측은 한 치의 양보도 없이 팽팽하게 맞섰다. 혹자는 치우가 염제를 참칭했기 때문에 이 전쟁을 황제와 치우의 전쟁이라기보다 황제와 염제의 전쟁이라고 보는데, 이것은 잘못된 견해이다.

드디어 전쟁이 시작되었다. 치우의 군대는 과연 대단했다. 황제 편에 사방의 신과 각종 맹수들, 적지 않은 인간들까지 가세해 있었지만 흉악무도한 치우의 군대에는 도저히 대적할 수가 없었다. 결국 몇 번의 싸움이 모조리 황제의 패전으로 끝나고 말았고 상황은 매우 어렵게 흘러갔다.

한번은 양쪽 군대가 평원에서 한창 싸우고 있었다. 갑자기 치우가 알 수 없는 조화를 부려 천지 가득히 안개를 피우고 황제와 그의 군대를 포위하기 시작했다. 사방을 분간할 수 없는 막막한 상태에서 치우의 군대가 더욱 무섭게 공격해왔다. 그들은 안개 속을 출몰하며 닥치는 대로 황제의 병사들을 죽였다. 참으로 처참한 광경이 벌어졌던 것이다.

"빨리 포위를 뚫고 앞으로!"

황제가 보검을 휘두르면서 소리 질렀다. 사방의 귀신들도 이에 똑같이 응답했다. 호랑이가 포효하고 곰이 울어댔다. 모두들 포위망을 뚫기 위해 필사적으로 애썼다. 그러나 아무리 애써도 그곳이 그곳일 뿐 포위망은 좀처럼 뚫리지 않았다. 이제 사방의 신은 물론 황제도 어찌할 방법이 없었다. 그것은 안개라기보다는 천지를 뒤덮고 있는 거대한 장막 같았다.

이처럼 한창 곤경에 처한 황제에게는 마침 '풍후風后'라는 신하가 있었다. 그는 매우 총명한 신하였는데, 싸움터의 전차 안에서 눈을 감은 채 졸고 있는 것처럼 보였다. 황제가 이를 호되게 꾸중하자, 그는 비로소 눈을 번쩍 뜨고 말했다.

"낮잠을 자다니요? 계속 궁리 중이었습니다."

정말 그는 궁리에 궁리를 거듭하고 있었다. 그는 어째서 북두칠성의 손잡이가 계절이 바뀜에 따라 변하는지를 생각하고 있었다. 만약 이와 비슷한 것을 만들 수만 있다면 어떤 상황에 처하든 그것은 일정한 방향을 가리키지 않을까? 그러면 나머지 세 방향도 저절로 밝혀질 것 같았다.

생각을 거듭한 끝에 그는 마침내 좋은 방법 하나를 떠올렸다. 목공木工의 신이었던 그는 즉시 자신의 능력을 유감없이 발휘하여 그 자리에서 '지남거指南車'를 만들어냈다. 차 앞에는 쇠로 만든 조그마한 신선을 만들어 붙였는데, 그의 손은 항상 정남향을 향하도록 했다. 결국 황제는 지남거가 가리키는 방향으로 군대를 인솔하여 안개의 포위를 무사히 뚫고 나올 수 있었다.

### 응룡과 한발

앞에서 이야기했듯이 치우의 군대에는 각종 도깨비들이 포함되어 있었다. 이들은 제각기 괴상한 소리를 내어 사람을 유혹하곤 했는데, 사람이 그 소리를 듣게 되면 그만 정신이 몽롱해져 감각을 상실하고 만다. 그래서 도깨비가 소리 내는 곳으로 자신도 모르게 끌려가 희생물이 되고 말았다.

이들 도깨비들은 크게 세 가지로 나눌 수 있는데, 첫째는 '이매魑魅'라는 놈으로 사람의 얼굴에 야수의 몸을 하고 있으며 다리가 네 개다.

또 다른 종류는 '신치神𢶍'라는 놈이다. 이 도깨비도 역시 사람의 얼굴에 야수의 몸을 하고 있는데, 손과 발이 각각 하나뿐이고 하품하는 것 같은 소리를 낸다고 한다.

마지막 종류로는 '망량魍魎'이 있다. 이놈은 세 살 난 어린애처럼 생겼는데, 온몸이 붉게 빛나고 귀가 기다랗고 얼굴이 붉었다. 까마귀처럼 검은 머리에서는 윤기가 흐르고 사람의 목소리를 잘 흉내 내어 그것

**응룡**

응룡은 치우와의 전쟁에서 큰 공을 세우지만 죄를 지어 천상으로 돌아가지 못했다.

으로 유혹한다.

세 가지 도깨비들은 모두 만만치 않은 존재였다. 황제의 수많은 병사들을 유혹하여 해침으로써 적지 않은 타격을 입혔던 것이다. 속수무책이었던 황제는 그들이 용의 울음소리를 가장 무서워한다는 사실을 알게 되었다. 황제는 즉시 병사들에게 쇠뿔을 불어 용의 울음소리를 내도록 했는데, 이 소리가 전장까지 들리자 치우의 도깨비들은 혼비백산하고 말았다. 이 틈을 타 황제의 병사들은 허둥대던 도깨비들을 물리칠수 있었고, 결국 전쟁도 조금씩 유리해지기 시작했다.

또 황제에게는 '응룡應龍'이라는 신룡神龍이 있었다. 응룡은 몸에 날개 한 쌍이 달려 있고 '흉리토구凶犁土邱'라는 산의 남쪽에 살았는데 비를 내리게 하는 신력을 지니고 있었다.

황제는 치우가 안개를 일으키므로 응룡이 비를 뿌려 대항하면 될 것이라고 생각했다. 응룡이 나타나면 도깨비들도 더 이상 조화를 부리

**황제의 딸이자 천녀인 발**
치우와의 전쟁에서 공을 세우나 천상으로 돌아가지 못하고 지상을 배회한다.

지 못할 거라고 생각한 그는 사자를 응룡에게 보냈다. 응룡은 전장에 도착하자마자 곧장 치우의 군대를 공격해 들어갔다. 그는 거대한 날개를 휘저어 하늘을 마음껏 날아다녔는데 구름을 모아 비를 내리게 하기 위해서였다.

그러나 응룡은 미처 일을 끝내기도 전에 그만 치우의 꾀에 걸려들고 말았다. 교활한 치우가 미리 풍백과 우사를 배치해놓은 것이다. 선수를 친 치우는 그들을 시켜 엄청난 폭풍우를 몰고 와 응룡을 무색하게 만들었다. 이제 응룡은 아무런 쓸모가 없게 되고 말았다. 폭풍우는 황제의 군대 쪽으로 불어닥쳤는데 이것 때문에 황제의 군대가 괴멸되었음은 물론이다.

산꼭대기에서 상황을 지켜본 황제는 무기력한 응룡에 실망을 금치 못했다. 이제는 마침 이 전쟁에 참가한 딸을 부르는 수밖에 없었다.

황제의 딸은 '발魃'이라고 했다. 그녀는 계곤산係昆山에 있는 공공

共工의 대臺에 살고 있었는데, 늘 푸른 옷을 입었고 그리 썩 예쁜 얼굴은 아니었다. 일설에 의하면 대머리였다고도 한다.

비록 외모는 못생겼지만 그녀의 몸은 용광로보다도 뜨거운 열기로 충만했다. 그래서 그녀가 전장에 나타나자, 휘몰아치던 폭풍우가 언제 그랬느냐는 듯이 말끔히 그치고 하늘에는 작열하는 태양이 내리쬐었다. 치우의 형제들은 이 광경을 보고 두려워서 어쩔 줄 몰랐다. 이 기회를 틈타 응룡이 쳐들어가 치우의 형제 몇과 묘족의 일부를 죽이고 돌아왔다.

그러나 불행히도 천녀天女였던 발은 이 전쟁을 치르고 나자 더 이상 천국에 오를 수 없게 되고 말았다. 너무 기진맥진해서 그랬는지 아니면 마귀의 장난 때문이었는지 알 수 없지만, 이제는 하늘에 오르지 못하고 인간 세상에 남아 살 수밖에 없었다. 발이 가는 곳은 어디든지 비가 한 방울도 내리지 않았기 때문에 사람들이 입는 피해는 이만저만이 아니었다. 자연히 인간이라면 누구나 그녀를 미워하게 되었고, 아이들은 그녀에게 '한발旱魃'이라는 이름을 붙여주었다. 사람들은 무슨 방법을 써서라도 인간의 적이 된 그녀를 쫓아내려 했기 때문에 그녀는 불청객으로 이리저리 쫓겨다니는 신세가 되고 말았다.

그 후 주周민족의 시조 후직[17]의 손자인 숙균叔均이 이 상황을 황제에게 자세히 보고하였다. 그러자 황제는 명령을 내려 그녀로 하여금 적수赤水 북쪽에서만 살도록 하고 함부로 나다니지 못하게 했다.

그러나 방랑벽이 심했던 그녀는 한곳에만 머무를 수가 없었다. 어느 날 자신의 거처를 몰래 빠져나온 그녀는 인간 세상 여기저기를 마음대로 쏘다녔고, 결국 그녀가 가는 곳마다 다시 한재旱災가 뒤따랐다. 그

---

17 오곡의 신. 다음 장에서 자세히 언급하겠다.

**동해 유파산에 살고 있는 기**
황제는 이 야수의 가죽으로 북을 만들었다.

러나 결국 그녀도 정착하게 되었다. 사람들은 그녀를 쫓아내기 전에 먼저 수로를 낸다거나 도랑을 깊게 하고는 그녀에게 기도를 드렸다.

"신이시여! 제발 적수 북쪽의 집으로 돌아가주십시오."

일설에 의하면 그 기도를 들은 한발은 미안해진 나머지 자기 집으로 돌아갔다고 한다. 그래서 결국 인간 세상에 다시금 생명의 물이 흐르게 되었다고 한다.

### 기고와 뇌추

응룡과 한발까지 동원된 이 전쟁에서 치우가 입은 타격은 적지 않았다. 그러나 그에게는 하늘을 마음대로 날아다니고 험준한 산령을 뛰어넘는 재주가 있었다. 비록 황제와의 일전에서 몇몇 형제와 묘족까지 죽었지만 남아 있는 군대와 장수만으로도 여전히 기세가 등등하였다. 그러니 황제의 입장에서는 이 흉악한 반도들을 어찌할 방법이 없었다. 게다가 전쟁이 지속되면서 군의 사기도 점차 떨어져 내심 걱정이 태산 같았다.

황제는 이에 굴하지 않고 묘안 하나를 생각해냈다. 특수한 재료로 북을 만들어 실추된 군의 사기를 진작시켜 치우의 군대를 제압하겠다는 생각이었다.

동해의 유파산流波山에는 '기夔'라는 야수가 살고 있었다. 형상은 소와 비슷했지만 뿔이 없었다. 회색의 몸에 다리는 하나뿐이었지만, 마음대로 바다에 드나들 수 있었다. 기가 바다에 드나들 때는 늘 폭풍우를 몰고 왔고, 눈에서는 일월日月과 같은 섬광을 발하며 우레 같은 소리까지 냈다. 옛날 월越나라 사람들은 이 괴수를 '산소山繰'라고 불렀는데, 사람의 형상을 한 커다란 얼굴에 사자의 몸을 했으며 인간의 말을 한다고 했다. 아마도 서로 다른 전설에 의해 그렇게 묘사된 듯하다. 어쨌든 불행히도 그의 존재가 황제에게 알려지게 되었고, 결국 황제는 사람을 보내어 이놈을 잡아 가죽을 벗겨 거대한 북을 만들고 말았다.

드디어 기의 가죽으로 만든 북이 완성되었는데, 이 북을 칠 만한 북채가 없었다. 황제는 궁리 끝에 뇌택雷澤에 살고 있던 뇌신雷神을 떠올렸다.

뇌신은 '뇌수雷獸'라고도 하는데 용의 몸에 사람의 얼굴을 한 괴물이다. 그는 태평성대를 구가하는 양 언제나 자신의 뱃가죽이나 두들기며 뇌택에서 지내고 있었는데, 그가 배를 한 번 칠 때마다 우레와 같은 소리가 난다고 했다. 옛날 복희의 어머니 화서씨가 우연히 그의 발자국을 밟고 나서 복희를 낳았다고 할 만큼 사실 그는 괴물이라기보다는 유명한 천신이었던 것이다.

그러나 그가 아무리 유명할지라도 전쟁에 한창 시달리고 있던 황제로서는 고려할 상대가 못 되었다. 결국 황제는 사람을 보내 '뇌수'를 잡아들여 가차 없이 죽이고는 몸속에 있던 가장 큰 뼈를 북채로 만들고

156

말았다.

이렇게 해서 북과 북채가 갖추어졌다. 황제는 손수 북채를 쥐고 기의 뱃가죽으로 만든 북을 힘껏 쳐보았는데 이때 터져나온 북소리는 우레보다도 크게 울려 5백 리 밖에서도 들을 수 있을 정도였다.

황제는 거대한 북을 전차에 설치하고 전장으로 향했다. 그가 연이어 아홉 번이나 북을 치니 산이 진동하고 천지마저 놀랄 정도였다. 황제의 군대는 사기가 하늘을 찌를 듯했고, 치우의 군대는 혼비백산하여 아우성이었다. 이때를 놓칠세라 공격에 나선 황제의 군대는 결국 대승을 거두었고, 많은 치우의 형제들과 묘족은 죽음을 당했다.

일대 패전을 겪은 치우의 진영은 피해가 막심했다. 남아 있는 병사와 말을 헤아려보니 원래의 절반에도 미치지 못했다. 투항하지 않고 이대로 가다가는 전멸당할 수밖에 없었기 때문에 군졸들은 두려움에 떨고 있었다. 투항? 그러나 치우에게 그것은 너무도 수치스러운 노릇이었을 뿐만 아니라 아무도 원하는 바가 아니었다.

그때 누군가가 북방에 살고 있는 거인족 과부夸父에게 원병을 요청하자고 제의했다. 이 제의에 대다수가 찬성을 표했고, 결국 치우는 사자를 급히 북방으로 보냈다.

# 4

# 치우의 죽음

## 과부족

과부족은 원래 유명세계幽冥世界, 즉 유도幽都를 다스렸던 대신 후토의 후손이다. 유도란 북해에 있는 도읍지인데, 온통 암흑의 세계라고 할 수 있다. 이곳에는 흑조黑鳥와 흑사黑蛇, 흑표黑豹, 흑호黑虎 그리고 흑호黑狐 등 온통 검은 동물들만 살았다. 유도 주위에는 흑산(黑山)이라는 거대한 산이 있는데 그곳에 사는 사람들도 온통 흑인뿐이었다.

이처럼 흑색 천지이기 때문에 '유도'라고 불렀다. 유도에는 거대한 성문이 있었는데, 유명한 거인 토백土伯이 우뚝 서서 이곳을 지켰다. 토백은 머리가 호랑이 같았고 이마에는 세 개의 눈이 붙어 있었으며 거대한 몸집을 마치 뱀처럼 틀고 있었다. 그는 또한 빛을 발하는 예리한 뿔을 흔들고 피투성이가 된 손을 휘저으면서 유도의 귀신들을 쫓아다녔다. 이 얼마나 무서운 광경인가! 유도의 왕이 어느 정도 포악한지 짐작이 되고도 남는다.

과부족은 북방의 대황大荒에 있는 '성도재천成都載天'이라는 산에 살았는데 이들은 모두 엄청난 거인에 힘이 장사였다. 귀에 노란 뱀 두 마리를 걸치고 손에도 두 마리를 움켜쥔 이들은 괴이한 종족이면서도 성품만큼은 그래도 선량한 편이었다. 이들에 관하여 다음과 같은 재미있는 이야기가 전한다.

옛날 과부족에 어느 바보 같은 자가 하나 있었다. 그는 자신의 힘은 요량도 해보지 않고 무턱대고 태양을 쫓으려 하였다. 즉 태양과 달리기를 한 셈이다.

그는 정원에 서서 긴 다리를 성큼 내딛어 마침 서산으로 지고 있던 태양을 향해 질풍처럼 쫓아갔다. 얼마나 빨리 달렸는지 눈깜짝할 사이에 1천 리를 뛰어갔을 정도였다. 이렇게 하여 그는 태양을 우곡禹谷이라고 하는 곳까지 뒤쫓아갔는데, 우곡이란 바로 우연虞淵, 즉 태양이 지는 곳을 가리킨다. 초나라의 대시인 굴원은 그의 작품 〈이소〉에서 이곳을 '엄자산崦嵫山'이라고 표현했다.

한편 우곡까지 간 과부의 눈앞에 거대한 불덩이—태양—가 나타났고, 그는 곧이어 휘황찬란한 불빛에 휩싸이게 되었다. 과부는 흥분한 나머지 큰 팔을 벌려 태양을 힘껏 움켜쥐려 했지만, 이미 하루 종일 달려와 피곤한 데다 엄청난 열기 때문에 입이 마르고 조바심까지 났다. 그는 하는 수 없이 태양을 포기하고 엎드려서 황하와 위수渭水의 물을 마셨는데 강물이 그만 순식간에 바닥나고 말았다.

과부는 입 안의 갈증이 가시지 않았다. 그래서 이번에는 큰 호수의 물을 마시기 위해 북쪽으로 달려갔다. 안문산雁門山의 북쪽에 있는 호수는 한해瀚海[18]라고도 하는데, 참새들이 새끼를 기르고 털갈이를 하는 곳으로서 사방이 1천 리나 되는 곳이다. 이 정도는 되어야 해를 쫓다 지친 그의 목을 축일 수 있었던 것이다.

그러나 불행히도 과부는 목적지에 도착하기 전에 목이 말라 죽고 말았다. 워낙 거인이었기 때문에 쓰러질 때도 거대한 산이 붕괴되듯 대

---

18 넓은 바다라는 뜻.

지와 산하가 진동했다고 한다. 그는 죽으면서 손에 쥐고 있던 지팡이를
던져버렸는데, 지팡이가 떨어진 곳은 순식간에 울창한 복숭아 숲으로
변해 광명을 추구하는 후손들의 목을 축여주고 있다고 한다.

과부가 죽은 후 유적을 인간에게 남겼다고 하는 과부산이 있다. 일
설에 의하면 이 산은 현재 호남성 완릉현浣陵縣에 있다고 하는데 탱가산
撑架山이라고도 불린다. 산의 동쪽 능선은 도원현桃源縣의 경계까지 뻗
어 있다. 산의 정상에는 거대한 바위 세 개가 '品品'자 형상으로 배치되
어 있는데, 민간 전설에 따르면 과부가 태양과 달리기를 할 때 목이 말
라 여기에 솥을 걸어놓고 물을 끓여 마셨다고 한다.

이것도 순진한 후세 사람들이 억지로 이어붙인 이야기가 틀림없
다. 왜냐하면 한해瀚海의 물을 마시기 위해 북방으로 달려갔던 그가 엉
뚱하게 남쪽으로 되돌아갔을 리는 없고, 솥을 가져와 물을 끓일 만큼
한가하지도 않았을 것이다. (한해의 물을 담을 만큼 큰 솥도 없었을 테지
만.) 따라서 이러한 민간 전설은 신빙성이 없다고 할 수 있다.

초기의 전설에 따르면 과부산은 섬서성陝西省과 하남성河南省 사이
에 있다고 하는데 이 주장은 어느 정도 신빙성이 있다.《산해경》을 주
석한 학의행의 주장에 따르면 과부산은 진산秦山이라고도 불렸는데 하
남성 영보현靈寶縣의 동남방에 있으며 섬서성의 태화산太華山과 접해 있
다고 한다.

산의 북쪽으로는 수백 리에 달하는 광대한 수풀이 있고 거의 복숭
아 나무로 이루어져 있어 도림桃林이라고도 불리는데, 여기가 바로 고
대의 유명한 도림새桃林塞라고 했다. 옛날 주나라 무왕이 은의 폭군 주
紂를 토벌하여 천하를 평정하였다. 무왕은 이제 전쟁이 끝나자 쓸모없
게 된 우마牛馬들을 이 숲에 풀어놓았고, 이 지역에는 들소와 야생마가
많아졌다. 이 야생마들은 수많은 전투를 겪은 준마의 후손들이었기 때

문에 용감한 품성을 그대로 지니고 있었다.

목왕穆王 때 조부造父라고 하는 유명한 마부가 있었다. 그는 이곳에서 준마 몇 마리를 골라 여행을 좋아하는 목왕에게 바쳤다. 목왕은 그에게 여덟 마리의 준마가 이끄는 수레를 몰게 하여 천하를 유람하다가 곤륜산의 서극西極까지 가서 바위 동굴 속에 살고 있는 서왕모를 만났다고 한다. 자세한 이야기는 뒤로 미루고 다시 본론으로 돌아가보자.

### 치우의 죽음

과부족을 찾아간 치우의 사자는 상황을 자세히 설명한 다음 지원을 요청했다. 과부족의 일부는 별 흥미가 없다는 듯 전쟁 참여를 반대했지만 이번 기회에 약자를 도와 한바탕 기분이나 풀어보자는 주장도 제기되었기 때문에 결국 일부가 이 전쟁에 휩쓸리게 되었다. 과부족의 지원을 받게 된 치우는 마치 불에 기름을 붓고 호랑이에게 날개를 달아준 격이 되고 말았다. 그는 사기가 충천하여 황제의 군대와 다시 맞붙어 팽팽한 접전을 벌였다.

반면 황제는 이 전쟁에 과부족까지 참여하자 더욱 고민에 휩싸였다. 이 국면을 타개할 만한 뚜렷한 묘안이 보이지 않았다. 그러나 황제는 천만다행으로 현녀玄女라는 천상의 선녀가 찾아와 가르쳐준 덕분에 특수한 병법을 전수받았다. 현녀는 천상에서 득도한 선녀로 사람의 머리에 새의 몸뚱이를 한 여자였다.

황제는 그녀가 일러준 대로 군대를 배치하고 진군시켰는데, 그 형체가 종잡을 수 없을 만큼 변화무쌍하였다. 게다가 황제는 곤오산昆吾山에서 나온 불덩이 같은 홍동紅銅으로 만들어진 보검을 얻기까지 했다. 이 보검은 원래 붉은색을 띠었는데 다 만들어진 후 청색으로 변했으며 사방으로 휘황한 광채를 발했다. 수정처럼 투명하였으며 아무리 딱딱한 돌도 물을 가르듯 했다.

이처럼 병법과 보검을 갖게 된 황제의 군대는 순식간에 사기가 충천하여 힘만 믿고 달려드는 치우와 과부의 군대를 닥치는 대로 무찔렀다. 결국 치우의 군대는 현녀의 지모를 당해낼 수 없어 패하고 말았다. 마지막 전투마저 지게 된 치우의 군대는 기력을 상실한 채 그만 황제의 군대에게 포위되고 말았다. 이때 응룡이 신력을 발휘하여 괴성을 지르면서 하늘을 날아 도망치는 치우의 군대와 과부족을 하나하나 섬멸해 갔으며 황제의 군대도 포위망을 압축했다. 이에 천하를 주름잡을 듯 기세가 등등하던 치우는 끝내 사로잡히는 신세가 되고 말았다.

한편 이번 전쟁에서 큰 공을 세운 응룡은 불행히도 악마의 꼬임에 빠져 한발처럼 다시 천국에 오르지 못하는 신세가 되었다. 황제는 이 사실을 까마득히 모르고 있었기 때문에 응룡은 하는 수 없이 남방의 산택山澤으로 가서 살아야 했다. 이 때문에 남방은 지금도 비가 많이 내린다고 한다.

응룡이 남방에서 살게 되자, 북방은 한발이 등쌀을 부리는 데다 응룡까지 사라져버린 탓에 비가 내리지 않아 더 혹독한 가뭄에 시달렸다. 대책을 강구하던 북방의 총명한 사람들은 결국 꾀를 부렸다. 그들은 매년 가뭄이 닥칠 때마다 응룡의 가면을 쓰고 한바탕 춤을 추어 비가 내리게 했다고 한다.

한편 치우를 생포한 황제는 그의 포악무도한 행위를 도저히 용서할 수 없어 바로 탁록涿鹿에서 죽여버렸다. 황제는 그가 도망칠까 봐 팔과 다리를 꽁꽁 묶었는데, 숨이 끊어진 것을 확인하고 나서야 칼을 풀어주고는 대황大荒에 던져버렸다. 선혈이 낭자했던 이 칼은 그 뒤 단풍나무로 변해 매년 가을만 되면 붉게 물든다고 한다. 치우의 핏자국은 지금까지도 남아 자신의 원한을 하소연하고 있는 것이다.

치우의 죽음에 관해서는 또 다른 전설이 있다. 탁록에서 죽은 것이 아니라 패전을 거듭하며 기주冀州의 중앙까지 도망치다가 그곳에서 황제에게 생포되었다는 주장이다. 이때 황제가 그의 목을 쳐서 몸뚱이와 분리시켰다고 하여 그곳을 '해解'라고 부르는데 지금의 산서성 해현이 그곳이다. 그 부근에는 둘레가 120리에 달하는 소금 호수가 있는데, 소금 색깔은 그의 핏자국 때문에 붉게 물들어 있다고 한다.

또 다른 전설에 의하면 치우의 머리와 몸뚱이는 지금의 산동성 수장현壽張縣과 거야현鉅野縣에 각각 묻혔는데, 후세인들이 그의 조화를 막기 위해 두 개의 분묘를 만들었다고 한다. 그의 머리는 수장현에 묻혔는데, 분묘의 높이가 일곱 길이나 된다. 옛날부터 매년 10월이면 여기서 치우의 제사를 지낸다. 그때가 되면 가끔 붉은 안개 같은 것이 분묘를 뚫고 나와 하늘로 치솟는데 형상이 마치 깃발 같다고 하여 '치우의 깃발'이라고 부른다. 그의 원혼은 죽어서도 눈을 감지 못하고 이렇게 발광을 하고 있는 것이다.

치우의 몸뚱이를 묻어두었다는 거야현의 분묘는 '견비총肩髀塚'이라고 불리는데 크기가 수장현의 분묘와 비슷하며 아무런 조화도 일어나지 않는다고 한다.

치우의 유적에 관해서는 또 다른 전설이 있다. 진晉나라 때 기주의 어떤 자가 커다란 해골 조각을 발굴했는데 쇠처럼 단단한 것으로 보아 치우의 해골이 아닌가 짐작했다고 한다. 또한 어떤 사람은 두 치가 훨씬 넘는 이빨을 주웠는데 너무나 단단하여 깨뜨릴 수가 없었다고 한다.

한漢대에는 '각저희角觝戲'가 있었고 그후 진晉나라 시대에 오면 이와 비슷한 '치우희蚩尤戲'라는 연극이 성행하였는데, 두세 명이 한 조가 되어 머리에 쇠뿔의 가면을 쓰고 서로 떠받는 놀이다. 즉 전장에서 싸우고 있는 치우를 모방한 연극이라 할 수 있다.

또 다른 이야기도 있다. 은주殷周시대의 정이鼎彝[19]에는 괴수의 형상이 새겨져 있는데 그것이 바로 치우라고 한다. 이 괴수는 표독스럽게 생긴 머리만 있고 몸뚱이는 없으며 머리 양쪽에는 날개가 귀처럼 나 있다. 이것을 '도철饕餮'이라고 부르는데 식탐이 많다는 뜻이 담겨 있다. 즉 워낙 식탐이 많아 머리만 남겨놓고 다 먹었다는 뜻인데, 패전한 치우의 꼴과 같다고나 할까.

후세의 군주들은 황제에 의해 잘려 나간 치우의 머리를 정이에 새겨놓음으로써 신하들에게 일종의 귀감으로 삼도록 했다. 귀처럼 나 있는 두 개의 날개는 곧 치우의 등에 붙어 있던 날개를 의미하는데, 그는 이 날개로 허공을 마음대로 날아다니며 온갖 죄악을 저질렀던 것이다.

그러나 어떤 기록에는 도철이 서남의 황야에서 살고 있는 '모인毛人'[20]이라는 주장이 있다. 그는 돼지 머리의 욕심꾸러기여서 돈을 모으기만 할 뿐 쓰지는 않는다고 한다. 게다가 빈둥빈둥 놀면서 인간의 농작물만 훔치는 못된 버릇이 있는데, 반드시 혼자 있는 사람만 해친다고 했다. 형상은 도철과는 약간 다르지만 성품만은 흡사한, 이를테면 둘 다 악명 높은 치우의 화신이었음은 의심할 여지가 없다.치우의 목을 베고도 분이 풀리지 않은 황제는 이번 전쟁에서 치우를 도왔던 묘족들까지 모조리 죽였다. 그러나 사람이란 풀과 같은 존재여서 씨를 말린다는 것은 불가능한 일이다. 묘족의 후손은 다시 번창하게 되었고, 결국 나중에 황제를 이어 중앙의 상제가 된 전욱은 대신인 중重과 여黎를 시켜 아예 천지간의 통로를 절단하기까지 했다. 묘족과 같은 후환을 더 이상 두고 볼 수가 없었기 때문이었다.

---

19 고대 종묘에서 사용한 제기.
20 털이 난 사람.

그렇게까지 했건만 인간 세상을 다스리던 '천자天子'들은 여전히 묘족 때문에 불철주야 걱정이 많았다. 그들을 덕성으로 교화시킨 자가 있는가 하면 무력을 동원하여 징벌한 천자도 있었다. 원래 인간의 안위는 신국神國의 안정에도 직접적인 영향을 끼치는 수가 있다. 인간이 위급해지면 상제가 직접 천병을 보내 남방의 묘족을 치기도 했다. 사실 묘족도 다른 민족과 같이 신의 후예들이었다. 그러나 황제가 치우의 반란을 토벌하면서 그들을 너무 가혹하게 대했기 때문에 그들은 대대로 원한을 품었던 것이다.

# 5
## 비운의 사랑 - 견우와 직녀

### 잠신

황제는 치우와의 전쟁에서 승리한 후 성대한 잔치를 벌여 이를 자축했다. 그는 이때 '뇌진경雷震驚', '맹호해猛虎駭', '영기후靈夔吼', '조악쟁鵰鶚爭' 등 도합 10여 장으로 이루어진 〈강고곡椌鼓曲〉이라는 북의 노래를 작곡했는데, 각 장의 명칭이 말해주듯 전쟁의 무용담과 영웅적인 전사를 읊은 노래였다. 게다가 강고椌鼓라고 하는 거대한 북까지 곁들이게 되었으니 그 음악의 성대함이란 실로 천지를 뒤흔들 만했다. 우렁찬 북소리와 함께 승리의 기쁨에 젖은 전사들은 전쟁의 광경을 각종 춤으로 표현해냈으며, 대전大殿에 앉아 있던 황제도 맞장구를 치니 상하가 한데 어우러져 분위기는 절정에 달했다.

잔치가 한창 무르익어가고 있을 때 금상첨화 격으로 말의 가죽을 걸친 '잠신蠶神'이 하늘에서 내려와 앉았다. 그녀는 양손에 황금색과 흰색의 실타래 두 개를 들고 있었는데 황제 앞으로 가더니 공손히 헌상하는 것이었다.

그녀는 매우 예쁜 아가씨였지만 불행히도 말의 가죽이 온몸을 감싸고 있었는데 이 가죽은 몸에 뿌리라도 내린 듯 벗겨낼 수 없게 되어 있었다. 말가죽의 양끝을 당겨 자신을 둘러싸면 순식간에 말의 머리를 한 누에로 변하는가 하면 심지어 자신의 의사에 따라 명주실까지 무한정 토해낼 수 있었다. 북방의 황야에는 키가 1백 길이나 되며 가지는 없고 흰 빛이 나는 세 그루의 거대한 뽕나무가 자라고 있는데, 그녀는 그 뜰에서 밤낮으로 명주실을 토해냈다. 그래서 사람들은 이곳을 '구사嘔絲의 들'이라고 부르게 되었다.

그런데 그녀는 왜 말가죽을 두른 잠신으로 변하게 되었을까? 여기에는 다음과 같은 민간 전설이 전하고 있다.

아주 먼 옛날, 어떤 사람이 있었는데 여행을 떠나 오랫동안 돌아오지 않았다. 식구라고 해봐야 어린 딸 하나와 그 딸이 기르는 수말 한 마리가 전부였다.

오랫동안 아버지가 돌아오지 않자 따분함에 지친 어린 딸이 하루는 말과 장난삼아 농담을 했다.

"말아! 만일 네가 우리 아버지를 데려와준다면 너에게 시집을 가지."

순간 말이 채 끝나기도 전에 말은 고삐를 끊고 마구간에서 뛰쳐나와 어디론가 달아나버렸다. 그 말은 며칠을 달려 소녀의 아버지가 있는 곳까지 왔다.

한편 천리 밖의 고향으로부터 달려온 말을 본 아버지는 놀랍기도 하고 반갑기도 하여 말을 쓰다듬어주고는 훌쩍 올라탔다. 그러나 웬일인지 말은 움직일 생각은 하지 않고 자기가 왔던 곳을 향해 목을 길게 빼고는 울기만 했다. 말이 이상한 행동을 하자 아버지는 필시 집에 무슨 일이라도 생긴 줄 알고는 급히 말을 몰아 집으로 돌아왔다.

집에 와보니 아무 일도 일어나지 않았고, 다만 아버지가 그리웠던 딸이 그렇게 했노라고 일러주는 것이 아닌가. 이 말을 들은 아버지는 반가우면서도 어안이 벙벙했다. 그는 그때부터 딸과 함께 살기로 했다.

한편 자신의 말이 보통 말과는 다른 것을 눈치 챈 주인은 옛날과는 달리 각종 맛있는 먹이를 주면서 특별히 아껴주었다. 그러나 이상하게도 말은 먹이는 아랑곳하지 않고 어린 딸만 보면 미친 듯이 야단이었다. 말의 행동이 워낙 수상하여 아버지가 몰래 딸에게 물었다.

"말해봐라! 말이 왜 너만 보면 저렇게 심하게 날뛰는 거냐?"

어린 딸은 사실 그대로 자세히 이야기해주었다.

딸의 이야기를 듣고 난 아버지는 아연실색하지 않을 수 없었다.

"뭐라고! 이젠 큰일 났구나. 절대로 이 사실을 남에게 이야기해서는 안 된다. 그리고 며칠 동안 대문 밖에도 나가지 말고 집에 있거라."

말을 무척 아끼는 그였지만 도저히 딸을 말에게 줄 수는 없었다. 그렇다고 그대로 두자니 말이 성가시게 굴 것 같아 결국에는 활로 마구간에 있던 말을 쏘아 죽이고는 껍질을 벗겨 뜰에 내다버렸다.

이날 마침 아버지는 외출하여 없었고 어린 딸은 이웃집의 친구와 함께 말가죽이 널려 있는 곳에서 놀게 되었다. 말가죽을 보자 어린 딸은 화가 났다. 그녀는 말가죽을 발로 걷어차면서 마구 욕을 해댔다.

"이 짐승아! 어떻게 사람이 너의 마누라가 될 수 있단 말이냐? 껍질을 벗겨놓으니 꼴 보기 좋구나. 에잇, 더러워!"

말이 채 끝나기도 전에 갑자기 말가죽이 뛰어올라 어린 딸을 감싸고는 바람처럼 멀리 사라져버렸다.

한편 이 광경을 지켜본 친구는 무서워 어쩔 줄 모르고 오들오들 떨고만 있었다. 눈깜짝할 사이에 벌어졌던 일이어서 속수무책이었다. 딸의 아버지가 돌아오면 자세하게 이야기해주는 수밖에 없었다.

딸 친구의 이야기를 전해들은 아버지는 소스라치게 놀라고 말았다. 딸의 친구가 알려 주는 대로 이곳저곳을 샅샅이 찾아보았지만 딸은 그림자도 보이지 않았다. 그러기를 며칠, 아버지는 커다란 나뭇잎 사이에서 온몸에 말가죽을 뒤집어쓴 딸을 발견하게 되었다. 그녀는 이미 말

168

의 머리를 한 벌레로 둔갑해 있었는데 꿈틀꿈틀 기어다니면서 윤기 나는 실을 토해 나뭇가지를 감싸고 있는 것이었다.

이 소식은 순식간에 퍼졌고, 많은 사람들이 달려와 호기심 어린 눈으로 그녀를 쳐다보았다. 그리하여 사람들은 그 괴물을 '잠蠶(누에)'이라고 했으며 나무는 '상桑(뽕나무)'이라고 불렀다.

이상은 누에의 기원에 관한 전설이다. 그 뒤 어린 딸은 잠신蠶神이 되었고 말가죽은 영원히 그녀를 감싸게 되었다고 한다.

### 견우와 직녀

치우와 싸운 전쟁에서 황제가 이기자 잠신은 실을 황제에게 선물로 바쳤다. 황제는 신기한 선물을 받고 기뻐한 나머지 즉시 이 실로 옷감을 짜도록 했다. 그 옷감은 가볍고 부드러운 데다 하늘의 구름처럼 포근하여 이전의 삼베보다 몇 갑절이나 더 좋았다.

황제의 신하 중에 백여伯余라는 자가 직접 비단으로 옷을 만들었다. 황제 역시 어의御衣를 지어 입었고 그의 부인 유조嫘祖는 누에를 쳐서 많은 비단을 짰다. 이때부터 양잠이 인간에게도 전해졌고 뽕잎을 따서 누에를 기르고 비단을 짜는 일은 고대 부녀자들의 전업이 되다시피 했다.

이처럼 옛날 사람들은 평화롭고 낭만적인 삶을 즐겼다. 그런 가운데서 자연히 애정과 행복을 추구하는 감동적인 전설이 생겨났으니 바로 '견우와 직녀'와 '7선녀'에 관한 전설이 그것이다.

전하는 바에 의하면 직녀는 천제의 손녀라고 하는데, 또 다른 전설에서는 왕모王母의 외손녀라고도 한다. 어쨌든 그녀는 선녀였으며 은하의 동쪽에 살면서 베틀에 앉아 신사神絲로 각종 옷감을 짰다고 한다. 그녀가 짠 옷감을 '천의天衣'라고 하는데, 그 아름다운 빛깔은 시간과 계절에 따라 변했으며 오로지 천인天人들만 입었다고 한다. 베 짜는 일은

**견우와 직녀**
왕모의 노여움을 사 부부는 은하수를 사이에 두고 1년에 한 번만 만날 수 있다.

직녀 외에도 그녀의 자매인 여섯 선녀가 모두 뛰어났지만 그중에서도 직녀가 가장 열심이었다.

한편 휘황찬란한 은하의 저쪽에는 인간이 살고 있었는데 그중 소를 치는 견우라는 자가 있었다. 그는 일찍부터 부모를 여의고 형수 곁에서 모진 학대를 받아가며 살다가 늙은 소 한 마리를 물려받고 쫓겨나다시피 분가를 했다. 그는 늙은 소와 함께 열심히 일한 끝에 가시밭의 황무지를 개간하여 옥토로 만드는가 하면 아담한 집까지 지었다. 그렇게 2년쯤 지나 완성된 집은 비록 보잘 것 없지만 그런대로 안식처가 되어주었다.

그러나 집이라고는 하지만 식구라고 해봐야 말 못하는 소 한 마리뿐이어서 그는 주위에 아무도 없이 매일매일 쓸쓸하게 지내고 있었다.

그러던 어느 날이었다. 소가 갑자기 말문이 트이면서 직녀와 몇몇 선녀들이 은하에서 목욕을 할 것이니, 그때 직녀의 옷을 빼앗아 아내로 삼으라고 일러주는 것이 아닌가?

깜짝 놀란 견우는 소의 말대로 하기로 했다. 그래서 미리 은하의 강변에 있는 갈대밭에 몰래 숨어 직녀와 선녀들이 나타나기만을 기다리고 있었다.

얼마 지나지 않아 과연 그들은 은하로 와서 옷을 벗고 목욕을 하기 시작했다. 마치 남색의 물 위에 연꽃이 떠 있는 듯 아름답기 그지없었다.

견우는 갈대밭을 뛰쳐나가 선녀들의 옷 중에서 직녀의 옷을 갖고 와버렸다. 놀란 선녀들은 황급히 옷을 주워 입고는 새처럼 사방으로 날아갔지만 가련한 직녀는 옷이 없어 도망가지 못했다.

이때 견우가 나타나 말했다.

"내 아내가 되겠다고 약속만 하면 옷을 돌려주겠소."

그러자 직녀는 머리를 풀어 헤쳐 앞가슴을 가리면서 얼굴을 붉힌 채 고개를 끄덕일 수밖에 없었다. (사실 그녀는 용감한 견우에게 이미 반해 있었던 것이다.) 이렇게 하여 직녀는 견우의 아내가 되고 말았다.

그들은 결혼식까지 올리고 이제는 누가 보아도 떳떳한 한 쌍의 행복한 부부가 되었다. 남편은 들에 나가 열심히 일했고 아내는 집에 남아 베를 짰다. 그들은 때로 열렬히 사랑하면서 행복에 겨운 삶을 꾸려나갔다.

얼마 지나지 않아 두 사람에게는 귀여운 아들과 딸 하나가 생겼고, 이에 부부는 백년해로하자고 굳은 맹세까지 했다.

그러나 뜻하지 않은 일이 발생하고야 말았다. 이들의 로맨스가 천제의 왕녀에게 알려지게 되었고, 극도로 분노한 그녀는 천신을 보내 직녀를 잡아오게 했다. 왕녀는 그것으로도 부족하여 천신이 혹시 실수라도 할까 두려워 직접 내려와서 상황을 살피기까지 했다.

직녀는 남편과 아이들을 남겨둔 채 천신에게 끌려 친정으로 잡혀가는 신세가 되고 말았다.

한편 사랑하는 아내가 잡혀가자 견우는 너무도 가슴이 아픈 나머지 광주리에 아이들을 담아 어깨에 멘 채 밤새도록 직녀를 뒤쫓아갔다. 그는 저만큼 보이는 찬란한 은하만 건너면 곧장 천상에 이를 수 있을 것이라고 생각했다.

하지만 어찌된 노릇인지 그곳에 이르니 은하는 흔적도 없이 사라지고 난 뒤였다. 은하는 왕모에 의해 천상으로 옮겨져 있었던 것이다. 밤하늘에 찬란하게 빛나던 은하는 이제 더 이상 인간이 접근할 수 없는 머나먼 곳으로 옮겨지고 말았다.

집으로 돌아온 견우는 어린아이들을 끌어안은 채 슬피 울었다. 바로 그때였다. 늙은 소가 두 번째로 말문을 여는 것이 아닌가!

"주인님, 저는 이제 죽게 될 것입니다. 제가 죽거든 가죽을 벗겨 입으십시오. 그러면 천당까지 오를 수 있을 것입니다."

소는 말을 마치자마자 그 자리에 쓰러져 죽었다. 견우는 소의 말대로 가죽을 벗겨 입고 아이들을 멘 채 하늘로 향했다. 그는 양쪽 바구니에 담겨 있는 두 아이의 무게를 균형 잡기 위해 조그마한 바가지도 함께 챙겨 넣었다.

하늘에 오른 견우는 찬란한 별 사이를 바람처럼 누비고 다녔다. 멀고멀었던 은하가 이제 저만큼 보였고 사랑스런 아내도 거의 보일 정도였다. 견우는 기쁨에 들떠 있었고 아이들도 손을 흔들면서 "엄마!"를 연신 외쳤다.

그러나 누가 알았을까! 이제 막 은하까지 와서 거기를 건너려 하는데 하늘에서 갑자기 여인의 손이 뻗쳐 내려오지 않는가!

사실은 견우가 뒤쫓아오자 당황한 왕모가 머리에 꽂은 금비녀를

**직녀, 한대 석각화**
직녀에 대한 전설은 '견우와 직녀' 외에도 '7선녀와 동영'의 고사에서도 전해져온다.

뽑아 은하를 따라 금을 휙 그었던 것이다. 이때부터 찬란했던 은하는 파도가 넘실대는 천하天河로 변하고 말았다. 견우의 눈에서는 천하의 물만큼이나 많은 눈물이 쏟아졌다.

"아버지! 우리가 이 바가지로 천하의 물을 퍼내면 어떨까요!"

어린 딸도 눈물을 흘리면서 말했다. 그러자 견우가 대답했다.

"그래, 우리가 천하의 물을 퍼내도록 하자, 바닥이 마를 때까지."

그는 직접 바가지를 꺼내 물을 퍼내기 시작했다. 그가 지치면 어린 아이들이 아버지를 도왔다. 이들의 집념은 끝내 천제와 왕모의 심금을 울리게 되었고, 그 결과 견우는 매년 음력 7월 7일 밤에 한 번만 직녀를 만날 수 있도록 허락을 받았다. 이때 까치가 은하에 다리를 놓아주기로 했다.

부부는 이제 작교鵲橋에서 만나 서로를 확인만 할 수 있게 되었다. 견우를 본 순간 직녀는 그만 울음을 터뜨리고 말았다. 바로 이때 대지에 그녀의 눈물이 가랑비가 되어 흘러내렸는데 사람들은 저마다 "음, 직녀 아씨가 또 우는구면!" 하면서 그녀에게 동정 어린 말을 한 마디씩 보냈다고 한다.

이때부터 견우는 자식들과 함께 천상에서 살게 되었지만 직녀와는 여전히 천하를 사이에 두고 저만큼 멀리 떨어져 있었다. 그렇지만 그들은 서로 그리울 때면 편지를 주고받자는 묘안을 생각해냈다.

휘황찬란한 가을 하늘을 보면 구슬을 뿌린 듯 길게 누워 있는 천하의 양쪽에 커다란 별 두 개가 반짝이고 있는데 그것이 바로 견우성과 직녀성이다. 또한 견우성과 나란히 두 개의 작은 별이 일직선상에 놓여 있는데 그것이 그의 아들과 딸이다. 그리고 조금 멀리 떨어진 곳에 네 개의 별이 있는데 그것은 직녀가 견우에게 던진 베틀북이라고 하며, 직녀성에서 그리 멀지 않은 곳에 있는 정삼각형 모양의 세 별은 견우가 그녀에게 던진 쇠코뚜레라고 한다. 이처럼 그들은 베틀북과 코뚜레를 사용하여 편지를 주고받았던 것이다.

## 7선녀와 동영

앞에서 견우와 직녀의 눈물 어린 전설을 이야기했다. 민간에는 이 전설 외에 7선녀와 동영董永의 고사도 전해 내려오고 있다. 여기서 말하는 7선녀 역시 천상의 직녀였는데 '견우와 직녀'에 나오는 '직녀'의 자매 가운데서 막내둥이다. 따라서 7선녀라기보다는 일곱 번째 선녀라고 하는 것이 정확해 보인다.

막내둥이 선녀는 천상의 외로운 생활을 도저히 견디다 못해 한번은 몰래 인간 세상으로 내려왔는데, 우연히 길에서 동영이라는 사람을 알게 되었다.

동영은 아버지의 장례를 치르기 위해 자신의 몸까지 판 효자로서 부생원傳生員의 집에서 머슴으로 일하고 있었다. 그녀는 동영을 보자 그만 사랑에 빠졌고, 후에 두 사람은 괴목槐木을 중매쟁이로 삼아 토지공土地公의 주례로 그 나무 밑에서 결혼식을 올렸다.

이제 부부가 된 그들은 계속 일을 하기 위해 부생원의 집으로 갔다. 그러나 계약서에는 "오직 동영 한 사람"으로 표기되어 있었기 때문에, 여자 식구가 늘어난 동영은 걱정이 생겼다. 부생원이 받아주려 하지 않았기 때문이다. 그러나 이에 굴하지 않고 두 사람은 온갖 사정을 한 끝에 드디어 부생원으로부터 조건부 허락을 받아 내는 데 성공했다. 즉, 직녀를 받아주는 대신 만일 그날 밤 안에 '운금雲錦의 비단' 열 필을 짜 오면 3년 머슴살이를 1백 일로 단축시켜주겠지만 그렇지 못할 경우 3년에 다시 3년을 추가하여 도합 6년간 머슴살이를 해야 한다는 내용이었다. 이에 대해 7선녀는 즉석에서 언약을 했지만 동영으로서는 실로 난감하기 그지없었다.

부부가 집으로 돌아온 후에도 동영의 근심은 조금도 줄어들지 않았다. 이윽고 밤이 되자 7선녀는 고민에 빠져 있는 동영을 먼저 자게 한 다음 자신은 인간 세상으로 내려올 때 언니들이 선물로 주었던 '난향難香'이라는 향을 꺼내 방 안에 피웠다.

순간 천상의 선녀들이 향 냄새를 맡고 일제히 7선녀에게 내려왔다. 자세한 경과를 전해들은 그들은 즉시 함께 베를 짜기 시작했다. 그들은 베 짜는 데는 명수들이어서 하룻밤 만에 금빛 찬란한 '운금의 비단' 열 필을 짤 수 있었다.

이튿날 부부는 운금 열 필을 들고 부생원을 찾아갔다. 운금을 본 그는 소스라치게 놀랐다. 그 많은 비단을 하룻밤 사이에 짜낼 줄은 상상도 못했기 때문이었다. 이제 그는 약속을 지킬 수밖에 없었다. 이윽고 1백 일을 마친 부부는 부생원과 사직하고 즐거운 마음으로 돌아갈 수 있게 되었다. 집으로 돌아오는 도중에 7선녀는 자신이 이미 임신했다는 사실을 이야기했고 동영도 경사가 겹치자 기뻐서 어쩔 줄을 몰랐다.

동영과 7선녀도 견우와 직녀가 그랬던 것처럼 희망찬 앞날에 대한 기대에 부풀어 있었다. 그러나 불행하게도 그들의 기대는 오래가지 못했다. 이 사실을 알게 된 천제는 노발대발하여 즉시 천사를 보내 엄명을 내렸다. "오후 3시까지 천궁으로 돌아오지 않으면 천병을 보내 동영을 능치처참하리라"라는 내용이었다.

이제 행복의 꿈은 산산조각이 나고 만 셈이다. 7선녀는 남편이 화를 입을까 두려워 천궁으로 돌아갈 것을 결심했다. 둘은 결국 결혼식을 올렸던 괴목 밑에서 이제는 통한의 이별을 하지 않을 수 없었다.

동영은 통곡하며 울었지만 괴목은 아무것도 모르는 듯이 묵묵히 서 있기만 했다. 7선녀는 동영과 이별하기 직전에 "내년에 벽도화碧桃花가 만발할 때 이 나무 밑에서 아기를 건네주리다"라고 약속을 한 뒤 동영이 정신을 잃고 쓰러져 있는 사이에 천사를 따라 천궁으로 가버리고 말았다.

# 6

## 과부의 후예와 황제의 최후

### 우공이산

앞에서도 자세히 언급한 것처럼 황제시대에 일어난 탁록대전涿鹿大戰 때문에 거인 치우족蚩尤族은 완전히 멸망했고 오직 과부족만이 살아남아 훗날 박부국博父國을 형성하게 되었다. 그런데 중국의 고전이라할 수 있는《열자》를 보면 과부족과 관계되는 재미있는 이야기가 전해내려오고 있다.

옛날 북산北山에 '우공愚公'이라는 아흔 살 넘은 노인이 살고 있었다. 그가 사는 곳은 태행산太行山과 왕옥산王屋山이라는 두 거대한 산이앞을 가로막고 있어서 드나들기에 여간 불편하지 않았다. 참다못한 그는 집안 식구들을 불러놓고 상의를 했다.

"이놈의 산이 앞을 가로막고 있어서 드나들기가 여간 불편하지 않단 말이야. 산을 다른 곳에 옮겨버리면 어떨까?"

그의 제의에 어리석은 자식들만 모두가 찬성했지만 오직 그의 부인만은 회의적이었다. 산을 옮기기로 결정하자 그녀는 만류하고 나섰다.

"제발 그만둡시다, 영감! 당신만 한 나이에 괴부魁父 같은 조그만언덕도 옮기기 힘든 판에 태행산과 왕옥산을 옮기겠다뇨? 설사 옮길수 있다고 합시다. 파낸 흙과 돌들은 또 어디에 갖다 버릴 셈이에요!"

그러자 어리석은 자식들이 말했다.

"아, 그거야 간단하지요. 발해渤海 가에다 갖다 버리면 되지 않겠어요?"

모두들 대찬성이었다. 결국 그들은 산을 옮기기로 하고 즉시 작업에 들어갔다. 여기저기서 파낸 흙을 한데 모아 대오를 갖추어 발해 가로 옮기기 시작했다.

이웃집에 경성씨京城氏의 과부가 살고 있었는데 그녀에게는 갓 이가 났을 정도의 어린 유복자가 하나 있었다. 사람들이 열심히 일하는 광경을 지켜본 아이는 아장아장 걸어가 일손을 거들어주었다.

그들이 발해까지 흙을 갖다 버리는 데는 반년이 훨씬 넘게 걸렸으므로 도중에 옷을 한 번 바꿔 입어야 돌아올 수 있을 정도였다. 그러자 '하곡지수河曲智叟'라고 하는 노인이 우공에게 어이가 없다는 듯이 말했다.

"여보 영감! 제발 그만두시오. 여생도 얼마 남지 않은 주제에 무슨 방법으로 두 산을 옮기겠단 말이오. 원 참!"

그러자 우공은 눈도 깜짝하지 않고 말했다.

"남의 일에 참견하지 말고 할 일 없거든 낮잠이나 자지 그래? 보아하니 식견이 과부의 어린 아들보다도 못하구먼. 이봐! 내가 죽으면 내 아들이 있고 또 아들이 죽으면 손자가 있을 것이며 그 손자는 다시 아들을 낳을 것인즉, 이렇게 해서 집안 대대로 옮긴다면 그까짓 태행산쯤이야 못 옮길 것도 없지 않소?"

우공의 말을 듣고 난 하곡지수는 더 이상 할 말이 없었다. 한편 이들의 대화는 손에 뱀을 움켜쥐고 있던 한 천신에게까지 들렸다. 정말 이처럼 미련하게 파 옮긴다면 아무리 큰 산이라도 끝내 없어지고야 말 테니 덜컥 겁이 났다. 그는 즉시 상제에게 보고를 올렸다.

천신의 보고를 받은 상제는 오히려 우공의 굳센 의지에 감동하여 과아씨夸娥氏의 두 아들을 내려보내 도와주도록 했다. 그래서 두 아들은 원래 붙어 있던 두 산을 번쩍 등에 지고는 삭동朔東과 옹남雍南에 한 개씩 갖다놓았다. 이리하여 산은 남북으로 분리되고 말았다.

이상은《열자》에 나오는 이야기인데 상제가 보냈다는 과아씨의 두 아들은 바로 과부씨의 두 아들이라고 할 수 있다. 왜냐하면 음이 서로 비슷하기 때문에 그렇게 단언할 수 있는 것이다. 그리고 미련한 우공을 보면 태양을 쫓다 죽었다는 과부와도 일맥상통하는 점이 있음을 발견하게 된다.

### 형천

황제와 보좌寶座를 다툰 자는 치우 외에도 '형천刑天'이라는 자가 있다. 그는 치우 이후에 나타난 무명의 거인인데 결국 황제에게 목이 잘렸다고 하여 그렇게 불리게 되었다. '형천'이란 '목을 베다'라는 뜻이 내포되어 있다.

그들의 고사에 관해서는 현재 자세하게 알 수 없다. 다만 그의 머리는 상양산常羊山에 묻혔다고 하는데, 머리가 잘려나가게 된 형천은 격분한 나머지 젖꼭지를 눈으로, 배꼽을 입으로 삼고는 왼손에 방패를 들고 오른손에는 도끼를 든 채 맹렬히 휘두르고 있다고 한다.

그 뒤 수천 년이 지나 진晋나라의 대시인 도연명이 〈독산해경讀山海經〉이라는 시에서 다음과 같이 노래했다.

휘두르는 방패와 도끼,

그 위세 아직도 여전하네.

**황제에게 목이 잘린 형천**
치우 이후에 황제와 보좌를 다툰 형천은 목이 잘리고도 계속 도끼를 휘둘렀다.

비록 패전 영웅이기는 하지만 그의 분투 정신만큼은 높이 평가했던 것이다.

## 황제에 얽힌 전설

치우와 벌인 싸움에서 승리를 거둔 위대한 황제의 이야기를 접한 후세 사람들은 그와 그의 신하에 얽힌 갖가지 전설을 엮어냈다. 그 가운데는 특히 발명에 관한 이야기가 두드러지게 많은데, 이를테면 그가 수레와 배를 발명했다고 하는가 하면(《한서漢書》), 12면을 가진 거대한 거울을 만들었다고 했으며(《황제내경黃帝內徑》), 집을 지어 살게 함으로써 비바람과 추위를 막도록 했고(《신어新語》), 솥과 시루를 발명하여 밥을 지어먹도록 했다는 등(《고사고古史考》) 여러 가지 이야기가 있다.

이 밖에도 그가 쇠뇌라는 일종의 대포를 발명했다고 하는가 하면

《고사고古史考》), 제기차기 놀이도 발명했고(《유향별록劉向別錄》), 눈이 네 개인 창힐蒼頡에게 중국 문자를 발명하도록 했고(《회남자淮南子》), 영륜伶倫에게는 음악을 만들도록 했으며(《여씨춘추呂氏春秋》), 대뇨大撓에게는 60갑자를 만들도록 하고(《노사路史》), 뇌공雷公과 기백岐伯에게는 의술을 개발하도록(《제왕세기帝王世紀》) 했다고 한다.

이상과 같은 전설은 이 밖에도 수없이 많은데 결국 황제는 고대의 만물박사처럼 묘사된 셈이다. 이런 것들은 한낱 후세 사람들이 지어낸 이야기에 불과할 뿐 근거는 없다. 혼자서 어떻게 그렇게 많은 일을 해낼 수 있단 말인가?

그는 또한 풍후風后와 상백常伯이라는 두 신하에게 책과 보검을 지게 한 다음 각지를 두루 유람하였는데, 그가 다닌 곳은 청구산靑邱山이나 동정호洞庭湖, 아미산蛾嵋山, 왕옥산王屋山 등 수없이 많다.

황제 일행의 천하 유람 중에서는 대사막 여행이 가장 흥미로웠다고 한다. 그 사막은 서방에 있었는데 가끔 기이한 현상들로 가득 차는 곳이기도 하다. 일행은 새벽에 도착하여 밤에 돌아왔는데 순식간에 수만 리를 다녀온 셈이다. 진정 신인神人이었음이 틀림없는 그들은 비록 인간 세상을 유람했다고는 하지만 보통 사람과는 전혀 달랐다. 서방에 있다는 그 거대한 사막은 원류洹流라고 하는데, 모래가 워낙 부드러워 물처럼 흐른다는 뜻이다. 그렇기 때문에 발을 디디면 무한정 밑으로 빠진다고 했다. 《초사》의 〈대초大招〉 편에 보면 다음과 같은 구절이 보인다.

영혼이시여,
부디 서방으로 가지 마오.
그곳에는 끝없이 펼쳐진
유사流沙가 있다네.

《서유기西遊記》에도 사람을 잡아먹는다는 8백 리에 달하는 유사하流沙河가 있다고 했는데, 이 유사가 바로 그 사막일지도 모른다.

이 거대한 사막에 바람이라도 휘몰아치면 모래는 몽롱한 안개처럼 천지를 뒤덮게 되고 혼탁한 그 속을 용과 날개 달린 물고기 떼들이 분주히 날아다닌다. 이런 현상들은 보통 사람의 눈에는 무시무시하게 비칠지도 모르나 황제와 같은 신인神人에게는 그저 하나의 기관奇觀으로밖에는 보이지 않았을 것이다.

기이한 식물들도 많은 그곳에는 '석거石蕖'라고 하는 일종의 연꽃이 있다. 이 꽃은 돌로 되어 있기 때문에 딱딱하면서도 바람에 날릴 만큼 가볍고 한 줄기에 수백 장의 잎이 나 있으며 1천 년에 한 번씩 꽃을 피운다. 유사를 뒤덮고 있는 이 초록색의 잎이 바람에 나부끼는 모습이란 실로 장관이 아닐 수 없다. 이것이 서방에 있는 대사막 유사의 모습이다.

이처럼 천하의 각지를 두루 돌아다녔던 황제는 유람 중에 갑자기 치우와의 전쟁을 기념하고 싶은 생각이 들어 사람을 수산首山에 보내 동銅을 파 오게 했다. 그는 이 동을 형산荊山으로 옮겨 승전을 기념하는 보정寶鼎을 주조하게 했다. 일부에서는 이를 두고 그가 선단仙丹을 만들었다고 했는데, 근거 없는 이야기라고 할 수 있다. 왜냐하면 황제 자신은 상제였기 때문에 후세의 도사들이나 먹던 그 같은 약이 필요하지 않았기 때문이다.

어쨌든 그는 탁록에서 벌어진 전쟁을 승리로 장식하고 치우를 죽인 뒤 일정 기간 동안 인간 세계에 머물다가 천상으로 올라갔기 때문에, 이를 두고 득도하여 선인이 되었다는 낭설이 생긴 것이다.

한편 황제가 만든 보정은 높이가 한 길하고도 세 치나 되었으며 열 섬 이상이나 들어가는 거대한 솥으로, 표면에는 각종 용(아마도 응룡일 것이다)과 사방의 귀신 및 기이한 동물들을 새겨놓았다. 그는 이것을 형산 기슭에 걸고는 기념 잔치를 벌였는데 천상의 제신들과 팔방의 백성들이 모두 참석하여 일대 성황을 이루었다.

잔치가 한창 무르익어가고 있을 무렵 금빛 찬란한 갑옷을 걸친 신룡神龍 한 마리가 갑자기 구름 속에서 목을 반쯤 내밀었다. 이때 그 용의 턱수염이 얼마나 길었던지 보정까지 닿을 정도였다. 천상의 사자가 모시러 온 줄 알고 있던 황제는 인간 세계로 내려와 있던 70여 명의 천신과 함께 용을 타고 하늘로 올라갔다.

한편 이 광경을 지켜보고 있던 인간 세상의 국왕과 백성들은 그들과 함께 하늘에 오르고 싶었지만, 용의 등에는 타지 못하고 수염만 다투어 잡아당겼다. 이때 용의 수염이 우수수 떨어지면서 황제의 보궁寶弓도 떨어졌는데 사람들은 그것을 붙잡고 슬프게 울었다. 그중 어떤 자는 용의 수염을 잡고 울기도 했다.

그 뒤 황제의 보궁은 '오호烏號'라고 불렸고, 그것이 떨어진 곳은 '정호鼎胡'라고 불렸다. '정호'란 '보정 위에 있는 용의 수염'이란 뜻이다. 일부 기록에서는 '정호鼎湖'라고도 하고 있지만 '정호鼎胡'가 맞다고 할 수 있다. 일설에 의하면 당시 땅에 떨어졌던 수염은 그 뒤 풀로 자라났는데 그것이 곧 '용수초龍鬚草'라고 한다.

### 왕자교와 최문자

황제가 연단술을 통해 신선이 되어 승천했다는 엉뚱한 전설은 후세에 이와 비슷한 수많은 전설을 낳았다. 그중에서도 유명한 것은 왕자교가 최문자를 시험했다는 전설이다.

옛날에 최문자崔文子라는 자가 있었는데 그는 왕자교에게 선도仙道를 배우고 있었다. 하루는 왕자교가 그를 시험해보기 위해 조화를 부렸다. 그가 선도에 대해 얼마나 관심이 있는지를 알고 싶었던 것이다. 왕자교는 약사발을 받쳐든 흰 매미로 변해 어슬렁어슬렁 지붕에서 내려와 그 약사발을 최문자에게 건넸다.

깜짝 놀란 최문자는 매미를 향해 창을 힘껏 찔렀다. 약사발이 땅에 떨어지는가 싶더니 매미는 온데간데없고 대신 왕자교의 신발만 놓여 있었다. 그러자 그는 신발이 다시 조화를 부릴 것이 두려워 대나무 광주리로 덮어두었다.

그러나 얼마 지나지 않아 광주리 속에서 커다란 새의 울음소리가 들려와 이상한 나머지 뚜껑을 열어보았다. 아니나다를까! 두 마리의 커다란 새가 뛰쳐나오더니 날개를 파닥이면서 하늘로 솟구쳐 올라갔다. 이제 선도고 뭐고 물거품이 되어버리자 그는 약장수가 되어 붉은 천에 쓴 광고를 흔들면서 곳곳을 돌아다녔다.

그는 환약을 팔았는데 선도를 익힌 덕분인지 신령스런 효과가 있어 많은 사람들을 치료해주었다고 한다.

일설에 의하면 왕자교는 주나라 영왕靈王의 태자였던 진晉인데 피리로 봉황의 울음소리를 흉내 내는 데 뛰어났다고 한다. 그는 일찍부터 부구공浮丘公이라는 도사에게 선도를 배워 결국 신선이 되었는데, 구씨산緱氏山 꼭대기에서 흰 학을 탄 채 가족과 최후의 상면을 한 뒤 며칠이 지나 종적을 감추고 말았다고 한다.

### 회남왕과 당공방

왕자교의 전설 외에도 회남왕과 당공방의 '백일승천白日昇天'에 관한 전설이 있다.

옛날 한나라 때의 일이다. 당시 회남왕 유안劉安은 신선술에 심취해 있었는데 그는 '8공八公'이라 불리는 흰 수염이 성성한 여덟 노인들

**학을 타고 승천하는 왕자교**
황제가 연단술로 승천했다는 전설은 비슷한 수많은 전설을 낳았다.

로부터 신선술을 배웠다. 신선술을 다 익히고 난 그는 자신이 만든 단
약丹藥을 먹고 8공과 함께 백일승천했다고 한다.

한편 그는 승천하기 전에 먹다 남은 단약을 사발에 담아 뜰 한구석
에 버렸는데, 개와 닭이 이것을 먹고 나서 종적을 감추고 말았다. 결국
그들도 천상으로 올라가 선구仙狗와 선계仙鷄가 되었다고 한다.

이보다 조금 늦게 나타난 왕망王莽시대 당공방唐公房의 이야기도
매우 재미있다. 그도 자신이 만든 단약을 먹고 신선이 되어 백일승천하
였는데 그 집에 있던 개와 닭도 이 약을 먹고 승천을 했다고 한다. 어찌
보면 회남왕 유안의 이야기와 비슷한데, 다만 그 집에 있던 쥐만은 단
약을 먹지 못했기 때문에[21] 하늘에 오르지 못했다고 한다. 그래서 쥐는
분에 사무친 나머지 뱃속의 위장을 모두 토해냈는데 그 다음 달이 되면

---

**21** 당공방이 쥐를 싫어하여 일부러 먹이지 않았다고 한다.

다시 새 위장이 생긴다고 한다. 후세 사람들은 이 쥐를 '당서唐鼠'라고 불렀다.

　　이상의 전설은 흥미롭기는 하지만 한낱 근거 없는 이야기에 불과하다. 회남왕 유안을 보면 자명해진다. 유안은 모반을 꾀했다가 누군가 밀고하자 두려운 나머지 자살을 하고 말았다. 그런 인물이 '백일승천'이 가능했겠는가?

# 제4장  전설상의
## 제왕들

요임금과 순임금은 근검과 절약 그리고 소박한 성품으로 인해 후세 사람들로부터 가장
이상적인 국왕으로 추앙받는 인물이다. 검소하게 살며 자신의 안위보다 백성을 먼저 돌보았다.

# 1

## 제준

옛날부터 중국에서는 수많은 민족이 함께 살아왔다. 그들은 각기 나름대로의 상제와 귀신 그리고 신화를 지니고 있었는데 시간이 지남에 따라 다른 민족과도 종교나 문화 면에서 부단히 영향을 주고받게 되었다. 전래되는 이야기들이 많은 변화를 거치면서 상제나 귀신의 수도 늘어나고 신화 자체도 역사화되어 매우 복잡하게 변해갔다.

따라서 동일한 사건이 여러 사람의 행적으로 분화되어 출현하는가 하면 동일한 인물이 여러 명의 화신으로 등장하기도 한다. 이와 같은 현상은 제준과 제곡帝嚳, 그리고 순의 경우에 가장 대표적으로 나타나고 있다.

제준은 원래 동방의 은殷 민족이 모시는 (앞에서 말한 동방의 상제 복희와는 전혀 다른) 상제였다. '준俊'의 갑골문을 보면 여러 가지 형상으로 묘사되어 있는데 원숭이의 형상, 새의 머리에 사람의 몸을 한 형상, 그리고 지팡이를 짚고 있는 형상 등 크게 세 가지로 나눌 수 있다. 이들을 종합해보면 제준도 새의 머리에 두 개의 뿔이 있으며 원숭이 같은 몸에 다리는 하나이며 늘 지팡이를 짚고 엉거주춤 걷는 괴물로 표현할 수 있을 듯하다. 이것이 곧 은 민족이 상제로 모시던 제준의 모습이다.

제준은 또한 은 민족의 시조인 계契와 주周 민족의 시조 후직을 낳

**갑골문 중 준(俊) 자의 여러가지 서법**
갑골문에서 준은 새와 원숭이 등 여러 동물의 형상을 띠고 있다.

았다는 제곡, 그리고 역산歷山 기슭에서 코끼리를 몰아 밭을 갈았으며 후에 황제가 되었다는 순 등으로 등장하기도 한다. 주지하는 바와 같이 순은 요임금의 사위이며 제곡은 요임금의 아버지로 되어 있는데, 순과 제곡이 동일 인물로 등장하고 있는 것이다.

이와 같은 경우는 고대의 신화나 전설이 역사로 탈바꿈하면서 빚어진 결과라고 할 수 있다. 여기에 대해 많은 학자들이 고증을 하여 원인을 밝혀냈지만, 자세히 설명하기보다는 우선 이들과 관계되는 신화를 들어봄으로써 독자들이 스스로 해답을 찾을 수 있도록 하겠다.

그럼 여기서는 제준에 관하여 알아보자.

제준은 앞에서도 언급했듯이 동방의 은 민족이 모시는 상제다. 그의 위대함은 서방의 주 민족이 상제로 모시는 황제에 필적할 만하다. 그러나 주는 은을 멸망시켰던 민족인 만큼 황제와 관련된 신화가 자연히 많이 보존되어 있었기 때문에 황제가 더 위대한 존재로 인식되었다.

뿐만 아니라 황제는 역사화의 과정을 거치며 상제에서 인간 세상의 황제로 변신하게 됨에 따라 후세에 오면서 더욱 많은 전설이 발생하게 된다. 결국 그는 사람과 신이 함께 모시는 조상이 되어 제준의 위세를 훨씬 능가하고 있다.

190

반대로 제준은 패전 민족의 상제였기 때문에 그에 관한 신화가 거의 사라지고 단편적인 신화 몇 가지만 남아 있을 뿐이다. 그러나 단편적이라고는 하지만 이 신화들은 당시 동방의 상제였던 그의 위세를 충분히 보여주고 있다. 전설에 의하면 그는 세 명의 아내를 두었는데 그가운데 아황娥皇이라는 여자가 있었다. 그녀는 인간 세상에 삼신국三身國이라는 나라의 민족을 낳아 다스렸는데 요姚 성을 가지고 있던 이 민족은 머리는 하나인데 몸이 세 개였다. 그들도 사람과 마찬가지로 오곡을 먹고 살지만 표범이나 호랑이, 곰 따위의 야수를 시종으로 거느리고 있었던 점이 다르다.

　　아황은 그래도 평범한 아내였다고 할 수 있었는데 나머지 두 아내는 그렇지 않았다. 하나는 태양의 여신인 희화羲和로서 열 개의 태양을 아들로 낳았는데 동남쪽 바다 밖에 있는 감연甘淵이라는 곳에서 새로 태어나 둥실 솟아오르는 아들 하나하나를 감천甘泉의 샘물로 목욕시켜 차례로 세상을 돌면서 밝게 비추도록 했다.

　　또 다른 아내는 달의 여신인 상희常羲이다. 그녀는 열두 개의 달을 딸로 낳았는데 희화가 그랬던 것처럼 서방에 있는 황야에서 자신의 딸을 목욕시켰다. 물론 달을 깨끗이 씻겨줌으로써 세상을 아름답게 밝힐 수 있도록 하기 위해서였다.

　　한편 동방의 황야에는 사비시奢比尸라고 하는 신이 살았다. 그는 사람의 얼굴에 개의 귀를 달고 있으며 야수의 몸을 한 괴물인데 그가 살고 있는 부근에서는 아름다운 오색의 새들이 춤을 추었다. 제준은 가끔 천상에서 내려와 이들과 사귀곤 했는데 흥이라도 나면 한 개뿐인 다리에 지팡이를 짚은 채 함께 어울려 춤을 추기도 했다. 제준은 인간 세상에 두 곳의 좌단座壇을 두고 있었는데 그것을 바로 이 새들이 관리했다.

　　제준이 이 오색조를 좋아하게 된 데는 나름대로의 까닭이 있다. 원래 오색조는 황조皇鳥와 난조鸞鳥 그리고 봉조鳳鳥였는데, 사실은 고대의 전설에 나오는 봉황이라고 할 수 있다.

봉황의 생김새는 닭과 비슷하지만 아름다운 오색 털이 나 있고 자연을 벗삼아 항상 흥겨운 춤을 춘다고 한다. 봉황이 인간 세상에 나타나는 날이면 천하가 태평해진다고 하는데 한창 난세에 태어났던 공자는 "봉황이 나타나지 않는다"라고 한탄한 적이 있다. 그러니 봉황이 얼마나 고귀한 존재인지는 상상이 되고도 남을 것이다.

이처럼 고귀한 봉황은 동방에 있는 군자의 나라에만 살고 있는데 가끔 사해四海의 바깥을 날아다니기도 한다. 어느 기록에 보면 위대한 황제도 봉황을 본 적이 없었기에 한번 보고 싶은 충동 때문에 신하인 천로天老에게 그 형상을 물어본 적이 있다. 그러나 천로 자신도 봉황을 본 적이 없었기 때문에 그저 상상력을 총동원하여 다음과 같이 꾸며냈다.

"봉황의 모습은 이렇습니다. 몸뚱이의 앞부분은 기러기와 비슷하지만 뒷부분은 기린의 형상을 하고 있으며 뱀의 목에다 물고기 같은 꼬리를 하고 있지요. 그리고 무늬는 용처럼 화려하고 거북이 같은 등에 제비의 턱, 닭과 같은 부리……."

이처럼 천하의 동물이 갖고 있는 모든 특징을 온통 모아놓았기 때문에 봉황은 그만 신비에 가득 찬 새로 변하고 말았다.

봉황은 정말 이렇게 신비한 새란 말인가? 그렇지 않다. '봉鳳'자의 갑골문을 보면 꼬리에 둥근 반점이 그려져 있는 것으로 보아 공작과 모양이 흡사하다는 것을 알 수 있다. 옛날에는 황하의 양안에 코끼리와 코뿔소 등이 살았는데 당시에는 봉황도 살았다고 한다. 그러던 것이 기후가 변함에 따라 끝내 멸종하고 말았다. 제준이 하늘에서 내려와 오색조와 함께 어울렸다고 하는데 그 새가 바로 봉황이었던 것이다.

192

은 민족의 신화를 보면, 간적簡狄이라는 자가 우연히 현조玄鳥(제비)의 알을 먹고 시조 계契를 낳았다고 한다. 그들의 시조신인 제준의 형상을 보더라도 새의 머리를 하고 있다. 이 점으로 보아 제준의 새 머리는 곧 현조의 머리라고 할 수 있다. 현조는 원래 동방의 민족이 숭배한 신조神鳥였는데 이것을 미화시키다 보니 결국 공작을 닮은 봉황으로 변하고 만 것이다. 따라서 간적이 제비 알을 먹고 계를 낳았다는 이야기는 동일한 작자가 똑같은 이야기를 다루면서도 서로 다르게 표현한 것이라고 할 수 있다. 즉 〈천문〉이나 〈이소〉는 모두 굴원의 작품이지만 전자에서는 '현조'라고 하고 후자에서는 '봉조鳳鳥'라고 한 것과 같은 이치이다. 이것을 보더라도 봉황은 곧 현조이며 그것은 곧 제비라는 사실을 알 수 있다.

따라서 제비 머리를 한 동방의 상제 제준이나 동방의 황야에 살고 있다는 오색조는 원래 같은 종류에 속하는 새였음이 틀림없다. 그가 종종 천상에서 내려와 오색조와 어울려 춤을 추었다고 하는 고사도 이런 맥락에서 보면 쉽게 이해될 것이다.

오색조의 신화 외에 제준과 직접 연관된 신화가 또 하나 있다.

북방의 황야에는 위구衛邱라고 하는 거대한 구름이 있는데 둘레가 3백 리나 되고 그 남쪽에는 제준의 죽림竹林이 있다고 한다. 그 대나무는 얼마나 큰지 한 마디만 쪼개도 배를 만들 수 있을 정도였다.

그런데 이와 같은 대나무가 남방의 황야에도 있다고 한다. 즉 '체죽涕竹'이라고 하는 이 대나무는 길이가 수백 길이나 되고 둘레만 해도 세 길이 넘으며 두께는 아홉 치나 된다. 이 대나무 역시 잘라서 배로 쓸 수 있을 정도인데 제준의 대나무와 같은 것이라고 볼 수 있다. 왜냐하면 '체죽'이라는 명칭에서 이 장의 마지막 부분에서 이야기하게 될 아름다운 반죽斑竹을 연상할 수 있기 때문이다. 따라서 '체죽'은 제준의 대나무임이 틀림없다고 할 수 있다.

### 제준의 후손

제준의 후손에 관한 신화는 지금도 꽤 많이 전한다. 일설에 의하면 제준은 태양과 달을 낳았을 뿐만 아니라, 인간 세상의 수많은 민족의 선조라고 한다. 예를 들어 대황의 동쪽에는 그의 후손이 다스린다는 중용中容과 사유司幽, 백민白民, 흑치黑齒 등 4국이 있다. 그중에서도 사유국은 약간 특이한 나라라고 할 수 있다. 이 나라는 남녀를 완전히 구분하여 두 집단으로 나누고 있는데, 남자의 집단을 '사사思士'라고 부르는데 그들은 장가를 들지 않는다고 한다.

한편 여자의 집단은 '사녀思女'라고 하는데 이들 역시 남편이 필요 없다. 그러나 한 가지 이상한 점은 서로가 분리되어 살고 있지만 한 번만 눈이 마주치면 아이를 낳을 수 있다고 한다.

대황의 남쪽에는 제준이 낳았다고 하는 삼신국三身國과 계리국季釐國이 있다. 삼신국에는 네모반듯한 연못이 있는데 순이 늘 이곳에 와서 목욕을 했다고 한다. 여기서 말하는 순은 아마도 제준일 것이다.

또한 대황의 서쪽 광야에는 서주국西周國이 있는데 역시 제준의 후손이 다스리는 나라이다.

제준은 후직과 태새台璽를 낳았고 태새는 다시 숙균을 낳았다. 당시 후직은 천상에서 백곡百穀의 종자를 갖고 왔는데, 숙균이 이를 심고 들소를 이용하여 경작하기 시작했다. 서주국은 곧 숙균의 후손들이 이룩한 나라이다.

제준의 후손 중에는 각종 문명의 이기를 발명한 자도 많다. 이를테면 번우番禺는 배를 만들었고 길광吉光은 나무로 수레를 만들었으며 안룡晏龍은 거문고와 비파를 만들었다고 한다.

**삼신국인, 한대 석각화**
대황의 남쪽에는 제준이 낳았다는 삼신국이 있다고 전해진다.

　또 한편으로는 이름을 알 수 없는 여덟 명의 아들이 가무歌舞를 발
명했으며 그 가운데서도 의균義均이 특히 각종 공예 분야에 뛰어났다고
한다. 이처럼 상고 시대의 문명은 제준 시대부터 점차 빛을 발하기 시
작했다. 제준의 후손 중에서 특히 유명한 인물로는 방금 언급했던 의균
을 꼽을 수 있다. 그는 수倕라고도 하는데 마음이 곱고 손재주가 워낙
뛰어나 사람들이 그를 '교수巧倕'라고 부르기도 했다. 그는 요임금의 총
애를 받은 장인이었는데 문명의 이기를 많이 발명하여 인류에게 커다
란 공헌을 했다. 그러나 어찌된 영문인지 주나라 때의 정이鼎彝에는 그
가 손가락을 입에 물고 있는 형상이 새겨져 있다. 이 형상은 고운 마음
씨나 손재주는 아무 소용이 없으며 그저 악의 길을 걷도록 일러주고 있
다는 뜻이다. 만일 그것이 사실이라면 그는 인간에게 조금도 이득이 되
지 않는 존재라고 하겠다.

# 2

## 제곡

제곡의 신화는 여러 면에서 제준과 비슷한 부분이 많다. 앞에서도 언급한 것처럼 이들이 같은 인물의 화신이었기 때문이다.

현재 기록에 남아 있는 제곡은 이미 역사화 과정을 거쳐 반신반인半神半人의 존재로 등장하고 있지만, 몇 가지 점에서 보면 원래는 천신이었으며 그 천신은 바로 동방의 상제인 제준이라는 것을 알 수 있다.

전하는 바에 의하면 그는 태어나면서부터 매우 신령스러운 데가 있었다고 한다. 당시 그의 이름은 '준夋'이었는데 이는 새의 머리에 원숭이의 몸뚱이를 한 괴물, 즉 제준을 뜻한다.

또 다른 기록에 의하면 그는 황제의 후손이었다고 하는데 인간 세상에서 '천자'로 있을 때, 천상의 상제였던 형제 전욱처럼 음악을 무척 좋아했다고 한다.

앞에서 이야기한 것처럼 전욱은 비룡飛龍을 시켜 8방의 음악을 본떠 여덟 개의 곡을 만들었으며, 저파룡에게는 꼬리로 배를 두드려 북소리를 내도록 했다. 한편 제곡은 함흑咸黑이라는 악사樂師에게 구초九招와 육렬六列, 육영六英 등과 같은 각종 가곡을 만들게 했으며 악공 유수有倕에게는 각종 악기를 만들게 했다.

악보와 악기가 완성되자 제곡은 다른 사람으로 하여금 이를 연주하게 했고, 손뼉을 쳐서 박자를 맞추도록 하기도 했다. 음악과 박수 소리가 조화를 이루면 이번에는 '천적天翟'이라는 봉황에게 춤을 추도록 했다. 이렇게 하니 전욱이 저파룡을 시켜 연주한 음악보다 훨씬 장엄하였다. 이처럼 천적이라는 봉황을 춤을 추게 했다는 것은 동방 황야의 상제였던 제준이 오색조와 함께 춤을 추었다는 이야기를 연상케 한다. 즉 이 이야기도 동일한 사건에 대한 두 가지의 전설일 가능성이 크다는 것을 시사한다.

제곡 시대에 일어난 대사건으로는 앞에서 언급했듯이 방왕房王(또는 太戎)의 장난을 들 수 있다. 이 사건은 견융보다는 방왕의 이야기로 보는 편이 더 정확할 듯하다. 기록에는 제곡의 성이 방房씨라고 나와 있기 때문이다. 만일 그것이 사실이라면 뒤에서 언급하게 될 순舜과 그의 동생 사이에 일어난 내분처럼 이 역시 형제간에 발생한 집안싸움으로 볼 수 있을 것이다. 이처럼 신화나 전설에서는 동일한 고사라도 다르게 등장하는 경우가 많다.

### 알백과 실침

제곡에게는 두 아들이 있었다. 하나는 알백閼伯이고 다른 하나는 실침實沈이라고 했는데, 이 둘은 워낙 사이가 나빠 매일 다투기만 했다. 그들이 한 치의 양보도 없이 필사적으로 싸워대자 결국 참다못한 제곡이 두 사람을 멀리 떼어놓고 말았다.

제곡은 알백을 상구商邱로 보내 동방의 아름다운 별인 삼성三星[22]을 맡도록 했는데 이는 곧 연인의 별이기도 했다. 실침은 대하大夏라는 곳으로 보내 서방의 삼성三星을 다스리도록 했다.

---

**22** 심수心宿 또는 상성商星이라고도 한다.

두 형제는 이렇게 서로 떨어지게 되자 싸움을 그쳤다. 또한 그들이 다스리던 성좌도 서로 어긋나게 되어 영원히 만날 수 없게 되었다. 그래서 후세의 시인 두보杜甫는 다음과 같이 읊었다.

마치 삼성三星과 상성商星처럼
서로 만나지도 못하네.

그래서 지금도 형제간에 화목하지 못한 것을 가리켜 '삼상參商'이라고 한다.

### 제곡의 아내들

한편 제국에게는 비첩이 한 명 있었는데 그녀가 곧 추도씨鄒屠氏의 딸이다. 일설에 의하면 황제가 치우를 죽인 뒤 선량한 사람은 추도鄒屠라는 곳에서 살게 했고, 악한 사람은 모두 북방에 있다는 추운 지방에서 살도록 했다고 한다. 그녀는 이를테면 그 선량한 사람들의 정영精英이었는데, 길을 걸을 때도 발이 땅에 닿는 법이 없이 바람과 구름을 타고 하늘을 날아다녔다.

이렇게 볼 때 그녀는 화서국 사람들처럼 신과 인간의 중간쯤에 있던 존재였던 듯하다.

그녀는 늘 구름을 타고 이수伊水와 낙수洛水 가를 노닐었는데, 바로 그때 그곳에서 제곡의 마음에 들어 비가 되었던 것이다. 결혼 후 그녀는 가끔 태양을 삼키는 꿈을 꾸곤 했는데, 그때마다 아들을 하나씩 낳아 모두 여덟 명의 아들을 두게 되었다. 이를 두고 후세 사람들은 '8신八神'이라고 불렀는데 이 이야기 자체가 지니는 의미는 그리 대단치 않다. 다만 열 개의 태양을 낳았다는 제준의 아내 희화羲和나 각기 한 곳씩

총 여덟 곡의 음악을 작곡했다는 그의 여덟 아들을 연상케 할 뿐이다.

한편 제곡은 '인간화'되면서 고대의 유명한 제왕 가운데 한 사람으로 등장하게 된다. 당시 그에게는 네 명의 아내가 있었다. 첫째 부인은 강원姜嫄이라고 했는데 유태씨有邰氏의 딸로서 후에 후직을 낳았고, 둘째 부인은 간적簡狄인데 유융씨有娀氏의 딸로서 계를 낳았다. 그리고 셋째 부인은 경도慶都라고 했는데 진풍씨陳豊氏의 딸로서 제요帝堯를 낳았고, 마지막 넷째 부인은 상의常儀로서 추자씨娵訾氏의 딸인데 제지帝挚를 낳았다고 한다. 그런데 상의가, 달을 낳았다고 하는 제준의 아내 상희常羲와 이름이 같은 것으로 보아 제곡이 곧 제준임을 알 수 있다.

이들 네 아내가 낳은 아들들은 모두 훌륭하게 자랐다. 그중에는 계나 후직처럼 민족의 시조가 되었는가 하면[23] 제지와 제요처럼 인간 세상의 제왕이 된 자들도 있다. 그중에서도 제왕이 되었다고 하는 제지와 제요의 어머니에 대해서는 별다른 기록이 없지만, 민족의 시조가 되었다는 계와 후직의 어머니에 대해서는 '시조 탄생'의 재미있는 신화가 남아 있다. 먼저 은 민족의 시조인 계의 탄생 신화부터 알아보자.

### 계의 탄생

옛날 유융씨에게는 아리따운 두 딸이 있었다. 큰딸은 간적簡狄이었고, 둘째 딸은 건자建疵라고 했다. 두 자매는 하늘을 찌를 듯이 솟아 있는 오대瑤臺에 살았는데, 식사 시간이 되면 시종들이 그들을 위해 아름다운 음악을 연주해주곤 했다.

한번은 천제가 몰래 제비를 보내 이들을 엿보고 오게 했다. 제비는 그들이 있는 곳으로 가서 머리 위를 빙빙 돌며 상냥한 목소리로 울

---

23 각각 은殷나라와 주周나라의 민족 시조.

어댔다.

순간 제비의 노래를 들은 자매는 너무나 반가운 나머지, 멀리 날아가지 못하도록 제비를 잡아 옥 광주리에 넣고 말았다.

얼마쯤 지나 제비가 궁금해진 자매가 뚜껑을 열어보는 순간 제비는 멀리 북방으로 날아가버렸다. 그런데 옥 광주리 속에는 제비 알 두 개가 놓여 있는 것이 아닌가. 실의에 빠진 자매는 비탄에 젖어 노래를 불렀다.

제비는 날아갔네!
제비는 날아갔네!

자매의 노래는 그 후 북방에서 부르는 최초의 노래가 되었다고 한다.

한편 간적은 제비 알 두 개를 먹고 후에 은 민족의 시조가 되는 계를 낳았다고 하는데, 또 다른 전설은 그녀가 두 여인과 함께 강가에서 목욕을 하다가 현조가 떨어뜨리는 알을 받아 먹고 '계'를 낳았다고도 한다. 내용이 약간 다르기는 하지만 은 민족이 천제가 보낸 제비의 후손인 것만은 틀림없다. 그래서 그의 후손들은 계를 현황玄王으로 모시는데, 나중에 그는 우임금을 도와 홍수를 다스렸다는 공로로 순임금으로부터 사도司徒라고 하는 관직을 받기도 했다.

### 후직

주 민족의 시조인 후직의 탄생 신화는 계처럼 천진난만하지 않고 오히려 인간 세상의 비애를 띠고 있는 듯한 느낌마저 든다.

옛날 유태씨有邰氏에게는 강원姜嫄이라는 딸이 있었다. 하루는 강

**후직**
주 민족의 시조가 된 후직. 어릴 때 버려졌으나 동물들이 와서 돌봐주었다고 한다.

원이 교외로 놀러 나갔다가 돌아오는 도중에 거대한 발자국을 보게 되었다. 놀랍기도 했지만 한편으로 호기심이 든 그녀는 자신의 발을 그 발자국에 대보았다. 그 발자국은 어찌나 컸는지 그녀의 발자국과는 비교가 되지 않을 정도였다. 엄지발가락을 막 대보는 순간 그녀는 이상한 느낌을 받았는데, 그 후부터 배가 불러오기 시작했다. 결국 그녀는 건장한 사내아이를 낳았다.

그러나 불행히도 이 아이는 태어나면서부터 아버지가 없다는 죄로 온갖 학대를 받아야 했다. 사람들은 아이를 이상한 눈으로 쳐다보더니, 결국 강제로 아이를 빼앗아 좁은 골목길에 내다버렸다. 그렇게 소와 말에게 밟혀 죽기를 바랐던 것이다.

그러나 이상하게도 소가 밟기는커녕 오히려 아기에게 젖을 물리는 것이 아닌가? 기이하게 여긴 마을 사람들은 아이를 깊은 산속에 버렸는데, 이번에는 지나가던 나무꾼이 데려다 길렀다. 그래도 아이가 죽지 않자 격분한 사람들은 다시 아이를 빼앗아 와 황야의 동토凍土에 갖다

버렸다. 그러자 이번에는 천상의 새가 날아와 깃으로 아기를 감싸주는 것이었다.

너무도 기이한 현상에 놀란 사람들이 그곳으로 가보았다. 그러자 새들은 모두 날아가버렸고, 벌겋게 몸이 언 갓난아기가 추위에 떨며 울고 있는 것이었다.

이 아이는 여러 번 버림을 받았다고 해서 '기棄'라고 불리게 되었는데, 그가 훗날 주 민족의 시조가 된 후직이다. 후직이라는 이름은 그가 어렸을 때부터 농업을 좋아하여 백성들에게 오곡을 심는 방법을 가르쳐주었다고 하여 그의 후손들이 붙여준 이름이다.

그는 어려서부터 남다른 포부가 있었다. 장난을 칠 때도 보리나 콩, 옥수수 같은 오곡을 직접 심어보곤 하며 놀았다. 그가 심은 콩이나 보리는 잘 자랐고 열매도 야생종보다 몇 갑절이나 컸다. 그 후 성인이 된 그는 풍부한 경험을 바탕으로 나무나 돌을 이용하여 간단한 농기구를 만들어 직접 경작을 했다.

후직은 자신이 터득한 농사 방법을 다른 사람들에게 가르쳐주었다. 당시는 농사보다 수렵이나 원시적인 채집에 의존하는 시대였기 때문에 인구는 많지만 먹을 것이 부족하여 생활이 무척 어려웠다. 사람들은 후직의 농사 업적을 알고부터 점차 그를 믿고 따르기 시작했으며 아울러 그의 방법대로 농사를 짓기 시작했다.

후직의 농사 이야기는 그의 어머니의 고향인 유태에서 각지로 퍼지기 시작했다. 얼마 지나지 않아 당시 국왕이었던 요임금의 귀에까지 후직의 이야기가 들리게 되었다. 결국 요임금은 그를 농사農師로 초빙하여 전국 각지 백성들의 농업을 지도하도록 했다. 뿐만 아니라 요임금을 계승한 순임금은 유태 지방을 그에게 하사하여 백성들의 농업 시험장으로 삼기도 했다.

후직에게는 태새라고 하는 동생이 있었는데 그에게는 숙균이라는 아들이 있었다. 이들 역시 농업의 명수들이었다. 숙균은 소를 이용한 경작법을 발명하여 당시의 농업에 일대 혁신을 불러왔다. 이 부분은 제준의 신화에서 이야기했다.

세월이 흘러 후직이 세상을 떠나자 백성들은 그의 공적을 기리기 위해 풍경이 수려한 곳에 그를 묻어주었다. 이곳이 바로 유명한 '도광都廣의 들'인데, 옛날에 신과 인간 사이에 놓여 있던 통로인 건목建木이 바로 이 부근에 있다.

도광의 들은 매우 비옥한 평원이어서 각종 곡식이 저절로 자랐다. 쌀은 백옥처럼 윤기가 흘렀고 난조鸞鳥라는 새가 노래를 부르며 또한 봉황이 춤을 추었는데, 아마도 후직의 영복靈福을 받은 까닭이리라.

전하는 이야기를 볼 때, 후직이라는 인물은 인간에게 빛을 남긴 위인임에는 틀림없다. 그만큼 그와 관련된 전설은 다소 과장된 점도 없지 않지만, 전설들을 종합해보면 일을 사랑하고 인간을 행복으로 인도한 그를 후세 사람들이 얼마나 숭배하고 있는지 알 수 있다.

# 3

## 요임금

순, 그는 주지하는 바와 같이 요임금의 사위이자 나중에 그를 이어 국왕이 된 인물이다. 그러니 그는 요임금과 불가분의 관계라고 할 수 있다. 순을 이야기하자면 먼저 요임금에 대하여 언급하지 않을 수 없다.

그럼 요임금은 어떤 존재인가? 역시 우리가 주지하는 바와 같이 그는 근검과 절약 그리고 소박한 성품으로 인해 후세 사람들로부터 가장 이상적인 국왕으로 추앙받는 인물이다.

전설에 의하면 요임금은 허름한 초가에서 살았는데 기둥과 서까래는 손수 산에서 잘라 온 나무를 이용했다고 한다. 게다가 나물국과 거친 밥을 먹고 살았으며 옷이라고 해봐야 허름한 삼베옷 하나였고 날씨가 춥기라도 하면 사슴 가죽으로 추위를 막을 정도였다. 일국의 국왕이었던 인물이 이처럼 검소하게 살자 후세 사람들은 "문지기 같은 말단 관리도 그보다는 낫겠다"라고 경탄을 아끼지 않을 정도였다. 그렇게 소박하게 살았지만 백성을 사랑하는 열성만큼은 유달리 강했다. 일설에 의하면 백성 중에 끼니를 잇지 못하는 자나 옷을 입지 못하는 자, 그리고 잘못을 범한 자라도 있으면 그는 입버릇처럼 중얼거렸다고 한다. "모두가 내 탓이지, 내가 그렇게 만든 것이나 다름없으니⋯⋯."

그는 어려움에 처한 백성을 보면 자신을 나무랐던 것이다. 이처럼 요임금은 백성의 잘못들도 자신의 책임으로 돌렸기 때문에 그가 통치한 1백 년 동안 한발과 홍수가 수없이 닥쳤어도 그를 원망한 자가 아무도 없을 정도였다. 그래서 그가 사는 궁궐(사실은 초가 몇 칸에 불과했지만)에는 하루에도 수십 번이나 상서로운 징조가 나타나곤 했다. 이를테면 말을 먹이려고 준비해둔 풀이 갑자기 벼로 바뀌는가 하면 봉황이 천장을 날아다니기도 했다. 이와 같은 사건은 수없이 많았는데, 그 가운데 두 가지의 상서로운 풀에 대해 이야기하겠다.

첫 번째는 '명협莫莢' 혹은 '역협曆莢'이라고 불리는 서초瑞草인데, 이 풀은 돌계단의 틈바구니에서 자란다. 이 풀은 특이하게도 매월 초하루부터 한 잎씩 돋아나 보름이 되면 총 열다섯 장의 잎이 생기고, 16일째부터는 반대로 한 잎씩 떨어지기 시작하여 그믐이 되면 모두 떨어지고 만다. 그런데 29일뿐인 달에는 최후의 한 잎이 떨어지지 않고 남아 있다가 말라버린다.

이와 같은 현상이 매달 반복되었기 때문에 사람들은 이 풀만 보고도 날짜를 맞추었으며, 요임금 자신도 이 풀을 달력으로 삼았다고 한다.

또 다른 서초는 '삽포箑蒲'라고 하는 풀인데 부엌의 찬장 속에서 자란다고 한다. 이 풀은 더욱 신기하게도 부채처럼 생긴 잎이 저절로 부채질을 하여 서늘한 바람을 일으켜 파리나 해충을 쫓을 뿐만 아니라 음식물이 상하는 것도 막아주었다. 이 풀도 검약을 중시했던 요임금에게 큰 도움을 주었다고 한다.

### 고도와 기

당시 요임금 혼자만 훌륭한 인물이었던 것은 아니다. 그를 보좌한 신하들도 모두 뛰어난 현신이었다고 한다. 이를테면 농사農師를 맡은 후직, 공사工師를 담당한 수倕, 법관이었던 고도皐陶, 악관樂官인 기夔,

**요임금(왼쪽, 한대 석각화)과 상서로운 풀인 명협(오른쪽)**
요임금은 근검과 절약을 실천해 후세 사람들에게서 가장 이상적인 국왕으로 추앙받는다.

사도司徒(교육담당관)를 맡은 순, 사마司馬(군정)를 담당한 계 등은 모두 현명하기로 유명한 신하였다. 여기서는 법관 고도와 악관 기에 얽힌 전설을 들어보자.

고도는 그 형상이 매우 기이한 인물이다. 얼굴이 푸르스름했고 입은 말처럼 툭 튀어나와 있었지만, 그는 법관으로서 맡은 직무를 매우 훌륭하게 수행했다. 법을 다스릴 때는 모든 것이 공평무사했고, 아무리 복잡하고 어려운 안건도 명확하게 처리하여 결코 뒷말을 남기는 법이 없었다.

고도가 이처럼 뛰어난 재능을 지닐 수 있게 된 데에는 까닭이 있었다. 일설에 의하면, 그는 '해치解廌'라는 외뿔 달린 신양神羊을 기르고 있었는데, 바로 이 양이 그에게 큰 도움을 주었다. 길고 푸른 털이 나있는 이 신양은 체구가 커다랗고 곰과 비슷했다. 여름에는 물가에서 살고 겨울이 되면 소나무 숲에서 살았는데, 성격이 워낙 충성스러워 사람들이 다투면 잘못이 있는 자를 뿔로 들이받았다고 한다.

입이 말처럼 불룩 튀어나온 고도는 문제가 생긴 안건을 처리할 때마다 양쪽을 당상으로 불러 올라오게 했다. 그러고는 사람들이 계단을 올라올 때 신양을 시켜 잘못한 사람을 뿔로 들이받도록 했다. 이렇게 하면 시비가 백일하에 드러났으므로 모든 안건이 쉽게 결판이 났다. 매사가 참으로 편리했을 뿐만 아니라 시간도 대폭 단축되었다. 고도는 신양을 세상의 그 무엇보다도 귀중하게 여겼고, 언제 어디서든 잘 보살폈다. 신양에게 무슨 탈이라도 생기면 자신의 직책도 뿌리째 흔들릴 수 있었기 때문이다.

이번에는 악관이었던 기에 관하여 알아보자. 그는 외다리였다고 하는데 동해의 유파산流波山에 살았다는 기우夔牛(역시 외다리였다)와는 일족이었는지도 모른다. 요임금의 악관을 맡은 기는 산천과 계곡에서 들려오는 모든 소리를 본떠 '대장大章'이라는 음악을 작곡했다. 이 음악은 워낙 기이하여 듣는 사람으로 하여금 마음을 평온하게 만들어 많은 분쟁을 종식시켰다. 뿐만 아니라 그는 돌조각을 서로 두들겨 아름다운 소리를 내곤 했는데, 지나가는 새나 짐승들도 이 소리에 흥이 겨워 덩실덩실 춤을 추었다고 한다.

### 중명조와 악전

요임금은 상당히 오랫동안 제위에 있었다. 한번은 그의 치세 말기에 지지국祇支國이라는 나라에서 중명조重明鳥 한 마리를 헌상해왔다. 이 새는 쌍정조雙睛鳥라고도 불렸는데, 이름 그대로 한 눈에 두 개의 눈동자가 있었다. 생김새는 닭과 비슷했지만 우는 소리는 봉황과 흡사했다.

털이 없는 이 새는 알몸뚱이로 하늘을 날아다니곤 했는데, 요괴나 호랑이, 표범 등 맹수를 쫓아내는 힘이 있었다. 먹이로는 옥의 기름만을 조금 마실 뿐이었다. 나중에 이 새는 다시 지지국으로 날아가버렸는데, 1년에 몇 번쯤 찾아오는가 하면 몇 년이 지나도 오지 않을 때가 있었다. 나라 안의 모든 사람들이 집 안을 깨끗이 하고 중명조가 다시 오기를 학수고대했다. 새가 돌아오지 않으면 사람들은 나무나 쇠붙이에 그의 형상을 조각하여 대문간에 걸어놓곤 했는데, 이렇게 함으로써 악마가 놀라 도망친다고 믿었다.

한편 당시 괴산槐山에는 악전偓佺이라는 약초를 캐어 살아가는 늙은이가 있었다. 그는 늘 선약을 먹고살았는데 온몸이 흰 털로 가득했고 눈은 사각형으로 변해 있었다. 나이는 많았지만 젊은이 못지않는 날렵한 체구에, 도망치는 말도 뒤쫓아 갈 만큼 민첩했다.

당시 천자였던 요임금은 온종일 국사에 시달리고 있었기 때문에 지친 나머지 때로 눈살을 찌푸릴 때는 눈썹이 '八' 자로 휘는 지경에 이르렀다. 게다가 이미 늙은 처지였기 때문에 심신이 지칠 대로 지쳐 있었다. 이런 사정을 알고 있던 악전은 임금을 딱하게 여긴 나머지 선계의 잣을 바치고 복용법을 자세히 일러주었다. 호의에 감동한 요임금은 그 잣을 받아두었지만 워낙 국사에 쫓기다 보니 미처 그것을 먹을 겨를이 없었다. 전설에 의하면 이 잣을 다른 사람이 먹고는 3백 년이나 살았는데, 정작 요임금은 1백 살밖에 살지 못했다고 한다.

### 허유와 소부

요임금은 언제나 백성을 위해 노심초사하고 있었지만, 그 노고에 조금도 감사할 줄 모르는 아주 괴팍한 늙은이가 하나 있었다. 역시 전설에 의하면 이 괴짜 노인은 80이 넘은 나이에도 온종일 거리에서 '격양擊壤'이라는 나무토막 놀이를 하며 지냈다. 격양은 위가 뾰족하고 아래는 넓게 나막신 모양으로 깎은 두 나무토막을 하나는 땅에 놓고 나머지 하나는 손에 쥔 다음 3, 40보쯤 떨어진 곳에서 던져 다른 하나를 맞추면 이기는 놀이이다. 그 늙은이는 이 격양에 빠져 매일 길거리에서 천진난만하게 놀았다.

그의 놀이를 지켜보고 있던 한 사나이가 관중들 틈에서 불쑥 탄성을 질렀다.

"아! 요임금님은 정말로 위대하시지, 그의 성덕이 저 늙은이에게까지 미치고 있으니……."

이 말을 들은 늙은이는 어이가 없다는 듯이 말했다.

"당신, 도대체 무슨 말을 하는지 모르겠군그래. 매일 아침 해가 뜨면 나도 일어나 내 할 일을 하고, 해가 지면 나도 쉰단 말이네. 목마르면 스스로 우물을 파서 목을 축이고, 배고프면 직접 밭 갈아 배를 채우는데, 요라는 자가 누구길래 나에게 은덕을 베푼단 말인가?"

이 말을 들은 그 사나이는 아무 말도 하지 못했다.

요임금은 나이가 들어 점점 늙어갔다. 그는 이제 다른 사람에게 제위를 양보하려 했으나, 그의 아들 단주丹朱는 불초자식이어서 도저히 천하를 물려줄 수 없었다. 요임금은 그 대신 현인에게 제위를 선양하고 싶었다.

요임금이 아직 순을 만나기 전의 일이었다. 양성陽城에 허유許由라는 자가 살고 있었다. 일찍부터 그의 현명함에 관한 소문을 들은 요임금은 친히 그를 찾아가 천하를 물려주고 싶다는 뜻을 전했다.

그러나 청렴고결한 허유는 요임금의 제의를 일언지하에 거절했을 뿐만 아니라, 밤새껏 달려 기산箕山[24] 아래에 있는 영수潁水 가로 도망쳐 나와 그곳에서 살았다. 그가 천하에 뜻이 없음을 간파한 요임금은 다시

---

24 지금의 하남성 등봉현登封縣.

사자를 보내 이번에는 9주九州의 장長이라도 맡아달라고 간청했다. 그러나 이 말을 전해들은 허유는 버럭 화를 내면서 영수 가로 달려가 귀가 더럽혀졌다며 자신의 귀를 씻었다.

이때 마침 그의 친구였던 소부巢父라는 자가 물을 먹이기 위해 소를 이끌고 그곳에 왔다. 허유가 귀를 씻는 광경을 본 그는 기이하게 여긴 나머지 그 까닭을 물었다. 허유가 대답했다.

"글쎄, 요가 나에게 9주의 장을 맡아달라고 하지 뭔가! 혹시나 내 귀가 더럽혀지지 않았나 해서 씻고 있는 중일세."

이 말을 듣자 소부는 콧방귀를 뀌며 한마디 했다.

"여보게 노형, 그만두게나. 그대가 이 심산유곡에 살면서 처신을 잘했던들 누가 당신을 괴롭히겠는가? 숨어 산다면서 소문을 내어 명예나 좇았으니 지금 이 모양 이 꼴로 귀를 씻게 된 것 아닌가? 그대의 귀를 씻은 더러운 물을 내 소에게 먹일 수는 없네."

뒤돌아선 소부는 강물을 거슬러 올라가 소에게 물을 먹였다. 전설에 의하면 지금도 기산에 허유의 묘가 있으며, 그 산 밑에는 소부가 소를 몰았던 흔적이 남아 있다고 한다. 또한 영수 가에는 독천犢泉이라는 샘이 있는데 그곳의 돌에도 소의 흔적이 남아 있다고 한다.

# 4

# 순임금

옛날에 고수瞽叟라고 하는 장님이 살았다. 그는 어느 날 밤에 이상한 꿈을 꾸었는데, 봉황이 쌀 한 톨을 물고 와 입에 넣어주며 이렇게 말하는 것이었다.

"제 이름은 계雞예요. 저는 자식을 점지해주기 위해 왔어요."

잠에서 깬 고수가 생각해보니 너무도 기이한 꿈이 아닐 수 없었다. 그는 이후 아들을 낳았는데 이름을 '순'이라고 했다. 순은 특이하게도 눈동자가 두 개나 되어 중화重華라고도 불렸다.

이 이야기는 지지국의 어떤 사람이 요임금에게 중명조를 헌상했다는 고사를 연상시킨다. 즉, 중명조도 두 개의 눈동자를 하고 있었으니 닭〔雞〕과 같은 생김새에 봉황의 울음소리를 낸다고 하지 않았던가? 두 이야기는 아마도 연관성이 있을 것이다.

순이 태어난 지 얼마 지나지 않아 아내가 죽자 고수는 후처를 얻어 상象이라는 아들을 낳았다. 일반적으로 고대의 신화는 황당한 면이 많아 진면모를 파악하기가 여간 어렵지 않다. 순의 동생 상이 이름일 수도 있고, 문자 그대로 코끼리〔象〕였을 가능성도 있는 것이다. 여러 가지 자료로 미루어보면 후자일 가능성이 더 크다.

코끼리는 열대 동물이지만 고대 중국의 황하 양안에도 서식했다고 한다. 《여씨춘추》〈고악古樂〉 편의 기록에 의하면 고대 상商 민족이 야생 코끼리를 부려 당시 동방 일대의 국가들을 크게 위협하였고 이후 주공周公이 병사를 파견하여 양자강 이남 지방까지 그들을 몰아냈다는 대목이 보인다.

이렇게 볼 때 상 민족이 야생 코끼리를 훈련시켜 전쟁에 이용했음을 알 수 있다. 뿐만 아니라 이 증거는 문자학文字學상으로도 충분히 증명된다. 갑골문의 '象상' 자를 보면 코끼리의 특징인 긴 코를 정확히 표현하고 있음을 알 수 있다. 복사卜辭나 복전卜田에도 코끼리를 잡았다는 기록이 있는 것으로 보아 고대 은나라 시대에 코끼리가 꽤 많이 살고 있었음을 알 수 있다. 이렇게 볼 때 그들이 코끼리를 훈련시켜 이용한 것은 어쩌면 소나 말의 경우보다 이전이었을 가능성도 있다.

순은 상 민족의 시조신이다. 그러므로 고대의 신화 가운데는 그가 야생 코끼리를 훈련시켰다는 전설이 틀림없이 남아 있었을 것이다. 현재 민간 전설로 전하고 있는 내용, 즉 그가 야생 코끼리를 길들여 밭을 갈았다는 이야기는 고대 전설의 여파라고 볼 수 있을 것이다. 여기에서 잠깐 《초사》의 〈천문〉 편을 보도록 하자.

순의 동생은 순이 길들였지만
도처에서 사람을 괴롭히네.
순마저 해치려 했건만
끝내는 죽음을 면했다네.

순이 야생 코끼리를 길들였다는 이야기가 동생을 길들인 것으로 바뀌어 있다. 바로 이 점에서도 고대의 신화와 전설은 끊임없이 변천한다는 사실을 알 수 있다. 물론 아무리 변천하다 해도 역사에서는 태곳

212

적의 야만성을 그대로 간직하고 있다. 일례로 《한서漢書》의 〈무오자 창읍 애왕전武五子昌邑哀王傳〉을 보면, "순이 상을 유비有鼻에 봉했다"라는 기록이 나온다. 여기서 말하는 유비란 지명의 의미로 쓰였지만, 묘하게도 코끼리의 특징을 잘 나타내고 있다. 따라서 고대 신화에 등장하는 순의 동생 상은 어쩌면 흉폭한 야생 코끼리로서 여러 번 백성들에게 해만 입히다가, 영웅이나 신인으로 받들어지는 은 민족의 시조 순에게 길들여졌을 가능성도 있는 것이다. 그러나 이 분야에 관한 원시 자료가 없어, 조금 후에 나오는 전설에 근거하여 이야기할 수 있을 뿐이다.

순은 규수嬀水[25]에서 태어났다. 눈동자가 두 개라는 점을 제외하면 보통 사람과 다를 바가 없었고 보통 키에 피부가 검었으며 얼굴에 수염이 없었다고 한다. 젊은 시절에 마을에서 효자로 이름이 높았는데, 천성이 온후했던 그로서는 당연했는지도 모른다.

순의 부친 고수는 우둔하여 사리를 구별할 줄 모르는 자였다. 그래서 후처와 그의 자식들만 총애했고, 전처 소생인 순은 눈엣가시로밖에 여기지 않았다. 그의 계모 역시 소견이 좁은 데다 악독하기 그지없었다. 게다가 동생 상은 교만하고 포악하기 이를 데 없어 동생의 예의라고는 손끝만큼도 찾아볼 수 없었다. 그나마 계모 소생인 계繫라는 누이동생만큼은 그래도 좀 나은 편이었다. 순은 어려서부터 어머니를 여의고 이처럼 불행한 환경에서 자라났지만 동네에서는 효자로 소문이 자자할 정도였다. 그는 진심으로 효도를 다했던 것이다.

전설에 의하면 그는 모진 학대를 받고 자랐다. 작은 회초리 정도는 눈물을 머금고 맞았지만, 감당할 수 없는 몽둥이질은 황야로 도망쳐 피

---

**25** 지금의 산서성山西省 영제현永濟縣 남쪽. 규嬀 자에 위爲 변이 있는 것도 그가 코끼리를 훈련시켰다는 전설과 관계가 있다.

해야 했다. 도망친 그는 황야에서 하늘을 보고 통곡하며, 돌아가신 어머니를 불렀다. 그는 포악한 동생 상의 눈치를 살피며 지내야 했다. 상이 즐거우면 그도 즐거워해야 했고, 우울해하기라도 하면 장차 밀어닥칠 화를 두려워했다. 동생을 잘 보살펴 계모의 환심을 사야만 자신에게 돌아올 고통을 줄일 수 있었던 것이다.

그러나 악독하기로 유명한 계모는 그것으로는 만족할 수 없었다. 그녀는 순을 죽여버려야만 직성이 풀릴 것 같았다. 상과 아버지 고수도 이에 한몫 거들었다.

참다못한 순은 집을 떠나 규수 부근에 있는 역산曆山 기슭에 작은 오두막을 짓고 황무지를 개간하며 홀로 외로이 살아갔다. 하늘에는 어미 새가 한가로이 새끼에게 먹이를 주며 평화롭게 날아다녔다. 이 얼마나 가정적인 분위기인가? 반면 그 자신은 일찍부터 어머니를 여의고 계모의 모진 학대를 받고 자라지 않았던가? 북받치는 설움을 그는 노래로 표현하곤 했다.

순이 역산에서 밭을 갈기 시작한 지 얼마 되지 않아서였다. 그의 덕행에 감복한 농부들이 앞을 다투어 전답을 양보하고 나섰고, 그가 뇌택의 호수에서 고기를 잡자 이번에는 그곳 어부들이 어장漁場을 바쳤다. 뿐만 아니라 한번은 황하 가에 가서 도기를 구웠는데, 그가 오자 이상하게도 다른 도공의 도기들까지 훨씬 아름다워졌다. 그가 사는 곳으로 사람들이 몰려들었고, 조그만 촌락에 불과했던 곳이 3년쯤 지나자 큰 도회지로 변모하게 되었다. 참으로 알 수 없는 기적이 일어나고 있었던 것이다.

당시 요임금은 자신의 자리를 양위하기 위해 천하의 현인을 물색하고 있었다. 이에 족장들이 앞다투어 순을 천거하며 그의 효행과 재능이라면 천하를 맡겨도 괜찮다고 주장했다. 요임금은 그들의 제의를 받

아들여 우선 순에게 아황娥皇과 여영女英이라는 두 딸을 주어 처로 삼게
했고, 아홉 명의 아들을 그와 함께 생활하도록 하여 그 재능을 시험했
다. 뿐만 아니라 갈포葛布 옷과 거문고를 하사했고, 사람을 보내 곡창穀
倉을 수리해주었으며, 소와 말까지 주었다. 본래 일개 농부에 불과했던
순은 갑자기 천자의 사위가 된 데다 신분마저 돌변하게 되었다. 평소
그를 눈엣가시로 여겼던 고수와 가족들은 그가 출세를 하자 오히려 질
투와 시기로 이를 갈고 있었다.

이후의 사적을 보면, 순은 결코 옛날 일에 대해 원한을 품지 않았
다. 그는 오히려 친히 귀한 몸을 이끌고 처와 함께 부모 형제를 찾아갔
으며 예물을 가득 준비하여 그들을 위로했다. 다시 그들을 옛날처럼 극
진히 모셨을 뿐만 아니라, 결코 교만하게 행동하지도 않았다. 순의 두
아내도 귀족 행세를 하기는커녕 필부나 다름없이 가사를 돌보는 등 며
느리로서 도리를 다했다.

그러나 불행히도 순에 대한 가족들의 질투와 시기는 날이 갈수록
더해갔고, 흉폭하기 이를 데 없는 동생 상은 오히려 순의 아내에게 눈
독을 들여 틈만 나면 자신의 아내로 맞아들이려고 혈안이 되어 있었다.
당시의 풍속에 따르면, 형이 죽을 경우 자연적으로 그의 처는 동생의
아내가 되었다. 그래서 상은 순을 죽이기 위해 온갖 방법을 동원하고
있었다. 물론 상의 어머니도 여기에 합세했는데, 그녀는 자기 소생이
아닌 순을 죽이기 위해 진작부터 벼르고 있던 터였다. 한편 우둔한 고
수는 어떠했던가? 그는 평소부터 순에 대한 호감이라고는 털끝만큼도
없었고, 순이 존귀해진 지금에 와서는 그의 재물에 혈안이 되어 있었
다. 그래서 그도 순을 제거하는 데 주저하지 않았다. 어느 날 그들은 밤
새워 모의한 끝에 순을 죽이기로 결정했다. 상의 누이동생인 계는 모의
에 직접 가담하지는 않았지만, 평소 새언니의 행복을 질투하고 있던 터

여서 일익을 맡은 것이 분명하다.

이튿날 오후, 상은 순의 집에 찾아갔다.

"형님, 아버님께서 창고를 수리하라고 하셨는데, 형님도 내일 일찍 와서 거들라고 하셨습니다."

"그래, 알았다. 일찍 가지."

대문 밖에서 보리더미를 쌓고 있던 순은 흔쾌히 응낙했다. 상이 돌아가고 나자 아황과 여영이 무슨 일이냐고 물었다.

"별것 아니오. 아버님께서 내일 일찍 와서 창고를 수리하라고 하셨다는군."

"당신은 결코 가서는 안 됩니다. 그들은 지금 당신을 태워 죽일 모략을 하고 있는 거예요."

그러자 깜짝 놀란 순이 말했다.

"뭣이? 나를 죽이겠다고? 그럼 어떻게 하지? 아버님이 시키신 일이니 안 갈 수도 없고 말이야."

한참 생각을 하고 난 아황과 여영이 말했다.

"그렇다면 걱정하지 말고 가도록 하세요. 다만 헌옷을 벗고 새 옷으로 갈아입고 가면 별 걱정이 없을 거예요."

아황과 여영은 어디서 배웠는지 신기한 재능을 가지고 있었다. 즉, 그들은 앞을 내다보는 신력이 있었을 뿐만 아니라 법술法術까지 부릴 수 있었다. 이튿날 그들은 새가 그려진 오색찬란한 옷을 꺼내 순에게 입혔다. 새 옷을 입은 순은 창고를 수리하기 위해 떠났다.

한편 장차 죽을지도 모르는데 화사한 새 옷을 입은 순을 본 가족은 내심 웃음을 감추지 못하면서도 겉으로는 반갑게 맞아들였다. 곧이어 그들은 사다리를 갖고 와 순에게 오르라고 했다.

순은 사다리를 타고 태연자약하게 창고의 지붕 위로 올라갔다. 그때였다. 아니나 다를까, 그들이 미리 짜놓은 음모에 따라 사다리를 걷어치우고는 장작을 쌓고 불을 지르는 것이 아닌가? 순은 꼼짝없이 불에 타 죽을 상황이었다.

"아버님! 이 어찌된 일이옵니까?"

당황한 순이 소리 질렀다.

"이놈아! 네놈을 천당에 보내주마. 죽은 네 어미와 함께 살려무나, 하하하!"

표독스러운 계모의 목소리였다. 고수도 한마디 거들었다.

"네놈도 이번에는 별수 없겠지. 하늘에 오를 자신이 있거든 어디 한 번 날아봐라, 하하하!"

창고는 훨훨 타오르는 불길에 휩싸이기 시작했다. 어쩔 줄 모르는 순은 발만 동동 구를 뿐이었다. 너무 엉겁결에 당한 노릇이어서 놀란 나머지 땀이 비 오듯 흘러내렸다. 그는 이미 자신이 입은 새 옷의 신력을 까마득히 잊어버린 것이다.

순은 살려달라고 몇 번이나 외쳤지만 아무런 소용이 없었다.

"오, 하느님! 이 일을……."

다급해진 그는 두 팔을 벌리고 하늘에 호소했다. 바로 그때였다. 그가 팔을 벌리는 순간 입고 있던 새 옷의 오색찬란한 새 무늬가 드러나면서 순은 큰 새로 변하여 하늘 높이 솟아올랐다. 이 엄청난 변화를 지켜본 가족은 놀란 나머지 어안이 벙벙하여 그저 꼼짝 못하고 서 있을 뿐이었다.

이렇게 하여 최초의 음모는 실패로 돌아갔다. 그러나 이것으로 포기할 그들이 아니어서 제2의 음모를 꾸미기 시작했다. 이번에는 고수가 직접 나섰다.

"애야! 지난번에는 우리가 크게 잘못했구나. 용서해다오."

눈먼 아버지는 지팡이를 두드리면서 순의 대문 앞 계단을 올랐다.

"한번만 더 도와줘야 할 일이 있다. 내일 우물을 좀 치워야 하니 꼭 와야 한다."

"아버님, 걱정 마십시오. 꼭 가겠습니다."

고수가 돌아가자 순은 이 사실을 아내에게 이야기했다. 그러나 아내의 반응은 마찬가지였다.

"이번에도 불길한 예감이 드는군요. 하지만 걱정하실 것 없어요. 이번에도 가십시오."

이튿날 순이 집을 나설 때 아내는 또다시 오색찬란한 옷을 주면서 헌옷 안에 입도록 했다. 만일 위급한 상황이 닥치면 헌옷만 벗어버리면 다시 기적이 나타날 것이었다.

순은 아내가 시키는 대로 옷을 감추어 입고는 고수에게 갔다. 이번에는 순이 헌옷을 입은 것을 본 가족은 쾌재를 불렀다. 순은 그들에게 밧줄을 잡게 하고 자신은 두레박을 타고 우물 안으로 내려갔다. 그러자 이번에도 뜻하지 않은 사건이 벌어지고 말았다. 우물을 내려가고 있는데 그만 밧줄이 뚝 끊어지면서 돌멩이가 와르르 쏟아져 내렸다.

이미 죽을 고비를 겪어본 그는 순간적으로 겉에 입었던 헌옷을 벗어버렸다. 그러자 순은 번뜩이는 은빛 비늘을 두른 용으로 변하여 지하의 황천으로 내려가 유유히 노닐다가 다른 우물로 솟아나왔다.

한편 우물을 다 메운 가족은 땅을 발로 밟고 다지면서 이번에는 틀림없이 순이 죽었을 거라고 확신하며 기뻐 날뛰었다. 그들은 곧이어 순의 집으로 달려가 두 아내와 재물을 몽땅 실어올 참이었다. 남편이 죽었다는 소식을 들은 순의 두 아내는 뒤꼍으로 가 대성통곡을 했다. 득의양양해진 동생 상은 자기 가족과 함께 마루에 앉아 재물을 분배하느라 정신이 없었다.

"이 계획은 제가 꾸민 것 아닙니까? 그러니 재물은 제가 더 많이 가져야죠. 하지만 저는 아무것도 갖고 싶지 않아요. 소와 양, 집 그리고 전답은 두 분이 나누어 가지시고 저는 거문고와 활 그리고 두 아내만 주세요. 하하하, 이제는 함께 잘 수 있겠지."

상은 평소 순이 연주하던 거문고를 꺼내 흥겹게 뜯기 시작했다. 고수와 계모는 거문고 소리에 맞추어 덩실덩실 춤을 추었다. 그러나 뒤꼍에서 울고 있던 두 아내의 심정은 이루 형용할 수 없을 만큼 비통했다.

이 사건은 끝내 누이동생 계의 양심을 흔들어놓고 말았다. 그녀는 너무나 잔인하고 비열한 가족의 행동과 죽어가는 사람을 그저 보고만 있었던 자신에 대해 한없는 수치심을 느꼈다.

그런데 그녀가 자신의 행동을 후회하고 있을 때 갑자기 순이 들어오는 것이 아닌가? 그의 안색은 평소와 조금도 다르지 않았다. 죽은 줄로만 알았던 순이 갑자기, 그것도 멀쩡하게 돌아오자 가족은 소스라치게 놀랐다. 모두들 넋을 잃고 한동안 말문을 열지 못했다.

침대에 앉아 거문고를 뜯고 있던 상이 겸연쩍게 말했다.

"형님, 그렇지 않아도 걱정을 많이 했지요."

"그래, 나도 그럴 줄 알았단다."

순은 두 번이나 죽을 고비를 맛보았지만 천성이 워낙 온순하여 예전과 전혀 다름없이 가족들을 대해주었다. 이번 사건을 통해 죄과를 뉘우친 누이동생 계는 순과 그의 아내에게 더욱 잘 대해주었다.

# 5

## 순의 등극

종전의 잘못을 크게 뉘우인 계는 앞으로는 더 이상 비극이 발생하지 않도록 하기 위해 가족을 수시로 지켜보았다. 하지만 그녀가 예측한 대로 그들은 또다시 음모를 꾸미기 시작했다. 순을 제거하는 데 혈안이 된 그들은 무척 끈질겼다. 이번에는 술좌석을 마련하여 순을 실컷 취하게 한 뒤 죽일 계획을 세웠다. 이 사실을 눈치 챈 계는 즉시 순의 아내에게 알렸다. 그러자 그들은 웃으며 말했다.

"고마워요, 아가씨. 그만 돌아가세요. 우리 나름대로 방법을 강구하겠어요."

얼마 지나지 않아 상이 찾아와 순에게 말했다.

"형님, 두 번에 걸쳐 발생한 불미스러운 사건은 정말 죄송할 따름입니다. 이번에는 사과도 드릴 겸해서 두 분께서 특별히 술좌석을 마련했으니 내일 아침 일찍 와주십시오. 꼭 오셔야 합니다."

상이 돌아가자 순은 또다시 고민하기 시작했다.

"갈 것인가, 아니면 가지 말 것인가? 또 무슨 음모를 꾸미고 있는지 알 수 없군."

그러자 아내가 말했다.

"왜 안 가세요? 오히려 꾸중만 들을 테니 이번에도 걱정 말고 갔다 오세요."

순의 두 아내는 방에서 약을 한 봉지 꺼내 주며 말했다.

"이 약을 개 오줌에 풀어서 목욕을 하세요. 그러면 내일 아무런 문제가 없을 테니까요. 부엌에 이미 물을 끓여놓았으니 가서 목욕부터 하세요."

순은 아내의 말대로 목욕을 하고는 이튿날 옷을 깨끗이 갈아입고 연회 장소로 갔다. 한편 순을 맞이한 가족은 겉으로는 매우 친절하게 그를 대했다. 이윽고 성대한 술자리가 마련되어 다들 흥겹게 술을 마시기 시작했다. 그들은 이미 시퍼렇게 날을 갈아놓은 도끼를 문밖에 숨겨놓고는 주거니 받거니 술잔을 나누었다. 사양 않고 술을 받아 마신 순은 거나하게 취하지도 않은 듯 평소처럼 꼿꼿이 앉아 있었다. 그러나 그의 가족은 벌써 잔뜩 취해 횡설수설했다.

이윽고 술이 바닥나고 안주마저 떨어지자 이제 더 이상 내올 것이 없었다. 가족은 순만 쳐다보고 있었고, 순도 이제 자리를 떠야 할 때였다. 예의를 갖춰 부모님께 길게 읍을 하고 돌아서는 순의 등 뒤에는 미처 사용해보지도 못한 도끼만이 시퍼렇게 빛을 발하며 남겨져 있었다.

나중에 순에 관한 모든 사정을 두 딸로부터 전해들은 요임금은 소문대로 그가 어질고 효자인 데다 유능한 청년임이 틀림없다고 믿게 되었다. 이제는 기꺼이 천자 자리를 물려줘도 될 것 같았다.

그러나 섣불리 양위하기보다는 먼저 정치와 관련하여 단련시킬 필요가 있었기 때문에 그를 조정으로 불러들여 각종 직책을 맡겼다. 순은 어떠한 직책도 어려움 없이 잘 수행하고 모든 분야에서 자신의 능력을 유감없이 발휘하였다.

마침내 요임금은 순에게 양위할 것을 결심했지만 신중을 기하자는 뜻에서 그의 능력을 최종적으로 다시 한번 시험해보고 싶었다. 그래서 장차 엄청난 폭우가 쏟아질 즈음 깊은 산속에 들어가게 하고는 그 상황에서 어떻게 빠져나오는지 보기로 했다.

기록에 의하면 그는 깊은 산속에서도 전혀 동요하거나 무서워하지 않았으며, 독사와 맹수가 오히려 그를 피해 다녔다고 한다.

이윽고 얼마 지나지 않아 우레 같은 천둥과 함께 폭우가 쏟아지기 시작했다. 숲은 삽시간에 칠흑 같은 어둠에 휩싸였고 천둥과 번개가 요란하게 치는 데다 불어난 물이 삽시간에 허리까지 차올랐다. 주위는 머리를 풀어헤친 귀신처럼 음산하기 그지없었으며, 쭉 뻗은 나뭇가지에서는 윙윙 소리가 났다. 전혀 방향을 분간할 수 없는 상황이었지만 용감하고 지혜로 가득했던 순은 침착하게 숲 속을 거닐다가 조금도 동요하지 않고 마침내 무사히 빠져나올 수 있었다. 숲 밖에는 그를 시험하기 위해 나온 사람들이 기다리고 있었다.

또 다른 기록에는 그가 능력을 시험받을 때마다 아내와 상의를 했다고 한다. 숲 속에서 경험한 시험 역시 사전에 아내들과 함께 상의를 했다고 하는데, 그녀들이 어떻게 순을 도왔는지는 고서에도 자세한 기록이 없어 의문으로 남아 있다. 아내에게 전수받은 특수한 비법이나 호신부護身符 덕분에 무사했을 것으로 추측되지만, 어쨌든 그의 용감하고도 굽힐 줄 모르는 투지는 실로 경탄을 금치 못하게 한다.

순이 최후의 시험까지 무사히 통과하자 요임금은 마침내 천자의 자리를 물려주었다. 순은 천자가 된 후 수레에 천자의 깃발을 꽂고 금의환향했다. 그가 평소와 조금도 다름없이 공손하게 부모를 대하자 그의 부친은 그제서야 순이 진정 효자였음을 깨닫고 자신의 잘못을 진심으로 뉘우쳤다. 순은 포악하기 그지없었던 동생 상을 오히려 유비라는 지방의 제후로 봉해주기까지 했다. 이때 상도 크게 감동한 나머지 진심으로 개과천선하여 훌륭한 인물이 되었다고 한다.

**순임금, 한대 석각화**
순임금은 여러 역경과 시험을 헤치고 천자의 자리에 올라 선정을 베풀었다.

순은 요임금과 마찬가지로 수십 년에 걸친 재위 기간 동안 백성을 위해 수많은 선정을 베풀었고, 역시 요임금처럼 현인을 골라 양위했다. 그에게는 아들 상균商均이 있었지만 그는 노래와 춤만 즐길 줄 알았지 무능력했다. 그래서 순은 자신의 아들이 아니라 치수에 큰 공을 세운 우禹에게 자리를 물려주었다. 확실히 그는 대공무사大公無私한 성인이다.

순은 일생 동안 음악을 무척이나 사랑하였다. 요임금이 자신의 두 딸을 시집보낼 때 특별히 그들에게 거문고를 줄 정도였는데, 천자가 된 후에는 악사 연延을 시켜 부친 고수가 만든 15현의 비파에 8현을 더하여 총 23현의 비파를 만들게 했다. 뿐만 아니라 악사 질質에게는 제곡 시대의 악사였던 함흑咸黑이 작곡했다는 '구초九招'와 '육영六英', '육렬六列' 등의 음악을 정리하여 새로운 악곡으로 편곡하도록 했다.

'구초'는 '구소九韶'라고도 하는데 퉁소나 생황 같은 악기로 연주한다 하여 '소소蕭韶'라고도 부른다. 이 악기들의 소리는 맑고 부드러워 마치 천상의 온갖 새가 노래를 부르는 것 같았다. 전설에 의하면 순이 소소를 연주하자 봉황이 이를 알아들었다고도 한다. 후세에 공자가 묘당에서 이 음악을 듣고 너무 감격한 나머지 다음과 같이 말하지 않았던가?

"오! 아름다운 〈소韶〉의 음악이여, 미美와 선善을 다했구나. 비록 〈무武(주 무왕이 만들었다고 하는 음악)〉가 아름답다고 한들 미는 다했지만 선을 다하지 못했으니 〈소〉만큼 감동을 줄까?"

옛날 광야에서 혼자 살던 시절에도 순은 즐겨 5현금을 탔다. '남풍가南風歌'는 바로 그가 5현금에 맞추어 작곡한 노래이기도 하다.

오! 남쪽에서 불어오는 시원한 바람
백성의 근심을 말끔히 씻어주네.
남쪽에서 불어오는 때맞춘 바람
백성의 재물을 불려주리라!

만년에 그는 남방의 각지를 순회하다가 창오蒼梧의 들에서 붕어했다. 이 소식은 전국의 백성들로 하여금 부모가 죽은 듯한 비통에 빠지게 했다. 그와 고난을 함께 했던 두 아내의 슬픔도 이만저만이 아니었다. 두 사람은 급히 수레와 배를 타고 남방으로 향했다. 연도에 보이는 이국의 풍물도 그들의 슬픈 마음을 달래주지는 못했다. 그들이 흘린 눈물은 남방의 죽림에 떨어져 얼룩졌고, 그때부터 남방에는 '상비죽湘妃竹'이라는 반죽斑竹이 생겼다고 한다.

순의 두 아내가 상수湘水를 건널 때였다. 갑자기 바람이 불어와 배가 뒤집히는 바람에 그들은 한 많은 일생을 마치고 상수의 신령이 되었다. 그들은 마음이 즐거울 때면 가을바람이 산들산들 부는 백사장을 거

**순의 두 아내인 아황과 여영**
요임금은 딸인 아황과 여영을 순과 결혼시켰다. 두 딸은 신력으로 순을 몇 번이나 위기에서 구한다.

니는데, 애수 띤 그 아름다운 눈망울을 멀리서도 볼 수 있다고 한다. 그러나 옛날 생각 때문에 비탄에 빠지기라도 하면 심한 폭풍우를 동반하기도 하는데 수많은 괴신이 손에 뱀을 움켜쥔 채 뱀을 타며 넘실대는 파도를 뛰어넘는다. 이때 그들의 머리 위로는 괴조가 떼를 지어 어둠침침한 하늘을 마구 날아다니면서 괴성을 지른다고 한다. 이 얼마나 무섭고 비참한 광경인가?

### 위유와 손숙오

순이 세상을 떠나자 백성들은 그의 시신을 토관에 담아 창오에 있는 구의산九疑山의 남쪽 양지바른 곳에 장사 지냈다. 이곳에는 아홉 개의 골짜기가 있는데 그 모양이 너무도 흡사하여 산을 찾는 사람들이 가끔 길을 잃는다고 하여 '구의'라는 이름이 붙여졌다.

뿐만 아니라 그곳에는 각종 짐승이 살고 있는데 그중에서도 '위유

委維(또는 延維, 委蛇라고도 함)'라는 동물은 매우 기이하게 생겼다고 한다. 위유는 머리가 두 개인 뱀으로 전설에 따르면 이놈을 본 사람은 반드시 죽는다고 한다.

옛날 춘추시대 때 초楚나라의 손숙오孫叔敖라는 아이가 길을 걷다가 그만 이 뱀을 만나고 말았다. 이미 전설을 잘 알고 있었던 손숙오는 자신이 머지않아 죽게 될 것이라고 생각했다. 하지만 이 뱀을 그대로 두었다가는 무고한 사람들이 많이 죽을 것이 뻔했기에 그는 뱀을 돌로 쳐 죽여 땅에 묻어버렸다. 그러나 기이하게도 이 소년은 죽기는커녕 나중에 초나라의 재상까지 지냈고 백성들로부터 존경을 받았다. 즉, 용감하고 현명한 사람이라면 뱀도 어찌할 수 없다는 이야기인 것이다. 뱀은 어느 때는 붉은 모자를 쓰고 자주색 옷을 입고 나타나기도 하는데, 이를 본 국왕은 반드시 천하를 제패한다고 한다.

역시 춘추시대 때의 이야기이다. 당시 제齊나라의 환고桓公은 사냥을 나갔다가 우연히 이 뱀을 보게 되었다. 수레가 뱀의 곁을 지나는데 갑자기 그 뱀이 머리를 들고 일어서는 것이 아닌가? 워낙 순식간의 일이었기 때문에 그는 놀란 나머지 "귀신이야!"라고 소리쳤다. 그러고는 옆에서 수레를 몰고 있던 승상 관중管仲에게 물었다.

"그대는 아무것도 보지 않았단 말인가?"

"폐하, 소신은 수레를 모는 데만 정신이 팔려 있었기 때문에 아무것도 보지 못했나이다."

궁중으로 돌아온 그는 겁에 질려 전전긍긍하다 결국 몸져눕고 말았다. 그 와중에 황자고오皇子告敖라는 현사가 환공을 알현하여 대화를 나누었는데, 마침 귀신 이야기를 하게 되었다. 위유에 대한 이야기가 나오자 궁금증이 생긴 환공이 뱀의 형상을 질문했다. 그러자 황자고오는 환공이 보았던 그 형상과 조금도 다름없이 설명하면서 마지막으로 한마디 덧붙이는 것이었다.

"그 뱀을 본 왕은 천하를 손에 쥐게 됩니다."

환공은 기쁨을 감추지 못하면서 말했다.

"내가 바로 그 뱀을 보았다."

그 말을 하는 순간, 환공의 몸도 완쾌되고 말았다.

이처럼 인간에게 화복禍福을 동시에 안겨준다는 위유는 바로 순임금이 묻힌 구의산 부근에 산다.

또 다른 전설도 있다. 매년 봄과 가을만 되면 구의산 기슭에 거대한 코끼리가 나타나 순이 묻혀 있는 밭 주위를 갈았다고 한다. 나중에 비에 봉해진 동생 상도 순의 능을 찾아와 제사를 지냈다고 한다. 상이 돌아간 후 사람들은 능의 곁에 이를 기념하는 '비정鼻亭'이라는 정자를 짓고 죽은 상의 신주, 즉 비정신鼻亭神을 모셨다고 한다. 이 이야기를 보면 코끼리와 순의 동생 상이 인수합일人獸合一의 존재로 화했음을 알 수 있다.

### 등비씨와 순의 후손

순의 아내로는 앞에서 등장한 아황과 여영 외에 등비씨登比氏라고 하는 여인도 있었다고 한다. 그녀는 소명宵明과 촉광燭光이라는 두 딸을 낳았는데, 황하 부근에 있는 어느 큰 호수에서 살았다. 매일 밤만 되면 두 딸의 몸에서 신광神光이 나와 근처 수백 리의 땅을 대낮처럼 밝혔다고 한다.

이 이야기는 태양과 달을 낳았다는 제준의 두 아내와 어떤 연관이 있지 않을까 하는 추측을 불러일으킨다. 이 같은 전설을 보면 순임금은 인간 세상의 제왕이라기보다 천상의 상제로 여겨졌을 가능성도 있다. 그래서 혹자는 등비씨가 순의 본처였으며, 요임금이 자신의 두 딸을 순에게 시집보내기 전부터 이미 함께 살았다고 주장한다.

　기록에 의하면 순은 아홉 명의 아들을 두었는데, 앞에서 언급한 의균[26]을 제외하면 다른 여덟 아들은 이름조차 기록되어 있지 않고 그저 상균처럼 노래와 춤을 즐겼다는 이야기만 남아 있다. 결국 순은 놀기만 좋아하는 그들에게 천하의 중책을 맡길 수 없었던 것이다. 한편 순의 후손이 세운 나라는 두 곳이 있다. 하나는 동방의 황야에 있었던 요민국搖民國이고, 다른 하나는 남방의 황야에 있었던 질국秩國이다. 질국 사람들은 피부가 누렇고 활로 뱀을 잡는 데 뛰어난 재능이 있었다. 그들은 천혜天惠를 받은 사람들이어서 먹을 것과 입을 것을 걱정하지 않고 살았다. 또한 그들이 사는 곳에서 난조와 봉황이 노래하고 춤을 추었다고 하니, 그곳은 바로 지상의 낙원이었던 것이다.

---

**26** 후에 상商에 봉해졌다고 하여 상균商均이라고도 하는데 제준의 손자인 의균義均과 이름이 같다.

# 제5장 후예가 태양을 쏘고
## 항아가 달로 도망치다

요임금이 다스릴 때 열 개의 태양이 한꺼번에 떠올라 백성들이 고통스러워했다.
요임금의 간청을 받은 천제는 예를 지상으로 보내 사태를 수습하도록 했다.

# 1

# 열 개의 태양

요임금이 다스리던 시절의 일이다. 한번은 열 개의 태양이 한꺼번에 떠올라 나라에 엄청난 재앙을 끼쳤다. 하늘은 온통 태양들로 가득 차고 땅에서는 응달을 찾아볼 수 없어서 그야말로 불덩이 세상이 되고 말았다. 이글거리는 불꽃은 대지를 불태웠고 벼와 작물은 모조리 타죽었으며 심지어 모든 쇠붙이와 돌도 녹아 흘러내릴 참이었다. 사람들은 더위에 숨조차 쉬지 못할 지경이었고, 몸속의 피가 부글부글 끓으려 했다. 지상에 남아 있는 것이라고는 모두 타버렸으니 굶주림에 지친 인간은 이제 종말을 맞이하는 듯했다. 이 얼마나 무서운 광경이었겠는가? 요임금은 크나큰 고민에 빠졌다.

앞에서 언급했듯이 열 개의 태양은 본래 동방의 천제였던 제준의 아내 희화羲和가 낳은 것으로, 동방의 바다 밖 흑치국黑齒國의 북방에 있는 탕곡湯谷[27]이라는 곳에서 살고 있었다.

탕곡의 바닷물은 열 개의 태양이 목욕을 하기 때문에 늘 부글부글 끓고 있었는데, 그 한가운데에 부상扶桑이라는 거대한 나무 한 그루가 자라고 있었다. 높이와 둘레가 무려 수천 길에 달하는 이 거목이 바로

---

**27** 양곡暘谷, 온원곡溫源谷이라고도 한다.

그들의 집이었다. 열 개의 태양 중 아홉 개는 위의 가지에 살고 나머지 한 개만 아래의 가지에 사는데, 늘 일정한 순서대로 번갈아가며 하늘에 떠오르곤 했다. 그들이 하늘에 오를 때면 언제나 어머니 희화가 수레에 태워주었다. 태양이 열 개였지만 인간과 만나는 것은 늘 한 개뿐이었는데, 그들의 부모가 이미 모든 것을 안배했기 때문이었다.

태양이 떠오르는 광경은 장엄하고 아름답기가 이루 형언할 수 없을 정도였다. 전설에 의하면 부상의 꼭대기에는 1년 내내 옥계玉雞라는 닭 한 마리가 앉아 있는데 매일 동이 틀 때쯤이면 날개를 파닥이며 울기 시작한다. 이 닭이 울면 도도산桃都山에 있는 거대한 복숭아 나무에 살고 있는 금계金雞들도 따라서 울게 된다. 이 소리가 들리면 황야에서 떠돌아다니던 영혼들은 황급히 도도산으로 들어가 귀문鬼門에서 신도神茶와 울루鬱壘 두 형제의 검열을 받는다.

금계가 운 다음에는 각지의 명산대천에 살고 있는 석계石雞들이 따라서 울고, 석계가 운 다음에는 천하의 모든 닭이 뒤따라 운다.

이때가 되면 잔뜩 불어 있던 바닷물도 닭의 울음에 따라 웅웅거리는 소리를 내고, 어머니 희화가 부드러운 손길로 말끔히 씻은 태양은 바로 그 바다와 하늘 가득 펼쳐져 있는 노을 속에서 광염光炎의 자태를 뽐내며 떠오르기 시작한다. 이 태양은 여섯 마리의 용이 끄는 수레를 타고 하늘과 땅 사이의 광막한 공간을 질풍처럼 달린다.

태양이 탕곡에서 떠올라 함지咸池라는 연못에서 목욕을 한 다음 부상扶桑의 아래에서 꼭대기까지 떠오르는 동안을 '신명晨明'이라 하며, 부상의 꼭대기를 지나 희화가 준비해놓은 수레에 올라타 출발할 때까지를 '비명朏明'이라고 한다. 그리고 '곡아曲阿'라는 곳까지 가는 동안을 '단명旦明'이라고 한다. 그 뒤로는 주어진 궤도를 일정하게 운행하며 중요한 지방을 하나씩 통과하게 되는데, 그곳에는 각각의 시간을 표시해주는 독특한 이름이 하나씩 붙어 있다.

희화는 이처럼 수레를 몰고 달리다 '비천悲泉'에 이르면 아들을 내려놓은 다음 자신은 빈 수레를 몰고 되돌아간다. 그래서 이곳을 현거縣車 또는 현거懸車라고 하는데, 이 말에는 '정거停車'의 뜻이 담겨 있다.

이제 남은 여정이 얼마 되지 않기 때문에 태양이 스스로 알아서 가도록 하였지만 마음이 놓이지 않은 희화는 가끔 빈 수레를 탄 채 기다렸다가 아들이 우연虞淵을 지나 몽곡蒙谷으로 들어갈 때까지 지켜보며 서 있곤 했다. 최후의 몇 가닥 찬란한 황금 햇살이 몽곡의 물가에 서 있는 뽕나무와 느릅나무를 물들일 때가 되면 이제 그녀도 안심하고 빈 수레로 되돌아간다. 시원한 밤하늘에 떠 있는 수많은 별과 구름을 헤치면서 동방의 탕곡까지 되돌아가 두 번째 아들 태양을 태울 준비를 하는데 이때부터 또 다른 여정인 하루가 시작되는 것이다.

이렇게 열 명의 아들 태양들은 희화가 모는 수레를 타고 규정된 노선을 준수하면서 차례로 근무를 했다. 초기에는 모두가 이 제도를 만족스러워하며 어머니 희화의 따뜻한 모정을 느꼈다. 그러나 시간이 지나면서 상황은 달라지기 시작했다. 수천만 년이나 똑같은 여정을 반복하다 보니 아들들이 싫증을 느낀 것이다.

어느 날 밤 아들들은 부상扶桑의 가지에 모여 앉아 회의를 열었다. 이들은 이튿날 아침부터는 따분한 수레를 타지 않고 일제히 각자 마음 내키는 대로 떠오르기로 결정했다. 이튿날 새벽, 그들은 지난밤의 결정에 따라 제각기 수레를 마다한 채 춤추고 노래하면서 제멋대로 광활한 하늘을 누비기 시작했다. 다급해진 희화가 수레에서 이들을 불렀지만 개구쟁이 아들들은 아랑곳하지 않았다. 이때부터 자유의 새 바람을 맛본 그들은 새로운 규정을 만들어 매일 그렇게 하기로 했다.

상상해보라! 열 개의 태양이 한꺼번에 떠올랐으니 대지는 얼마나 황홀하고 찬란했겠는가? 그들은 오히려 자신들이 인간으로부터 큰 환영을 받을 거라고 착각하고 있었다.

결과는 정반대였다. 지상의 모든 것들은 그들을 환영하기는커녕 원망하기만 했다. 더위와 굶주림에 지친 인간도 매일 떠오르는 열 개의 태양 때문에 견딜 수가 없었다. 그렇다고 해서 뾰족한 묘안이 있었던 것도 아니었다. 인간은 당시의 풍습에 따라 여축女丑이라는 유명한 무녀巫女를 왕성王城 부근의 조그마한 산기슭에 모셔놓고 햇빛을 쬐게 하는 수밖에 없었다. 그렇게 하면 비가 온다고 했기 때문이었다.

## 여축

여축은 원래 엄청난 신통력을 자랑하던 무녀로 언제나 외뿔 달린 용어龍魚를 타고 9주九州의 광야를 누비고 다녔다. 용어는 '별어鱉魚'라고도 부르는데 네 개의 다리에 고래와 흡사한 형상을 하고 있다. 그래서 사람들은 이 괴물을 '왜왜어娃娃魚'라고도 불렀는데, 사실 이놈은 그 단어의 뜻보다 훨씬 클 뿐만 아니라 흉악하기가 이루 말할 수 없을 정도였다. 《산해경》의 〈해내북경〉에 나오는 '능어陵魚'나 《초사》의 〈천문〉 편에 보이는 '능어鯪魚'와 동일한 이 괴물은 원래 바다 밑에서 사는 거대한 고기였는데, 수륙양서동물水陸兩棲動物이어서 바다뿐 아니라 육지에서도 살 수 있었다. 이놈은 몸집이 어찌나 큰지 거대한 배를 통째로 삼킬 수 있었고, 등과 배에 돋은 삼각형의 날카로운 뿔은 적과 싸울 때 가공할 무기로 사용했다고 한다. 이 물고기가 해수면에 떠오를 때면 엄청난 바람과 함께 파도를 몰고 왔다. 무녀는 바로 이 괴물을 타고 구름과 안개를 몰고 하늘을 날아다니며 천지의 광야를 순행巡行한다.

뿐만 아니라 무녀는 '대해大蟹'라는 거대한 게도 거느렸는데 북해에 살고 있는 이 게는 등의 넓이만 해도 무려 수천 리나 되었다. 이 게는 수시로 그녀의 사자 노릇을 하고 있었다.

어느 날, 검게 그을린 얼굴에 바싹 야윈 사람들이 작열하는 태양이 내리쪼이는 광야에서 깃발을 흔들며 북을 마구 두드리고 있었다. 그들은 나뭇가지와 등나무로 엮은 오색 가마를 멘 채 왕성 부근의 산으로 향하였다. 여축은 푸른 옷을 입고 한발旱魃로 분장한 채 가마 속에 다소곳이 앉아 있었다. 그녀는 비 오듯 흐르는 땀을 참아가면서 먼 하늘만 쳐다보며 무언가를 열심히 중얼거리면서 기도를 하고 있었다. 떨리는 목소리와 불안한 표정에서 경건한 희망과 공포의 두려움이 역력히 드러났다.

이윽고 산기슭에 당도한 사람들은 춤을 추고 북을 치면서 한바탕 놀이를 벌였다. 놀이가 끝나자 그들은 한발로 분장한 그녀를 산꼭대기의 풀밭 위에 내려놓고 작열하는 햇살을 쬐게 했다. 이제 사람들은 사방으로 흩어졌다. 그들은 주위의 동굴 속이나 나무 밑에 몸을 숨긴 채 무슨 기적이라도 나타나기를 기다리고 있었다. 그러면서도 그들은 부단히 여축을 감시하고 있었다. 여축이 더위를 참다못해 도망이라도 치면 큰일이기 때문이었다.

그러나 한 시간이 지나고 두 시간이 지나도 하늘에는 이글거리는 열 개의 태양만 작열할 뿐 구름 한 점 나타나지 않았다. 땅바닥에 똑바로 꿇어앉아 있는 여축의 몸에서는 아무런 신통력도 일어나지 않았던 것이다.

그녀는 처음에는 비 오듯 흐르는 땀을 잘도 참았다. 그러나 시간이 지나자 그녀 역시 어쩔 수 없었는지 목을 길게 늘어뜨린 채 가쁜 숨을 몰아쉬기 시작했다. 그러더니 이제는 더 이상 참지 못하고 양팔을 벌려 널따란 옷소매로 머리와 얼굴을 가리는 것이었다.

사람들은 조바심이 났다. 그 행동은 기우제의 법도에 어긋나므로 아무런 효과도 기대할 수 없기 때문이었다. 참다못한 그들은 얼른 뛰어가 그녀를 제지하려 했다.

그러나 여축은 한술 더 떠서 술 취한 사람마냥 몸을 좌우로 뒤틀더니 갑자기 앞으로 엎어져 꼼짝도 않는 것이 아닌가? 유명한 무녀였지만 그녀 역시 열 개의 태양 아래서는 어쩔 수 없었던 것이다. 그녀는 그대로 타 죽고 말았다. 어찌나 괴로웠던지 죽으면서도 옷소매를 거두지 않았다고 한다.

여축이 죽자 사람들은 절망의 늪에 빠지고 말았다. 이제는 그저 태양의 횡포를 지켜보는 수밖에 없었다. 그러나 인간이 당하는 고통은 태양뿐만이 아니었다. 설상가상으로 폭염에 견디다 못한 각종 맹수들이 물과 강에서 뛰쳐나와 닥치는 대로 사람들을 잡아먹고 있었다. 그렇지 않아도 목숨을 부지하기 힘들었던 백성들은 더욱 연명하기가 어렵게 되었다.

한편 평소 허름한 오두막에서 나물밥을 먹으며 청빈한 생활을 하고 있던 천자 요임금도 이때부터는 백성들과 마찬가지로 기아에 시달려야 했다. 백성을 친자식이나 다름없이 아꼈던 그는 처참한 광경에 어쩔 줄 모르고 있었다. 어떻게 이들을 구할 것인가? 상제에게 기도를 하는 것 외에는 그 역시 뾰족한 묘안이 떠오르지 않았다. 게다가 여축까지 죽어버리지 않았던가? 그의 걱정은 갈수록 깊어져갔다.

물론 요임금의 기도는 천제인 제준에게 매일 전달되었다. 하지만 제준으로서도 진퇴양난이었다. 아들들의 장난에 결코 무관심해서가 아니었다. 그 역시 많은 노력을 해보았지만 대신력大神力을 갖고 있는 데다 개구쟁이였던 아들들이 그의 말을 들은 척도 하지 않았기 때문이었다. 그렇다고 신국神國의 법으로 다스리자니 인정상 차마 그럴 수가 없었고, 그렇다고 해서 보고만 있자니 (물론 신국에는 아무런 영향도 없었지

236

만) 하계의 인간이 안타깝고…….

　결국 제준으로서도 이만저만한 두통거리가 아닐 수 없었다. 그러나 시간이 지남에 따라 이 사건은 천국까지 어수선하게 만들었다. 참다 못한 제준은 기어이 용단을 내렸다. 그는 활의 명수인 천신 '예'를 하계로 보내 녀석들을 혼내주고 요임금을 도와 사태를 수습하도록 했다.

### 예의 활약

　'예'는 '후예后羿'라고도 한다. 예라고 하면 누구나 그의 뛰어난 활솜씨를 먼저 연상할 만큼 활의 명수로서 후세의 인간으로부터 찬미와 존경을 동시에 받았다. 그는 날아가는 새도 떨어뜨렸다고 하는데, 일설에는 그가 활을 쏠 때면 활이라고는 본 적도 없는 월越나라 사람들조차 과녁을 들어주기 위해 다툴 정도였다고 한다. 이처럼 신묘한 그의 활솜씨에는 까닭이 있었다. 그는 왼팔이 오른팔보다 더 길었기 때문에 시위를 당기기가 매우 편리했다고 한다.

　그가 천정天廷을 떠나 인간 세계로 내려가던 날 제준은 그에게 붉은 활 한 자루와 아름답고 날카로운 화살 한 다발을 하사했다. 고서에는 이 부분에 대해 자세한 기록이 남아 있지 않다. 하지만 철없이 날뛰는 아들들에게 너무 심하게 대하지는 말고 경고에만 그칠 것과, 만약 무력을 사용해야 한다면 한두 아들에게만 사용하여 일종의 경종을 울리도록 분부했을 것으로 짐작된다. 왜냐하면 제준은 예가 자신의 아들들을 무력으로 대하는 것을 원치 않았기 때문이다.

# 2
# 인류의 구원자 예

  제준의 명령을 받은 예는 아내 항아嫦娥와 함께 하계로 내려왔다.
항아는 항아姮娥라고도 쓰는데, 천상의 여신으로서 앞에서 언급한 바
있는 달의 여신 상희와도 연관이 있다. 혹자는 그녀를 인간 세계의 여
자로 보지만, 이 시각은 타당하지 않다.

  예와 항아는 하계로 내려와 폭염이 내리쬐는 오두막에서 잔뜩 수
심에 잠겨 있는 요임금을 만났다. 그들이 상제의 명령을 받고 내려온
천신이라는 사실을 눈치챈 요는 뛸 듯이 기뻤다. 그는 그 자리에서 인
간의 참상을 보여주었다.

  작열하는 태양에 타 죽는 자가 있는가 하면 검게 그을린 얼굴에 피
골이 상접한 채 죽어가는 자가 즐비하여 그야말로 처참한 광경이 이루
말할 수 없을 정도로 벌어지고 있었다.

  그 와중에서도 천국의 사자인 예가 내려왔다는 소문을 듣고 생기
를 되찾은 사람들이 각지에서 몰려들기 시작했다. 그들은 왕성의 광장
에 운집하여 환호성을 지르며 이구동성으로 악당을 제거해달라고 애원
했다. 그리스 신화에 등장하여 열두 가지의 험난한 임무를 완수한 영웅
헤라클레스처럼 예도 천제의 부탁과 인간의 요구에 따라 드디어 일에
착수하기 시작했다.

그가 부딪쳐야 하는 첫 번째 관문은 두말할 것도 없이 하늘에서 작열하고 있는 열 개의 태양을 떨어뜨리는 일이었다. 사람들은 광장에 운집한 채 환호성을 지르면서 예와 요임금에게 재촉하고 있었다.

이쯤 되고 보니 예도 태양에게 그저 미소나 짓고 있을 수만은 없는 상황이 되고 말았다. 게다가 그 자신도 인간의 요구가 무엇인지 누구보다 잘 알고 있었기 때문에 그들을 동정하는 심정만큼 태양에 대한 증오심도 불타올랐다. 그래서 천제의 분부가 어떠했든 간에 이놈들을 영원히 이 땅에서 몰아내어 더 이상 재앙이 없도록 하고 싶었다.

예는 천천히 광장 한가운데로 걸어 나왔다. 그는 어깨에서 붉은 활을 꺼내 흰색 화살을 시위에 재우고는 하늘의 태양을 향해 쏘았다. 화살은 '쉬익!' 하는 소리와 함께 하늘로 솟아올랐다.

처음에는 아무런 징조도 나타나지 않았다. 그러나 잠시 후 불덩이가 폭발하는가 싶더니 유화流火가 난무하면서 금색 찬란한 깃털이 사방으로 흩날리고 퍽 하는 소리와 함께 둥근 불덩이가 떨어지는 것이 아닌가. 사람들이 달려가보니 그것은 화살이 꽂힌 채 죽은 거대한 황금색 삼족오三足烏로서 태양의 화신이었던 것이다.

사람들이 하늘을 올려다보니 이미 태양이 아홉 개로 줄어 있었고 날씨도 조금은 시원해진 것 같았다. 모두들 자신도 모르게 환호성을 질렀다.

일은 이미 터지고야 말았다. 어차피 엎질러진 물이었다. 예는 이 기회에 놈들을 모조리 해치우고 싶었다. 예는 무서워 도망치는 태양들을 향해 마구 시위를 당겼다. 화살은 질주하듯 시위를 벗어났다. 하늘은 온통 폭발하는 불덩이로 가득 찼고, 그 밑으로는 황금색 깃털들이 비 오듯 쏟아지면서 삼족오가 우수수 떨어지기 시작했다. 사람들의 환호성은 하늘을 찌를 듯했으며, 예도 어느새 활쏘기에 신이 나 있었다.

**태양 속의 삼족오**
고대인들은 삼족오가 태양의 화신이라고 믿었다.

한편 이 광경을 지켜보고 있던 요임금은 퍼뜩 정신이 들었다. 열 개의 태양이 모두 떨어지면 큰일이었다. 그렇게 되면 땅 위에는 영원한 어둠과 추위가 덮칠 것 아닌가. 그는 즉시 사자를 보내 예의 화살통에서 몰래 화살 한 개를 뽑아 감추도록 했다.

이렇게 해서 하늘에는 한 개의 태양만 남게 되었다. 혼자 살아남은 태양은 겁에 질려 창백해졌고 인간 세상에는 또다시 평온과 질서가 찾아왔다.

### 계유

이제 태양들이 일으킨 재앙은 사라졌다. 그러나 각종 맹수들이 사람들을 해치며 날뛰는 재난은 여전했으므로, 예의 다음 임무는 이들을 제거하는 것이었다. 당시 중원 일대에서는 '계유契兪'가 끼치는 피해가 가장 심했는데, 이놈은 붉은 소의 몸에 사람의 얼굴과 말의 다리를 한 괴물이었다. 어린아이 같은 울음소리를 내며 사람만을 속여 잡아먹었기 때문에 그 피해가 이루 말할 수 없을 정도였다. 계유라면 모두들 공포에 치를 떨었다.

그래서인지 이놈에 관한 전설도 적지 않다. 얼굴은 사람 같고 몸은 뱀 같았다는 주장이 전하는가 하면, 다른 전설에는 용의 머리에 호랑이의 발톱을 하고 등장하는 등 모두 무시무시한 이야기뿐이다.

계유는 원래 천국에 있던 제신諸神의 일종이었는데 '이부신貳負神'과 '위危'라는 신하에게 이유도 없이 피살되고 말았다. 이후 그는 곤륜산에 산다는 한 무사巫師의 도움으로 부활한 뒤 약수에 뛰어들어 용의 머리에 호랑이의 발톱, 그리고 소의 몸뚱이와 말의 발굽을 한 괴물로 변했다. 여기에 대해서는 3장에서 이야기했다. 만일 이 이야기가 사실이라면 한 번 죽었던 계유는 이제 예의 심판을 받아야 하게 된 셈이니 참으로 불행한 신세가 아닐 수 없다.

예와 계유의 싸움은 고서에도 자세히 기록되어 있지 않아 상세한 내용은 알 수 없으나, 태양까지 쏘아 죽인 그의 용맹으로 볼 때 그따위 괴수쯤은 쉽게 무찔렀을 것으로 판단된다. 그렇게 얼마 지나지 않아 예는 계유를 죽임으로써 백성들의 큰 어려움을 제거해준 것이다.

### 착치와 구영

계유를 죽인 예에게는 또 다른 임무가 기다리고 있었다. 다름 아닌 주화疇華의 평원에 살고 있는 '착치鑿齒'라는 괴물을 죽이는 일이었다.

주화는 남방에 있는 호수의 이름이다. 착치에 관해서는 사람이라는 설과 짐승이라는 설이 뒤섞여 전하는데 아마도 수두인신獸頭人身의 괴물이었던 듯하다. 착치는 입에 송곳처럼 생긴 이빨이 대여섯 자나 뻗어 있어 아무도 당해낼 자가 없다고 한다. 그는 제멋대로 흉폭한 성질을 부리며 주화 일대에서 닥치는 대로 사람들을 해치고 있었다. 그는 예가 천제에게 하사받은 활을 가지고 자신을 토벌하러 올 줄은 꿈에도 모르고 있었다. 예를 맞닥뜨린 착치는 창으로 그에게 대항하였다. 하지만 예의 활 솜씨가 워낙 뛰어나자 당황한 나머지 방패로 바꾸어 자신을 보호하려 했다. 그렇지만 예는 자신의 뛰어난 활 솜씨로 미처 접근하지도 못한 채 방패로 몸을 가린 착치를 일발에 쏘아 죽이고 말았다.

착치를 죽인 예는 이번에는 구영을 죽이기 위해 북방의 흉수凶水로 갔다. 구영은 아홉 개의 머리가 달린 수화水火의 괴물로 물과 불을 자유자재로 뿜어대기 때문에 사람들이 당해야 했던 고통이 이만저만이 아니었다. 예가 이곳에 도착하자 서로간의 일대 격전이 불가피해졌다. 그러나 구영이 아무리 흉폭하다 해도 천신 예의 적수가 되지는 못하여 파도가 넘실대는 흉수에서 죽고 말았다.

### 옥반지와 대풍

아마도 예가 구영을 죽이고 돌아오는 도중이었으리라. 그가 북방에 있는 해록산奚祿山을 지나고 있었는데 그때 갑자기 산이 무너져 내렸다. 예는 무너진 산속에서 하늘이 내린 매우 단단하면서도 정교한 옥반지玉搬指를 발견했다.

반지란 원래 사수가 활을 쏠 때 오른손 엄지손가락에 끼고서 시위를 당기는 데 사용하는 것인데 보통 코끼리 뼈로 만들었다. 그런데 해록산에서 예가 주운 반지는 미옥美玉에 아무런 조각도 가하지 않은 자연적인 것이어서 코끼리 뼈에 비할 바가 아니었다. 옥반지를 갖게 된 그는 호랑이가 날개를 얻은 것처럼 사기가 충천했다.

돌아오는 길에 동방의 청구택靑丘澤을 지나던 예는 마침 대풍大風이라는 거대한 새가 사람들을 괴롭히는 것을 목격하게 되었다. 대풍이란 실제로는 대봉大鳳을 가리킨다. 옛날에는 '풍風'과 '봉鳳' 자가 같이

**삼족오를 쏘는 예**
천제의 명을 받은 예는 지상으로 내려와 태양을 쏘아 떨어트린다.

통용되었다. 즉, '봉'이란 공작을 이야기하는 것인 만큼 여기서 말하는 '대풍'은 바로 거대한 공작이었던 셈이다.

옛날 중원 일대에는 공작이 많이 살고 있었는데 당시 사람들은 이 거대한 공작은 성질이 흉폭하여 사람과 짐승을 마구 해친다고 상상하고 있었다. 공작의 날개가 지나간 곳은 엄청난 바람이 뒤따랐기 때문에 그것은 곧 바람의 상징으로도 인식되었고 이는 다시 사람들의 집을 파괴한다는 전설로 나타나게 된 것이다.

대풍의 능력을 익히 알고 있는 예는 섣불리 그놈을 건드릴 수가 없었다. 무척 힘이 센 데다 잘 날기 때문에 치명상을 입히지 못한다면 화살이 박힌 채 도망쳤다가 상처가 아물면 다시 나타나 사람들을 해칠 것이므로 오히려 성가셔질 것 같았다.

예는 신중에 신중을 기했다. 결국 그는 청사青絲로 꼰 새끼줄을 화살 끝에 메고는 숲 속에 숨어서 놈이 나타나기만을 기다리기로 했다. 과연 얼마쯤 지나자 대풍이 예의 머리 앞쪽을 향하여 저공으로 날아왔다. 순간 시위를 벗어난 화살은 과연 대풍의 가슴 한가운데를 꿰뚫고 말았다. 게다가 화살이 청사에 묶여 있었기 때문에 대풍은 더 이상 도망치지 못하고 결국 예에게 잡히고 말았다. 예는 잡은 대풍을 토막 내어 죽였다. 이렇게 하여 그는 백성들의 큰 재앙 하나를 또다시 덜어주었다.

### 파사와 봉희

그 뒤 예는 남쪽에 있는 동정호洞庭湖로 떠났다. 그곳에는 거대한 '망사蟒蛇'가 살고 있었는데 큰 파도를 일으켜 수많은 어부와 그들의 아내를 산 채로 삼켜버리곤 했다. 동정호에서 고기를 잡으며 살아가야 하는 어부들에게 그 고통은 말할 수 없이 컸다.

망사는 거대한 뱀의 일종으로서 도처에서 서식하고 있었다. 이를테면 대함산大咸山의 장사長蛇는 길이가 무려 1백 길이 넘으며 등에는 돼지털처럼 억센 털이 나 있고 나무 막대기를 두드리는 것 같은 울음소리를 냈다. 무봉산冊逢山에는 큰 구렁이가 살고 있는데 이놈은 붉은 머리에 흰 몸뚱이를 하고 있으며 소 우는 듯한 소리를 낸다고 한다. 이놈이 나타나는 곳에는 반드시 가뭄이 뒤따른다고 한다.

동정호에 산다는 이 망사는 '파사巴蛇'라고도 하는데 검은 몸에 푸른 머리를 하고 있으며 코끼리를 통째로 삼킬 만큼 거대한데 먹이를 한번 삼키면 3년 동안이나 소화시켰다가 나중에 뼈만 토해낸다고 한다. 그런데 사람이 이 뼈를 먹으면 심장병과 복통을 치료할 수 있다고 한다.

망사를 대하는 예의 심정은 참으로 난처했다. 그러나 천제의 사명을 띠고 인간을 구제하러 온 이상 두려움이나 어려움이란 있을 수 없었다. 결국 그는 홀로 조각배를 저어 동정호의 거센 파도를 헤치면서 망사를 찾기 시작했다.

얼마나 찾아다녔을까. 아득히 먼 곳에서 머리를 꼿꼿이 쳐든 채 굶주림에 지쳐 불꽃 같은 혀를 날름거리며 산더미 같은 흰 파도를 일으키면서 자신을 향해 오고 있는 파사가 보였다. 예는 얼른 화살을 재워 시위를 당겼다. 몇 번을 쏘아 모조리 급소에 적중시켰지만 이놈은 죽기는커녕 더욱 쏜살같이 예가 타고 있는 배를 향해 달려오는 것이 아닌가. 예는 하는 수 없이 이번에는 칼을 뽑아 들고 파사와 일대 혈투를 벌이지 않을 수 없었다. 흉흉한 파도에 휩쓸린 예는 마구 칼을 휘둘러댔다. 그러자 어느새 파사의 몸뚱이는 몇 토막이 났고 피가 호수를 온통 붉게 물들였으며 피비린내가 코를 찔렀다.

호숫가에서 이 광경을 지켜보고 있던 어부들은 돌아오는 예를 우레와 같은 환호성으로 맞이하였다. 그 뒤 사람들이 파사의 시체를 건져 올렸는데 일설에 의하면 뼈만으로도 산 하나를 쌓을 수 있었다고 한다. 파사가 묻힌 곳은 현재 호남성 악양현岳陽縣 서남에 있는 파릉巴陵 혹은 파구巴丘라는 산인데 지금도 동정호를 내려다보고 있다.

마지막으로 예에게는 아직도 한 가지 어려운 작업이 남아 있었다. 상림桑林에 가서 거대한 야생 돼지 한 마리를 잡는 것이었다. 상림에 관해서는 고서에도 아무런 기록이 없어 위치가 어디쯤이었는지 짐작할 수가 없다. 전설에 의하면 7년간 한재旱災를 당한 성탕成湯이 이곳에서 기우제를 지냈다고 한 것으로 보아 아마도 중원의 범주 이내였음은 의심할 여지가 없겠다.

이 야생 돼지는 '봉희封豨'라고 불렸는데 긴 이빨에 날카로운 발톱을 지니고 힘은 소를 능가하는 일종의 맹수였다. 그런데 이놈은 농작물을 해칠 뿐만 아니라 가축과 사람까지 잡아먹었기 때문에 부근 백성들의 재앙이 이만저만이 아니었다. 그래서 누구나 봉희에 대해서는 이를 갈고 있었다.

이제 예가 온 만큼 이번에는 이놈이 당할 차례가 되었다. 예의 신전神箭을 어찌 한낱 돼지가 당할 수 있겠는가. 예는 화살 몇 개를 쏘았는데 모두 놈의 다리에 꽂혔다. 결국 봉희는 도망가지도 못한 채 사로잡히고 말았다. 물론 백성들의 기쁨이란 이루 말할 수 없었다.

### 천제의 분노

이상에서 보듯 예는 인간을 위해 도합 일곱 가지의 재앙을 해결했다. 이제 천하의 백성들 모두가 그의 공덕을 칭송하였고 도처에서 그의 이야기를 읊는 노랫소리가 드높았다. 그는 가장 위대한 영웅으로 인류에게 남게 된 것이다. 요임금도 그의 위업에 감격했음은 말할 나위가 없었고, 예 자신도 천제의 사명을 순조롭게 수행할 수 있었던 데 대해 스스로 흥분과 기쁨을 억제하지 못했다.

예는 상림에서 잡은 돼지를 잡아 잘 요리하여 천제에게 헌상했다. 천제가 칭찬을 해줄 것으로 기대했지만 결과는 전혀 딴판이었다. 천제가 조금도 기뻐하지 않았던 것이다.

천제는 어째서 예의 행적을 달가워하지 않았을까? 바로 태양들의 죽음과 밀접한 관계가 있었다. 예가 자신의 아들들인 열 개의 태양 중에서 한꺼번에 아홉이나 죽였기 때문이었다. 물론 예는 하계의 인간에게 더할 나위 없는 위업을 쌓았지만 천제에게는 오히려 엄청난 죄를 짓고 만 셈이었다. 천제는 비통에 떨다 못해 예를 원수같이 여기고 있었던 것이다.

이후의 예의 행적에 관해서는 고서에도 기록이 없다. 아마도 이때

**예와 함께 지상으로 내려온 항아**
선녀 항아는 남편인 예와 함께 천제의 벌을 받아 천상으로 올라가지 못했다.

부터 그는 천국에 오르지 못하고 지상에서 살지 않았나 생각된다. 천제
가 태양들을 쏠 때 잘못을 범한 그의 신적神籍을 박탈했을 것이고 함께
하계로 내려온 아내 항아마저도 연루되어 똑같은 벌을 받았던 것 아닐
까? 그래서 이때부터 그의 고사는 '신화'라기보다는 '인화人話'의 냄새
를 더 짙게 풍기고 있다.

### 실의의 나날

이후의 이야기로 미루어 볼 때 예와 항아의 사이는 이때부터 금이
가기 시작한 것 같다. 항아는 원래 천녀였는데 이번 사건에 연루되어
천국에 오르지 못하게 되자 예에 대해 불만이 많았을 것이다. 이 모든
것이 예의 잘못 때문에 빚어진 것 아닌가!

인간과 신의 차이란 실로 엄청나다. 신선에서 인간으로 전락한 그
녀의 심정을 무엇으로 보상할 것인가! 좁은 여자의 흉금으로 어찌 이

같은 슬픔과 고뇌를 감당해낼 수 있으랴! 이때 예가 받아야 했던 원망과 질책은 가히 상상이 되고도 남는다. 그러나 자신도 똑같은 처지에서 아내로부터 그 같은 원망을 듣는다는 것은 고통이 아닐 수 없었다. 끝내 그는 집을 뛰쳐나와 방랑의 길을 걷기 시작하게 된다.

그의 심정이 어떠했으리라는 것은 충분히 짐작되고도 남는다. 몇 번이나 생명의 위험을 감수하면서까지 인간을 위해 큰 공을 세웠건만 천제로부터는 멀어지고 말았던 것이다. 게다가 아내마저 그를 배신하고 말았으니……. 술이라도 있었다면 실컷 취해 마음속의 번뇌를 삭일 수 있으련만…….

그가 할 수 있었던 유일한 대응은 고작 수레를 타고 시종들을 거느린 채 산림이나 평원을 누비며 사냥이나 하는 것이었다. 귓전에 소슬하게 불어오는 바람이나 야수와 혈투를 벌일 때의 흥분감은 잠시나마 그의 번민과 고통을 해소시켜주었을지도 모른다. 이렇게 하루하루를 유랑하며 소일했으니 남들이 보기에도 영웅 예의 말로는 확실히 타락한 감이 없지 않았다.

# 3
## 복비와 하백

**복비**

불행인지 다행인지 천하를 유랑하고 있던 예는 우연히 낙수洛水의 여신 낙빈洛嬪을 알게 되었다. 낙빈은 곧 복비로서 전설에 의하면 복희의 딸이었는데 낙수를 건너다 그만 물에 빠져 죽어 낙수의 여신으로 화했다고 한다. 그녀는 뛰어난 미모를 자랑하고 있었는데 시인들 역시 최고의 찬사를 아끼지 않았다. 여기서 시인 굴원이 그의 〈이소〉에서 노래한 내용을 옮겨본다.

> 운사雲師 풍릉豊隆에게
> 운거雲車를 몰게 하여
> 절세가인 복비를 찾아볼까나.
> 나의 장식 풀어 이 마음 전하고
> 건수蹇脩[28]에게 중매를 부탁할까.
>
> 그러나 그녀의 마음은 오락가락
> 끝내 나를 거절하네.

---

**28** 복희의 현신.

밤이면 돌아가는 서방의 궁석窮石

그곳은 곤륜산 기슭의 약수弱水 발원지

아침이면 유반湢盤의 강변에서 머리를 감고

찬란한 햇빛은 엄자산을 깨우네.


콧대 높은 그녀는 숲에 살지만

뛰어난 미모는 천세千世를 넘은 듯

아! 무정한 복비

깨끗이 물러나 다른 임이나 찾으리.


그리고 위魏나라의 조식曹植도 〈낙신부洛神賦〉에서 다음과 같이 읊었다.


기러기같이 날렵하고

승천하는 용과 같은 자태

멀리서 보면 아침 햇살처럼 찬란하고

가까이서 보니 물 위의 연꽃 같네.

날렵한 체구에다 산뜻한 어깨

허리와 목은 비단을 두른 듯

백설 같은 피부는 화장이 무색하고

높게 올린 검은 머리

누에의 눈썹

선홍 같은 입술

빛나는 치아와 두 눈동자

두 볼에 팬 매력적인 보조개…….


250

예가 복비를 만났을 때 그녀의 일행은 선녀들과 함께 낙수 가에서 놀고 있었다. 어느 선녀는 급류가 흐르는 강변에서 검은 영지靈芝를 따는가 하면 다른 선녀는 강변의 숲에서 깃털을 주웠고 또 어떤 선녀는 깊은 연못에서 건져 올린 진주를 들고 있는 등 비췻빛 파도 위를 자유롭게 노닐고 있었다. 강에서는 물고기가 뛰어놀고 있었으며 그 위를 물새 떼가 날아다녔다. 선녀들의 놀이에 흥이 난 듯 새들도 같이 즐기고 있었다.

구름 한 점 없는 어느 가을날, 선녀들이 이처럼 천진난만하게 즐기고 있을 무렵 유독 복비만은 쓸쓸한 것 같았다. 그녀는 이따금 선녀들 사이를 빠져나와 홀로 바위 위에 서서 고송孤松과 국화를 감상하곤 했다. 그녀가 이렇게 상심에 젖은 데에는 까닭이 있었다.

### 하백

복비는 수신水神 하백河伯의 아내였다. 하백의 이름은 빙이氷夷라고도 하고 풍이馮夷라고도 하는데 전설에 따르면 그 역시 강을 건너다 빠져 죽어 수신이 되었다고 한다. 또 어느 전설에 의하면 선약仙藥을 먹고 물을 만나 신선이 되었다고도 한다. 하백은 흰 얼굴에 키가 훤칠한 미남으로서 북해에 사는 능어처럼 하반신은 물고기의 모양으로 출현했다고 한다. 그는 언제나 연꽃 수거水車를 타고 용을 몰고 다니면서 미녀와 함께 구하九河를 유람하곤 했는데, 굴원은 유명한 〈구가〉의 〈하백河伯〉 편에서 풍류에 젖은 그의 생활을 생동감 넘치게 묘사하고 있다.

> 비늘로 엮은 지붕과 용 무늬의 전당
> 보랏빛 조개 문에 진주로 장식한 방
> 이것이 하백의 궁전이라네.

흰 자라 타고 물고기를 따르며

아름다운 선녀와 하주河州에서 노닐고

넘실대는 물결 힘차게 흐르네.


이처럼 하백은 풍류 넘치는 생활을 즐겼다. 후세의 민간 전설에 따르면 그는 매해마다 미녀를 바꾸어가면서 풍류를 즐긴다고 한다.

## 하백제

옛날 전국시대 때의 일이었다. 위魏나라의 업鄴[29] 지방에는 하백이 새 신부를 맞이한다는 풍속이 있었다. 매년 그 시기가 되면 삼로三老[30]나 지방 관리들이 이 풍속을 주관하면서 백성들의 제물을 엄청나게 갈취하곤 했다.

행사가 시작될 때쯤이면 무녀가 가가호호를 돌며 마음에 드는 여자를 골라 하백의 신부로 삼아야 한다면서 약간의 돈을 주고 모셔 온다. 그러고는 깨끗이 목욕을 시키고 비단 옷까지 입혀 강변에 임시로 설치한 '제궁齋宮'에 모셔놓고 10여 일간이나 술과 고기를 대접한다. 이윽고 식을 올리는 날이 되면 사람들은 이 불쌍한 여인에게 화장을 시켰고, 신부의 부모에게는 강가의 오솔길에서 그녀를 위해 제사를 지내도록 했다. 신부의 부모는 딸을 끌어안고 대성통곡을 한다. 그다음 그녀를 꽃방석에 앉힌 채 건장한 남자 몇 사람이 어깨에 메고 나가 강에 던져버린다.

꽃방석은 수면에 떠 있다가 물길에 실려 떠내려가고 머지않아 가

---

**29** 지금의 하남성 임장현臨漳縣.
**30** 지방의 제사를 담당하던 관리.

**수신 하백**
하백의 부인인 여신 낙빈과 예는 서로 사랑에 빠지게 된다.

라앉게 되면 강기슭에서는 음악과 애원의 울음소리가 뒤범벅되어 하늘을 진동시킨다. 불쌍한 여인은 무정한 남편(?)을 찾아 부모와 영원한 이별을 하게 되는 것이다.

그래서 딸을 둔 부모들은 무녀가 두려운 나머지 딸을 데리고 멀리 피신했기 때문에 성은 늘 텅 비어 있었고 백성들의 생활도 그만큼 고달플 수밖에 없었다. 누구나 이러한 악습에 치를 떨고 있었지만 하백이 화가 나 물벼락을 내릴까 두려워 아무도 감히 나서지 못하고 있었다. 모두 그저 울며 겨자 먹기로 악습에 순응할 수밖에 없었다.

바로 이즈음 서문표西門豹라는 자가 업현의 현령으로 부임하게 되었다. 이 풍속을 알게 된 그는 당장 폐지시켜야겠다고 결심하고는 우선 삼로와 지방관들을 모아놓고 말했다.

"하백제를 지낼 때면 반드시 통지해주시오. 나도 신부를 보낼 테니까."

그들은 영문도 모르고 좋다고 야단이었다. 이윽고 하백제를 지내는 날이 되었다. 서문표는 과연 그 자리에 먼저 와 있었고 지방 원로들도 속속 모여들기 시작했다. 새 현령의 태도가 의외였는지 백성들도 종전보다 훨씬 많이 참석했다. 하백의 중매쟁이라고 할 수 있는 무녀는 일흔이 넘는 노파였는데 제자인 10여 명의 젊은 무녀가 그녀의 뒤를 따랐다. 서문표가 입을 열었다.

"하백의 신부를 나오게 하라. 어디 예쁜지 좀 보자."

무녀들은 눈물로 범벅이 된 어린 소녀 하나를 장막 속에서 끌어내어 서문표 앞에 데리고 왔다. 서문표는 소녀를 보고 나서 머리를 흔들면서 말했다.

"안 돼! 별로 잘생기지도 못했군. 무녀는 하백에게 고하라. 이 다음에 더 예쁜 소녀로 바치겠노라고."

그러고는 주위 사람들에게 춤을 추고 있던 무녀를 강에 던지라고 불호령을 내렸다. 얼마나 지나자 그는 눈살을 찌푸리면서 말했다.

"무녀가 간 지 반나절이 넘도록 돌아오지 않으니 이번에는 제자를 보내도록 하여라."

결국 젊은 무녀도 강에 던져졌고 연이어 세 명의 무녀가 똑같은 운명에 처해졌다. 또다시 서문표가 말했다.

"무사의 제자가 온통 여자뿐이라 말을 제대로 못했나 보군. 이번에는 삼로가 가 보도록 하라."

그래서 이번에는 삼로를 집어던졌다. 양안兩岸에서 이 광경을 지켜보고 있던 백성들은 넋을 잃고 말았다. 서문표는 매우 근엄한 태도로 허리를 굽힌 채 강변에 서서 기다리고 있었고 지방관들은 그의 뒤에서 오들오들 떨고만 있었다. 다음에는 누구 차례가 될지 모르기 때문이었다. 강변의 음악소리도 그친 지 오래였다. 2, 3천 명이나 참석한 성대한 제사였지만 이 순간만은 죽음 같은 정적이 흐르고 있었으며 바람에 나부끼는 깃발소리만 들려올 뿐이었다. 서문표가 다시 말문을 열었다.

"어찌된 일이냐? 무녀와 삼로들 중 아무도 돌아오지 않으니. 할 수 없지, 이번에는 지방관과 호족들을 보내는 수밖에."

순간 그들은 소스라치게 놀라지 않을 수 없었다. 하백에게 가고 싶은 자는 아무도 없었기 때문이었다. 모두들 무릎을 꿇고 머리를 조아리면서 애원했다. 한참을 생각하고 난 서문표가 말했다.

"아무도 하백을 만나러 가지 않으려고 하니 오늘 제사는 이것으로 끝낸다. 다들 돌아가거라."

이 일이 있고부터는 아무도 하백제를 지내지 않게 되었으며, 결국 백성들을 괴롭히던 악습도 사라졌다고 한다.

하백제의 전설이 사실인지는 모르지만 방탕했던 하백의 위인 됨됨이로 보아서는 얼마든지 가능한 일인지도 모른다. 어느 기록에 의하면 그는 남의 약점을 잘 이용했으며 약한 자에게는 강하고 강한 자에게는 약한 비열한 성격의 소유자였다고 한다. 따라서 오늘처럼 기쁜 날 단호한 서문표를 만났으니 속수무책일 수밖에 없었다. 물론 파도를 일으켜 자신의 진면목을 보여주고 싶었겠지만 서문표에게는 그렇게 할 수가 없었다. 서문표는 전 현민을 동원하여 열두 개의 수로를 내어 강물을 끌어다 관개를 시켰다. 그야말로 전화위복을 시킨 셈이다. 결국 인간이 신을 이긴 좋은 본보기라고나 할까? 다음에서 거론하고 있는 하백의 또 다른 이야기는 그의 못된 성격을 잘 나타내고 있다.

### 담대멸명

춘추시대 노魯나라의 무성武城[31] 지방에 담대멸명澹臺滅明이라는 자
가 있었다. 그는 자를 자우子羽라고 했는데 얼굴은 지독히도 못생겼지
만 덕행만은 뛰어났다. 그는 공자의 제자였는데 워낙 못생겨서 공자도
처음에는 별로 기대하지 않을 정도였다. 그러나 성실하게 배운 결과 나
중에 각 방면에서 훌륭한 업적을 남겼으며 당시 각국의 제후들도 그를
존경하게 되었다. 그제서야 공자는 탄식하듯 한마디 했다.

"말 잘하는 것으로 사람을 판단했다가 재여宰予에게 실수했고(재
여 역시 공자의 제자였는데 달변이지만 행실은 별로 좋지 못했다) 얼굴로 사
람을 판단했다가 자우에게 실수했구나."

이 말은 지금도 많은 사람들에게 회자될 정도로 유명하다.

어느 날 자우가 천금이 넘는 백벽白璧을 가지고 연진延津[32]에서 황
하를 건널 때의 일이다. 어찌된 영문인지 그는 백벽을 그만 하백에게
들키고 말았다. 욕심이 동한 하백은 그의 백벽을 빼앗기 위해 배가 중
간쯤 왔을 때 파도의 신 양후陽侯를 시켜 산더미 같은 파도를 일게 하고
이와 동시에 교룡 두 마리에게는 배를 뒤집으라고 했다. 하백의 고약한
성격을 익히 알고 있던 자우는 조금도 두려워하지 않고 태연하게 뱃머
리에 서서 큰 소리로 꾸짖었다.

"누가 이 백벽을 원하는가? 정당한 방법이라면 줄 수 있지만 무력
으로 빼앗겠다면 용서하지 않겠다."

자우는 말을 마치기가 무섭게 허리춤에서 보검을 뽑아 들고는 마
구 휘두르면서 교룡과 싸웠다. 결국 두 마리의 교룡은 자우의 칼에 죽

---

**31** 지금의 산동성山東省 비현費縣 서남쪽.
**32** 지금의 하남성 연택현延澤縣 이북.

었고 이를 지켜보고 있던 파도의 신 양후는 은근히 겁이 나서 파도를 챙겨서는 어디론가 숨어버렸다. 이윽고 바람과 파도가 조용해지자 자우의 배는 무사히 강을 건널 수 있게 되었다고 한다.

황하를 건넌 자우는 백벽을 꺼내 더럽다는 듯이 강에 던져버렸다.

"야, 이놈아! 가지려면 가져라."

그러나 이상하게도 백벽은 도로 물 밖으로 튕겨 나왔다. 그가 몇 번이나 던져봤지만 마찬가지였다. 아마 면목이 없게 된 하백이 백벽을 되돌려주었는지도 모른다. 어쨌든 하백이 백벽을 원치 않는다는 사실을 눈치챈 그는 이번에는 그것을 바위 위에 내동댕이친 다음 유유히 가버리고 말았다. 자신은 백벽 때문에 싸운 것이 아니라 그것보다 더 고귀한 것을 위해서 싸웠음을 보여주기 위함이었던 것이다.

이상에서 보듯 자유방탕한 생활을 즐긴 데다 성격까지 비열했던 하백이고 보면 아내인 복비에 대해 진실된 감정을 느꼈을 리 만무하다. 그의 가정은 풍파가 그치지 않았고 이를 견디다 못한 복비는 '못된 놈의 아내'가 되었다는 생각에 매일을 번민과 고통으로 보내야 했다. 이것이 바로 그녀가 뭇 선녀들을 빠져나와 외롭게 강변을 거닐었던 까닭이다.

반면 예와 복비의 만남은 일대 영웅과 절세가인이 인연을 맺은 데다 둘 다 동병상련의 처지에서 이루어졌다. 가정의 안락함을 맛보지 못했던 그들은 너무도 자연스럽게 사랑에 빠지고 말았다. 둘은 서로에게서 정신적인 위안을 얻게 되었고, 방탕했던 예의 생활도 약간은 안정되는 듯했다. 그러나 상식적으로 생각해보면 둘의 결합은 두 가정의 분규를 면치 못하게 되어 있었다. 복비의 부정을 참지 못한 하백은 더욱더 사나워졌으며 예의 아내 항아도 남편의 무정함 때문에 밤낮을 눈물과 원망 속에 보내야 했다. 예와 복비의 애정은 결국 다른 사람들의 질투와 쓰라림이 뒤범벅된 것이었다.

## 수신 하백

하백은 수국水國의 왕으로서 수많은 부하와 병마를 거느리고 있었다. 부하로는 하병蝦兵과 해장蟹將은 물론, 약간 특수한 부하로 저파룡<sup>33</sup>을 꼽을 수 있는데 사람들은 그를 '하백의 사자'라고 불렀다. 이 밖에 하백의 종사從事인 단어團魚와 도사소리度事小吏인 오적烏賊(오징어) 등이 모두 하백의 심복이었다. 그들은 수시로 수면으로 올라와 순찰을 하면서 정치와 애정에 관한 각종 정보를 수집하여 하백에게 보고하곤 했다.

하백의 사자가 출동하는 모습은 가히 장관이었다. 사람으로 둔갑한 그들은 갈기가 붉은 백마를 타고 흰 옷과 검은 모자를 쓴 채 보무도 당당하게 수궁을 떠난다. 그 뒤를 열두 명의 어린이가 말을 타고서 수면을 질풍처럼 내달린다. 강기슭에 오르면 말이 가는 곳에 물도 함께 뒤따르기 때문에 그들이 가는 곳에는 삽시간에 대홍수가 나곤 했다.

황혼이 되면 하백의 사자들은 조그마한 물고기나 새우가 둔갑한 어린이들을 데리고 수궁으로 돌아온다. 이들의 착실한 순찰 활동은 예나 복비의 애정 행각에 매우 불리하게 작용한 것이다.

한편 예와 복비의 만남을 전해들은 하백은 화를 참을 수 없어 노발대발했다. 그는 격분한 나머지 직접 정찰을 하기로 결심했다. 하지만 태양까지 쏘아 죽였던 예의 용맹이 두려워 직접적인 대면은 엄두도 못내고 그저 백룡白龍으로 둔갑하여 수면을 한번 돌아볼 참이었다. 그러나 계획이 치밀하지 못해 오히려 엄청난 홍수를 일으키는 바람에 하수河水가 범람하여 무고한 백성만 희생시켰고, 자신의 신분마저 들키고

---

**33** 앞에서 언급한 것처럼 상제 앞에서 음악을 연주했다고 하는 괴물.

말았다.

　수신으로서 지녀야 할 품위를 저버린 하백의 비열한 행동에 분기충천한 예는 본때를 보여주었다. 활을 쏘아 보기 좋게 하백의 왼쪽 눈을 맞히고 만 것이다.

　'아내를 빼앗긴 데다 부상마저 당한' 하백은 한쪽 눈만 뜬 채 울먹이면서 천제에게 하소연했다.

　"하느님, 예라는 놈은 너무합니다. 그놈을 죽여주십시오."

　천제가 물었다.

　"너는 어찌하여 예에게 한쪽 눈을 잃게 되었느냐?"

　"저…… 저는 그때 마침 백룡으로 둔갑하여 수면에서 노닐고 있었는데 그만……."

　그는 말도 채 잇지 못하고 얼버무렸다. 천제가 사건의 자초지종을 모를 리 없었다. 그렇지 않아도 평소 예의 달갑지 않은 행동에 대해 불쾌감을 느끼고 있었던 터여서 얼른 말을 가로막으며 말했다.

　"여러 말 할 필요가 없다. 누가 네놈더러 수궁에 가만히 있지 않고 백룡으로 둔갑하라고 했더냐. 용이라면 수족동물水族動物인 만큼 인간에게 화살을 맞는 것이 당연하지. 예가 무슨 죄가 있단 말이냐?"

　천제는 오히려 하백을 꾸짖는 것이었다. 한 대 얻어맞은 그는 수궁으로 돌아와 한바탕 부부싸움을 벌였다. 복비는 외눈이 된 남편에게 미안한 생각이 들기도 했다. 그녀는 비록 예를 사랑하고 있었지만 두 가정의 화목을 위해서는 그와의 관계를 청산하지 않을 수 없었다. 그들의 애정이 더욱 비참해져서는 안 되었던 것이다. 《초사》의 〈천문〉 편은 다음과 같이 읊고 있다.

　천제가 예를 보낸 것은

백성을 구원하라는 뜻이었거늘

왜 하백을 쏘았으며

낙빈洛嬪(복비)마저 강탈하여 아내로 삼았겠는가?


예가 낙빈을 아내로 차지했다고 하는 전설은 신빙성이 별로 없기 때문에 대시인 굴원마저 의문을 표시하고 있다. 그저 예와 낙빈 사이에는 일시적인 애정 관계가 있었을 뿐이고, 그가 하백의 눈을 쏘아 맞힌 뒤부터는 두 사람의 관계도 형식적으로는 끝장이 났다고 보면 어느 정도 신중한 판단이 아닐까?

# 4

## 항아 분월

집으로 돌아온 예는 당분간은 항아와 화목하게 지낼 수 있었지만 부부간의 애정은 여전히 금이 간 상태였다. 앞에서도 언급했듯이 파탄의 원인은 다름 아닌 예에게 있었다. 천제에게 죄를 범해 천국에 오르지 못하게 되었는데 덩달아 항아마저 연루되어 똑같은 운명에 빠지고 만 것이다. 천상의 여신이었던 항아로서는 뜻하지 않은 결과에 통탄을 금치 못하고 있었다. 그러나 그녀가 진정 두려워했던 것은 천국에 오를 수 없다는 사실보다는 장차 죽으면 지하의 유도幽都에서 추악한 잡귀들과 함께 암담한 생활을 해야 한다는 사실이었다.

이 같은 상황은 예도 마찬가지였다. 그 사실은 두려울 뿐만 아니라 수치스러운 것이었다. 그래도 당당한 천신이었는데 어떻게 잡귀의 무리들과 어울릴 수 있단 말인가?

하지만 사신死神의 그림자는 자꾸만 가까워지고 있었다. 용감무쌍했던 예였지만 그것만큼은 어찌할 수 없었는지 가끔 두렵기까지 했다. 이렇게 되고 보니 그는 아내의 원망도 이해할 수 있게 되었다. 이제 문제는 단 하나였다. 어떻게 하면 사신의 위협을 물리칠 수 있을까? 만약 죽음의 공포로부터 벗어날 수만 있다면 항아와의 애정도 옛날처럼 돌아갈 수 있을 텐데.

얼마 후 예는 새로운 사실을 알게 되었다. 즉, 곤륜산의 서방에 서왕모라는 신인神人이 살고 있는데 불사약을 갖고 있어서 그것을 먹는 자는 누구나 영생불사한다고 했다. 예는 어떠한 위험이 있더라도 그를 찾아가 불사약을 청해보기로 했다.

## 서왕모와 불사약

서왕모에 관해 논의한 후세 사람들은 그동안 지나치게 자구字句에만 집착해왔다. 그가 서방의 왕모王母로서 늘그막한 나이에 자상했다고 주장했는가 하면 심지어 어떤 도사들은 각종 억설을 날조하여 그것이 사실임을 밝히기에 혈안이었다.

그들의 추측은 완전히 빗나갔다. 서왕모는 표범의 긴 꼬리에 날카로운 호랑이 이빨을 하고 있었으며, 봉두난발의 머리에는 옥비녀를 꽂고 괴성을 지르며 질병과 형벌을 주관했다. 이를테면 일종의 괴신怪神이었던 것이다.

그의 성별 역시 현재로서는 단정할 수 없다. '비녀'가 부인의 장신구이기는 하지만 태곳적에는 남자들도 비녀를 꽂았을 뿐 아니라 귀걸이까지 착용했던 것으로 미루어 보아 비녀란 남녀 공동의 물건이었음을 알 수 있다.

교묘하게도 그는 동굴 속에 살고 있었는데 세 마리의 청조靑鳥가 차례로 먹이를 날라주었다고 한다. 즉, 왕모니 옥비녀, 청조 따위의 여성적인 냄새가 다분하여 서왕모는 점차 여성화 내지 자상화慈祥化하고 말았지만, 사실은 그렇지 않았다.

우선 먹이를 물어다준다는 청조를 보자. 그들은 곤륜산의 서쪽에 있다고 하는 삼위산三危山에 살고 있는데, 이 산은 우뚝 솟은 봉우리 세 개가 하늘을 찌를 듯이 솟아 있다고 해서 '삼위'라고 불렸다. 세 마리의

**예에게 불사약을 건네준 서왕모**
곤륜산 서쪽의 삼위산에 살고 있다고 전해지는 서왕모는 질병과 형벌을 주관하는 신이다.

청조란 대려大鷙, 소려少鷙, 청조青鳥인데 푸른 몸에 붉은 머리와 검은 눈을 한 괴력의 맹수였지 사람과 친할 수 있는 그런 새는 결코 아니었다. 그들은 삼위산을 떠나 날개를 한 번만 파닥여도 단숨에 천리를 날아 서왕모가 살고 있는 옥산玉山의 동굴까지 이르는데 하늘과 들에서 잡은 피투성이 먹이를 날카로운 발톱으로 차고 와서는 통째로 던져준다. 서왕모가 식사를 끝내면 세 발 달린 신조神鳥가 어지럽게 널린 껍데기과 뼈다귀를 깨끗이 치워주는데, 그는 서왕모를 그림자처럼 따르며 각종 잡일을 전담했다.

식사를 마친 서왕모가 만족한 듯 동굴을 걸어 나와 절벽에 우뚝 선 채 목을 빼고 하늘을 향해 포효라도 하면 무시무시한 그 소리가 산골짜기를 진동시켰다. 그러면 하늘에는 겁에 질린 독수리가 어지럽게 날고 숲 속에는 호랑이와 표범이 꼬리를 감춘 채 숨어버린다. 이는 아마도 일부 기록에서 서왕모가 "호랑이나 까치 같은 새들과 어울린다"라고 한 모습이라는 주장도 있겠지만, 초기의 서왕모는 그렇게 온순하고 평화스럽지는 못했던 것 같다.

그렇다면 질병과 형벌을 주관한다는 서왕모가 어떻게 해서 불사약을 갖게 되었을까? 그의 직책인 질병과 형벌이 인간의 생명과 밀접한 관계가 있기 때문이었다. 즉, 그는 인간의 생명을 여탈할 수 있었다. 이를테면 그리스 신화에 나오는 태양신 아폴론처럼 인간에게 질병을 옮기거나 치료할 수 있는 신이었기 때문에 사람들은 그가 틀림없이 불사약을 갖고 있으며 다행히 그것을 먹는 자는 불로장생할 수 있다고 믿었던 것이다.

서왕모는 확실히 불사약을 갖고 있었다. 앞에서도 언급했지만 곤륜산에는 불사수不死樹가 있는데 그 열매를 먹는 자는 장생불사한다고 했다. 서왕모의 불사약은 바로 이 나무의 열매를 정제한 것이다. 한나라 때의 각종 서왕모 화상을 보면 시종이 나뭇가지를 들고 옆에 시립해 있는 모습을 간혹 볼 수 있다. 이를 두고 어떤 이는 선화善禾라고 했는가 하면 또 어떤 이는 삼주수三珠樹라고도 했는데, 사실 그것이 바로 불사수이다. 이 나무 역시 다른 수많은 불사수처럼 수천 년에 한 번만 꽃을 피우며, 그만큼 세월이 지난 다음에야 열매를 맺는다고 하는데 워낙 적게 열려 진귀할 수밖에 없었으며 다 먹고 나면 오랜 기간 동안 구할 수도 없었다고 한다.

### 서왕모의 제도

불로장수는 인류의 오랜 꿈이었던 만큼 불사약에 대한 희구는 가히 상상을 초월한다. 그러나 서왕모가 있다는 곳은 인간으로서는 도저히 갈 수 없는 곳이다. 게다가 어느 때는 곤륜산의 정상에 있는 요지瑤

池 부근에 사는가 하면, 또 어떤 때는 곤륜산 서방의 미옥美玉이 많이 난다고 하는 옥산玉山에 살기도 하며, 심지어는 대지의 서극인 태양이 지는 엄자산에 살기도 하는 등 주거가 일정치 않아 찾기도 쉽지 않다.

곤륜산만 하더라도 그렇다. 이 산은 보통 사람은 도저히 오를 수 없는 곳이다. 산 밑에는 깊은 연못인 약수弱水가 둘러쳐져 있는데 새의 깃털조차 가라앉을 정도였으니 사람이나 배는 말할 나위도 없겠다. 또한 곤륜산의 바깥은 이글거리는 화산으로 둘러쳐져 있는데 불길이 밤낮으로 타올라 접근만 하면 순식간에 타버리고 만다. 이런 정도였으니 누가 감히 물과 불의 두터운 장벽을 뚫을 수 있겠는가. 그래서 서왕모가 불사약을 갖고 있다는 전설은 있지만 입으로 그것을 먹어보았다는 사람은 아무도 없었다.

그러나 예는 아직도 남아 있는 신력과 불굴의 의지만으로 도전하기로 했다. 과연 그는 무시무시하다는 약수와 화산의 장벽을 무사히 통과하여 마침내 곤륜산의 정상에 오를 수 있었다.

그곳에는 키가 네 길이 넘고 둘레만 해도 다섯 아름이나 되는 거대한 벼〔禾〕와 아홉 개의 머리가 달린 개명수開明獸가 위풍당당하게 문을 지키고 서 있었다. 이곳은 높이가 무려 1만 1천 리 1백 14보 2자 6촌이나 된다고 하니 예 같은 신인이 아니고서는 엄두를 못 낼 만했다.

묘하게도 예가 찾아갔을 때 서왕모는 요지 부근의 동굴 속에 있었다. 우선 예의 이야기를 다 들은 서왕모는 인간에게 혁혁한 공을 세운 그가 불행한 종말을 겪고 있는 데 대해 깊은 동정심을 표하는 한편 시립해 있던 삼족 신조三足神鳥에게 명하여 불사약을 담은 호리병을 물고 오게 했다. 그들이 칠흑같은 동굴 속에서 호리병을 꺼내 오자 서왕모는 이를 정중하게 건네면서 말했다.

"이 약은 너희들 부부가 불로장수하기에 충분한 양이다. 하지만 만약 혼자 먹는다면 승천하여 신선이 되는 것까지도 가능하지."

그러고는 예가 떠날 때 다음과 같이 친절하게 일러주는 것이었다.
"이 약은 마지막 남은 것이니 잘 보관했다가 먹어라."

### 항아의 탐욕

신이 나서 집으로 돌아온 예는 불사약을 아내 항아에게 주면서 잘
보관했다가 길일을 택하여 나누어 먹자고 했다. 그는 이제 더 이상 천
국에 오르고 싶지 않았다. 그도 그럴 것이 천국과 인간 세계가 별 차이
가 없는 데다 이제 지옥에만 가지 않으면 될 것이기 때문이다. 불사약
이 있으니 문제될 것이 없었다.

그러나 항아의 생각은 달랐다. 본래 천국의 선녀였던 데다 남편의
죄에 연루되어 천국에 오를 수 없게 되었으니 그녀로서는 당연히 다시
천국에 가야 했다. 서왕모로부터 받은 불사약은 불로장생뿐만 아니라
승천까지도 가능하게 해준다니 남편 몫까지 먹는다고 해서 그리 큰 잘
못은 아닐 것 같았다. 이때부터 그녀는 곰곰이 생각해보았다. 그러고는
길일이고 뭐고 기다릴 것 없이 남편이 없을 때 몰래 혼자 먹어버리기로
결심하였다.

하지만 막상 행동에 옮기려고 하니 소심한 그녀로서는 여간 두렵
지 않았다. 만일 발각되는 날이면 돌이킬 수 없는 재앙이 따를 것이 뻔
했으므로 신중을 기하는 뜻에서 우선 유황有黃이라는 무사巫師를 찾아
가 길흉부터 점치기로 했다.

무사 유황은 왕성 부근에 있는 조그마한 토산土山 속의 동굴에 살
고 있었다. 항아가 찾아가자 그는 벽장 속에서 무엇인가를 꺼냈다. 1천
년이나 살았다고 하는 검은 신구神龜 껍질과, 그 거북이가 배 밑에 깔고
지켜주었다는 바싹 마른 황색 시초蓍草[34] 수십 가닥이었다. 이 시초는

한군데에서 자라는데 뿌리가 1백 개나 되고 길이만 해도 한 길이 넘는다. 이로써 청운靑雲이 위를 뒤덮고 있는 신초神草가 되는 것이다. 이러한 신구와 시초로 점을 치면 완벽한 점괘를 보인다고 한다. 유황은 먼저 시초를 거북이 껍질에 넣고 무릎을 꿇은 채 흔들기 시작했다. 알 수 없는 주문을 외우면서 한참을 흔들다가 앞에 있던 나지막한 돌 탁자에 뿌렸다. 그는 손톱이 누렇고 깡마른 손가락으로 시초를 헤치면서 눈을 지그시 감은 채 노래를 불렀다.

> 축하합니다, 부인. 대길대리大吉大利의 점괘요.
> 어떤 총명한 여자가
> 홀로 멀리 서방으로 간다네.
> 이처럼 어지러운 세상
> 떠나버려라, 아무런 두려움 없이.
> 운명은 이미 결정되었으니
> 그 뒤는 만사형통 대길 창성할지니…….

무사의 말을 듣고 난 항아는 굳은 결심을 했다. 그녀는 드디어 예가 없는 밤을 틈타 호리병에서 불사약을 꺼내 단숨에 마시고 말았다. 과연 기적이 나타났다. 점점 몸이 가벼워지는가 싶더니 발이 떠오르고 마침내 저절로 창밖으로 밀려 나왔다. 때는 밤이어서 남색 하늘과 으스름한 들이 보였으며 둥글고 밝은 달은 작은 별들에 싸여 있었다.

항아는 계속 하늘로 올라갔다. 그러나 어디로 가야 하나? 천국으로 간다면 남편을 버리고 온 자신을 중신衆神들이 비웃을 테고, 또 예가

---

**34** 점칠 때 사용하는 풀.

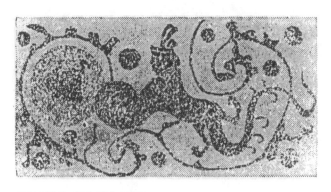

**달로 도망가는 항아, 한대 석각화**
항아는 예가 가져온 불사약을 몰래 혼자 마시고 달로 도망간다.

찾으러 올지도 몰라 곤란할 것 같기도 했다. 그녀가 보기에는 월궁月宮으로 가서 잠시 피신하는 편이 좋을 것 같았다. 결정을 내린 항아는 곧장 월궁을 향해 달렸다.

그러나 어찌된 영문인지 달에 도착하는 순간부터 항아의 몸에서는 기이한 변화가 일어나기 시작했다. 등의 척추가 오그라들면서 배와 허리가 튀어나왔고 입과 눈은 커졌으며 목과 어깨가 붙었다. 그리고 피부에는 동전 같은 반점이 돋아나기 시작했다.

항아는 두려운 나머지 비명을 질렀다. 그러나 이미 벙어리가 되어버린 그녀는 말이 나오지 않았다. 그래서 도망쳐 구원을 청할까도 생각했지만 다리가 굳어 움직여주지를 않았다. 도대체 어찌된 노릇인가. 절세가인 항아는 너무 탐욕을 부렸던 나머지 추악한 두꺼비로 변하고 말았던 것이다. 무사가 말한 "만사형통 대길 창성"은 바로 이와 같은 '창성'을 의미했단 말인가.

'항아가 달로 도망쳤다'는 전설은 이상과 같다. 그 뒤에 나온 그녀의 전설은 그래도 좀 밝은 편이다. 즉, 달로 도망친 그녀는 괴물로 변한 것이 아니라 원래의 미모를 그대로 지녔다고 한다. 그러나 그녀는 월궁이 쓸쓸할 것이라고는 꿈에도 생각지 못했다. 그곳은 계수나무 한 그루와 그 밑에서 1년 내내 방아만 찧고 있는 흰 토끼 외에는 아무것도 없었다.

얼마쯤 세월이 지나자 오강吳剛이라는 자가 월궁에 찾아왔다. 그는 선술仙術을 배우다가 그만 죄를 범해 계수나무를 도끼질하라는 형벌을 받고 이곳으로 쫓겨 왔던 것이다. 이를테면 그는 귀양살이를 온 셈인데 아무리 계수나무를 찍어도 넘어뜨릴 수가 없었다.

이 같은 월궁의 풍경에 항아는 적잖이 실망했다. 그러나 이미 발을 들여놓은 이상 꾹 참고 살아가는 수밖에 없었다. 하지만 그럴수록 적막감은 더해갔다. 그제서야 그녀는 화목한 가정과 남편의 존재가 얼마나 중요한지를 인식하게 되었다. 자신이 조금만 덜 탐욕스러웠어도 괜찮았을 것을. 남편과 함께 불사약을 먹었던들 영생불사할 수 있었을 것이고, 설사 인간 세상에 약간의 고뇌는 있다 해도 이처럼 처량한 월궁에서 홀로 신선으로 사는 것보다는 훨씬 나을 것 같았다. 후회하기 시작한 그녀는 인간 세계로 다시 내려가 자신의 죄를 빌고 전처럼 남편과 함께 행복하게 살고 싶었다. 하지만 그것도 부질없는 생각에 불과했다. 그녀는 이제 월궁을 떠날 수 없게 되었으니, 인간 세계로 돌아간다는 것은 상상조차 할 수 없게 되고 말았던 것이다.

자신의 잘못을 뉘우치는 듯
가슴 가득 눈물로 잠 못 이루네.

이 구절은 당나라의 대시인 이상은李商隱이 〈항아〉라는 시에서 읊은 내용이다. 탐욕스러웠던 한 여자에 대한 연민과 조소를 함께 노래하고 있다.

　이때부터 항아는 끝없는 고독과 싸워야 했으니 남편을 배반한 아내가 치러야 할 죄과였던 것이다.

　한편 그날 밤 집으로 돌아온 예는 아내가 보이지 않고 텅 빈 호리병만 뒹굴고 있는 광경을 목격했다. 무슨 일이 있었는지는 금방 알 수 있었다. 분노와 실망, 비애가 뒤범벅되어 마치 독사처럼 그의 전신을 휘감았다. 그는 입술을 깨물며 창밖을 내다보았다. 달과 별빛이 찬란한 하늘, 그곳은 아내가 자신을 헌신짝처럼 내팽개치고 행복을 찾아 나선 낙원(?)이 아닌가?

# 5

## 예의 죽음

그 후로 예의 성격은 크게 바뀌고 말았다. 천국은 불공평했고 인간 세상마저 그를 배반하자 아무리 무서운 지옥이라도 그보다는 나을 것 같았다. 예는 극도로 상심한 나머지 종전에는 두렵기만 했던 죽음도 이제는 친구처럼 느껴졌다. 그는 이제 더 이상 장생長生하고 싶지 않았다. 그래서 매일 객지를 유람하거나 사냥이나 즐기면서 남은 생을 보내기로 했다.

항아 사건 이후 성격이 포악해진 예는 사소한 일에도 벽력같이 화를 내곤 했다. 그의 시종들은 이 같은 변화를 누구보다 잘 알고 있었지만 별 도리가 없었다. 그들은 그저 화풀이의 대상 노릇을 감수할 수밖에 없었다. 그 가운데는 주인의 비참한 말로를 동정하는 시종도 있었지만 대부분은 더 이상 참을 수 없어서 하나둘씩 그의 곁을 떠났고, 결국 의지할 데 없는 시종들만 남게 되었다. 그러나 남은 시종들의 원망도 날이 갈수록 높아졌다. 시종들마저 자기 곁을 떠나자 그는 원인을 생각해보지도 않고 분노만을 걷잡을 수 없을 정도로 폭발시켰다.

**봉몽**

예의 시종 가운데 봉몽逢蒙이라는 자가 있었다. 그는 총명하고 용감하였기 때문에 예는 그를 아끼고 전법箭法, 즉 활 쏘는 법을 가르쳐주었다. 봉몽이 막 전법을 배우기 시작할 무렵 예가 말했다.

"전법을 배우려면 우선 눈을 깜빡거리지 않는 것부터 배워야 한다. 그것부터 충분히 익힌 다음 다시 오너라."

봉몽은 집에 돌아오자마자 아내의 베틀 아래 벌렁 드러누워 발판을 응시했다. 발판이 요란하게 움직였지만 결국 그의 눈은 한 치도 움직이지 않고 그것을 응시할 수 있었다. 이렇게 하여 얼마간의 훈련을 마친 그는 이제는 추를 눈 위에 매달아놓고 움직여보았다. 이번에도 눈은 조금도 깜빡거리지 않을 정도가 되었다.

신이 난 그는 예에게 말했다. 그러자 예가 말했다.

"안 돼! 아직 멀었단 말이다. 다음에는 조그마한 물건도 산더미같이 크게 볼 수 있어야 한다. 미세한 것도 확실히 볼 수 있거든 다시 오너라!"

집으로 돌아온 봉몽은 이번에는 소의 꼬리털로 이〔蝨〕를 묶어 남쪽 창틈에 매달아놓았다. 그러고는 매일같이 이를 쳐다보며 훈련을 했다. 10여 일쯤 지나자 이는 점점 크게 보였고 어느 정도가 지나자 이번에는 수레바퀴만큼 보였는데 이때 다른 사물들을 보니 산처럼 크게 보였다. 그는 이번에도 신이 나서 다시 예를 찾아갔다. 그제서야 예도 매우 기뻐하며 말문을 열었다.

"좋다, 이제는 전법을 배워도 되겠구나!"

예는 봉몽에게 자신의 비법을 거의 모두 가르쳐주었다. 어느덧 봉몽의 활 솜씨도 예만큼 나아졌다. 그의 전법도 천하에 알려져서, 전법이라면 이제 두 사람을 꼽을 정도가 되었다. 이처럼 자랑스러운 제자를 얻게 된 예는 내심 흐뭇했지만, 속이 좁았던 봉몽은 그렇지 않았다. 그는 스승의 한 수 높은 솜씨가 늘 달갑지 않았다.

하루는 예가 그에게 장난삼아 겨뤄볼 것을 제의했다. 마침 하늘에는 기러기 떼가 날고 있었는데 예는 새들을 쏘아 맞추도록 했다. 봉몽이 연속해서 세 발을 쏘자 선두에서 날고 있던 세 마리의 기러기가 활시위 소리에 맞춰 낙엽처럼 떨어져 내렸다. 세 개의 화살은 모두 기러기의 머리를 맞추었다.

혼비백산한 기러기들을 사방으로 흩어졌다. 그러자 이번에는 예가 아무 곳에나 세 발을 쏘았다. 물론 세 발의 화살은 모두 기러기 머리를 꿰뚫었다. 스승의 기량이 한 수 위인 것을 실감한 그는 자신이 아무리 애써도 그를 따라 잡을 수 없다는 것을 깨달았다. 질투심은 날이 갈수록 깊어졌고, 예를 몰래 해치워버려야겠다는 생각이 그에게서 잠시도 떠나지 않았다.

어느 날 오후 예가 사냥을 갔다가 말을 타고 돌아올 때였다. 거의 집에 다다랐을 때 눈앞의 숲 속에서 사람 그림자가 번개처럼 스치고는 곧이어 화살 하나가 자신을 향해 날아오지 않는가? 동작이 날쌨던 예는 순식간에 시위에 화살을 재고는 말을 달리면서 쏘았다. 그러자 화살은 공기를 가르며 날아가 마주 날아오던 화살촉을 맞추어 허공에서 불꽃이 튀었다. 'ㅅ' 자를 그린 두 화살은 땅에 떨어졌고, 연이어 두 번째의 화살도 똑같은 형상으로 땅에 떨어졌다.

이렇게 하기를 아홉 번. 예의 화살은 동이 났고, 그제서야 그는 득의만만하게 화살을 잰 채 자신의 목을 조준하고 있는 봉몽을 볼 수 있었다. 그리고 미처 방비를 못한 상태에서 화살은 마치 유성처럼 그의 목을 향해 날아왔다. 하지만 그 화살은 잘못 조준한 듯 예의 입을 꿰뚫고 말았다. 예는 몸을 부르르 떨면서 화살을 머금은 채 말에서 떨어졌다.

예가 죽었다고 생각한 봉몽은 미소를 지으면서 다가와 그의 얼굴을 쳐다보았다. 그러나 어찌된 영문인가! 눈을 부릅뜬 예가 갑자기 일어서면서 말했다.

"너 이놈, 그렇게 오랫동안 배웠거늘, 헛배웠구나."

그는 화살을 토해내며 웃었다.

"설마 내 설족법囓鏃法[35]까지 배운 것은 아니겠지? 아직 멀었으니 더 닦도록 해라!"

"죽을죄를 지었습니다……."

봉몽은 활을 팽개친 채 꿇어 엎드려 예의 다리를 부둥켜안고 흐느끼듯 애원했다.

"가거라. 이 따위 짓은 더 이상 하지 말지어다."

예는 가련하다는 듯 손을 내젓고는 말을 타고 떠나버렸다.

거사가 실패로 돌아가고 예로부터 용서를 받은 봉몽은 오랫동안 조용히 지냈다. 첫째 예의 용맹이 두려웠고, 둘째 양심상 어찌할 수 없었기 때문이다. 비록 마음 깊은 곳에서는 아직도 질투심이 불타오르고 있었지만 그 같은 비열한 꿈을 실현시킬 기회는 오지 않았다.

그러나 드디어 기회가 왔다. 예의 성격은 날로 포악해져갔고 시종들은 더 이상 주인의 학대를 참을 수가 없었다. 호시탐탐 기회만 엿보고 있었던 봉몽도 예외는 아니었다. 원래 양심의 장벽이란 치욕에 의해 쉽게 무너지고 마는 법이다. 게다가 수년간 질투와 원한이 쌓인 데다 시종들의 불만마저 겹치게 되자 스승이자 주인인 예에게 복수할 기회가 무르익었다고 그는 생각했다. 봉몽은 자신의 장래에 커다란 장애물로 등장한 예를 다시 치기로 결심했다. 그러나 이번에는 지난번만큼 힘들지 않았다. 그는 몰래 시종들을 선동하여 반란을 일으키도록 했다. 그가 선동하자 그동안 예의 횡포에 견디다 못한 시종들은 마치 건초더

---

35 화살을 입에 무는 법.

미에 불을 지르듯 쉽게 호응했다. 이리하여 예에 대한 음모가 꾸며지기 시작했다.

때는 화창한 어느 날, 모두들 평원에서 사냥에 열중하고 있었다. 사람들은 수레를 내몰고 말을 달리면서 이리저리로 토끼나 여우를 쫓았다. 왁자지껄한 소리가 바람에 실려 산과 골짜기를 울렸고 다들 사냥의 즐거움에 넋을 잃고 있었다. 이런 분위기에 휩싸인 예도 근심 걱정을 잠시나마 잊을 수 있었다. 예가 한창 흥에 겨워 있을 무렵 호두나무 방망이를 든 음모자가 숲 속에서 뛰쳐나왔다. 그는 아무것도 모른 채 말 고삐를 잡고 수레에 앉아 있던 예의 뒤통수를 향해 방망이를 사정없이 내리쳤다. 일대의 영웅인 예는 이렇게 음모의 올가미에 걸려 비참하게 죽고 말았다.

그는 죽었다. 그것도 너무나 조용하게 죽었다. 그는 일생을 통해 수많은 불행을 맛보아야 했고 결국 이렇게 억울하게 죽고 말았지만, 그래도 후세 사람들은 그의 공덕을 기려 '종포신宗布神'으로 모셨다.

종포란 '영포禜酺'라고도 하는데 고대에 지냈던 두 가지 제사를 말한다. 당시에는 '영禜'과 '포酺'라는 두 제사가 치러지고 있었는데, 전자는 수재水災와 한재旱災의 신령에게 제사하는 것을 말하고 후자는 사람이나 가축에게 재앙을 안겨다주는 신령에게 제사하는 것으로서 모두 재앙을 물리치는 데 목적이 있었다.

예가 생전에 백성의 재앙을 해결하기 위해 헌신했던 만큼 당시 사람들은 영포제를 지낼 때 예까지 함께 모셨는데, 나중에는 아예 집집마다 그를 사악과 요괴를 물리친다는 종포신으로 모시게 되었다. 종포의 성격은 어찌 보면 잡귀의 우두머리 격으로서 천하의 잡귀를 통할하면서 함부로 사람을 해치지 못하게 하는데, 후세의 전설에 나오는 척곽尺郭이나 종규鍾馗와도 비슷한 존재였던 것 같다.

## 척곽과 종규

척곽은 동남방에 사는 거인이다. 키는 일곱 길이나 되고 배는 키만 큼이나 튀어 나왔다. 머리에는 '계부기두雞父魃頭'를 쓰고 있다. '계부'의 존재는 아직도 확실치 않고, '기두'는 머리를 커다랗게 만든 가면과 같다. 2장에서 언급한 것처럼 궁중에서 어린아이들과 함께 귀신을 쫓아냈다는 방상씨方相氏가 썼던 가면도 이와 비슷한데, 다만 방상씨의 가면은 눈이 네 개인 데 반해 척곽의 가면은 두 개뿐이다.

척곽은 붉은 옷을 걸쳤으며 허리춤에는 흰 띠를 둘렀고 얼굴에는 붉은 뱀을 칭칭 감았는데 뱀의 머리는 제 꼬리를 물고 있다. 이 괴인怪人은 오직 잡귀만 잡아먹고 살며 이슬로 목을 축인다. 또한 아침에는 악귀 3천 마리를, 저녁에는 3백 마리를 각각 먹어치운다고 하여 '식사食邪' 또는 '탄사귀吞邪鬼', '황부귀黃父鬼'라는 별명도 있다.

한편 종규에 대해서는 다음과 같은 전설이 있다. 한번은 당의 현종玄宗이 악성 학질에 걸린 적이 있었다. 그는 고열을 견디다 못해 쓰러졌는데 몽롱한 의식 속에서 꿈을 꾸게 되었다. 커다란 귀신이 작은 귀신을 쫓고 있는 꿈이었는데 작은 귀신은 붉은 옷에 짧은 바지를 입고 있었으며 한쪽 발에만 신을 신은 채 양귀비의 자향紫香 주머니와 현종의 옥피리를 훔쳐 전랑殿廊을 돌아 도망치고 있었다. 한편 커다란 귀신은 모자를 쓰고 남색 옷을 입었는데 발에는 짧은 가죽신을 신고 있었다. 그 커다란 귀신은 두 팔을 걷어붙인 채 작은 귀신을 쫓아가 단숨에 움켜쥐고는 두 눈을 파낸 채 산 채로 삼키고 있었다.

참다못한 현종이 물었다.

"너는 도대체 누구냐?"

커다란 귀신이 말했다.

"저는 무과에 낙방한 뒤 자살했던 종규라는 자입니다. 폐하를 대

276

신하여 천하의 악귀를 소탕하겠노라고 맹세했습니다."

잠에서 깨어나자 현종의 학질은 씻은 듯이 나았다. 그는 꿈이 하도 이상하여 당시 유명한 화가였던 오도자吳道子에게 꿈 이야기를 자세히 해주면서 그림으로 그리게 했다. 현종의 이야기를 듣고 난 오도자는 한참 생각하더니 곧이어 붓을 들어 그림을 그리기 시작했다. 그 그림은 너무나도 생동감이 넘쳐 마치 현종 자신이 꿈에서 본 광경을 그대로 화폭에 옮겨놓은 듯했다. 그것이 바로 유명한 '종규착귀도鍾馗捉鬼圖'이다.

이 이야기는 나중에 널리 알려지게 되었고 백성들은 매년 연말이 되면 '종규착귀도'를 그려 집에 걸어놓고 악귀를 쫓았다고 한다.

그러나 어떤 사람들은 이 같은 전설을 믿지 않는다. 왜냐하면 '종규'는 '종규鍾葵'로도 표기하는데 이는 곧 《주례周禮》의 〈고공기考工記〉에 나오는 '종규終葵'를 말한다. 두 자의 음을 합하면 '추椎' 자가 된다. '추'는 일종의 나무 방망이인데 옛날 제齊나라 사람들은 커다란 나무 방망이를 '종규終葵'라고 불렀다. 즉, 종규終葵란 마귀를 때려잡는 방망이를 말하는 것으로, 그것이 인간화하여 이처럼 종규鍾葵가 귀신을 잡는다는 '종규착귀'의 희극적인 전설이 되었다고 보는 것이다.

나는 이 설이 어느 정도 정확하다고 본다. 종규의 전설은 영웅 예를 때려 죽였다는 호두나무 방망이를 연상케 한다. 일설에 의하면 호두나무 방망이가 예를 죽였던 만큼 천하의 마귀들도 호두나무를 무서워했다고 하는데, 이는 곧 예가 천하 만귀의 수령이었음을 십분 암시하는 것이다. 천하 잡귀의 우두머리라고 할 수 있는 예까지 호두나무 방망이에 죽었을 정도이니 다른 소귀小鬼들은 더 말할 나위도 없을 것이다. 이것은 종규가 귀신을 잡는다고 하는 후세의 전설과도 유사한 점이 매우 많다. 하나는 호두나무 방망이에 맞아 죽어 잡귀의 우두머리가 되었는가 하면 하나는 그 자신이 방망이의 화신으로 변했으므로, 어떤 사람들은 예가 종규의 전신이 아닌가 추측하는데 신빙성 있는 생각이라고 할 수 있다.

그렇다면 척곽은 어떤 존재인가? 어떤 사람은 종규終葵, 즉 종규鍾馗의 음이 변한 것이라고 하는데 예와 종규의 신화로 볼 때 매우 밀접한 관계를 지니고 있음이 틀림없다.

이처럼 예는 생전에 백성들의 재앙을 제거하기 위해 노력했듯이 죽어서도 자신의 직분을 게을리하지 않았다. 그래서 후세 사람들은 그를 종포신으로 숭앙하고 있는데 이것을 보더라도 그가 사람들의 순박한 마음속에서 얼마나 중요한 위치를 차지하고 있는지 알 수 있다.

## 제6장 대홍수

요임금이 다스리던 시절 대홍수로 많은 백성이 힘들어 하자 우에게 치수를 맡겼다.
우는 신력을 이용해 물길을 터주는 방법으로 치수를 마무리하고 천자의 자리에 오른다.

# 1

## 곤의 치수

### 물의 재앙

요임금은 참으로 불행한 제왕이었다. 그도 그럴 것이 대지를 온통 불덩이같이 달아오르게 했던 한발이 가시자 이번에는 대홍수가 몰아닥쳤기 때문이다.

역사 기록에 의하면 요임금 당시에 대홍수가 무려 22년간이나 계속되었다고 한다. 온 중국 땅은 홍수 침해로 수라장이 되었고 백성들의 처지는 비참하기 이를 데 없었다. 대지는 온통 망망대해로 변해 있었으며 살 곳을 잃은 백성들은 노약자나 어린이를 데리고 사방으로 표류하고 있었다. 어떤 사람들은 산으로 올라가 동굴에 몸을 숨겼는가 하면 또 어떤 사람들은 나무 위에서 마치 까치처럼 나무를 엮어 살기도 했다. 홍수가 전답을 쓸어버리자 오곡은 씨가 말랐지만 초목은 오히려 더욱 무성해졌고 각종 맹수가 늘어남에 따라 대지를 점령해버려 인간과 대지 쟁탈전을 벌이게 되었다. 불쌍한 인간은 추위나 배고픔과도 싸워야 했으며 늘어만 가는 맹수들과도 싸워야 했는데 당연히 그들의 적수가 되지 못했다. 그러니 어쩌다 다행히 추위나 기아에서 살아남았다고 해도 맹수들의 횡포에 죽어가야 했다. 결국 사람들의 숫자는 갈수록 줄어들었고 홍수가 물러가거나 미처 들이닥치지 않은 곳은 맹수들의 발자국으로 가득 차게 되었다. 이제 그들이 중국의 전역을 휩쓸게 되었던 것이다.

## 역사상의 홍수

천자였던 요임금의 근심과 걱정은 태산 같았다. 그러나 이렇다 할 묘안이 없었던 그는 사악四嶽[36]과 여러 제후를 모아 상의를 했다.

"여러분, 지금 희대의 홍수가 전국을 휩쓸어 백성들의 고통이 극에 달해 있소. 누가 홍수를 다스려 백성의 고통을 해결할 수 있겠소?"

그러자 사악과 제후 들은 이구동성으로 말했다.

"그 일이라면 곤이 적격일 것입니다."

요임금은 머리를 흔들면서 말했다.

"글쎄, 그자라면 곤란할 것 같은데. 자기 주장만 하지 백성들의 입장은 들어주지 않을 것 같으니……."

그러자 사악이 말했다.

"곤 외에는 더 이상의 적격자가 없을 것입니다. 어디 한 번 시험 삼아 맡겨보시는 게 어떨는지요?"

그러자 요임금도 승낙하는 수밖에 없었다.

"좋소, 그렇다면 어디 그자에게 맡겨보도록 합시다."

그리하여 곤은 막중한 임무를 띠고 홍수를 다스리게 되었다. 그는 7년간이나 물을 다스렸지만 뚜렷한 성과가 나타나지 않았다.

어째서 그는 치수治水에 성공하지 못했던가? 고서는 그의 치수를 다음과 같이 기록하고 있다. 그는 성격이 고약하여 닥치는 대로 밀어붙이기만 할 뿐 적당한 치수법도 모르고 있었다고 한다. 그가 사용한 방

---

**36** 요임금 당시 사방 제후의 우두머리.

법은 고작 '막고' '쌓는' 것뿐이었다. 곧 흙으로 홍수를 다스렸으니 제대로 될 리가 없었다. 홍수는 오히려 심해지기만 했고 결국 그의 치수는 실패로 돌아가고 말았다. 결국 요임금은(일설에는 순임금이라고도 한다) 그 책임을 물어 우산㺯山에서 그를 죽이고 말았다.

그 후 요임금의 뒤를 이어 등극한 순은 곤의 아들인 우禹에게 치수를 맡겼다. 우는 아버지의 실패를 거울 삼아 막고 쌓는 방법 대신 물길을 터주는 방법을 사용했다. 그의 방법은 마침내 성공을 거두어 홍수는 물러갔으며 백성들의 고통도 사라지게 되었다. 우는 결국 백성들의 신임을 얻게 되었고 순임금이 양위를 하게 됨에 따라 하夏나라의 개국 시조가 되었다.

이 이야기들은 '역사상'의 '인화人話'라고 할 수 있는데 지금 우리가 말하고자 하는 것은 곤과 우의 치수에 관한 '전설상'의 '신화'라고 할 수 있다. 신화와 인화는 전혀 별개의 것이기 때문이다.

## 곤의 치수

상고시대에 엄청난 홍수가 났다고 하는 이야기는 아마도 사실인 듯하다. 갑골문의 '석昔' 자를 보면 위에 태양이 그려져 있고 그 아래에 넘실대는 물의 모습(巛)이 그려져 있는데, 옛날에 무서운 홍수가 있었으니 그때를 잊지 말라는 뜻이다.

또한 다른 각종 기록을 보더라도 세계 각지의 민족 사이에는 홍수의 전설이 남아 있다. 이렇게 볼 때 고대에 아마도 자연계의 변화로 인한 홍수가 전 세계를 휩쓸었던 적이 있음을 알 수 있다. 그래서 인류는 대홍수의 무서운 기억을 아직도 간직하고 있는데 다만 현재 정확한 연대를 추정할 수 없을 뿐이다.

중국의 역사를 보면 지금으로부터 4천 몇백 년 전 요순시대에 이와 같은 거대한 홍수가 있었다고 하는데 연대의 확실성 여부는 알 수가 없다. 그러나 연대 자체가 중요한 것은 아닌 만큼 상세한 언급은 피하고 여기서는 곤과 우의 신화에 대하여 알아보자.

곤, 그는 누구인가? 역사에서 보면 그는 요임금 시대에 숭崇[37] 지방의 백伯(즉 장長)으로 봉해졌다고 하여 세간에서는 '숭백곤崇伯鯀' 또는 '유숭백곤有崇伯鯀'이라고도 불린다.

그러나 신화상의 그는 전혀 다르다. 그는 한 필의 백마로서 황제의 손자였다고 하는데 부친은 낙명駱明이라고 했으니 낙명의 부친은 바로 황제인 셈이다. 이렇게 볼 때 황제가 천제였던 만큼 곤 역시 상계上界의 당당한 천신이었음이 틀림없다.

거대한 홍수가 어떻게 발생하게 되었는지에 관해서는 신화에도 분명하게 나와 있지 않다. 굳이 추측한다면 하계의 인간이 정도正道를 믿지 않고 각종 악행만 일삼았기 때문에 격노한 천제가 홍수라는 벌을 내려 인간에게 경종을 울린 것이다. 이는 마치 구약의 〈창세기〉에 나오는 여호와가 세인의 작태를 참다못해 홍수를 내려 인류를 멸망시킨 것과 같다고나 할까.

그러나 아무리 악행을 일삼았다고는 하지만 홍수 때문에 시달리고 있는 백성들은 가련할 수밖에 없다. 그들은 홍수와 기아로 인해 먹을 것과 살 곳을 잃은 데다 독사와 맹수의 침입에 대비해야 했으며 심지어는 쇠약해진 몸으로 질병과도 싸워야 했다. 이 얼마나 처참한 상황이란 말인가?

천상에는 수많은 신이 있었지만 인간의 고통을 진정으로 이해하고 동정을 표했던 신은 대신大神 곤뿐이었다. 그는 홍수로부터 인류를 구

---

**37** 지금의 섬서성陝西省 운부현雲阝縣 동쪽.

원하여 옛날처럼 평화롭게 살도록 해주고 싶었으며 조부의 가혹한 처사에도 불만이 많았다. 그도 처음에는 황제에게 수없이 간청했을 것이다. 그러나 화가 머리끝까지 치밀었던 황제는 그의 호소에는 아랑곳하지 않고 오히려 힐책을 했는지도 모른다.

아무리 애써도 황제의 마음을 돌릴 수 없게 되자 곤은 스스로 홍수를 다스려야겠다고 결심했다. 그러나 거대한 홍수가 온 세상을 덮고 있는데 무슨 방법으로 다스린단 말인가? 그는 고민에 싸이고 말았다. 자신의 신력으로도 불가능할 것 같았기 때문이었다.

### 식양

곤이 한창 고민하고 있을 무렵, 마침 고양이 머리를 한 독수리와 거북이가 찾아와 고민에 빠진 까닭을 물었다. 곤이 그 까닭을 말했는데, 그들은 이렇게 대답했다.

"홍수를 막는 것쯤이야 그다지 어려울 게 없지요."

"그럼 방법이 있단 말이냐!"

곤은 다그치듯이 물었다.

"천궁에 식양息壤이라는 보물이 있다는 사실을 알고 계십니까?"

"듣기는 했지만 무엇인지는 모른다."

"식양이란 자꾸만 불어나는 토양으로서 그리 크지는 않은 덩어리지요. 그러나 조금만 대지에 던져도 순식간에 산을 이루고 둑을 만들기 때문에 이 보물을 가지고 홍수를 막는다면 아무 문제가 없을 것입니다."

"음, 그래! 그렇다면 그 보물이 어디 있는지 아느냐?"

"상제께서 지극히 아끼시는 보물인 만큼 저희들이 어떻게 알겠습니까. 그것을 훔칠 생각인지요?"

"그렇다. 그렇게 하고야 말 테다."

"황제의 가혹한 형벌이 두렵지 않습니까?"

"그까짓 것쯤이야 상관할 것 없지."

곤은 웃으면서 말했다.

황제의 지보至寶라고 할 수 있는 식양은 천궁에서도 가장 깊숙하고 견고한 곳에 감추어져 있었으며, 용감한 신령들이 삼엄하게 지키고 있었다. 그러나 어찌된 노릇인지 인간의 재난을 구원하기 위해 몰두해 있던 곤은 끝내 그것을 훔치고야 말았다. 식양을 손에 쥔 그는 즉시 하계로 내려가서 홍수를 다스리기 시작했다.

식양은 과연 신기한 효험이 있었다. 조금만 던져도 금세 산이 하나 생겨 흉흉한 홍수를 막아주었을 뿐만 아니라 대지를 깨끗이 말려주기까지 했다. 이제 대지에는 홍수의 자취가 점차 사라지고 신록의 벌판이 보이기 시작했다. 나무 위나 동굴 속에서 살고 있던 사람들도 하나둘씩 땅으로 내려왔으며 그들의 야윈 얼굴에는 다시금 웃음꽃이 피어났다. 사람들의 가슴속은 대신大神 곤에 대한 감사와 환호로 가득 찼고, 그들은 이제부터 고난의 대지에 새로운 삶의 터전을 닦을 참이었다.

그러나 새로운 불행이 닥쳐왔다. 홍수가 막 자취를 감출 즈음 황제는 식양이 없어진 사실을 알게 되었다. 전 우주를 통치하고 있던 천신 중의 천신 황제가 격노하고 있는 모습을 상상해보라. 그 얼마나 위력적이었겠는가?

천국에 이 같은 반도叛徒가 있었으며 그것도 자기의 손자가 그런 짓을 저질렀다는 사실에 대해 그는 분에 겨워 어찌할 바를 몰랐다. 그는 즉시 화신火神 축융에게 명하여 우산羽山에서 곤을 죽이고 남아 있는 식양을 찾아오도록 했다. 곤에게는 '공든 탑이 무너지는 격'이 되고 만 것이다.

대지에는 홍수가 다시 만연했고 인간의 꿈도 수포로 돌아가고 말

286

**위우지산을 지키는 촉룡**
곤은 황제의 보물인 식양을 훔쳐 노여움을 사 위우지산에서 죽임을 당했다.

았다. 인간은 옛날처럼 추위와 배고픔에 시달리게 되었는데, 이는 대신 곤뿐만 아니라 그들에게도 커다란 불행이었던 것이다.

곤과 비슷한 신화는 그리스 신화에도 보인다. 티탄족인 프로메테우스가 올림푸스의 불씨를 훔쳐 인류에게 주었는데 이것을 눈치챈 제우스가 코카서스 산정에 그를 묶어두고는 흉악한 독수리에게 간을 쪼아 먹게 했으며 비바람과 눈서리를 시켜 그의 몸을 찢어버리게 했다. 그러나 세월이 흐르자 프로메테우스는 인간의 영웅 헤라클레스에게 구원을 받게 된다는 이야기다.

대신 곤이 죽었다는 우산은 '위우지산羽羽之山'으로 추정되는데, 북극의 음지에 있는 이곳은 1년 내내 태양이 비치지 않는다. 산의 남쪽에는 안문雁門이 있는데 '촉룡燭龍'이라고 하는 신룡神龍이 이곳을 지키고 있다. 촉룡은 태곳적부터 입에 촛불을 문 채 태양이 비치지 않는 이곳을 밝히고 있다. 세간의 전설에 자주 등장하는 인류 영혼의 귀속지라고 할 수 있는 공포의 유도幽都가 바로 이 우산의 부근에 있는 점으로 보아 곤이 죽었다고 하는 우산이 얼마나 처량하고 황량한 곳인지 짐작된다. 그곳은 곤이 인간을 위해 희생당한 곳이기도 하다.

곤은 원한을 가득 품은 채 죽었다. 그러나 그는 자신의 생명을 희생할 각오가 되어 있었기 때문에 단순히 자신의 피살 자체에 대해서는 원한이 없었다. 다만 그가 원한을 품은 이유는 자신이 죽음으로써 인류의 구원이라는 숭고한 이상을 실현시키지 못했다는 데 있었다. 즉, 추위와 굶주림에 지친 인류는 여전히 홍수에 시달리게 되었으며 식양은 다시금 천제의 천궁으로 되돌아가게 되었기 때문이다. 그는 편히 눈을 감을 수가 없었다.

### 곤의 죽음

비록 곤은 죽었지만 원대하고도 강인한 의지 때문에 그의 영혼은 죽지 않았고 시체도 3년 동안 썩지 않았다고 한다. 뿐만 아니라 그의 뱃속에서는 새로운 생명이 싹트고 있었으니 바로 그의 아들인 우禹였다. 그는 자신의 정혈精血과 심혼을 다해 새 생명을 길렀으며 장차 그가 자신이 미처 이루지 못했던 이상을 실현시키기를 바랐다. 우는 부친의 뱃속에서 성장하면서 변화를 거듭하여 3년 안에 각종 신력을 갖추기 시작했는데, 심지어 나중에는 부친을 능가할 만했다.

곤의 시체가 3년 동안 썩지 않았다는 기적은 천제의 귀에까지 들어가게 되었다. 그는 장차 곤이 정괴精怪로 둔갑하여 자신을 괴롭힐까 두려운 나머지 천신에게 '오도吳刀'라는 보검 한 자루를 주어 그의 시체를 가르도록 했다. 황제의 명을 받은 천신은 우산으로 가서 곤의 시체를 마구 난도질해버렸다. 그 순간 더욱 큰 기적이 일어났다. 갈라진 곤의 뱃속에서 갑자기 용 한 마리가 튀어나왔는데 그가 바로 머리에 두 개의 날카로운 뿔이 돋은 우禹였다. 그는 그야말로 용틀임을 하면서 하늘로 올라갔다. 그가 승천한 뒤 곤의 시체는 다른 생물로 화하여 우산 옆에 있던 우연羽淵이라는 연못으로 들어갔다고 한다.

곤의 변신에 관해서는 여러 설이 있다. 혹자는 그가 황색 곰으로 변했다고 하지만 곰은 짐승이므로 우연으로 들어갔다는 사실과 부합되지 않는다. 또한 세 발을 가진 자라로 화했다는 설도 있으나 대담하게도 천제로부터 식양까지 훔쳐내어 인류를 구원했다는 그의 위대한 공적과는 어딘가 어울리지 않는 점이 있다. 아마도 후인들이 의도적으로 비방한 것이 아닐까? 그래서 우리는 그 말을 믿을 수가 없다.

그리고 또 다른 전설에는 치수에 실패한 그가 스스로 우연에 뛰어들어 현어玄魚로 화했다고도 한다. 현어의 정체에 대해서는 알 수 없지만 교룡蛟龍의 일종이 아닌가 한다.

끝으로《산해경》의 주에는 "곤이 죽어 3년 동안 썩지 않아 오도로 배를 가르자 황룡黃龍으로 화했다"라는 기록이 있다. 오히려 이와 같은 주장이 어느 정도 타당하다고 하겠다. 왜냐하면 천마가 용으로 화했다는 것은 매우 자연스러운 변화이며 옛날 사람들은 일찍부터 이 같은 관념을 갖고 있었던 것이다. 게다가 그 뒤에 나온 우도 용이 아니었던가?

그러나《초사》의〈천문〉편에서는 색다른 특징이 나타나 있다. 즉, 곤의 시체는 황웅黃熊으로 화했는데 그 뒤 궁산窮山의 강암岡巖을 거쳐 서방으로 가 무사에게 치료를 받았다는 내용이다. 원래 그곳은 무사가 많은 곳이다. 그곳의 영산靈山에는 진귀한 약초가 많아 무함巫咸, 무즉巫卽, 무반巫盼, 무팽巫彭, 무고巫姑, 무진巫眞, 무례巫禮, 무저巫抵, 무사巫

謝, 무라巫羅 등의 무사들이 열심히 약초를 캐고 있다.

그리고 곤륜산 개명수開明獸가 있는 동쪽에는 무팽巫彭, 무저巫抵, 무양巫陽, 무리巫履, 무범巫凡, 무상巫相 등과 같은 수많은 무사들이 근처의 불사수不死樹에서 따온 불사약으로 이부신貳負神에게 죽은 계유契兪를 치료해주고 있다.

이렇게 볼 때 죽은 곤이 황웅으로 화하여 서방으로 가서 무사에게 치료를 받았다는 전설은 상당히 신빙성이 있어 보인다. 그러나 무사가 그를 부활시켰는지, 부활한 뒤에 어디로 갔는지 따위는 알 수 없으며, 다만 무사를 만나러 가는 도중 홍수에 시달리는 인간을 보고 가엾게 여긴 나머지 흑소미黑小米를 심게 하여 기아를 해결해주었다는 내용만은 남아 있다. 이처럼 곤은 죽어서도 인류에 대한 연민의 정을 잊지 않았다. 대시인 굴원은 자신의 시에서 다음과 같이 읊고 있다.

> 인류에 대한 충정 때문에 죽게 된 곤
> 결국 우산의 황야에서 죽었다네.
> 자신의 충정을 위해 굴하지 않았건만
> 그의 치수는 헛되고 말았다네.

굴원은 자신의 처지를 곤에 비유하고 있다.

그럼 곤이 황룡으로 화하여 우연의 깊은 물속으로 들어갔다는 신화를 믿어보자. 그렇다면 그 용은 자신의 전부를 아들인 우에게 물려준 뒤여서 그저 신력이라고는 없는 일개 평범한 용에 지나지 않았을 것이다. 그래서 그는 우연으로 들어간 후 더 이상 알려지지 않고 있다. 어쩌면 그는 거기서 자신의 임무를 계승한 아들(우)이 인간을 위해 분투하는 모습을 지켜보고 있는지도 모른다.

# 2
## 우의 치수

    한편 아들은 부친을 실망시키지 않았다. 곤의 새 생명인 규룡蚪龍 우는 엄청난 신력을 가지고 있었으며, 이를 총동원하여 부친의 위업을 하나 하나 완수해갔다.

    이 사실을 알게 된 황제는 소스라치게 놀라지 않을 수 없었다. 곤의 배를 갈랐는데 우가 나왔다면 우의 배를 갈라도 또 다른 무엇이 나오지 않을까? 만약 반역자가 나름대로 까닭이 있는 것이라면 그것은 자자손손 이어질 것이 틀림없었다.

    황제는 그제서야 비로소 느끼는 바가 있었다. 즉 홍수를 내려 인간을 벌준 것은 너무 지나친 처사였으며 인간의 결심은 가끔 돌보다도 강한 것이어서 어떠한 방법으로도 막을 수 없다는 사실을 인식하게 된 것이다. 그래서 황제는 나중에 우가 식양을 요구하자 주저하지 않고 주었을 뿐만 아니라 아예 그를 치수관治水官으로 임명하기까지 하여 인간 세계에 내려가 홍수를 다스리도록 했다. 또한 치우를 죽여 큰 공을 세운 바 있는 응룡應龍까지 내려 보내 우의 일을 돕도록 했다(응룡에게 또 다른 임무를 주었는지는 모르지만). 이렇게 되자 우로서는 뜻밖의 일이 아닐 수 없었다.

    상제로부터 임명을 받은 우는 응룡과 다른 용들을 데리고 하계로 내려와 본격적인 치수 작업에 착수했다. 용들의 임무란 수로를 내는 것이었는데 그중에서도 응룡은 주류主流를, 나머지 용들은 지류支流를 맡았다.

## 공공의 장난

그러나 우의 작업은 순탄하게 진행되지 않았다. 이 일이 수신 공공共工을 자극했기 때문이었다. 공공이 보기에 이 홍수는 상제가 자신을 시켜 인간을 징벌하려 했던 것으로, 자신의 위력을 남김없이 발휘할 수 있는 절호의 기회였다. 그런데 미처 다 발휘하기도 전에 갑자기 거두어들이라고 하니 공공으로서는 불만이 많았던 것이다. 게다가 우라는 녀석은 또 뭔가? 공공은 우의 요구를 너무 쉽게 들어준 상제가 원망스럽기까지 했다. 결국 그는 우를 괴롭히기로 결심하고는 우선 홍수를 대대적으로 일으켜 공상空桑까지 물에 잠기게 해버렸다. 공상은 현재 산동성 곡부현曲阜縣에 있는 곳으로 중국의 동쪽 끝인 셈이다. 중원 일대는 이미 오래 전에 호수로 변해버렸고 가련한 백성들은 공공의 장난 때문에 또 한 번 시련을 겪어야 했다.

한편 공공의 횡포를 목격한 우는 말로는 도저히 그를 설득할 수 없다는 판단을 하였고 차제에 아예 백성을 괴롭히는 원흉을 제거해야겠다고 결심했다. 그는 공공과 일대 무력 대결을 벌이기로 했다.

둘의 대결에 대한 자세한 이야기는 고서에도 나와 있지 않지만 전설에 의하면 우가 먼저 군신群神들을 회계산會稽山에 불러모으는 것으로 시작된다. 군신들은 우가 지정한 시각에 회계산에 모였다. 방풍씨防風氏만이 늦게 도착했는데 우는 그를 죽여버렸다. 그 뒤 2천 년이 지난 춘추시대에 오왕吳王 부차夫差가 월나라를 칠 때 월왕越王 구천句踐이 살고 있는 회계산을 포위한 적이 있다. 전쟁은 산까지 무너뜨릴 정도로 치열

**우임금, 한대 석각화**
우는 치수를 성공적으로 마무리하고 순으로부터 왕위를 물려받는다.

했는데 그 와중에 무너진 산속에서 이상한 두개골이 발견되었다. 자세히 보니 사람의 뼈도 아니고 짐승의 뼈도 아니었다. 뼈가 어찌나 컸던지 기이하게 여긴 사람들은 이를 수레에 싣고 당시 대학자였던 공자를 찾아가 물었다. 공자는 우의 신화를 설명해주었는데 그제서야 사람들은 그 뼈가 방풍씨의 두개골이라는 사실을 깨달았다고 한다.

어쨌든 우는 천하의 제신을 모아놓고 공공을 토벌하기 위해 준비를 하고 있었다. 이것으로 볼 때 우의 신력이 어떠했는지 잘 알 수 있다. 공공은 그의 적수가 되지 못해서 결국 쫓겨나는 신세가 되고 말았다.

여기에 등장하는 회계산은 원래 '모산茅山'으로 불렸는데 우가 천하의 제신을 모아 치수를 상의하고 공공을 토벌한 뒤부터 '회계산'으로 불렸다고 한다. '회계會稽'란 '회계會計'를 의미하는데 '모아놓고 계획을 의논한다'는 뜻이다.

교만했던 방풍씨가 이곳에서 죽자 후세의 월나라(지금의 절강성)에서 매년 일정한 시기에 그의 혼을 제사 지내는 풍습이 생겼다고 한다. 제사가 진행되면 방풍씨의 고악古樂을 연주하는데 석 자쯤 되는 기다란 대나무를 불면서 이상한 소리를 낸다. 그러면 머리를 풀어 헤친 세 사람이 슬픈 음악에 맞추어 춤을 춘다고 한다.

공공을 쫓아낸 우는 이제 정식으로 공사에 착수할 수 있었다. 확실히 그는 부친보다 총명한 면이 많았다. 그는 우선 식양으로 홍수를 막기 시작했는데 거대한 거북이에게 식양을 지고 뒤따르게 했다. 이렇게 하여 깊은 곳은 메워졌고 사람이 살 만한 곳은 약간 높아졌는데, 특별히 높게 만든 곳은 현재 사방에 펼쳐진 명산이 되었다.

이와 동시에 그는 하천도 뚫었는데 응룡을 앞세워 꼬리로 금을 긋게 하자 강이 되었다. 그는 물이 곧장 동쪽의 대해까지 흘러가도록 했는데 그것이 바로 현재의 양자강과 황하가 되었다고 한다.

## 하도와 옥간

이제 황하까지 뚫은 우는 높은 절벽에 서서 주위의 수세水勢를 관찰했다. 그때였다. 흰 얼굴에 물고기의 몸뚱이를 한 거인 하나가 넘실대는 황하에서 뛰어오르더니 자신을 하정河精이라고 소개했다. 그가 곧 하백河伯이었는데 물에 젖어 푸른빛을 발하는 거대한 돌을 우에게 주고는 이내 물속으로 사라지는 것이었다.

돌을 자세히 들여다보니 이상한 무늬가 있었는데 워낙 총명했던 우는 무슨 뜻인지 금방 알 수 있었다. 그것은 바로 치수의 지도였는데, 이때부터 그는 응룡과 지도 덕분에 치수를 순조롭게 진행할 수 있게 되었다.

우는 치수를 하는 도중 하도河圖―하백이 주었다는 푸른색 돌―

를 얻었을 뿐만 아니라 전설에 의하면 옥간玉簡이라는 귀중한 물건까지 얻었다고 한다. 우가 한창 용문산龍門山을 뚫고 있을 때의 일이다. 하루는 우연히 그가 동굴을 답사하게 되었다. 동굴은 매우 길었고 깊이 들어갈수록 어두워져 결국 한 발자국도 움직이지 못할 지경이 되었다. 우는 하는 수 없이 횃불을 들고 깊이 들어갔는데 무엇인가 반짝이는 물체가 동굴 전체를 대낮같이 밝히고 있는 것이었다. 가까이 가서 보니 그것은 10여 길이 넘는 거대한 흑사黑蛇였는데 머리에는 두 개의 뿔이 나 있었고 입에는 야명주夜明珠를 문 채 길을 안내해주는 것이었다. 그는 횃불을 버리고 흑사 뒤를 따라갔다. 얼마나 갔을까? 대낮같이 밝은 곳이 나타났는데 아마도 전당殿堂인 듯 중앙에는 일단의 검은 옷을 입은 자들이 인면사신人面蛇身의 신을 받들고 있는 모습이 보였다. 신의 형상을 보고 이미 대강을 눈치챈 우가 물었다.

"당신은 화서씨의 아들 복희가 아닌가?"

그러자 그 신이 말했다.

"그렇다. 내가 바로 구하의 신녀神女인 화서씨가 낳은 복희다."

처음 만난 둘은 무척 즐겁게 이야기를 나누었다. 복희는 어렸을 때 홍수에 시달린 적이 있었다. 그래서 이번에 치수에 성공한 우에 대해 경탄을 금치 못하고 있었던 그는 필요한 것이 있으면 무엇이든 도와주겠노라고 말했다. 그러면서 가슴속에서 옥간을 꺼내주는 것이었다. 옥간은 대나무 쪽처럼 생긴 옥기玉器로서 길이가 한 자 두 치쯤 되는데 이것만 가지면 천지를 측량할 수 있다고 한다. 그 뒤부터 우는 언제나 옥간을 가지고 다니며 홍수를 다스렸다고 한다.

### 용문산과 삼문협

신화에 나오는 용문산은 원래 여량산呂梁山의 산맥과 접해 있던 거대한 산으로서 현재의 산서성과 섬서성의 경계에 있었다. 이 산이 마침 황하를 가로막고 있었기 때문에 이곳까지 흘러온 황하는 물굽이를 되돌릴 수밖에 없었다. 수신 공공이 한창 파도를 일으켰을 때는 홍수가 범람하여 황하의 상류에 있던 맹문산孟門山까지 물에 잠겼다고 한다.

우는 적석산積石山[38]에서부터 황하의 물길을 터 이곳까지 흐르게 한 다음 자신의 신력을 동원하여 용문산을 두 조각으로 동강내고 말았다. 그러자 산은 마치 대문을 연 듯이 양옆으로 벌어졌고 이때부터 황하는 절벽 사이를 급류를 형성하면서 흘렀다.

이 산이 용문산이라고 불린 까닭을 설명하는 이야기가 있다. 옛날 강이나 바다에서 노닐던 고기 떼는 매년 일정한 시간만 되면 이곳 용문산의 절벽 밑에 모여들어 높이뛰기 시합을 벌였다. 그런데 그 절벽을 넘으면 승천할 수 있지만 그렇지 못하면 여전히 물고기로 남을 수밖에 없었다고 한다.

또 다른 전설에는 용문龍門의 부근에 이어동鯉魚洞이라고 하는 계곡이 있는데 이곳에는 잉어가 많이 살았다고 한다. 이들은 동굴에서 빠져나와 3개월 동안이나 역류를 거슬러 올라 상류로 가는데 용문을 넘으면 용이 될 수 있지만 넘지 못하면 그냥 되돌아갈 수밖에 없다고 한다.

용문의 하류 수백 리쯤 되는 곳에 삼문협三門峽이라는 유명한 곳이 있는데 이곳 역시 우가 뚫었다고 한다. 우는 황하를 가로막고 있던 산을 몇 조각으로 나누어 지류를 만들었는데 산 사이를 흐르는 물이 마치 세 개의 문을 지나는 것 같다고 하여 '삼문三門'이라고 부르게 되었다. 삼문에는 각기 고유 명칭이 붙어 있는데 이를테면 귀문鬼門, 신문神門, 인문人門이 그것이다. 《화산삼문협잡기華山三門峽雜記》는 이곳의 풍경에

---

**38** 지금의 청해青海.

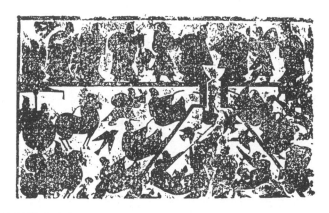

**우의 치수를 새겨놓은 한대 석각화**
우의 치수 신화에는 자연재해를 다스리기 위한 고대인들의 소망과 지혜가 담겨 있다.

대해 다음과 같이 기록하고 있다.

> 황하 양안의 절벽에 서서 하곡河谷을 내려다보노라면 멀리 상류 쪽에서 힘차
> 게 흘러 내려오는 황하가 한눈에 들어온다. 물은 동쪽으로 갈수록 수세가 급
> 해지는데 삼문협을 들어서기가 무섭게 중간에 서 있는 두 개의 석도石島에 부
> 딪혀 물길이 순식간에 세 가닥의 급류로 변하고 만다.
> 이들 급류는 다시 천지를 진동시키는 듯한 소리를 내면서 양안에 돌출해 있
> 는 바위에 부딪혀 순식간에 한 가닥으로 모이게 되며 넓이가 120미터쯤 되는
> 계곡을 박차고 나가는데 우레 같은 소리가 협곡을 진동시킨다.

이곳에는 우의 치수에 관하여 말해주는 유적이 지금도 남아 있다.
전설에 따르면 우가 삼문협을 뚫을 때 팠던 우물이라는 칠구석정七口石
井이 그것인데, 그래서 삼문협을 '칠정삼문七井三門'이라고도 한다.
뿐만 아니라 귀문도鬼門島의 절벽 꼭대기에는 두 개의 둥근 원이

한 쌍의 말발굽처럼 파여 있는데 그 크기가 우물보다 크다. 이것을 '마제와馬蹄窩'라고 한다. 옛날 우가 지주砥柱를 뚫을 때 말이 삼문을 뛰어넘으면서 앞발로 이곳에 발자국을 남겼다고 한다.

삼문협의 상류에는 우의 묘廟도 있는데 먼 옛날부터 삼문협을 지나는 사공들은 여기서 잠시 쉬면서 향을 피우고 우에게 자신들의 소원을 빌었다고 한다. 그리고 폭죽을 터뜨리면서 실컷 먹고 마신 다음 급류를 저어 가는데 도중에는 화살처럼 뾰족한 바위가 많아 순간적인 판단으로 생사가 갈릴 만큼 위험하다. 그래서 현지에는 "나루터에는 불러도 대답 없는 사공, 울다 지친 과부"라는 말이 있다. 옛날 용감했던 중국 사람들의 피눈물을 담고 있는 말인 것이다.

### 무지기

우는 치수를 하는 동안 세 번이나 동백산桐柏山[39]에 들렀는데 이곳은 바람이 워낙 센 데다 번개가 잦아 돌과 나무가 울음소리를 낼 정도라고 한다. 환경이 이처럼 험하다 보니 우의 치수 작업은 조금도 진전되지 않았다. 그것이 요물妖物의 장난임을 알게 된 우는 화가 머리끝까지 치밀었다.

그는 천하의 제신을 모아놓고 방법을 의논했는데 그 가운데 어느 신이 선뜻 대책에 응하려 하지 않자 우는 그 신을 가두어버렸다. 그제서야 나머지 신들도 용기를 내어 회수淮水와 와수渦水 사이에서 무지기無支祈라고 하는 수괴水怪를 잡아낼 수 있었다.

이 괴물은 원숭이 모양을 하고 있었는데 이마와 코가 우뚝하고 흰 머리에 몸통이 푸른색이었으며 눈(雪)처럼 빛나는 이빨과 황금빛을 발

---

**39** 지금의 하남성 동백현桐栢縣 서남쪽.

하는 눈을 지니고 있었다. 특히 사람의 말을 잘 흉내 내었고 힘이 엄청나게 세서 아홉 마리의 코끼리를 한꺼번에 당해낼 정도였다. 또한 목을 빼면 1백 자는 족히 되었는데도 동작이 매우 민첩했다. 이 괴물은 나중에 잡혀서도 계속 소란을 피워댔다.

무지기를 잡으려 했던 우는 뾰족한 수가 없어서 난처했다. 한번은 천신 동률童律에게 명해보았지만 허사였고 이번에는 오목유烏木由에게 시켜보았지만 마찬가지였다. 그는 마지막으로 경진庚辰에게 지시했다. 결국 무지기는 경진에게 제압당했는데, 이때 수천 마리의 산정山精과 수괴水怪가 나타나 아우성을 쳤다고 한다. 그러나 경진은 이에 굴하지 않고 창으로 그들을 찔렀다. 부상을 당하고 나자 수괴는 그제서야 항복을 했다. 경진은 그의 목에 쇠사슬을 묶고 코에는 금방울을 매달아놓음으로써 수괴를 진압할 수 있었다. 현재 강소성 회음현淮陰縣에 있는 구산龜山 아래에서 벌어진 일이다.

이때부터 우의 치수는 순조롭게 진행되었으며 회수淮水도 안전하게 바다로 흘러들어갔다.

우가 무산巫山의 삼협을 치수할 때였다. 수로를 열고 있던 용 한 마리가 그만 잘못하여 협곡을 만들어놓고 말았다. 그 협곡은 아무런 필요도 없는 것이었다. 화가 난 우는 우둔한 그를 절벽에서 죽여 다른 용들에게 경종을 울렸다고 하는데 지금도 무산현에는 '착개협錯開峽'과 '참룡대斬龍臺' 유적이 남아 있다고 한다.

### 백익

우의 치수는 미증유의 대역사였던 만큼 인간과 천신이 앞다투어 그를 도와주었다. 그중에서도 백익伯益(혹은 柏翳)이라는 천신의 공로가 가장 컸다. 그는 천상의 신조神鳥인 연자燕子(제비)의 후손이었는데 그 자신도 제비였다. 그는 홍수 때문에 무성해진 초목을 인간과 함께 횃불로 태워 맹수들의 은신처를 없앴다. 그 덕분에 맹수들은 멀리 도망갔고 인간들은 안전하게 살 수 있게 되었다.

백익은 또한 각종 새와 동물의 생각과 말까지도 잘 알았기 때문에 치수가 완료되자 순을 도와 각종 맹수를 교화하기도 했다. 순은 그를 무척 신임하여 요성姚姓(순의 종족)의 아리따운 여인을 아내로 주고는 영씨 성[嬴姓]을 하사했다.

훗날 진秦의 조상이 되었다고 하는 백익은 대렴大廉과 약목若木이라는 두 아들을 두었다. 대렴은 조속씨鳥俗氏라고도 하는데 그의 현손인 맹희孟戲와 중연中衍은 완전히 새의 모습을 하고 있었지만 사람의 말을 했다고 한다. 그러나 그들은 확실히 천신의 후손이라고 할 수 있다.

# 3
## 대위업

**여교와의 사랑**

치수를 하느라 분주했던 우는 나이 서른이 되도록 결혼을 하지 못했다. 한번은 도산淎山[40]에서 치수를 할 때였다. 그는 자신의 일을 곰곰이 생각해보았다.

"내 나이 이제 적지 않거늘 무엇으로 내 자신을 나타낸담?"

그때 아홉 개의 꼬리가 달린 흰 여우가 나타나 빗자루 같은 꼬리를 흔드는 것이 아닌가? 이와 같은 여우는 동방의 군자국君子國 부근에 있다는 청구국靑邱國에서만 사는데, 용이나 봉황, 기린처럼 상서로움을 안겨주는 동물이었다. 우는 여우를 본 순간 도산 지방에서 유행하고 있는 민간 가요가 떠올랐다.

아홉 꼬리 백여우를 본 자는
국왕이 된다네.
도산의 아가씨를 맞이한 자는
가정이 복되다네.

---

**40** 지금의 절강성浙江省 소흥현紹興縣 서북쪽.

우는 다시 곰곰이 생각해보았다.

"백여우의 출현과 민간 가요! 나를 두고 말하는 것 아닐까? 그렇다면 도산에서 결혼하게 될지도 모르겠군."

마침 도산에는 여교女嬌라는 아리따운 아가씨가 살고 있었다. 우연한 기회에 그녀를 만난 우는 그만 홀딱 반하고 말아 그녀를 아내로 맞고 싶은 마음을 억제할 수 없었다. 그러나 그는 치수에 바빴던 나머지 자신의 사랑을 고백하지도 못한 채 남방의 피해 상황을 살피러 떠나야 했다.

여교의 심정도 우와 마찬가지였다. 그녀도 만인으로부터 칭송을 받고 있던 대영웅 우에게 묘한 감정을 느끼고 있었던 것이다. 결국 여교는 시녀를 도산의 남쪽 기슭까지 보내 돌아오는 그를 맞이하게 했다. 그러나 어찌된 노릇인지 아무리 기다려도 우는 모습을 드러내지 않았다. 기다리다 지친 여교는 자신의 심정을 노래로 불렀다.

사랑하는 님아
어찌 아니 오시는가?

여교가 부른 노래는 남방 최초의 시가가 되었다고 하는데 《시경》〈국풍國風〉의 "낙이불음樂而不淫"[41] 시가는 모두가 여기서 비롯되었다고 한다. 물론 이것은 신화들의 일설인 만큼 사실과 일치한다고 할 수는 없다.

그러던 어느 날 마침내 우가 남방에서 돌아왔다. 여교의 시녀는 도산의 남쪽에서 그를 맞이하면서 여교의 애정을 전했다. 서로의 감정이 통하게 된 우와 여교는 일견경심一見傾心, 거추장스러운 의식이 필요 없었기 때문에 대상臺桑이라는 곳에서 간략하게 결혼식을 올렸다.

**흰 구미호, 한대 석각화**
치수를 하던 우 앞에 나타난 꼬리가 아홉 개 달린 흰 여우.

결혼한 지 나흘째 되는 날 그는 다시 아내의 곁을 떠나 치수를 위해 다른 지방으로 가야 했다. 여교는 우의 도읍지인 안읍安邑[42]으로 가게 되었는데, 이곳의 생활에 익숙하지 않았던 그녀는 떠나온 본국을 늘 그리워했다. 아내의 심정을 눈치챈 우는 그녀를 위해 안읍의 성남에 누각을 지어주고는 적적하거나 무료할 때면 이곳에 올라 수만 리 밖의 고국을 그리워하도록 해주었다. 지금도 성남의 문밖에는 여교가 고국을 바라보곤 했다는 망향대望鄉臺의 누대가 남아 있다고 한다.

고향을 등진 데다 사랑하는 남편마저 자기 곁을 떠나자 여교는 외로움에 미칠 것만 같았다. 어쩌다 우가 집에 돌아오면 자기도 함께 가겠노라고 애원을 하기도 했다. 그러자 우도 하는 수 없이 응낙하고 말았다.

어느 날 우가 환원산轘轅山[43]에서 치수를 할 때였다. 산세가 워낙 험

---

**41** 즐겁되 지나치지 않음.
**42** 지금의 산서성山西省 해현解縣 동북쪽.
**43** 지금의 하남성 언사현偃師縣 동남쪽.

준하여 길이 수레바퀴처럼 구불구불하다고 해서 환원산이란 이름이 붙여졌는데, 그는 이 산을 뚫어 물길을 내야 했다. 우는 아내에게 말했다.

"이 공사는 그야말로 난공사요. 그래도 할 수 없지, 열심히 하는 수밖에. 내가 산의 절벽에다 북을 매달아 칠 테니, 북소리가 들리거든 밥을 갖다주시오."

아내가 돌아간 다음 우는 어떻게 하면 그녀를 편하게 해줄 수 있을지 곰곰이 생각해보았다. 그러나 아무리 생각해도 묘안이 떠오르지 않자 몸을 휙 돌려 거대한 흑웅黑熊으로 둔갑하고는 전신의 힘을 모아 산에 길을 내기 시작했다. 혼신의 힘을 다해 길을 닦던 그는 흙먼지가 하늘을 가리는 바람에 그만 잘못하여 뒷발로 움켜쥐고 있던 돌이 굴러 떨어졌다. 돌은 정확하게 북의 가운데를 때렸고 "둥! 둥!" 하는 소리가 여교의 귀에 들렸다.

북소리를 들은 여교는 부리나케 점심을 챙겨 들고 남편에게 갔다. 한편 우는 이 같은 상황을 전혀 눈치채지 못하고 일에만 열중하고 있었다. 그래서 결국 우는 뜻하지 않게도 자신에게 다가온 아내에게 흉측한 모습을 보이고 말았다.

우의 모습을 본 아내는 소스라치게 놀라고 말았다. 내가 곰과 결혼을 했단 말인가? 그녀는 자신이 부끄러웠다. "으악!" 하는 비명과 함께 그녀는 음식을 내팽개친 채 마구 도망치기 시작했다.

아내의 비명을 들은 우는 그제서야 일손을 멈추고 그녀를 뒤쫓기 시작했다. 아내의 오해를 풀어주기 위해서였다. 그러나 경황이 없었던 나머지 미처 원래의 모습으로 변하지도 않고서 마냥 뒤쫓아가기만 했다.

한편 여교가 뒤를 돌아보니 흉측한 곰 한 마리가 계속 뒤쫓아오지 않는가. 그녀는 너무도 부끄럽고 무서운 나머지 걸음아 나 살려라 하고 미친 듯이 도망쳤다.

둘은 이렇게 쫓고 쫓기기를 거듭하다가 마침내 숭고산嵩高山[44] 아래까지 갔다. 다급해진 여교는 그만 돌로 변하고 말았다. 하지만 우는 개의치 않고 돌을 향해 외쳤다.

"내 아들을 돌려주시오!"

그러자 돌이 북쪽을 향해 갈라졌고, 그 안에서 '계啓'라는 아들이 태어났다. '계'란 '벌어지다'는 뜻을 담고 있다.

### 천하편력

우는 치수를 위해 전국 9주를 두루 돌아다녔다. 동으로는 부목榑木까지 갔는데, 이곳은 해가 뜨는 부상扶桑이기도 하다. 그는 또한 구진九津과 청강青羌의 들까지 가서 찬란한 아침 햇살에 목욕을 하기도 했고 수만 가지의 나무가 구름처럼 모여 있다는 찬수소欑樹所, 정상에 오르면 하늘까지 만질 수 있다는 문천산捫天山, 그리고 흑치국黑齒國, 조곡향鳥谷鄉, 꼬리가 아홉 개인 백여우가 있다는 청구향青邱鄉까지 가보았다.

또한 남쪽으로는 교지交阯(지금의 베트남)와 손박국孫樸國, 속만국續㨏國, 단속丹粟, 칠수漆樹, 비수표표沸水漂漂, 구양지산九陽之山 등과 같은 열대지방과 우인국羽人國, 나민국裸民國, 불사국不死國까지 가보았다.

전설에 의하면 우는 나민국의 국문國門에 도착하자마자 자신도 옷을 벗어버리고 알몸으로 입국했다가 돌아갈 때 의관을 갖추었다고 하는데, 이는 그곳의 풍속을 존중해주기 위해서였다고 한다.

또한 우는 서방으로는 서왕모와 세 마리의 청조가 산다는 삼위산과 황금으로 되어 있다는 적금산積金山, 염제의 딸 요희의 정령이 비와 구름을 일으킨다고 하는 무산巫山, 기굉국奇肱國, 일비삼면국一臂三面國

---

44 지금의 숭산嵩山으로 하남성 등봉현登封縣 북쪽에 있다.

그리고 사람들이 아무것도 먹지 않고 이슬과 공기만 먹고 산다는 선향仙鄕까지 가보았다. 한편 북쪽으로는 인정국人正國과 견융국犬戎國, 과부국夸父國, 적수산積水山과 적석산積石山, 하해夏海와 형산衡山[45]까지 갔고 심지어는 북해에 산다는 인면조신人面鳥身의 해신海神 겸 풍신風神인 우강까지 만나보았을 정도였다.

북해에서 해신 우강을 만난 우는 남방으로 돌아가려 했지만 그만 북방의 설원에서 길을 잃는 바람에 더욱더 북쪽으로 가게 되었다. 며칠간 걷다 보니 이상한 풍경이 눈에 띄었다. 길고도 매끄러운 능선이 눈앞에 펼쳐져 있었는데 살아 있는 것이라고는 아무것도 없는 그야말로 황량한 곳이었다. 하도 이상해서 높이 올라가 내려다보았더니 산 밑은 광대한 대지였는데 그곳 역시 아무것도 존재하지 않았고 다만 거미줄처럼 복잡하게 얽힌 개울만이 졸졸 흐르고 있었다.

그런데 자세히 보니 굽이쳐진 개울을 따라 남녀노소가 살고 있었다. 앉아 있는 사람, 누워 있는 사람, 노래하고 춤추는 사람이 있는가 하면 어떤 사람은 두 손으로 개울물을 퍼 마시고 있었다. 또한 어떤 남자는 물을 몇 번 들이켜고 나서 개울가에 벌렁 누워 잠을 자는데 죽은 사람처럼 꼼짝하지도 않는 것이었다. 그러나 아무도 그를 거들떠보지 않았다.

호기심에 가득 찬 우는 그곳의 풍속을 살피기 위해 산을 내려와서는 이곳이 어디냐고 그들에게 물었다. 그곳은 다름 아닌 북방의 끝인 종북국終北國이었다. 이 나라는 마치 다듬잇돌처럼 생겼는데, 그 주위가 작은 산으로 둘러쳐져 있었다. 이것이 바로 국가의 천연적인 경계 구실을 했다.

---

**45** 이들은 북극의 황야로 추측된다.

중앙에는 호령壺領이라는 산이 마치 거대한 김칫독처럼 솟아 있었고 가운데의 구멍에서는 항상 맑은 물이 흘러 넘쳐 산 아래의 평원을 적셔주고 있었다. 이 물을 신분이라고 하는데 달고 향기로우며 무엇보다도 마시면 배가 고프지 않게 된다고 한다. 그래서 조금만 마시면 요기나 해갈이 되지만, 많이 마시면 술에 취한 것처럼 10여 일쯤 곯아떨어졌다가 깨어난다.

기후는 매우 온화하여 춥지도 덥지도 않고 바람이나 비, 서리, 눈 따위는 전혀 없으며 1년 내내 봄 같은 날씨가 계속된다. 먹고 입는 데 아무 걱정이 없는 만큼 힘들게 밭을 갈거나 베를 짜는 일은 상상도 하지 못한다. 그저 먹고 놀다가 지치면 잠을 자고, 자다 깨면 다시 먹는다. 이처럼 그들에게는 인생에서 느끼는 비애라고는 찾아볼 수 없었고 다들 1백 살까지 살다가 두 다리를 쭉 뻗으면 천국에 오를 수 있었다.

그곳 사람들은 멀리서 찾아온 우를 친절하게 대해주었으며 신분까지 대접했다. 신분의 맛은 기가 막혔다. 그러나 우는 치수를 완료하지 못한 데다 고통에 시달리고 있을 백성들을 생각하니 오래 머무를 수가 없었다. 결국 그는 이틀도 되지 않아 행장을 꾸려서 급히 중토中土로 돌아왔다.

### 상류

수많은 역경을 겪은 끝에 우는 드디어 치수를 완수하게 되었다. 그러나 홍수는 다스려졌다지만 아직도 걱정거리가 남아 있었다. 그에게 쫓겨난 수신 공공에게는 '상류相柳'라는 신하가 있었다. 이놈은 뱀의 몸뚱이에 아홉 개의 머리가 달린 괴물로서 포악하고 탐욕스럽기가 이를 데 없었다. 아홉 개의 머리는 동시에 아홉 개의 산에 있는 모든 생물을 잡아먹을 만큼 가공할 존재였다. 상류가 건드리는 것은 무엇이나 금세

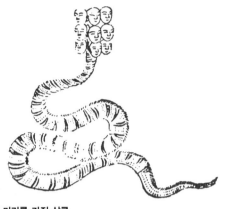

**아홉 개의 머리를 가진 상류**
수신 공공의 신하이자 인간에게 해를 끼치는 괴물인 상류는 우에게 퇴치된다.

호수로 변해버리고 마는데 물맛이 워낙 고약하여 그 물을 마시면 사람은 물론 모든 짐승이 살아남지 못하게 되어 있다.

그래서 우는 치수를 끝낸 뒤 자신의 신력을 이용하여 상류를 죽여서 백성의 재앙을 없애버렸다. 그때 상류의 몸에서는 몇 줄기의 피가 폭포처럼 쏟아졌는데 그 냄새가 워낙 고약하여 피가 흘러든 곳에는 오곡이 자라지 않았으며 물까지 변질되어 아무도 살 수가 없게 되었다. 우가 흐르는 피를 흙으로 막아봤지만 몇 번이나 막아도 흙은 그 속에 빠져 들어가기만 했다. 우는 하는 수 없이 아예 연못을 파서 피를 가두었고, 각처의 상제들이 이 물을 막기 위해 누각을 지어놓았다. 그 누각은 지금도 곤륜산의 북쪽에 있다고 한다.

홍수를 완전히 다스린 우는 백성을 위해 참으로 위대한 공을 세운 셈이다. 그러나 그는 여기에 그치지 않고 이번에는 대지의 면적을 측량해보기로 했다. 그는 태장太章과 수해豎亥라는 두 천신을 시켜 하나는 동극에서부터 서극까지 걷게 하여 2억 3만 3천5백 리 75보를 측량해냈고 다른 하나는 북극에서부터 남극까지 걷게 하여 똑같은 수치를 얻었다.

따라서 현재 우리가 살고 있는 이 대지는 적어도 당시에는 두부처럼 생긴 정사각형이었음을 알 수 있다. 그리고 홍수로 인해 생긴 깊이 3백 길 이상의 연못이 모두 2억 3만 3천5백59개나 있었는데 우는 식양을 이용하여 그곳을 모두 메워버렸다. 그런데 어떤 연못은 너무 높게 메우는 바람에 사방의 명산이 되었다고 한다.

《산해경》에는 천신 수해에 관한 기록이 있다. 우가 그에게 대지를 측량하라고 명하자 그는 오른손에 6촌 정도 길이의 대나무쪽을 들고 측량을 했다고 한다. 그것을 '산算'이라고 하는데 숫자를 계산하는 데 쓰인다고 한다. 또한 수해의 왼쪽 손가락은 청구국靑邱國의 북쪽을 가리키고 있었다고 하는데 아마도 여행하기 위해 막 떠나려 했던 모습인 듯하다.

# 4
# 우의 등극

　우가 인간을 위해 홍수를 다스리자 백성들은 이제 행복하게 살 수 있게 되었다. 모두들 그의 공덕에 찬사를 보냈고 만국의 제후들까지도 그를 천자로 추대하고 싶어 했다.

　순임금 역시 치수의 공이 큰 우를 신임하고 있었기 때문에 장차 천자의 자리를 양위하기로 했다. 또한 '원규元珪'라고 하는 검은 옥을 그에게 하사하여 치수의 노고를 치하했다. 그런데 다른 전설에 따르면 검은 옥은 순임금이 아니라 천제가 하사했다고 한다.

　우가 서방에 있다는 조수洮水에서 치수를 할 때였다. 한 거인이 그를 찾아와 검은 옥을 건네주었는데, 이 거인은 유사流沙 부근에 있는 영모산贏母山의 산신 장승長乘이었다고 한다. 그의 모습은 사람과 비슷했지만 표범의 꼬리가 달려 있었고, 천상에 있는 '구덕九德의 기운'이 화하여 태어난 신이었다. 그래서 그가 천제를 대신하여 우에게 원규를 하사한 것이라고 한다.

　어쨌든 이상의 두 전설을 종합해보면 순이 곧 천제가 아니었을까 생각되기도 한다.

　전설에 따르면 치수를 성공적으로 마친 그에게 '비토飛菟'라고 하는 신마神馬가 찾아들었다. 비토는 하루에 무려 3만 리를 달릴 수 있는 명마였는데 우의 덕행에 감복한 나머지 그의 말이 될 것을 자청했다고 한다.

또 다른 전설에는 사람의 말을 할 줄 아는 '결제蛟蹄'라는 동물도 찾아왔다고 한다. 그는 후토后土가 기르고 있던 가축으로서 아마도 말이었던 듯하다.

결국 우는 '비토'와 '결제'를 갖게 되었는데 후세에 이 둘은 준마의 대명사로 불리게 되었다. 이 두 필의 신마가 스스로 찾아들었다는 것은 어찌 보면 황천皇天과 후토后土가 우의 공로를 치하했다는 이야기인지도 모른다. 우가 수많은 역경과 고난을 감수해가면서 오직 치수에만 전념하여 끝내 위업을 달성하였기 때문이다. 심지어 어떤 전설에서는 천제가 '성고聖姑'라는 신녀를 내려주어 쓸쓸하게 만년을 보내고 있던 우를 위로했다고 한다. 그러나 이와 같은 '호의의 선물'은 아마도 후세 사람들의 상상에서 비롯된 것이지 우 자신이 필요로 했던 바는 결코 아니었을 것이다.

## 구정

우는 천자가 된 뒤 9주九州의 주목州牧이 바친 구리와 철 따위의 금속을 모아 옛날 황제가 보정寶鼎을 만들었다는 형산荊山 아래로 가서 아홉 개의 거대한 보정을 주조했다.

일설에 의하면 보정은 9만 명이 동시에 움직여야 했을 정도로 컸다고 하니 가히 상상을 초월하는 크기였음이 틀림없다. 우는 보정의 표면에 9주에 흩어져 있는 각종 흉악한 동물과 귀신, 정괴精怪의 형상을 조각했다. 백성들이 피해를 입지 않도록 하기 위해서였다. 그 뒤 그는 보정을 궁문 밖에 진열해놓고 누구든 와서 볼 수 있도록 했다.

당시만 해도 산과 들에는 각종 맹수와 독사 그리고 악귀들이 우글거렸던 때여서 보정은 훌륭한 여행 안전 지침서 구실을 했다. 평생토록 치수를 위해 전국의 산천을 누볐던 우는 수없이 많은 독사와 악신들을 봐왔기 때문에 멀리 여행을 한다는 것이 얼마나 어렵고 위험한 일인지를 잘 알고 있었다. 그 자신은 천신이었기 때문에 이들을 쉽게 물리칠 수 있었지만 아무것도 모르는 백성들은 그 가공할 존재들에게 속수무책이었다. 늘 백성들을 사랑했던 그는 보정에 악귀의 모습들을 상세히 조각해둠으로써 불행한 사고를 미연에 방지할 수 있도록 한 것이다.

그러나 보정은 하夏에서 은殷으로, 그 뒤 다시 주周나라로 전해지면서 안전한 여행의 지침서라는 원래의 목적을 상실하게 되었다. 역대 제왕들이 보정을 묘당에 소중하게 모시게 됨에 따라 점차 국보화되었다가 결국에는 왕권의 상징으로 퇴색하고 말았기 때문이다.

그랬던 만큼 역사의 야심가들은 모두 구정에 눈독을 들였다.

춘추시대의 일이었다. 당시 초나라의 장왕莊王은 육혼융陸渾戎을 친다는 구실로 병력을 주나라 천자의 도성인 낙읍洛邑까지 이동시켰다. 이에 당황한 주의 정왕定王은 현신 왕손만王孫滿을 보내 장왕을 설득하도록 했다.

주연이 한창 무르익자 평소부터 9정에 눈독을 들이고 있었던 장왕이 넌지시 물어 왔다.

"구정이 국보라고 하는데 도대체 무게는 얼마나 되오?"

달변가였던 왕손만은 이 말을 듣자마자 장왕의 저의를 눈치채고는 점잖게 응수했다.

"무릇 제왕의 패업이란 덕德에 있지 구정의 무게에 있는 것은 아닌 줄 아뢰오."

그의 이 말에 야심에 차 있던 장왕은 겸연쩍게 병사를 거두고 돌아갈 수밖에 없었다고 한다.

그 뒤 전국시대 말기에 서주西周를 친 진秦의 소양왕昭襄王이 과거에 초나라 장왕莊王이 그토록 그렸던 구정을 약탈하여 진나라로 가져가게 되었다. 무게가 워낙 무거워 수백 명의 군졸이 달라붙어 옮기고 있을 때, 갑자기 그중 한 개가 허공으로 치솟더니 동방에 있는 사수泗水[46]까지 날아가 풍덩 빠지고 말았다. 결국 보정은 여덟 개만 덩그러니 남게 되었다. 그 뒤 소양왕의 증손자이자 6국을 통일한 진시황이 천자가 된 뒤 방사方士와 함께 동해의 신선을 찾아간 적이 있었다. 그러나 결국 허탕만 치게 된 진시황은 돌아오는 길에 팽성彭城을 지나게 되었을 때 문득 사수에 빠져 있다는 보정이 생각났다. 그는 병사 수천 명을 보내 보정을 찾아오도록 했는데 역시 헛수고였고 그나마 남아 있던 여덟 개마저 자취를 감추고 말았다고 한다.

현재 산동성 가상현嘉祥縣에 있는 무량사武梁祠의 화상석畵象石에는 당시의 정경이 매우 생동감 있게 조각되어 있다. 수많은 사람들이 사수의 다리 밑에서 보정을 끌어올리고 있는데 밧줄에 묶여 수면 밖으로 나온 보정 속에서 갑자기 신룡神龍 한 마리가 나타나 밧줄을 끊자 사람들이 나동그라지고 보정 또한 다시 물속으로 가라앉고 있는 장면이다. 즉 밧줄이 끊어지는 순간을 묘사하고 있는데 이는 당시 한나라 사람들이 왕권에만 미쳐 날뛰다 끝내 멸망하고 만 진시황을 풍자한 것이다.

보정은 이처럼 우의 본래 의도와는 달리 왕권의 상징으로 타락하고 말았다. 보정을 만들어 사악함을 쫓으려 했던 우가 이것을 상상이나 했겠는가?

후세 사람들은 우에 대하여 다음과 같이 전했다. 그는 홍수를 다스릴 때 몸소 삼태기와 삽을 든 채 앞장섰다. 비가 오나 바람이 부나 한결

---

**46** 지금의 산동성山東省과 강소성江蘇省의 경계 부근.

같은 각오로 앞장서서 9주의 백성들과 함께 일하며 강하江河를 열어 마침내 홍수를 다스릴 수 있었다. 무려 13년간이나 계속된 대역사大役事 중에 몇 번이나 집 앞을 지나치면서도 한 번도 들어가보지 못했다고 한다. 너무 바쁜 나머지 그럴 겨를이 없었던 것이다.

팔과 다리에는 굳은살이 박인 지 오래였고 손톱은 닳아 없어졌다. 뿐만 아니라 다리와 가슴에 털도 자라지 않을 만큼 많은 고생을 했다. 습기와 태양의 열기에 시달려온 그는 늙기도 전에 벌써 반신불수가 되고 말았다. 억지로 걷기는 했지만 이미 절름발이가 되었기 때문에 멀리서 그를 보면 춤을 추는 것 같기도 했고 무당이 굿을 하는 모습 같기도 했다. 오랜 세월 동안 바람과 햇빛에 시달려 피부는 검게 탔고 게다가 몸이 야위어서 머리와 목이 유난히 커 보였으며 입은 뾰족해 보이는 등 그야말로 의표儀表가 말이 아니었다.

그러나 천하의 사람 가운데 그를 칭송하지 않는 자가 없었다. 심지어 어떤 사람들은 다음과 같이 말하기도 했다.

"우가 아니었더라면 우리는 벌써 고기밥이 되었을 거야!"

이처럼 그는 백성들 사이에서 참으로 위대한 존재로 남아 있다.

### 우의 죽음

우는 천자로 있으면서도 백성을 위해 유익한 일을 많이 했다. 그 뒤 남방을 순수巡狩하다가 회계산會稽山[47]에서 병을 얻어 그만 죽고 말았다. 신하들은 그를 회계산에 장사지냈다.

일설에 의하면 그는 결코 죽지 않았으며 시체만 남겼을 뿐 실체實體는 승천하여 신이 되었다. 회계산에는 '우혈禹穴'이라고 하는 거대한 구

---

**47** 치수 때 제신을 불러 모았던 곳이자 도산씨塗山氏의 딸과 결혼한 곳이다.

멍이 뚫려 있는데 민간 전설에 따르면 그 속으로 우가 들어갔다고 한다.

또한 그의 무덤에는 늘 까치가 날아와 잔디를 돌보아주고 있는데 봄에는 잡초를 뽑고 가을이면 더러운 것을 물어서 내버린다고 한다. 또 다른 전설에서는 그의 무덤에서 잡초를 뽑는 새들이 마치 군인처럼 절도 있게 움직인다고 한다.

곤과 우가 치수 때 사용했다는 식양은 쓰고 남아 전국 각지에 뿌려졌다. 그들이 먹고 남은 양식도 강물에 던져졌는데 후에 그 모두가 약재藥材로 변했다고 한다. 이것을 '태을여량太乙餘糧'이라고도 하는데 누런 가루인 이것은 연못이나 계곡의 돌에서 자라고 지혈에 효과가 크다고 한다.

또한 해변의 모래사장에서 자라는 '사초薜草'라는 식물도 있다. 그 열매의 맛은 보리 같은데 매년 7월이면 익는다. 사람들은 이것을 '자연곡自然谷' 또는 '우여량禹餘糧'이라고 부르기도 한다.

# 5

# 또 다른 치수

## 망제와 두견

곤과 우의 치수와 비슷한 이야기가 또 하나 있다. 옛날 촉국蜀國(또는 蜀郡)에 살았던 망제望帝와 이빙李冰 부자의 치수에 관한 전설이다.

태고시대 촉나라의 초대 군주로 잠총蠶叢이라는 자가 있었다. 그는 백성들에게 양잠을 가르쳤다. 갑골문을 보면 촉蜀자의 모양은 한 마리의 누에와 같은 형상을 하고 있는데 이것은 당시 사천四川(고대의 촉국)지방에서 양잠이 무척 성행했다는 것을 말해준다.

당시만 해도 백성들의 생활은 단순하기 그지없었다. 그들은 일정한 주거지도 없이 그저 국왕이었던 잠총을 따라 이리저리 옮겨 다니며 양잠을 하고 살았다. 그래서 잠총이 가는 곳에서는 늘 양잠이 성행하게 되었다.

잠총 일족의 모습은 매우 특이하게도 눈이 위를 향해 치솟아 있었다. 그가 죽자 사람들은 시신을 석관石棺에 넣고 묻어주었다. 이때부터 사람이 죽으면 석관을 사용하게 되었는데 후세 사람들은 이와 같은 무덤을 '종목인총縱目人塚'이라고 했다.

잠총 이후 백관栢灌이라는 왕이 통치했고 그 뒤를 이어 어부魚鳧가 왕이 되었다. 어부는 구상瞿上[48]에 도읍을 정했다가 후에 비郫[49]로 천도

했다. 그는 전산湔山[50]에서 사냥을 하다 득도해 신선이 되었다고 한다.

어부가 승천한 후 오랜 세월이 지났다. 하루는 갑자기 두우杜宇라는 남자가 하늘에서 내려와 주제朱提[51]에 사뿐히 내려앉았고, 그와 동시에 이利라는 여자가 강변의 우물에서 솟아올랐다.

두 기인奇人은 결혼을 했고, 두우는 촉나라의 왕이 되어 호를 망제望帝라고 하였는데 여전히 비에 도읍을 정하고 있었다. 백성의 생활에 관심이 많았던 두우는 오곡을 심는 방법을 널리 알려주고 천시天時에 맞게 농사지을 것을 당부하곤 했다. 당시 촉나라에는 홍수가 심했는데 아무리 그가 백성의 생활에 관심이 많다 하더라도 홍수만은 어쩔 수 없어 잔뜩 고민하고 있었다.

한번은 강을 거슬러 올라오는 어떤 남자의 시체가 백성들의 눈에 띄었다. 당연히 물에 떠내려가야 할 시체가 강을 거슬러 오자 사람들은 기이하게 생각했다. 그러나 더욱 기이하게도 시체를 건져 올리자 놀랍게도 부활하는 것이 아닌가. 그는 자기 이름은 별령鼈靈이라고 하며 초나라 사람이었는데 잘못하여 그만 물에 빠져 이곳까지 떠내려 오게 되었노라고 말했다. 그러면서 고향의 친척과 친구들이 자신을 찾기 위해 사방을 돌아다녔을 것이라고 했다.

이 소식을 들은 망제望帝는 기이하게 여긴 나머지 사람을 보내 그를 불러오게 했다. 두 사람은 만나자마자 쉽게 의기투합했다. 망제가 보기에 별령은 총명할 뿐만 아니라 물에 대해서도 잘 알고 있어 치수를 맡긴다면 잘해낼 것 같았다. 결국 망제는 그를 촉의 재상으로 임명했다.

---

48 지금의 사천성四川省 상류현雙流縣.
49 지금의 사천성 비현郫縣.
50 지금의 사천성 관현灌縣.
51 지금의 사천성 선빈현宣賓縣 서남쪽.

별령이 재상을 맡은 지 얼마 되지 않아 다시 대홍수가 일어났다. 이번 홍수는 옥류산玉壘山[52]이 강물을 막는 바람에 발생하였는데 규모가 얼마나 컸던지 요임금 시대의 홍수에 비길 만했다. 흘러넘치는 물 때문에 백성들이 겪어야 했던 고통도 이만저만이 아니었다.

이에 망제는 별령을 시켜 홍수를 다스리게 했는데 과연 그는 자신의 능력을 유감없이 발휘하여 홍수를 처리해냈다. 우선 그는 백성들과 함께 옥류산에 통로를 뚫어 민강岷江을 따라 흐르게 한 다음 그 물을 평원의 지류로 흘려보냈다. 이렇게 함으로써 홍수가 저절로 다스려졌고 백성들도 편안하게 살 수 있었다고 한다.

그러나 또 다른 전설에 의하면 그가 뚫었던 것은 옥류산이 아니라 무산巫山이었다고 한다. 무산은 협곡이 너무 좁아 장강長江을 가로막고 있었기 때문에 촉은 그만 홍수에 휩싸이고 말았다. 그런데 그가 무산을 뚫자 홍수도 자연히 사라지게 되었다고 한다.

어쨌든 별령은 나라에 큰 공을 세운 셈이었다. 그가 이처럼 치수를 끝내고 돌아오자 망제는 그의 공로를 인정하여 제위를 물려주었다. 별령은 제위에 오르자 칭호를 개명제開明帝 또는 총제叢帝라고 하였으며 망제는 서산西山에서 은거했다. 마침 춘삼월이어서 산과 들에는 두견杜鵑새가 울고 있었는데 그렇지 않아도 망제를 그리워하고 있던 백성들은 두견새의 울음소리를 듣고 더욱 비애를 느꼈다고 한다.

그렇다면 백성들은 왜 두견새의 울음소리를 슬퍼했는가? 여기에는 두 가지의 전설이 있다.

한번은 별령이 치수를 하러 떠난 뒤 망제가 그의 처와 사통을 하고 말았다. 그 뒤 별령이 돌아오자 부끄러움을 느낀 망제는 심산으로 도망

---

52 옥산玉山이라고도 하는데 지금의 사천성 관현灌縣에 있다.

쳐 은거하게 되었다. 그리고 망제는 나중에 죽어서 두견새로 변하고 말 았다. 비록 사생활은 좋지 않았지만 그래도 백성을 끔찍이 아꼈던 국왕 망제의 화신이 두견새였기 때문에 그 울음소리를 들은 사람들은 누구 나 망제를 떠올리며 슬픔에 젖었다고 한다.

또 다른 전설은 다음과 같다. 원래 두견새는 가끔씩만 울었고 그 울음소리도 지금처럼 처량하지 않았다고 한다. 그러나 두우가 별령에 게 제위를 물려주고 나서 서산에 은거하게 되자 별령은 그만 두우의 아 내를 차지하고 말았다. 이 사실을 알게 된 두우는 어쩔 수가 없어 하루 종일 울기만 했다. 그 뒤 죽을 때 서산의 두견새에게 말했다.

"두견새야! 네가 대신 울어서 나의 심정을 사람에게 전해다오."

이때부터 두견새는 촉나라로 날아가 밤낮을 가리지 않고 울어댔 다. 그 새는 목구멍에서 피를 토할 때까지 울었다고 한다.

이상의 두 전설은 내용이 서로 다른데, 전자의 전설이 좀 오래된 반면 후자는 아마도 이상은李商隱의 〈망제가 자신의 애정을 두견새에게 부탁하다〔望帝春心託杜鵑〕〉라는 시에서 비롯된 것이 아닌가 한다.

어쨌든 두 전설은 두우와 별령 사이에 애정의 갈등이 있었는데 결 과적으로 별령의 승리(도의적으로나 사실적으로도)로 끝났음을 말해주고 있다. 두견새의 고사는 불행했던 망제를 사람들이 동정하게 된 데서 비 롯되었던 것이다.

그러나 일부 농촌에서 구전되고 있는 전설은 이보다는 훨씬 건전 하다. 비현郫縣 두견촌杜鵑村의 촌로들은 다음과 같이 말한다.

"두견새는 만년력萬年曆을 만들었다는 두견왕杜鵑王이 화한 새다."

이들이 말하는 두견왕이란 다름 아닌 망제 두우를 가리킨다. 이들 에 의하면 다음과 같은 이야기가 전한다.

옛날 망제는 생전에 백성들을 무척이나 사랑하였다. 그래서 그들에게 오곡의 경작법을 가르쳐주었는데 죽은 뒤에도 그들의 생활을 잊지 못해 두견새로 화하여 매년 청명淸明, 곡우穀雨, 입하立夏, 소만小滿 등 농번기만 되면 논밭으로 날아와서 울곤 한다. 이 소리를 들은 농부들은 누구나 이렇게 말하며 서로를 격려한다고 했다.

"음! 이것은 망제 두우의 소리지. 자, 때가 되었으니 이제 파종을 합시다."

그래서 이 새를 두우, 망제, 또는 최경조催耕鳥, 최공조催工鳥라고도 부른다고 했다.

### 오정 역사와 미녀

두우로부터 제위를 물려받은 별령은 나중에 자신의 자손에게 양위하였다. 제12대 개명제開明帝에 와서는 제호帝號를 왕王으로 고치고 비에서 성도成都로 천도했다.

그 당시 이미 강대해진 진秦은 촉을 병탐하려 혈안이 되어 있었지만 촉의 지형이 워낙 험준하여 군대를 쉽게 움직일 수가 없었다. 교활한 진 혜왕秦惠王은 꾀를 하나 생각해냈다. 그는 사람을 시켜 다섯 마리의 석우石牛(돌로 된 소)를 만들게 한 다음 엉덩이에 커다란 금덩이들을 매달게 했다. 그러고는 매일 큼직한 금덩이를 낳는 소가 있다고 소문을 퍼뜨렸다.

이 소식은 순식간에 촉왕의 귀에 들어갔다. 평소 탐욕스러웠던 그는 이 소들을 갖고 싶어서 어쩔 줄을 몰랐다. 그는 어떻게 하면 석우를 손에 넣을 수 있을까 궁리한 끝에 사신을 보내 혜왕의 의중을 떠보았다. 그런데 의외로 혜왕은 쾌히 응낙하는 것이 아닌가? 그럼에도 불구하고 문제는 그리 간단치 않았다. 석우가 워낙 무거워서 촉나라까지 옮길 수가 없었던 것이다.

마침 촉에는 '오정 역사五丁力士'라고 하는 힘이 장사인 다섯 형제가 있었다. 결국 촉왕은 그들을 시켜 산에 길을 뚫어 '금우로金牛路'를 닦도록 했다.

이윽고 길이 완성되었다. 이제 드디어 금우金牛를 무사히 가지고 올 수 있었다. 그런데 어찌된 노릇인지 금우는 금덩이를 낳지 않는 것이 아닌가? 화가 치민 촉왕은 석우를 되돌려 보내면서 욕설을 퍼부었다.

"제기랄! 동방의 목동 같은 놈들아!"

그러나 진나라 사람들은 오히려 촉왕을 비웃었다.

"그래 좋다. 우리가 소 목동이라지만 결국 네놈들을 멸망시키고 말 테다."

진 혜왕은 촉왕의 탐욕과 호색好色을 잘 알고 있었다. 이제는 금우로까지 개통되었지만 막상 촉을 치려니 그래도 쉬운 일이 아니었다. 그래서 이번에는 미인계를 쓰기로 했다. 그는 촉왕에게 사신을 보내 진나라에 다섯 명의 미녀가 있는데 원한다면 즉시 보내주겠노라고 말했다. 촉왕은 미녀를 보내겠다는 제의를 듣고는 옛날의 원한을 까마득히 잊은 채 또다시 혜왕의 올가미에 걸려들고 말았다. 그는 이번에도 오정 역사를 파견하여 미녀들을 데리고 오게 했다.

촉왕의 명을 받은 오정 역사들은 진나라로 가서 다섯 명의 미녀를 호위하며 돌아오게 되었다. 그들이 재동梓潼이란 곳을 지날 때의 일이다. 갑자기 거대한 구렁이가 나타나더니 굴 속으로 들어가는 것이 아닌가? 그 순간 역사 하나가 재빨리 구렁이 꼬리를 움켜잡고 밖으로 끌어내려 했다. 구렁이를 죽여서 백성들의 재앙을 막기 위해서였다. 그러나 구렁이가 워낙 힘이 세었기 때문에 역사 한 사람의 힘으로는 꿈쩍도 하지 않았다. 어쩔 수 없이 다섯 형제가 모두 달라붙어서 끌어당기자 조금씩 끌려나오기 시작했다. 역사들이 한참 흥이 나서 잡아당기고 있을 무렵 갑자기 그 구렁이가 조화를 부렸다.

천지를 뒤흔드는 듯한 굉음과 함께 산이 무너져내리면서 흙먼지가 하늘을 가렸다. 백성들의 재해를 막아주겠노라고 했던 다섯 역사와 다섯 미녀는 그만 순식간에 깔려 죽고 말았다. 거대한 산은 다섯 봉우리를 이루었는데 그 꼭대기에는 묘비와도 같은 평평한 돌이 하나씩 놓여 있었다.

소식을 전해들은 촉왕은 비탄에 빠졌다. 그가 비통해했던 이유는 역사들의 죽음 때문이 아니라 다섯 명의 미녀 때문이었다. 그는 그 산에 올라 제사를 올리고 '오부총五婦塚'이라고 이름 붙이고 '망부후望婦堠'와 '사처대思妻臺'를 세워 미녀들의 넋을 달랬다. 왕이 오정 역사를 까마득히 잊은 데 반해 백성들만은 그들을 위로하여 '오정총五丁塚'이라고 이름을 바꾸어 불렀다.

진 혜왕 역시 사건의 자초지종을 듣고는 촉왕의 작태에 대해 실소를 금치 못하고 있었다. 촉왕 정도라면 두려워할 것이 없다고 판단한 그는 대군을 일으켜 금우로를 따라 촉으로 진군하였다. 촉나라는 결국 일시에 멸망하고 말았고 이때 촉왕도 죽었음은 물론이다.

한편 두견새로 화한 망제의 영혼은 고국이 멸망하는 것을 보면서도 속수무책이었다. 그는 가슴 가득한 비애를 어찌할 수 없어 매년 복숭아꽃이 화사한 춘삼월이 되면 춘풍과 명월을 쳐다보며 슬피 울었다.

"돌아가리! 돌아가리!"

이때부터 촉나라 사람들은 두견새 울음소리를 들으면 망제가 고국을 그리워하며 우는 것임을 알게 되었다.

### 이빙의 치수

비록 촉나라는 망했지만 그곳 백성들은 그리 큰 재앙을 당하지 않았다. 왜냐하면 얼마 지나지 않아 진의 소왕昭王 시대에 이빙李氷이라는 훌륭한 군수가 그곳에 부임했기 때문이다. 그도 망제처럼 백성들을 무척이나 아끼는 인물이었다. 그는 촉에 오자마자 백성들을 위해 많은 일을 했는데 그중에서도 가장 뛰어난 업적은 홍수를 다스린 일이었다. 뿐만 아니라 강수江水의 물을 논밭에 관개할 수 있게 하여 백성들이 유복하게 살도록 해주었다.

일설에 따르면 이빙이 촉의 군수로 있을 무렵 강수江水의 수신(그 역시 하백처럼 호색한이었다)은 매년 두 명의 아리따운 아가씨를 신부로 맞이하곤 했다. 그런데 이 수신은 마음이 조금이라도 거슬리면 산더미 같은 파도를 일으켜 백성들을 괴롭히는 것이었다.

백성들은 그의 횡포에 진절머리가 났지만 어쩔 도리가 없었다. 게다가 매년 돈을 모아 아가씨를 고르고 성대한 결혼식까지 올려줘야 했다. 이러한 내막을 듣고 난 이빙이 말했다.

"올해부터는 아무도 돈을 낼 필요가 없다. 내 딸을 바치리다."

드디어 이빙의 딸이 강신에게 시집가는 날이 되었다. 그는 정말 두 딸에게 화장을 시키고는 강 속의 신에게 바치려는 듯했다. 강변에 설치된 신단神壇에는 강신의 신좌神座가 마련되었으며 각종 향과 촛불이 켜져 있었고 산해진미도 잔뜩 준비되어 있었다. 한편 단 아래에서는 오색옷을 입은 악사들이 한바탕 음악을 연주하고 있었다. 이빙은 술잔을 가득 채워 신좌까지 올라가서는 강신에게 경건하게 잔을 올리며 말했다.

"오늘 영광스럽게도 이렇게 술잔을 올리게 되었나이다. 대신께서는 직접 현신하시어 저의 잔을 받으십시오."

그러나 신좌에서는 아무런 반응도 없었다. 얼마쯤 기다린 그는 다시 말문을 열었다.

"좋습니다. 그럼 함께 건배합시다."

그러고는 술잔을 들어 단숨에 비우고는 거꾸로 세워 보였다. 과연 술잔에는 술이 한 방울도 남아 있지 않았다. 하지만 신좌에 놓여 있던 술잔은 그대로 있지 않은가. 화가 머리끝까지 치민 이빙은 벽력같이 소리를 질렀다.

"네 이놈! 사람을 무시해도 분수가 있지. 이제 사생결단을 내고야 말 테다."

그가 말을 마치기가 무섭게 허리춤에서 칼을 뽑는가 싶었는데 어찌 된 노릇인지 그의 모습은 온데간데없었다. 순간 음악마저 멈추었고 좌중의 사람들은 경악을 금치 못하고 있었다.

얼마쯤 지났을까. 건너편 절벽 위에서 푸른빛을 띤 소 두 마리가 사력을 다해 싸우고 있는 모습이 보였다. 한참 동안 싸우던 두 마리의 소는 자취를 감추었고, 땀으로 얼룩진 얼굴에 가쁜 숨을 몰아쉬면서 돌아오는 이빙의 모습만이 보일 뿐이었다. 그는 부하들에게 말했다.

"내가 지금 너무 지쳤으니 나를 좀 도와 다오. 내 말을 잘 들어라. 남쪽을 향한 채 허리에 흰 띠를 두른 소가 바로 나니 이 점을 명심하라."

그는 말을 마치고는 다시 소로 변하여 또 다른 소(강신)와 싸웠다. 그는 부하들이 자신을 쉽게 알아보도록 허리춤에 표시를 해놓고 있었다. 결국 강신은 이빙의 부하들에게 죽고 말았으며 이때부터 백성들도 지긋지긋한 홍수에서 해방되었다고 한다.

이상은 이빙이 악신을 쳐부순 최초의 전설이라고 할 수 있다. 이보다 조금 후에 생긴 전설을 보면 이빙이 소로 변하여 물속에서 교룡蛟龍 (즉 강신)과 싸우게 되었는데 처음에는 지고 말았다. 그는 강기슭으로 올라와 수백 명의 병졸을 모아놓고 말했다.

"방금 나는 소로 변하여 강신과 싸웠는데 아마도 이번에는 강신

역시 소로 변하여 대항해올 것이 틀림없다. 내 몸에는 흰 띠를 두르고 있을 테니 표시가 없는 놈을 죽이도록 하라."

말을 마치기가 무섭게 그는 함성을 지르며 물속으로 뛰어들었다. 한참이 지나자 우레 같은 소리가 들려오고 폭풍이 휘몰아치더니 하늘과 땅이 같은 색깔로 변하는 것이 아닌가. 곧이어 천둥과 바람이 잦아들면서 두 마리의 소가 물에서 싸우고 있는 모습이 보였다. 그중 한 마리는 몸에 흰 띠를 두르고 있었으므로 활을 든 병사들은 일제히 다른 소에게 화살을 쏘았다. 이렇게 하여 사악한 강신은 죽었다.

지금도 관현灌縣의 서문西門 성 밖에는 투계대鬪雞臺 또는 투서대鬪犀臺라고 이름의 대각이 서 있는데, 정확한 명칭은 '투서대'일 것이다. 즉, 옛날 이빙이 병사와 백성들의 도움으로 '얼룡孽龍'을 죽였던 곳이라고 전하는데, 강신이 후세의 전설에 와서 '얼룡'으로 변신하게 된 셈이다.

일설에 의하면 얼룡은 산 채로 잡혔다고 한다. 이빙은 얼룡이 또다시 장난을 부릴까 두려워 쇠사슬로 묶고는 치수를 하면서 만들어놓은 이퇴離堆라는 곳에 가두었다고 한다. 이퇴에는 1년 내내 물이 마르지 않을 정도로 깊은 못이 있었는데 이곳에 얼룡을 가두고 나서부터는 이름이 '복룡담伏龍潭'으로 바뀌었다고 한다.

이처럼 인간을 위해 요괴를 죽인 자로 또 다른 인물이 있다. 이랑신二郎神 또는 관구이랑灌口二郎이라고 하는 유명한 인물로 이빙의 둘째 아들이다. 그는 말 타고 사냥하기를 좋아했고 매우 용감하였다. 일설에 의하면 이빙이 강신에게 바치려 했던 두 딸 가운데 한 사람이 바로 이랑신이었다고 한다. 그를 여자로 분장시켰던 것이다.

이랑신은 후에 친구 일곱 명과 함께 물로 뛰어 들어가 교룡을 죽였다고 하는데 후세 사람들은 그들을 '매산칠성梅山七聖'이라고 불렀다.

애석하게도 그들의 구체적인 이름은 전하지 않는데 아마도 산속에 살던 용감한 사냥꾼들이었던 듯하다. 이와 같은 이랑신 신화의 단편은 이빙의 신화보다 약간 나중에 나타났다고 볼 수 있다. 그러나 송宋대에 오면 그들의 부자관계가 비로소 확정된다.

일설에 의하면 강신을 제압한 이빙은 그를 꽁꽁 묶어놓은 뒤 성의 서쪽에 있는 옥녀방玉女房 아래의 백사우白沙郵라는 곳에서 세 개의 석인石人을 만들어 강 가운데에 세워놓고 강신과 약속을 했다고 한다. 즉 물이 아무리 말라도 석인의 발등 아래까지는 내려갈 수 없고 반대로 아무리 불어나도 석인의 어깨 이상은 올라가지 못한다는 내용이었다.

그는 또한 현민들에게 대나무 바구니를 만들게 하여 돌을 가득 담아 전언湔堰(또는 金提)이라는 제방을 쌓도록 했으며 그 양쪽 끝을 뚫어 강물이 비강郫江과 검강撿江 방면으로 흘러들게 했다. 옛날 촉군에는 사방이 1천 리나 되는 비옥한 평원이 있었는데 이곳에 거미줄처럼 얽힌 소류가 흘러들어 군민들은 누구나 관개를 할 수 있었다. 게다가 수재나 한재도 없을 뿐만 아니라 기근까지 없다고 하여 이곳을 특별히 '육해陸海' 또는 '천부天府'라고 불렀다.

당시 사람들은 이빙의 공적을 기념하기 위하여 강변의 산 위에 묘廟를 세우고는 '숭덕묘崇德廟'라 불렀다. 이들은 매년 봄과 여름 사이에 모내기를 마치고 나면 앞 다투어 향과 촛불을 켜놓고 제사를 지내곤 했다. 제물로는 양을 사용했는데 어느 해에는 5만 마리까지 바쳐졌으며 묘 앞의 강변은 양을 잡는 집으로 가득했다고 하니 얼마나 성황을 이루었는지 짐작된다. 뿐만 아니라 사람들이 신화나 전설에 나오는 그의 무용담을 흠모한 나머지 자식들의 이름까지도 '빙아氷兒'라고 지을 정도였다고 하니 이빙이 그들에게 얼마나 위대한 존재로 남아 있는지 알 수 있다.

# 제7장  원국이인

우는 치수를 하는 동안 전국 9주를 샅샅이 돌아다녔다. 그는 이 여정에서 소인국과 여인국, 장수국 등 많은 기인과 기이한 사건을 보았고 이 내용을 《산해경》에 기록했다고 한다.

# 1

# 이상한 나라

**거인국**

앞에서 언급했듯이 우는 치수를 하는 동안 전국 9주를 샅샅이 돌아다녔다. 그는 이 여정에서 각지의 기인奇人과 기사奇事를 많이 보았고, 이 내용을 조수였던 백익伯益과 함께 《산해경》에 기록했다고 한다. 물론 근거는 없다고 할 수 있지만, 그가 정말 천하를 유력했으며 《산해경》에 보이는 각양각색의 신기한 국가들을 두루 돌아보았을 수도 있다는 가정은 가능하다. 여기서는 그 가정을 바탕으로 하여 여러 나라의 신기한 면모에 대해 알아보겠다.

18세기 영국의 작가 조너선 스위프트Jonathan Swift가 쓴 《걸리버 여행기Gulliver's Travels》는 걸리버가 배를 타고 모험을 하면서 신기한 나라를 여행한다는 내용이다. 그중에서도 가장 흥미를 끄는 것은 거인국과 소인국인데, 이와 비슷한 내용이 중국의 고대 신화에도 많이 등장하고 있다. 그럼 먼저 거인국과 소인국의 전설을 들어보자.

옛날 머나먼 동해, 태양과 달이 떠오른다는 대언산大言山 부근에 파곡산波谷山이 있었다. 거인들은 바로 이곳에서 살았다. 산 위에는 '대인지당大人之堂'이라고 하는 거대한 회의장이 있었는데, 마침 이곳에는 거인 한 사람이 두 팔을 벌린 채 앉아 있었다. 또 다른 거인이 산 아래의 바다에서 조그만 목선을 젓고 있었다. 비록 조그만 목선이라고는 하지만 옛날 우리의 조상들이 적과 싸울 때 사용했던 전함보다 더 컸을지도 모른다.

이들은 어머니의 뱃속에서 36년간이나 자라다가 태어났는데 날 때부터 호호백발에 거인의 모습이었다. 갓 태어난 아기들은 걷기도 전에 하늘을 마음대로 날아다니곤 했는데, 그들은 바로 용의 후손이었기 때문이다.

이와 같은 거인 이야기는 고서의 기록에도 종종 보인다. 앞에서 여와가 하늘을 기웠다는 신화를 이야기하면서 용백국의 거인을 언급한 적이 있다. 그들은 낚싯대 한 개로 산을 등에 지고 있는 거대한 거북이 여섯 마리를 낚아 올렸다고 하니 가히 모든 거인의 비조가 아닌가 싶다. 나중에 화가 난 천제가 그들의 몸집을 더 이상 줄일 수 없을 정도로 축소시켜버렸는데 기록에 의하면 그래도 키가 30길이 넘었다고 한다. 당시 그들 정도로 키가 큰 것은 동방에 있는 조인국佻人國 사람들뿐이었다.

회계산에서 우에게 맞아 죽은 방풍씨도 거인이었는데, 그는 뼈 하나를 한 대의 수레에 실어야 할 만큼 컸다. 천신이었던 그는 나중에 거인족의 조상이 된 것이다. 그래서 공자는 다음과 같이 말했다.

"방풍씨를 우·하·상虞夏商 3대에는 왕망汪芒이라고 불렀고 주周대에는 장적長翟이라고 했으며 지금은 거인이라고 부른다."

그럼 장적의 키는 대체 어느 정도였을까? 기록에 의하면 드러누우면 10만 평의 땅을 덮었다고 하며 머리를 수레에 담으니 눈썹이 수레 앞의 횡목橫木을 가릴 정도였다고 한다.

이런 거인은 천상에도 있었다. 천국의 수문장은 무시무시하게도 아홉 개의 머리가 달려 있는데 거목을 마치 풀처럼 뽑아댔다. 어쩌다 화가 나면 수천 아름이나 되는 나무도 깡그리 뽑아버릴 만큼 거인이었

**초요국 소인들**
초요국의 소인들은 세 자만 되어도 거인 취급을 받았고 몇 촌에 불과한 사람도 있었다.

다고 한다. 또한 지옥에도 거인이 있었다. 유도幽都의 수문장이었던 토백土伯이 바로 그다. 그는 머리에 한 쌍의 날카로운 뿔이 돋아나 있는데 아홉 굽이의 거대한 몸을 흔들면서 피가 낭자한 손을 떡 벌린 채 유도에 있는 검은 귀신을 쫓는다고 한다. 이렇게 볼 때 거인은 지옥이나 천당, 인간 세계 어디를 막론하고 존재했던 것 같다.

### 초요국

그러나 소인국은 약간 다르다. 소인국도 천당이나 지옥 등 어디에나 있을 법한데 실제로는 그렇지 않았다. 현재 남아 있는 기록에 의하면 소인국은 인간 세계에서만 등장하고 있다.

옛날 남방의 바다 밖에 초요국僬僥國이라는 소인국이 있었다. 이곳 사람들은 너무 작아서 키가 세 자만 되어도 거인 취급을 받았을 정도였다. 그중에는 몇 촌寸에 불과한 사람도 있었다.

그들도 다른 인간처럼 옷을 입는가 하면 모자를 쓰고 예절이 바르며 지혜를 갖추고 있었는데 다만 인간과 다른 점은 산속의 동굴에서만 살았다는 것이다. 비록 체구는 왜소했지만 두뇌만은 뛰어나 각종 정교한 물건들을 사용하고 있었다. 전하는 바에 의하면 그들은 요임금 시절에 '몰우沒羽'라는 화살을 진상했다고 한다. 이들이 지혜로웠다는 증거로 볼 수 있다.

뿐만 아니라 그들은 평소 논밭을 갈아 곡식을 심었는데 이들에게 가장 두려운 존재는 백학이었다고 한다. 가끔씩 날아와서는 파종을 하고 있는 그들을 잡아먹기 때문이었다. 그러나 다행히도 부근에 있던 대진국大秦國 사람들이 가끔 백학을 쫓아 주었기 때문에 안심하고 일할 수 있었다고 한다. 대진국 사람들은 키가 열 길이나 되었다고 한다.

초요국은 일명 '주요국周饒國'이라고도 한다. '초요'나 '주요'는 아마도 '주유侏儒(난장이)'에서 비롯된 음인 듯하다.

또한 《산해경》에는 '균인菌人'과 '정인靖人'이라는 소인도 보이는데 이것 역시 '주유侏儒'의 음전音轉이 아닌가 한다. 균인에 대해서는 재미있는 이야기가 전한다.

### 균인

옛날 은산銀山에 여수女樹라는 나무가 한 그루 자라고 있었다. 태양이 막 뜰 무렵이면 이 나뭇가지에서 알몸을 한 어린아이가 나온다. 해가 떠오르고 나면 그들은 나무에서 내려와 실컷 놀다가 해가 질 때쯤이면 땅속으로 사라져버린다. 이튿날이 되면 또 다른 아기가 똑같은 행동을 반복한다고 한다.

또 다른 전설에는 서해의 바다 한가운데에 대식왕국大食王國이라는 나라가 있는데 그곳의 어느 절벽에는 푸른 가지에 붉은 잎이 달린 나무가 자라고 있다. 나무에는 키가 6, 7촌쯤 되는 아기가 무수히 매달려 있는데 머리를 가지에 붙인 채 거꾸로 매달려 산다. 사람을 보면 반가워서 손짓 발짓까지 하는데 이들을 나무에서 따면 즉시 죽어버린다고 한다.

이들 소인이 바로 균인인 셈인데, 이것을 먹으면 불로장수한다고 한다. 아마도 일종의 '육지肉芝'가 아닌가 싶다. 오승은吳承恩의 《서유기西遊記》에서는 '인삼과人蔘果'라고 이를 부르고 있는데, 저팔계猪八戒가 인삼과를 먹는다는 흥미로운 대목이 있다.

《장자》에도 재미있는 우언 한 토막이 나온다. 즉, 달팽이에게는 뿔 같이 생긴 두 개의 촉각이 나 있는데 그중에서 촉씨觸氏는 왼쪽 뿔에 나라를 세웠고 만씨蠻氏는 오른쪽 뿔에 나라를 세웠다. 그들은 영토 확장을 위해 치열한 전쟁을 벌이곤 했는데 이때 희생된 군사만 해도 수만 명이 넘는다고 한다. 뿐만 아니라 적을 쫓기를 수십 일씩 하며 상대방을 완전히 섬멸시키고 나서야 개선한다고 한다.

이렇게 볼 때 앞에서 언급한 소인을 촉씨나 만씨에 비교한다면 그들도 거인이라는 소리를 들을 수 있을지도 모른다.

### 장수국

이처럼 전설에 나오는 거인과 소인은 대부분 장수 관념과 연관이 있었던 것 같다. 전설에 의하면 서방의 바다 밖에 흑국鵠國이라는 나라가 있는데 이곳 사람들은 7촌 정도의 키에 예의가 바르며 3백 살까지 산다고 한다. 그들은 바람처럼 빨리 달리기 때문에 하루에도 1천 리 길을 간다고 한다. 또한 아무것도 두려운 것이라고는 없는데 오직 갈매기만은 몹시 두려워한다고 했다. 갈매기들은 이들을 산채로 삼켜버리는데 그래도 그들은 갈매기의 뱃속에서 살아간다.

재미있게도 갈매기가 이들을 먹고 나면 단숨에 1천 리를 날아갈 수 있으며 3백 살까지 산다고 했다. 3백 살이면 보통 장수하는 것이 아니다. 그런데 앞서 언급한 바 있는 용백국의 대인은 1만 8천 살까지 산다고 하며 원교산員嶠山 부근에 있다는 지이국池移國의 소인들은 1만 살까지 산다고 했다. 그야말로 '천수天壽'를 누리는 셈이다.

장수나 불사에 관한 이야기는 바다 밖에 있다고 이야기되는 나라에도 있다. 동방의 군자국君子國 사람들은 가축과 들짐승을 잡아먹는 것 외에도 특산물인 목근화木槿花를 쪄 먹는다. 목근화란 일종의 관목수에 피는 꽃으로서 홍색, 자색, 백색의 꽃을 피운다. 《시경》에는 다음과 같은 구절이 보인다.

어떤 아가씨
내 수레에 탔네.
아름다운 그 모습은
한 떨기의 목근화.

이처럼 아름다운 꽃이지만 아침에 피었다가 밤도 되기 전에 지고 만다. 미인박명美人薄命과 같다고나 할까? 그런데 묘하게도 군자국 사람들은 이것을 먹고 장수를 누린다. 아마도 꽃과 관계가 있다기보다는 군자국다운 품격 때문이 아닐까? 현자는 대부분 장수를 누린다고 했으니 말이다.

군자국 사람들은 의관을 단정히 갖추고 허리에는 보검을 찼으며 누구나 두 마리의 호랑이를 시종으로 부린다. 다들 예의 바르고 겸손하여 싸움이라고는 상상도 할 수 없다. 호랑이도 집안의 고양이처럼 온순하며 길거리에서는 사람과 호랑이가 한데 어울려 다니지만 아무런 불상사도 발생하지 않는다. 공자는 이렇게 말한 적이 있다.

"나의 도는 이제 중국에서는 행해지기가 어렵게 되었구나. 차라리 뗏목을 타고 대해를 지나 구이九夷로 갈거나!"

군자국은 바로 공자도 그리워했던 이 구이의 범주에 있는 나라였다.

서방에도 장수국이 많다. 이를테면 궁산窮山에 있다는 헌원국軒轅國 사람들은 단명短命한 경우가 8백 살 정도라고 했다. 이들은 황제의 후손인데 사람의 얼굴에 뱀의 몸뚱이를 하고 꼬리로 머리를 칭칭 감아 어찌 보면 신의 형상과도 비슷하다고 하겠다. 그 부근에는 '헌원의 구릉'이 있어 네 마리의 뱀이 이곳을 지키고 있다. 이곳에 황제의 위령威令이 잠들어 있기 때문에 아무도 서방을 향해 활을 쏘지 않는다고 한다.

이 밖에도 서방에는 장수국이 두 군데 더 있다. 하나는 백민국白民國으로 그곳 사람들은 온몸이 흰색인데 심지어 머리카락까지도 새하얗다고 한다. 그들은 특산물이라 할 수 있는 '승황乘黃'을 타고 다니는데 이 짐승은 여우 같은 형상이지만 등에 두 개의 뿔이 달려 있다. 날듯이 달린다고 하여 '비황飛黃'이라고도 불리는데 후세의 '비황등달飛黃騰達'[53]이라는 고사성어도 바로 여기서 나온 것이다. 사람이 '승황'을 타게 되면 2천 살까지 살 수 있다고 한다.

다른 하나는 기굉국奇肱國으로서 옥문관玉門關에서 4만 리나 떨어진 머나먼 서극西極에 있다. 기고국奇股國이라고도 하는데, '기굉'이란 외팔을, 그리고 '기고'란 외다리를 의미한다. 그러나 어느 쪽이 정확한지는 현재로서는 알 수 없다.

또 다른 전설에 의하면 이들도 각종 신령스런 무기를 만들어 새나 짐승을 잡았는데 비거飛車까지 만들 수 있었다고 한다. 비거를 만든 이

---

53 비황등답飛黃騰踏이라고도 하는데 용마처럼 빨리 달린다는 뜻으로 출세가 빠름을 비유한다.

들은 은의 탕왕 시대에 처음으로 시험비행을 하여 예주豫州까지 갔다고 한다. 그러나 당시 중국은 이 같은 물질문명을 싫어하였기 때문에 그만 이를 부숴버리고 말았다. 그러다가 10년 뒤 동풍이 불어닥치자 다시 한 대를 만들어 그들이 타고 돌아갈 수 있도록 했다고 한다.

이렇게 볼 때 그들은 외다리를 한 사람이었음이 틀림없다. 바로 그 같은 신체적 결함 때문에 이를 보완하기 위해 비거를 만들었을 것이다. 만일 한 손뿐이었다면 그처럼 정교한 물건을 만들기가 불가능했을지도 모른다. 따라서 기굉국이 아니라 기고국이라고 보는 편이 타당할 것이다.

그들은 또한 눈이 세 개였다고 하는데 이 점 역시 그런 기계를 만드는 데 유익했는지도 모른다. 그들이 즐겨 타는 '길량吉良'이라는 일종의 얼룩말은 붉은 갈기에 닭 꼬리 같은 목을 했으며 눈이 황금빛이어서 '계사지승雞斯之乘'이라고도 불렸다. 이 말을 타면 1천 년까지 장수할 수 있다고 한다.

## 불사국

이상으로 장수국에 대하여 알아보았는데 심지어 전설에는 아예 장생불사하는 나라도 등장한다. 이를테면 남방의 황야가 바로 그곳인데 이곳 사람들은 피부가 검다. 부근에 원구산員邱山이 있는데 그곳에는 '감목甘木'이라는 불사수不死樹가 자란다. 이 열매를 먹으면 장생불사했다고 한다. 또한 산 아래에는 '적천赤泉'이라는 샘이 솟고 있는데 이곳의 물 역시 마시면 불사한다고 한다.

이 밖에도 불사국으로는 삼면일비국三面一臂國이 있다. 서방의 황야에 있다는 이 나라는 전욱씨의 후손들이 살고 있다. 또한 염제씨의 후손으로 하늘을 마음대로 오르내렸다는 인면어신人面魚神들의 나라 호

**기굉국 사람(왼쪽)과 무계국 사람(오른쪽)**
기굉은 외팔을 의미하며 불사국에 속한 무계국인은 자손이 없고 죽은 뒤 120년 후 부활한다.

인국互人國도 장수로 유명하다. 장생불사의 나라 중에서도 가장 흥미를 끄는 것은 '무계국無啓國'이라고 할 수 있다.

　무계국은 대황大荒의 서북에 있는 나라로서 '무계無繼'라고도 한다. 이 말은 후손이 없다는 뜻이다. 후손이 없는데 어떻게 해서 '국가'를 유지할 수 있을까?

　원래 그들은 동굴 속에서 사는데 그러다 보니 생활이 너무 단조로웠다. 어떤 때에는 공기만 마시고 살았으며 가끔 강에 나가 고기를 잡아먹는가 하면 어떤 때에는 아예 흙을 먹고 지내기도 했다. 이곳에는 남녀의 구별이 없으며 죽으면 땅에 묻히는데 그래도 심장이 계속 뛰고 있으며 1백20년이 지나면 부활하여 다시 살아난다고 한다. 이처럼 죽었다가 다시 살아나게 되니 그들에게는 '죽음'이란 일장춘몽에 불과할 뿐이다. 따라서 후손이 없어도 국가는 영원히 존속될 수밖에 없다.

## 불사약

　　장생불사는 먼 옛날부터 우리 인간이 추구한 최대의 소망이었다. 그래서 장생불사를 원하는 이들은 예부터 온갖 방법을 동원했다. 이슬과 공기만 먹고 매일 특정한 시간에 태양이나 하늘을 쳐다보며 심호흡을 하는가 하면 어떤 자들은 청결을 상징하는 국화나 옥玉, 황금, 단사丹砂 등을 먹기도 했다. 날기 위해 오곡은 먹지도 않고 공기나 선약仙藥만 먹는다든지 이것도 부족해서 방중술房中術까지 연구했던 자도 있다. 성미가 좀 급했던 사람 중에는 '돈頓'이라는 방법을 이용하여 몸에 불을 지르거나 칼로 몸을 찔러 자살을 꾀했다가 결국 천국에서 장생불사(?)한 자들도 있다.

　　이상의 방법 중에서 심호흡은 건강에 다소 보탬이 되었을지도 모른다. 하지만 나머지 방법들은 오히려 단명을 자초하고 말았다. 장생불사의 비결 중에서 가장 간단한 방법은 선약仙藥을 먹는 것이었다. 그 선약이 실제로 존재하고 쉽게 입수하거나 만들 수 있는 것이라면 이는 전 인류의 일대 복음이라고 하지 않을 수 없을 것이다. 고서에서도 선약을 만드는 비방들을 소개하고는 있지만 원료를 구하기가 무척 어려워서 아직까지도 약을 먹고 효험을 본 사람은 없다.

　　예를 들어 《포박자抱朴子》의 〈선약〉 편을 보자. 여기에도 수많은 선약의 비방이 기록되어 있는데 '육지肉芝'라는 것이 대표적이다.

　　옛날 어떤 사람이 깊은 산속을 거닐고 있었는데 갑자기 앞에서 7, 8촌쯤 되어 보이는 소인들이 말과 수레를 타고 스쳐 지나가는 것이 보였다. 절호의 기회를 맞이한 그는 급히 뒤쫓아가서 그중의 하나를 움켜잡고는 그대로 삼켜버렸다. 이것이 바로 '육지'라는 것인데 이후 그는 신선이 되었다고 한다.

　　또 다른 비방에는 다음과 같이 기록되어 있다. 1만 년 묵은 두꺼비와 1천 년 묵은 박쥐를 한 마리씩 잡아다 그늘에 말려 가루로 만들어 복용하면 4만 년은 족히 살 수 있다고 했다. 또 남해의 숲 속에는 '풍생수風生獸'라는 짐승이 있는데 표범과 같은 형상에 온통 푸른 털로 뒤덮여 있으며 크기는 살쾡이와 비슷하다. 이놈을 그물로 잡아 산더미처럼 장작을 쌓아놓고 태운다. 이상한 것은 장작이 다 타도 이놈은 털끝 하나 타지 않고 살아 있는데 어떠한 칼로 찔러도 칼날이 들어가지 않고 오직 쇠망치로 머리를 내리쳐야만 죽는다. 그것도 수천 번이나 쳐야 죽는데 그러고 나서도 바람을 향해 입을 떡 벌리고 있다. 이때 바람이라도 불면 이놈은 다시 소생하여 도망가 버린다고 한다. 그래서 바위에 나 있는 창포菖蒲로 콧구멍을 틀어막아야 완전히 죽게 되는데 이 짐승의 뇌수腦髓를 채취하여 국화와 함께 정기적으로 복용하면 5백 살까지 살 수 있다고 한다.

이상에서 보듯 선약이란 실로 어처구니없는 '약'이라고 하겠다. 언젠가는 실제로 불로장생할 수 있는 '선약'이나 '선방仙方'이 발견되어 천고 아래로 인류가 지녀온 숙원을 풀어주었으면 하는 바람이다.

# 2

# 이형국

## 남방의 이형국

우가 치수를 하며 편력한 9주의 제국 중에는 앞에서 언급한 거인국과 소인국, 장수국 외에도 재미있는 국가나 생물들이 많다. 편의상 이들을 '이형異形'과 '이품異稟'의 두 종류로 나눌 수 있는데 먼저 이형국에 관해 알아보자.

남방의 바다 밖 서남에서 동남에 이르는 지역에 처음 나타나는 국가가 결흉국結胸國이다. 결흉국의 특징이라면 사람마다 가슴 앞에 상투처럼 뼈가 튀어나와 있다는 점이다. 또 이곳에는 '비익조比翼鳥'라고 하는 새가 살고 있는데 들오리 같은 모양에 털의 색깔은 청색과 홍색이 뒤섞여 있고 날개와 눈이 한쪽밖에 없기 때문에 반드시 두 마리가 합쳐져야만 날 수 있다고 한다. 그래서 이들은 배우자 간에 사이가 좋기로 유명한데, 후세 사람들은 이들을 금슬 좋은 부부에 비유하곤 했다. 백거이白居易의 〈장한가長恨歌〉를 보면 "하늘의 비익조가 되었으면"이라는 대목이 나오는데 바로 이들의 특징을 두고 하는 말이다.

결흉국에서 동쪽으로 가면 몇 개의 나라를 지나 교경국交脛國이 나온다. 이곳 사람들은 키가 4척 정도로 그리 크지는 않지만 다리가 서로 교차되어 있는 점이 특징이다. 그래서 자리에 누우면 혼자서는 도저히 일어날 수 없기 때문에 반드시 다른 사람이 부축해줘야 한다. 걸음걸이도 절름발이 같아서 보기 흉한데 그래도 이곳 사람들은 이런 걸음을 상식으로 받아들이기 때문에 똑바로 걷는 인간을 오히려 이상하게 여긴다.

교경국 부근에는 효양국梟陽國이 있다. 이곳 사람들은 인간과 짐승의 중간쯤 되는 일종의 야만인이라고 할 수 있다. 사람의 얼굴에 몸은 온통 검은데 온몸에 털이 나 있고 발은 거꾸로 달려 있다. 그러면서도 질풍같이 달릴 수 있고 성격은 포악하기 이를 데 없으며 사람 잡아먹는 것을 좋아한다.

이들은 깊은 산을 혼자 다니는 사람만 골라서 잡아먹는다. 개처럼 생긴 입을 떡 벌리면 입술이 자기 머리를 덮고도 남는다고 하는데 사람을 잡고서 실컷 웃어대다가 지치면 그제서야 먹기 시작한다. 그래서 총명한 인간은 이놈을 막는 꾀를 하나 생각해냈다. 즉 두 팔에 대나무통을 끼우고 있다가 이놈이 잡아먹으려고 입을 딱 벌리고 웃을 때 잽싸게 통 속에서 비수를 꺼내어 정수리에 꽂는다. 이와 동시에 비수가 괴물의 입술에 박히면 눈과 코가 입술에 가려져 꼼짝도 못한다. 이때 이놈을 사로잡으면 되는데 워낙 미련해서 그때도 대나무통을 움켜쥐고 있다고 한다. 한편 전설에 따르면 암컷은 몸에서 액체를 뿜는데 이것이 사람 몸에 닿으면 악질에 걸린다고 한다.

효양국 근처에는 성성猩猩이라고 하는 재미있는 동물이 살고 있다. 이놈도 개 같은 몸집에 얼굴은 사람 모양을 하고 있는데 이목구비는 의외로 반듯하다. 어찌나 총명한지 사람의 말까지 하며 어쩌다 사람이라도 만나면 휙 되돌아가버리면서 그 사람의 이름까지 외칠 정도다. 이놈을 잡기 위해 사람들은 매우 재미있는 방법을 사용한다. 깊은 산속에 술독과 국자, 사발 그리고 몇 켤레의 나막신을 갖다놓고 숨어서 동정을 살핀다. 얼마가 지나면 성성들이 나타나는데 사람의 짓이라는 것을 이미 눈치챈 이놈들은 그것을 갖다놓은 사람의 이름을 외쳐대며 온갖 욕을 퍼붓는다. 심지어는 그 사람의 8대 조상까지 들먹이면서 입술이 터지도록 욕을 한다.

실컷 욕을 퍼붓고 나면 갈증이 나서 무언가를 마셔야겠는데 주위에서 달콤한 술 냄새가 코를 자극한다. 인간의 함정에 빠지지 말아야지 생각하면서도 워낙 목이 타서 힘든 지경이 된다. 조금만 마시다면 괜찮을 것 같기도 하다. 좀 더 대담한 놈은 조심스레 술독으로 다가가 손끝으로 몇 번 찍어 맛을 본다. 해갈은커녕 더욱 미칠 것만 같아 이번에는 국자로 마시고 나중에는 아예 사발로 들이켜게 된다.

실컷 마시다 거나하게 취하면 주거니 받거니 하면서 술은 삽시간에 동이 나고 만다. 게다가 옆에는 나막신까지 있으니 그야말로 금상첨화다. 그들은 나막신을 신고는 사람 흉내를 내기도 하지만 몇 발자국도 못 가 넘어지고 만다. 이때를 기다려 주위에 숨어 있던 사람들이 재빨리 덮쳐 이놈들을 묶어버린다.

효양국에서 동쪽으로 가다 보면 기설국岐舌國이 있다. 반설국反舌國이라고도 하는데 이곳 사람들은 혀가 목구멍 쪽으로 나 있기 때문에 말을 해도 외부인은 알아들을 수가 없다고 한다.

반설국에서 다시 동쪽으로 가면 시훼국豕喙國이 있다. 이곳 사람들은 입이 돼지처럼 생겼다고 한다.

시훼국 부근에는 착치국鑿齒國이 있다. 이곳 사람들은 입 속에서 석 자나 되는 긴 이빨을 토해내는데 마치 송곳처럼 생겼다. 이들은 성격이 매우 포악하다. 옛날 요임금 시절, 천신 예가 남방의 수화의 들판〔壽華之野〕에서 죽였다고 하는 괴물 착치의 후손들이 아닌가 싶다.

이곳에서 다시 동쪽으로 가면 이번엔 삼수국三首國이 나온다. 이곳 사람들은 머리가 세 개 달려 있는데 성격이 매우 포악하다고 한다.

다시 동쪽으로 가보자. 이번에는 장비국長臂國으로서 이곳 사람들은 키가 보통 사람과 비슷한데 팔이 유난히 길어 땅에 닿을 정도라고 한다. 또 어떤 자는 세 길이 넘는다고 하는데 긴 팔을 이용하여 바다에서 고기를 잡아먹고 산다.

## 동방의 이형국

이상으로 남방의 이형국은 거의 모두 살펴본 셈이다. 그럼 동방에는 어떤 이형국들이 있을까? 이곳에는 모두 세 나라가 있는데 그 첫 번째가 흑치국黑齒國이라고 할 수 있다.

흑치국 사람들은 제준의 후손들이라고 하는데 치아가 칠흑처럼 검다. 열 개의 태양이 모여 산다고 하는 탕곡湯谷이 바로 흑치국 부근에 자리하고 있다. 그들도 쌀을 먹는 것은 인간과 비슷하나 반찬으로는 반드시 뱀을 먹는다. 이 나라는 군자국과 인접해 있었기 때문에 어느 정도는 군자의 품격을 갖추고 있었던 것 같다. 그래서 이여진李汝珍은 그의 소설《경화연鏡花緣》에서 그들을 두고 글과 예의를 아는 민족이라고 묘사하고 있다. 그곳의 두 여학생이《시서詩書》를 논하자 당나라의 수재조차 얼굴을 붉힐 정도라고 했다.

흑치국에서 북쪽으로 가다 보면 탕곡을 지나 현고국玄股國에 이르게 된다. 이곳 사람들도 기이하게 생겼는데 하반신이 온통 검은색이다. 이들은 해변에 살고 있기 때문에 어피魚皮로 옷을 해 입고 갈매기를 주식으로 한다.

부근에는 우사첩雨師妾이라고 하는 부족이 있는데 사람과 신의 중간쯤에 속하는 자들로서 뱀을 정복한 사람들이다. 그들은 온몸이 검은데 두 손에 뱀을 움켜쥐고 있는가 하면 어떤 때는 거북이를 쥐고 있다.

**우사첩 사람(왼쪽)과 모민국 사람(오른쪽)**
우사첩인은 양손에 뱀을 들고 있다고 하고 모민국인은 온몸에 화살처럼 뾰족한 털이 나 있다고 한다.


왼쪽 귀에는 푸른 뱀을, 오른쪽 귀에는 붉은 뱀을 걸치고 있다.

다시 북쪽으로 가노라면 모민국毛民國에 이르게 된다. 이곳 사람들은 온몸에 화살처럼 뾰족한 털이 나 있으며 체구는 작고 동굴 속에서 사는데 1년 내내 옷을 입지 않는다고 한다.

이상이 동방의 이형국에 관한 이야기이다. 이번에는 북방의 이형국을 보자.


### 북방의 이형국

북해 밖의 동북방 일대에 최초로 나타나는 나라가 바로 기종국跂踵國이다. 이곳 사람들은 체구가 거대하고 발도 엄청나게 크다. 이들은 뒤꿈치를 땅에 대지 않고 발가락으로만 걷는다고 해서 기종국이라고 불린다. 또한 발도 거꾸로 붙어 있기 때문에 남쪽으로 가면 발자국이 북쪽으로 생긴다고 한다. 그래서 반종국反踵國이라고도 부른다.

서쪽으로 가면 이번에는 구영국拘纓國이 있다. 이곳 사람들은 바람에 갓이라도 날아갈까 봐 늘 손으로 턱밑의 갓끈을 움켜쥐고 있다. 그러나 사실 '구영拘纓'이란 '구영拘廮'의 잘못된 표기로 영廮이란 목에 나는 일종의 혹을 가리킨다. 즉, 주먹만 한 혹이 나 있으니 걸을 때 무척 불편하여 움켜쥘 수밖에 없는 것이다. 구영국의 남쪽에는 심목尋木이라고 하는 거대한 나무가 자라고 있는데 높이가 무려 1천 리나 된다고 한다.

이곳에서 계속 서쪽으로 가면 박부국博父國이 나타난다. '박부'란 곧 '과부夸父'로서 옛날에 태양과 달리기 시합을 한 자를 말하는데 이들은 그의 후손인 셈이다. 이곳 사람들은 몸집이 거구인데 오른손에는 푸른 뱀을, 왼손에는 노란 뱀을 움켜쥐고 있다. 이곳의 동쪽에는 등림鄧林이라는 복숭아 숲이 있는데 옛날에 태양을 쫓던 과부가 죽을 때 던진 지팡이가 변하여 생겨났다고 한다. 숲이라고는 하지만 사실 나무는 두 그루뿐이었다. 이후 나무들이 자라서 광대무변의 숲을 이루고 있다.

박부국 앞에는 섭이국聶耳國이 있다. '담이국儋耳國'이라고도 하는데 이곳 사람들은 토끼의 귀처럼 생긴 커다란 귀가 특징이다. 귀가 어찌나 큰지 어깨까지 축 늘어져 있다. 구영국 사람들이 혹을 잡는 것처럼 이들도 걸어다닐 때 두 귀를 움켜잡고 걷는다. 이들은 두 마리의 호랑이를 시종으로 부리고 있다.

섭이국 부근에는 유명한 북해北海가 있는데 이곳에는 세 신인神人이 살고 있다. 사람의 얼굴에 새의 몸을 한 북해의 해신이자 풍신인 우강에 대해서는 앞에서 이야기했다. 다른 하나는 구봉九鳳이다. 그는 새의 몸에 사람의 형상을 한 아홉 개의 머리가 달려 있다. 또 다른 하나는 강량彊良으로 사람의 몸에 호랑이의 머리를 했으며 유난히 팔뚝이 길고 언제나 입에 뱀을 물고 있다. 그는 또한 다리가 네 개인데 앞다리에는 뱀을 칭칭 감고 있다. 이들은 모두 북극천궤北極天櫃라는 산에 살고 있다.

북해에는 아주 기묘한 동물들도 많다. 사산蛇山이라는 산이 있는데 그 꼭대기에는 '예조翳鳥'라고 하는 봉황처럼 아름다운 새가 살고 있다. 이들이 수만 마리씩 떼를 지어 날면 온통 하늘을 가릴 정도로 장관을 이룬다. 뿐만 아니라 유도幽都의 관문인 유도지산幽都之山 위에는 흑조黑鳥, 흑사黑蛇, 황표黃豹, 흑호黑虎, 흑호黑狐 등과 같은 각종 검은 괴물들이 살고 있다. 또 유도지산을 지나면 기암괴석이 우뚝 솟아 있는 거대한 흑산黑山이 있는데 이곳에는 검은 사람들이 살고 있다.

한편 대유지국大幽之國이라는 나라도 있는데 이곳에는 몸이 붉은 사람들이 1년 내내 햇빛이라고는 들지 않는 캄캄한 동굴 속에서 살고 있다. 또한 다리가 붉은 사람들도 볼 수 있는데 무릎 아래가 온통 붉기 때문에 멀리서 보면 붉은 장화를 신은 것처럼 보인다. 또 사람의 몸에 말의 다리를 하고 있으며 다리는 온통 털로 덮여 있는 거한들도 있다. 이들은 정령국釘靈國 사람들인데 가죽 채찍으로 자신의 다리를 채찍질하면서 평원을 질풍처럼 달린다. 이들은 달릴 때 가을 하늘의 기러기가 우는 듯한 이상한 울음소리를 낸다.

북해에서 다시 서쪽으로 가다 보면 무장국無腸國이 나온다. 이곳 사람들의 특징은 키는 크지만 창자가 없다는 점이다. 그래서 먹은 음식이 소화 과정도 거치지 않은 채 그대로 배설된다. 후세의 소설가들은 이 배설물도 먹을 수 있는 것으로 상상했다. 그래서 무장국 사람들은 등급이 있는데 하등 인간이 상등 인간의 배설물을 먹고살며 마지막에는 개까지 그들의 배설물을 먹는 것으로 묘사하곤 했다.

다시 서쪽으로 가면 심목국深目國이 나온다. 이곳 사람들은 눈이 움푹 패여 있는데 물고기를 먹고 사는 만큼 손에는 물고기를 한 마리씩 들고 있다.

심목국의 서쪽은 유리국柔利國이다. 유리柔利를 우려牛黎 또는 유리留利라고도 하는데 이곳 사람들은 몸에 뼈가 없다. 손과 발도 각각 한 개뿐인데 이것마저 고깃덩어리처럼 흐느적거리며 위를 향해 있다. 그들은 앞서 언급한 바 있는 섭이국의 후손이다.

다시 서쪽으로 가면 이번에는 일목국一目國이 나온다. 이곳 사람들은 눈이 하나밖에 없는데 그나마 얼굴 한가운데에 눈이 달렸다. 이들의 성姓은 위威로 소호씨少昊氏의 후손이라고 한다. 워낙 흉하게 생긴 데다 성마저 위威라고 하여 일반인들은 귀신의 나라라고 잘못 부르기도 했다. 그런데 이 부근에는 정말로 요물과 잡귀가 많이 살고 있어 간담을 서늘케 한다.

전설에 따르면 옛날에 도견蠱犬이라는 괴물이 있었는데 개처럼 생긴 몸에 푸른 털이 나 있었다. 이 개는 사람을 잡아먹는데 반드시 머리부터 삼켰다. 또한 궁기窮奇라는 괴물도 있었다. 이놈은 호랑이의 형상에 한 쌍의 날개까지 달려 있으며 송곳처럼 뾰족한 털이 나 있다. 이놈 역시 사람을 잡아먹을 때 머리부터 삼키는데 머리카락이 길면 다리부터 삼키기도 한다.

뿐만 아니라 검은 벌과 붉은 누에도 있는데 크기가 코끼리만 하다. 그리고 교蟜라는 야인野人이 있는데 몸에 호랑이 반점이 있으며 다리가 특히 억세다. 이 밖에도 탑비闒非라는 요괴와 말䬅이라는 괴물, 융戎이라는 괴인도 있다.

거비지시據比之尸라는 귀신은 목이 부러져 머리가 가슴팍까지 축 늘어져 있고 헝클어진 머리카락 역시 미역처럼 늘어져 있다. 두 팔뚝도 잘려나간 채 나무 등걸 같은 몸뚱이뿐이다. 아마도 다른 천신과 일대 격전을 치르다가 패했던 모양이다.

### 서방의 이형국

이상으로 북방의 이형국을 돌아보았다. 한편 서방의 이형국을 논하자면 장고국長股國을 빼놓을 수 없다. 장각국長脚國이라고도 하는데 이곳 사람들은 다리가 세 길이나 된다. 어느 전설에는 이들이 장비국 사람들을 업고 바다로 나가 고기를 잡는다고도 했다. 사실 여부야 어찌 되었든 매우 흥미로운 모습인데 후세의 채고교踩高蹺[54]는 바로 이들의 모습을 본뜬 것이라고 한다.

장고국 부근에는 '광조狂鳥' 또는 '광몽조狂夢鳥'라고 하는 오색찬란한 새가 있는데 머리에 관을 쓴 듯한 모습이다.

여기서 다시 남방으로 가다 보면 몇 나라를 지나 일비국一臂國에 이르게 된다. 이곳 사람들은 팔과 눈이 하나밖에 없으며 콧구멍도 하나다. 이곳에는 특산물이라 할 수 있는 호랑이 무늬의 '황마黃馬'가 있는데 이놈 역시 눈과 앞다리가 하나뿐이다.

다시 남쪽으로 가면 삼신국三身國이 나온다. 이곳 사람은 머리가 하나에 몸뚱이는 세 개나 붙어 있는데 제준의 후손이라고 한다. 부근의 형산滎山에는 무시무시한 흑사黑蛇가 살고 있는데 거대한 사슴을 통째로 삼킨다.

또한 근처에 무산巫山이 있는데 이곳에는 천제의 선약仙藥 여덟 가지가 깊은 동굴 속에 숨겨져 있다. 산의 서쪽에는 노란 새가 살고 있는데 매일 무산 상공을 날면서 선약을 지키며 형산의 대흑사가 함부로 장난을 치지 못하게 한다.

---

54 기다란 나무에 발을 걸고 걸어다니는 민속놀이의 일종.

# 3
# 이품국

그럼 이품국異稟國에 대해 알아보자. 이품국도 이형국만큼이나 수가 많다. 우선 남방의 바다 밖에 있는 나라부터 알아보자.

## 남방의 이품국

남방의 바다 밖 서남 일대에 우민국羽民國이 있다. 이곳 사람들은 머리가 기다랗고 머리카락이 흰색이며 눈은 붉고 입은 새부리가 달렸다. 등에 날개가 붙어 있어 날 수도 있지만 멀리 날아가지는 못한다. 이들은 새처럼 알에서 부화한 민족으로 이 나라에는 난조鸞鳥가 유난히 많다.

난조란 봉황새의 일종으로 오색 깃털이 나 있는 매우 아름다운 새다. 이곳 사람들은 바로 이 난조의 알을 먹고 살기 때문에 모두들 형상이 신선과 비슷하다.

우민국 부근에 자리한 나라로는 난민국卵民國이 있다. 이곳 사람들도 우민국처럼 알에서 부화한 민족인데, 직접 알을 낳기도 한다. 그들의 모습은 기록에 나와 있지 않지만 우민국 사람들과는 그래도 좀 다른 데가 있었기 때문에 스스로 국가를 이룰 수 있었을 것이다.

이 두 나라에서 동남쪽으로 가면 환두국讙頭國이 나온다. 일명 환

**환두국 사람(왼쪽)과 난민국 사람(오른쪽)**
환두국인은 새부리 같은 입에 날개가 있고 난민국인은 알에서 태어난다고 전해진다.

주국讙朱國이라고도 하는데 이곳 사람들은 새부리 같은 뾰족한 입에 등
에는 날개가 있어 우민국 사람과 외양이 비슷하다. 그러나 날아다니지
는 못하며 날개를 지팡이처럼 짚기만 한다. 이들은 무리를 지어 날개를
지팡이 삼아 해변가를 돌아다니며 뾰족한 입으로 물고기를 잡아먹는다.

전설에 따르면 환두는 옛날 요임금의 신하였는데 죄를 짓고 겁에
질린 나머지 남해에 뛰어들어 자살하고 말았다. 요임금은 그를 불쌍히
여겨 아들을 남해로 보내 제사를 지내주게 했다. 그의 후손은 물고기를
먹고살아야 했기 때문에 모습마저 새처럼 변했다고 한다.

또 다른 전설에 따르면 환두는 대신 곤鯀의 손자였는데 어찌된 영
문인지 그만 남해로 가서 스스로 나라를 이루었다고 한다. 아마도 곤이
천제에게 죄를 지어 피살된 사건과 관련 있는 듯하다.

그들은 물고기뿐만 아니라 곡식도 먹는데 그중에는 흑소미黑小米
라는 것이 있다. 이것은 앞에서 언급했듯이 대신 곤이 피살된 후 황웅
黃熊으로 화하여 치료차 서방으로 가는 도중에 백성들에게 심게 했던

**염화국 사람**
새까만 피부에 원숭이 형상을 하고 입에서 불을 뿜는다고 전해진다.

곡식을 말한다.

환두국에서 남쪽으로 조금 가면 염화국厭火國에 이른다. 이곳 사람들도 새까만 피부에 원숭이 같은 형상을 하고 있는데 입에서 불을 뿜는다. 또 부근에는 나국裸國도 있는데 이곳 사람들은 온통 벌거숭이로 1년 내내 옷을 입지 않고 지낸다. 앞에서도 언급했듯이 우가 치수를 하다가 이곳까지 오게 됐는데 그들의 풍속을 존중하는 뜻에서 그 자신도 옷을 벗고 입국했다는 그 나라다.

다시 동북쪽으로 가면 삼묘국三苗國이 나온다. 삼모국三毛國 또는 묘민국苗民國이라고도 하는데 삼묘란 제홍씨帝鴻氏의 후손인 혼돈渾敦과 소호씨의 후손인 궁기, 그리고 진운씨縉雲氏의 후손인 도철 등 삼족을 말한다. 그들은 요가 천하를 순에게 양위하자 이에 반대했다. 요가 그들의 왕을 죽이자 이곳으로 도망쳐 나라를 세웠던 것이다. 이곳 사람들은 보통 사람과 비슷하게 생겼는데 다리에 날지 못하는 자그마한 날개 한 쌍이 달려 있는 점이 다를 뿐이다.

이곳에서 다시 동쪽으로 가면 질국秩國이 있다. 이 나라 사람들은 순의 후손인 셈이다. 순의 아들인 무음無淫이 이곳에 와 살게 되었는데 나중에 그의 후손들이 나라를 세웠다. 이들은 피부가 노랗고 활로 뱀을 잘 잡는다.

질국 근처에는 역민국蜮民國이 있다. 이곳 사람들은 쌀도 먹지만 역蜮이라고 하는 이상한 생물도 먹는다. 일명 단호短弧, 사공충射工蟲이 라고도 하는데 남방의 계곡에 사는 일종의 독충이다. 모양은 물고기 같고 길이는 2, 3촌 정도인데 모래를 뿜어 사람을 쏜다. 또한 입이 활의 시위처럼 생겼는데 독기를 사람에게 뿜기도 한다. 이놈에게 쏘이게 되면 경련과 편두통, 고열이 나면서 독 부스럼이 생기는데 가벼우면 중병을 한 번 앓는 것으로 그치지만 심하면 죽기까지 한다. 《시경》의 소아小雅〈하인사何人斯〉편에 "만약 그대가 귀신이나 역蜮이라면〔爲鬼爲蜮〕"이 라는 구절이 보인다. 역을 귀신과 동일시한 것으로 보아 매우 흉악한 존재임을 알 수 있다.

그러나 역민국 사람들은 역을 무서워하기는커녕 이놈을 잡아먹을 정도니 그들의 존재 또한 기이하다고 하지 않을 수 없다. 그들은 역을 잡는 데만 뛰어난 것이 아니라 뱀을 잡는 데도 탁월한 재주가 있는데 뱀을 잡으면 껍질을 벗겨 먹는다고 한다.

역민국에서 동쪽으로 가면 관흉국貫胸國이 있다. 이곳 사람들은 가슴에 구멍이 뚫려 있는데 그 유래는 다음과 같다. 앞 장에서도 나온 것처럼 옛날에 우가 회계산에서 치수를 할 때 천하의 제신을 소집한 적이 있다. 그때 방풍씨만이 늦게 도착하자 우는 그를 죽여버렸다. 그 뒤 홍수가 다스려졌고 이어 하늘에서 두 마리의 용이 내려왔는데 우는 범성광范成光이라는 신하에게 이 용을 타고 천하의 각국을 순시하도록 명했다. 한번은 범성광이 남해를 순시하면서 방풍씨의 부족이 사는 곳을 지

**관흉국 사람들**
관흉국인들은 가슴에 뚫린 구멍에 대나무를 끼워 가마를 대신했다.

나게 되었는데 그곳에는 방풍씨의 신하였던 사람 두 명이 살고 있었다.
그들은 자신들의 왕을 죽인 우에게 원한을 품고 있었는데, 때마침 그의
신하를 보자 분노가 폭발하고 말았다. 그들은 범성광이 탄 용이 미처
땅에 내리기도 전에 활시위를 당기고 말았다. 순간 우레 같은 소리가
천지를 진동하면서 일진광풍이 휘몰아치고 번개까지 치면서 폭우가 쏟
아져 내렸다. 두 마리의 용은 범성광을 태운 채 순식간에 치솟아오르고
그림자도 보이지 않았다. 하늘만 멍하니 바라보고 있던 그들은 더럭 겁
이 났다. 공연히 용은 죽이지도 못하고 오히려 화만 자초한 꼴이 되었
으니 필시 무슨 재앙이 닥칠 것만 같았다. 그럴 바에야 가만히 앉아서
당하느니 차라리 선수를 쳐야겠다는 생각에 그들은 허리춤에서 단도를
꺼내 가슴을 찔러 자살해버렸다. 한편 이 소식을 전해 들은 우임금은
오히려 그들의 충성심을 가상히 여긴 나머지 신하를 보내 가슴에 꽂혀
있던 칼을 뽑아주고 불사약으로 치료하도록 했다.

아니나 다를까 얼마쯤 지나자 범성광의 두 신하는 거짓말처럼 깨어났다. 그러나 가슴에 생긴 구멍만은 그대로 남아 있었고, 그 후손들마저 가슴이 뚫려 있게 되었다고 한다. 이때부터 그들의 나라를 관흉국이라고 부르게 되었다. 이들의 가슴의 구멍은 등까지 뚫려 있었기 때문에 외관이 여간 흉하지 않았으나 편리한 점도 있었다. 그들은 외출을 할 때 종종 가마를 타고 다니는데 그때마다 대나무를 뚫린 가슴에 끼우면 되기 때문에 두 사람만으로도 충분히 가마를 멜 수 있어 무척 편리하다고 한다.

이상으로 남방의 이품국에 대해 알아보았다. 다음에는 동방의 이품국을 보자.

## 동방의 이품국

동방의 바다 밖에서 첫 번째로 꼽을 수 있는 이품국으로는 사유국 司幽國이 있다. 이들은 제준의 후손으로서 쌀과 들짐승을 주식으로 먹는다. 이들은 남녀가 완전히 분리되어 살고 있는데 남자들의 집단을 사사 思士, 여자들의 집단을 사녀思女라고 하며 서로 간에는 결혼도 하지 않는다. 그러나 이상한 것은 서로 눈만 마주 보고 있어도 아이를 낳을 수 있다고 한다.

이곳에서 북쪽으로 가면 청구국靑邱國이 있다. 보통 사람들처럼 이들도 오곡을 먹으며 비단옷을 입는다. 좀 특이한 것이라면 이곳에는 꼬리가 아홉 개 달린 여우가 산다는 점이다. 이 여우는 천하가 태평스러울 때에만 인간 세상에 나타난다고 하는 상서로운 짐승으로 알려져 있다.

청구국에서 다시 북쪽으로 가면서 몇 나라를 거치다 보면 노민국 勞民國에 이른다. 이곳 사람들은 온몸이 숯덩이처럼 검은데 걸어가는 사람, 서 있는 사람, 앉아 있는 사람, 누워 있는 사람 등 제각기 다른 자세를 불안하게 취하고 있다. 그들은 아무 일도 없으면서도 바쁘게 산다고 하여 노민국이라고 부르게 되었다. 그들은 풀과 과일만 먹고 사는데, 두 개의 머리가 달린 괴조가 이 나라에 산다.

### 북방의 이품국

북방의 이품국은 두 곳뿐이다. 첫 번째가 고야국姑射國인데 고야도姑射島라는 일종의 선도仙島에 있는 나라다. 봉래도蓬萊島와 가까우며 동북쪽에는 망망대해가 펼쳐져 있고, 서남쪽에는 높은 산이 둘러쳐져 있으니 그야말로 풍경이 아름다운 섬이라고 할 수 있다. 이곳 사람들은 모두가 선인仙人으로서 오곡은 입에 대지 않고 그저 신선한 공기를 마시면서 간혹 이슬로 목을 축인다. 이들의 마음은 호수처럼 잔잔하며 외모도 규방의 규수처럼 우아하다. 아무도 괴롭히는 자가 없고 풍경이 수려한 선도에서 아무 일도 하지 않으며 유유자적하게 장생불사한다. 우리가 보기에는 그 생활이 매우 단조롭고 따분할 것 같지만 선인들은 전혀 그렇지 않았다.

고야국에서 서쪽으로 가노라면 서북의 끝 지점에 견융국犬戎國이 있다. 이 나라는 견봉국犬封國이라고도 하는데, 이곳 사람들은 개의 머리에 사람 몸을 하고 있으며 황제의 후손이라고 한다. 옛날 황제의 현손이었던 농명弄明이 암수 한 쌍의 흰 개를 낳았는데 그들이 서로 결합하여 견융국을 이루었다고 한다. 견융국 사람들은 고기〔肉〕를 먹고 산다. 이들은 생김새는 말 같지만 머리가 없고 전신이 붉은 융선왕시戎宣王尸라는 신령을 모신다.

또 다른 설에 의하면 옛날 고신왕 시절, 용구 반호가 방왕을 죽여 공을 세우자 고신왕이 자신의 딸을 그에게 주었는데 이들이 바로 그의 후손이라고 한다. 그런데 이상하게도 남자아이들은 개의 머리에 몸은 사람인 괴물인 반면 여자아이들은 모두가 미녀였다고 한다. 그곳에서는 아름다운 미녀가 접시를 공손히 받쳐 든 채 꿇어앉아 개머리를 한 남편을 모시고 있다. 또한 이곳에는 흰 바탕에 꽃무늬가 있는 길량吉量(혹은 吉良)이라는 명마가 있다. 황금빛 눈에 갈기가 불꽃 같은 이 말을 타면 1천 살까지 살 수 있다고 한다. 한편 이 명마는 서방 바다 밖에 있다는 기고국奇股國 사람들이 즐겨 타게 되었는데 그 이야기에 관해서는 이 장의 1절에서 설명한 바 있다.

## 서방의 이품국

그러면 서방에 있다는 이품국을 보기로 하자. 그 첫 번째가 숙신국肅愼國이다. 이곳 사람들은 동굴 속에서 사는데 돼지의 가죽만 뒤집어쓴 채 옷도 없이 지낸다. 겨울이 되면 야생 동물의 기름을 두껍게 발라 추위를 이긴다. 이 나라에는 웅상雄常이라는 이상한 나무가 자라는데, 전하는 바에 따르면 중국에 현명한 천자가 나타날 때면 이 나무에 부드러우면서도 질긴 껍질이 돋는다고 한다. 그래서 이곳 사람들도 이 나무껍질을 벗겨 옷을 해 입곤 하는데 돼지가죽보다 훨씬 질기면서도 따뜻하다고 한다. 비록 이처럼 어렵게 살아가고 있지만 모두 활솜씨나 무예가 뛰어난데, 특히 이들이 쓰는 활의 길이는 넉 자나 된다고 한다.

숙신국에서 남쪽으로 가면 한두 나라를 지나 옥민국沃民國에 이르게 된다. 이곳의 토지는 무척 비옥한데 난조鸞鳥가 노래를 부르고 봉황이 춤을 추는 등 가지각색의 새와 짐승들이 평화롭게 살고 있다. 들에는 봉황의 알들이 가득 널려 있어서 이곳 사람들은 이 알과 하늘의 이슬을 먹고 산다. 인간이 맛볼 수 있는 맛은 모두 들어 있을 뿐만 아니라 건강에도 좋아 이것을 먹으면 장생불사한다. 그러니 이곳 사람들은 하늘로부터 복을 받은 자들이라고 할 수 있다.

옥민국에서 다시 남쪽으로 가면 여자국女子國에 이른다. 이곳 사람들은 모두 여자뿐이고 남자는 한 명도 없다. 성인이 된 여자는 황지黃池라는 연못에서 목욕을 하면 저절로 임신을 할 수 있다. 만약 아들을 낳게 되면 세 살도 못 되어 죽어버리기 때문에 이곳에는 여자만 살게 되었다고 한다.

다시 남쪽으로 내려가면 이번에는 무함국巫咸國이 나온다. 이곳은 수많은 무사巫師들이 모여 사는 나라이다. 그중에서도 무함巫咸, 무즉巫卽, 무반巫盼, 무팽巫彭, 무고巫姑, 무진巫眞, 무례巫禮, 무저巫抵, 무사巫謝, 무라巫羅 등 소위 10대 무사가 유명한데 그들은 제각기 오른손에는 푸른 뱀을, 왼손에는 붉은 뱀을 움켜쥐고서 등보산을 오르내리며 약초를 캐고 산다. 무함국 근처에는 병봉幷封이라고 하는 괴수가 있는데 돼지처럼 생긴 데다 앞뒤로 기다란 머리가 달려 있다.

다시 남방으로 가면 이번에는 장부국丈夫國이 나온다. 이곳은 여자국과는 달리 남자뿐이다. 이곳 사람들은 의관을 단정히 갖추고 허리에는 보검을 차고 있는 등 남자로서 당당한 위엄을 지니고 있다. 이 나라에 여자가 없는 까닭은 다음과 같다. 옛날 은나라 때 태무太戊라는 국왕이 있었다. 그는 왕맹王孟이라는 신하에게 부하들을 인솔하여 서왕모에게 가서 불사약을 구해 오라고 명했다. 왕맹 일행이 마침 이 지방을 통과할 무렵 출발할 때 가지고 온 식량이 떨어지고 말았다. 일행은 더 이상 전진하지도 못하고 산속에서 과일을 따먹고 나무 껍데기로 옷을 해 입는 등 근근이 연명하다가 나라를 이루게 되었다. 이곳 사람들은 평생 독신으로 살면서도 각각 두 명의 아들을 낳는다. 갓 태어난 아들은 그림자의 모습으로 지내다가 차차 인간의 형체를 갖추게 되는데 그때가 되면 아버지는 죽고 만다. 일설에 의하면 겨드랑이 밑의 갈비뼈 사이에서 아들이 태어난다고 한다.

장부국 부근에는 수마국壽麻國이 있는데 이곳은 대신 남악南嶽의 후손들이 세운 나라이다. 이곳 사람들은 태양 아래에서도 그림자가 생기지 않으며 아무리 큰 소리로 외쳐도 듣지 못한다. 또한 이곳은 너무나 덥기 때문에 아무도 갈 엄두를 못 낸다. 이 나라 근처에는 여제女祭와 여척女戚이라는 두 무녀가 살고 있다. 이들은 두 강을 사이에 두고 여척은 물고기와 자라를, 여제는 제사 지낼 때 사용하는 고기 접시를 들고 서 있다.

수마국에서 다시 남쪽으로 가면 마지막 나라인 맹조국孟鳥國에 이르게 된다. 일명 맹서국孟舒國이라고도 하는데 이곳 사람들은 사람의 머리에 새의 몸을 하고 있으며 사람의 말을 한다. 몸의 깃털은 붉은색, 노란색, 파란색 세 가지인데, 옛날에 우를 도와 치수를 함께했다는 백익의 후손이라고 한다. 즉, 옛날 백익의 현손이었던 맹희[55]가 이곳에 와서 나라를 세울 때 봉황도 그를 따라왔다고 한다. 이곳의 산에는 1천 길이 넘는 대나무가 무성한데 봉황은 죽림에 살면서 그 열매를 먹는다. 맹희 역시 이 열매를 먹고 살았는데 후에 점차 후손이 불어나 나라를 이루게 되었다고 한다. 맹조국 또는 맹서국이라고 부르지만 사실은 맹희국이라고 해야 옳을 것이다.

---

55 새의 몸뚱이에 사람의 말을 했다고 한다.

# 제8장 하나라 이후(上)

우가 하나라를 세운 이후 몇 대가 지나자 폭군 걸왕이 나타났다.
걸왕은 포악한 정치로 천의를 잃고 은나라의 탕왕에 의해 왕위에서 쫓겨나게 된다.

# 1

## 우의 후손

### 계

하나라의 개국 군주 우의 뒤를 이은 인물은 그의 아들 계다. 앞에서도 언급했듯이 계는 우가 치수를 하던 시절 숭고산嵩高山 아래에서 돌로 변해버린 여교女嬌의 몸에서 태어났는데 《산해경》에서 무척 유명한 인물로 등장한다.

그는 신과 인간 사이에서 태어났기 때문에 완전한 신이라고는 할 수 없지만 그래도 신성神性만은 충분히 갖추었던 영웅이다. 그의 형상을 보면 귀에 두 마리의 뱀을 걸치고 두 마리의 용을 타고 다녔는데 이것을 3층의 구름이 받치고 있다. 한편 왼손에는 우산을, 오른손에는 옥환玉環을 들고 있으며 몸에는 옥황玉璜을 달고 있다. 그러니 보기만 해도 위엄이 절로 느껴졌을 것이다.

그는 용을 타고 세 번이나 천제를 방문했다고 하는데 그때마다 천국의 음악인 '구변九辯'과 '구가九歌'를 몰래 기록해서 인간 세계의 음악인 '구초九招'로 편곡했다고 한다.

'구초'는 곧 '구소九韶'인데 1만 6천 척 높이에 있는 대목大穆의 광야에서 악사들을 시켜 최초로 연주했다고 한다. 듣고 보니 그럴듯해서 계는 이후 이 곡에 근거하여 일종의 가무극을 작곡했다. 이번에는 대운

**우의 아들 계**
우를 이어 국왕에 등극한 계. 용을 타고 세 번이나 천제를 방문했다고 한다.

산大運山 북방에 있는 대악大樂의 광야에서 첫 연주회를 가졌는데 어린 아이에게 쇠꼬리를 잡은 채 음악에 맞춰 춤을 추게 했다. 그도 용과 구름을 탄 채 우산을 받쳐 들고 손에는 옥환을 쥐고서 자신이 창작한 음악을 감상했다.

악극은 주위의 풍경과 조화를 이루며 한 막 한 막 전개되었다. 흥에 도취한 그는 자신도 모르게 손에 든 옥환으로 몸에 차고 있던 옥황을 두드리며 박자를 맞추었다. 이때부터 인간은 새롭고도 좀 더 복잡한 음악을 누릴 수 있게 되었고, 종전의 낡고 단조로웠던 여와의 생활 따위는 더 이상 들으려 하지 않았다.

계에게는 맹도孟途라는 신하가 있었는데 그 역시 반신반인의 기인이었다. 전하는 바에 의하면 옛날 맹도가 파巴<sup>56</sup> 지방에서 관리로 지내

362

고 있을 때 한번은 백성들의 소송을 처리하게 되었다. 그때 원고와 피고는 서로가 옳다고 싸움까지 하면서 열을 올리고 있었다. 그러나 그는 이에 아랑곳하지 않고 법술을 부렸다. 한참 있다가 눈을 뜨고는 옷에 피가 묻어 있는 자를 잡아오게 하여 그자에게 유죄 판결을 내렸다. 다름 아닌 신의 계시로서 그가 죄인이라는 사실을 보여준 것이다. 그의 판결은 이처럼 신의 계시를 통해 내려졌기 때문에 다른 관리들에 비해 월등하게 공평했다. 세월이 흘러 맹도가 죽자 백성들은 그를 무산巫山에 묻어주었고 나중에 산 아래에 '맹도사孟途祠'를 세워 그의 공덕을 기렸다고 한다.

## 공갑

계가 왕위를 이어받은 지 10여 대가 지나 공갑이라는 국왕이 즉위하였다. 그는 국정에는 흥미가 없었고 오로지 귀신을 섬기거나 먹고 마시고 사냥하며 궁녀들과 놀아나는 데만 정신이 팔려 있었다. 하 왕조의 덕망과 위세는 갈수록 쇠퇴했고 사방의 제후들도 점차 명령을 따르지 않게 되었다. 그러나 우둔한 공갑은 사태를 전혀 눈치채지 못한 채 여전히 먹고 마시는 데만 열중했다.

그는 사냥을 무척이나 좋아했다. 어느 날 그는 수많은 군졸을 거느리고 말과 마차를 총동원하여 사냥을 나갔다. 사냥매와 개들을 푼 공갑 일행은 동양부산東陽負山에서 사냥을 하고 있었다. 동양부산은 길신吉神인 태봉泰逢이 살고 있는 산인데, 그는 우둔한 공갑이 이따위 놀이나 하며 주위를 어지럽히자 몹시 불쾌해졌다. 그래서 그 일대에 폭풍이 불게 하여 모래와 돌을 날리고 천지를 순식간에 암흑바다로 만들자 공갑 일

---

56 지금의 천동川東 일대.

행은 그만 길을 잃고 말았다.

공갑은 시종 몇 명만 데리고 산속의 민가에서 태풍을 피하려 했다. 이 집은 마침 아기가 태어나 인근 백성들이 다들 축하해주기 위해 집 안 가득 모여 있던 참이었다. 그들은 공갑을 보자 머리를 조아리면서 쑥덕거렸다.

"이 아이는 정말 잘도 태어났단 말이야. 나자마자 국왕까지 뵙게 되었으니 장차 대길의 징조지 뭔가?"

그러나 어떤 사람들은 머리를 흔들었다.

"그게 아닐세, 생일이야 좋을지 모르겠지만 장차 어떤 화가 닥칠지 아는가? 미리 화를 막도록 해야 할 것 같군그려."

이 말을 들은 공갑은 화가 나서 버럭 소리를 질렀다.

"당치도 않은 소리! 이 아기를 내 아들로 삼을 테다. 어떤 놈이 감히 화를 내릴 수 있단 말인가?"

이윽고 바람이 그치자 공갑은 군졸들을 데리고 궁으로 돌아갔다. 그리고 정말 사람을 보내 그 아이를 데려오게 했다. 아기는 점점 자라 성인이 되었다. 이제 공갑은 그 아기에게 무슨 직위든 내려서 자신이야 말로 화복禍福을 마음대로 할 수 있는 위인임을 과시하고 싶었다. 그러나 뜻하지 않은 일이 생겨서 그의 계획은 수포로 돌아가고 말았다.

어느 날 성인이 된 소년이 궁내의 연무청演武廳에서 놀고 있을 때였다. 갑자기 일진광풍이 몰아치는가 싶더니 서까래가 무너져 내렸다. 서까래는 무기를 얹어놓은 선반 위에 떨어졌고 마침 거기 놓여 있던 도끼가 튕겨 날았다. 혼비백산한 소년은 도망쳤지만 도끼는 정확히 날아가서 그의 복사뼈를 찍고 말았다.

이제 소년은 다리가 잘려 나간 불구가 되었다. 그러니 공갑도 별다른 도리가 없게 되고 말았다. 사실 그는 이 소년을 데리고 왔지만 성인이 될 때까지 이렇다 할 교육조차 시키지 않았다. 다리라도 성하다면 그런대로 백성 앞에서 위엄을 갖추게 할 수도 있으련만 다리가 잘려 나간 지금은 그것마저도 불가능해진 것이다. 공갑은 하는 수 없이 소년에게 문지기 직책을 내릴 수밖에 없었다. 그는 탄식하면서 말했다.

"일이 잘될 것만 같았는데 뜻밖의 사건이 터지고 말았다. 정말 인간의 운명이란 알 수 없단 말이야!"

그래서 그는 '파부지가破斧之歌'라는 노래를 지었는데 이것이 동방에 처음으로 나타난 노래라고 한다.

공갑은 용을 기르는 것을 무척이나 좋아했다. 용이란 원래 신기한 동물이다. 하나라의 시조인 우임금도 원래는 용이었다고 한다. 우는 용의 도움으로 치수를 완성할 수 있었고, 하늘에서 내려온 신룡 두 마리의 축하를 받았다.

또 다른 전설에 의하면 남심국南潯國이라는 나라에서 땅속의 모룡毛龍 한 쌍을 발굴하여 우에게 헌상했다. 그는 이 용들을 환룡궁豢龍宮에 데려다놓고 전문가에게 맡겨 기르도록 했다고 한다. 하 왕조 당시에는 대대로 용을 길렀으며 용만 전문적으로 기르는 일족도 있었다고 한다. 이후에 등장하는 각종 전설을 봐도 하 왕조와 용은 관계가 매우 밀접했음을 알 수 있다.

용을 좋아했던 공갑도 암수 한 쌍의 용을 사육했는데 어디서 헌상했는지는 정확하지 않다. 그는 용에 대해서는 문외한이었던 터라 사육법을 몰라 애를 태우고 있었다. 전문가를 구하려 했지만 그것 역시 쉬운 일은 아니었다.

공갑은 결국 얼마간의 시간이 지난 후 알맞아 보이는 사람을 만나게 되었다. 그는 유루劉累라는 자였는데 환룡씨豢龍氏로부터 불과 며칠간 용 사육법을 배운 터여서 그리 정통하지 못했다. 그러나 공갑은 하는 수 없다는 듯이 그에게 용을 맡겨버렸다.

유루는 원래 요임금의 후손이었는데 가세가 기운 데다 적당한 직업도 없어서 환룡씨를 찾아가 대충 용 사육법을 익힌 것뿐이었다.

한편 환룡씨의 조상은 동부董父라고 하는데 일찍이 순임금 시대부터 용을 담당하는 관직을 맡고 있었다. 그 뒤 후손들도 이 분야에 종사했으므로 아예 환룡씨라고 불리게 되었다.

유루는 용에 관하여 며칠만 배웠기 때문에 아는 것이 없었지만 공갑 앞에서는 오히려 시치미 뚝 떼고 자신의 재능을 과시해 보였다. 그러자 멍청한 공갑은 그만 속아 넘어가 그를 양룡관養龍官에 임명하고 '어룡씨御龍氏'라는 이름까지 하사하였다. 이렇게 해서 몰락했던 귀족의 후손은 다시 빛을 보게 되었다.

그러나 유루는 워낙 전문 지식이 없었기 때문에 그만 용 한 마리가 죽고 말았다. 큰 죄를 범해 두려웠을 법도 하지만 그는 오히려 대담해졌다. 사람을 시켜 죽은 용을 연못에서 끌어내어 배를 가르고 살점을 발라 푹 삶아서 공갑에게 바쳤다. 그리고 사냥을 나가 잡은 짐승의 고기라고 속였다.

한편 총애하는 신하가 바친 '짐승'을 맛본 공갑은 칭찬이 대단했다. 그런데 곧이어 용을 끌어내어 유희를 시키려 하는데 풀 죽은 수놈 한 마리만 억지로 끌려나오는 것이 아닌가. 공갑이 암놈의 소재를 묻자 유루는 이런 저런 구실을 붙여 또다시 속여 넘겼다. 그러나 임기응변도 한두 번이지 영원히 계속될 수는 없었다. 우둔한 공갑도 차츰 수상쩍은 느낌이 들었다. 그래서 하루는 격노하여 암놈을 반드시 잡아오라고 명했다. 하지만 이미 삶아서 먹어치운 용이 다시 나타날 리 없었다. 사태가 이쯤 되고 보니 유루도 겁이 나기 시작했다. 그래서 야음을 틈타 식구들을 데리고 몰래 노현魯縣[57]으로 도망치고 말았다.

이제 암놈은 죽었고 유루마저 도망갔다. 남은 수놈마저 병에 걸려서 보살펴주지 않으면 죽을 상황이었다. 공갑은 하는 수 없이 다시금 용 사육 전문가를 찾아야 했고, 얼마쯤 지나 사문師門이라는 전문가를 알게 되었다. 사문은 소부嘯父라는 이인異人의 제자로서 복숭아꽃만 먹고 살았다. 그는 옛날 상고시대의 적송자赤松子나 영봉자寧封子처럼 불을 피워 자신을 태워서 그 연기를 타고 승천할 수 있는 소위 선술仙術을 익힌 인물이었다. 소부 역시 그와 같은 능력을 갖추고 있었다.

일설에 의하면 소부는 서주西周의 길거리에서 신발이나 깁고 있었는데 몇십 년이 넘도록 아무도 알아주는 자가 없었다고 한다. 훗날 그는 선술을 양모梁母라는 또 다른 제자에게 가르쳤는데, 양모는 삼량산三亮山으로 떠날 때가 되자 수십 더미의 장작에 불을 지르고는 그 불꽃을 타고 승천해버렸다고 한다.

스승의 선술을 통해서 보더라도 사문의 능력이 어떠했는지 알 수 있을 것이다. 사문이 온 지 얼마 안 되어 병에 걸린 용은 다시금 생기를 되찾았고 예전의 아름다운 자태도 되살아나기 시작했다. 공갑도 처음으로 만족해했다.

그러나 사문은 용을 다루는 재능은 있었지만 성격은 고약하기 이를 데 없다. 용을 사육하는 일에 관해서는 마치 전장에서 호령하는 장군처럼 안하무인이었다. 그는 누구의 간섭도 받으려고 하지 않았으며 유루처럼 고분고분하지도 않았다. 결국 그놈의 용 한 마리 때문에 지고무상至高無上의 공갑과도 가끔 다투곤 했다. 자기 주장과 맞지 않으면 공갑의 말에도 아랑곳하지 않았으며 오히려 반박하고 나서니 공갑으로서도 심히 불쾌한 노릇이 아닐 수 없었다.

---

57 지금의 하남성 노산현魯山縣.

용을 기르는 이유는 즐거움을 추구하기 위해서였는데 도리어 불쾌하기만 하니 공갑은 미칠 지경이었다. 한번은 사문이 자신의 주장을 무자비하게 비웃자 그도 더 이상 참을 수가 없었다. 화가 머리끝까지 치민 그는 즉시 사람을 시켜 사문의 목을 치라고 불같은 호령을 내렸다. 그러나 어찌된 영문인지 그는 놀라기는커녕 오히려 껄껄 웃는 것이 아닌가? 그러고는 말했다.

"저의 목을 친다고 해도 소용없는 노릇입니다. 당신은 졌소. 그것도 완패했단 말이오."

그는 말을 마치고는 의기양양하게 군졸을 따라 궁문 밖으로 걸어나갔다. 얼마 안 있어 피가 뚝뚝 떨어지는 사문의 머리가 공갑에게 바쳐졌다. 공갑은 사문이 악귀가 되어 괴롭힐까 두려워 왕성 밖의 먼 황야에 시신을 묻도록 했다.

그런데 어찌된 노릇인지 막 그의 시체를 묻고 있는데 갑자기 폭풍이 몰아치면서 엄청난 비가 쏟아지기 시작했다. 비가 그치자 이번에는 그 부근 일대의 산림에 불이 붙어 맹렬한 기세로 타오르기 시작했다. 불꽃이 하늘을 찔렀고 사람들 수십 명이 불을 끄려 애썼지만 도무지 불길이 잡히지 않았다.

왕궁에서 산불을 지켜보고 있던 공갑은 은근히 겁이 났다. 억울하게 죽은 사문이 원귀가 되어 무슨 짓을 할지 몰랐기 때문이었다. 공갑이 수레를 챙겨 직접 성 밖에 나가 기도를 올리는 수밖에 없었다. 그가 기도를 끝내자 과연 불길이 잡혔고 머지않아 꺼질 것만 같았다. 그제서야 안심한 공갑은 성으로 돌아왔다. 수레가 궁문에 다다르자 호위 대장이 다가와 수레 문을 열었다. 그러고는 국왕이 하차하기를 기다렸다. 그런데 어찌된 노릇일까? 내려야 할 공갑이 수레 안에 꼿꼿이 앉아 있지 않은가? 그는 벌써 죽어 있었던 것이다.

# 2

## 걸

공갑이 죽고 얼마 지나지 않아 그의 증손자인(일설에는 아들이라고 한다) 이규履癸가 왕위를 계승하였는데, 그가 바로 역사적으로 유명한 하나라의 폭군 걸桀왕이다.

걸은 체구가 건장하고 외모가 당당한 데다 힘도 장사여서 쇠뿔을 한 손으로 자르는가 하면 쇠갈고리도 펼 수 있을 정도였다. 뿐만 아니라 물속에서는 교룡과 싸워 이길 수 있을 만큼 담력이 컸고 땅에서는 맨손으로 호랑이나 표범을 당할 수 있을 정도였다. 단순히 외모로만 본다면 천하제일의 호걸이라 해도 과언이 아니었다. 그러나 당당한 그의 외모 속에는 포악한 근성이 숨어 있었다.

전설에 의하면 그는 향락을 위해서라면 백성들의 사활은 아랑곳하지 않고 엄청난 재물을 갈취했다. 백성들의 고혈을 쥐어짠 그는 요대瑤臺라는 초호화 궁전을 지었다. 그리고 천하의 각종 진귀한 보물들을 산더미처럼 쌓아놓고 미녀로 가득 채웠다. 뿐만 아니라 배우와 광대까지 동원하여 상상할 수 없는 음란한 짓들을 하였다. 그는 국정에는 관심이 없었고 오직 요대에서 미녀와 광대들에 둘러싸여 먹고 마시는 데만 소일했다.

걸은 또한 요대 안에 연못을 파서 술로 가득 채우게 한 다음 배를

**폭군 걸**
하나라의 폭군인 걸은 술로 연못을 만드는 등 향락에 빠져들어 백성을 돌보지 않았다.

띄워 주지酒池에서 놀이를 즐겼다. "둥둥" 하고 북소리가 울리면 3천 명의 미녀가 땅에 엎드려 목을 빼고 소처럼 술을 마셨다. 그중에는 정신없이 들이켜다 머리를 처박고 죽는 자도 있었는데 그때마다 총비 말희妺喜는 깔깔대며 웃었다. 한 사람 죽는 것쯤이야 아무렇지도 않았던 것이다.

하걸夏桀에게는 요대 외에 행궁行宮과 별원別苑도 많았다. 그중 유비산幽秘山 계곡에 장야궁長夜宮이 있었는데 그와 귀족 남녀들은 매일 이곳에서 먹고 마시면서 몇 달 동안이나 국사는 거들떠보지도 않았다.

그러던 어느 날, 밤하늘에 갑자기 일진광풍이 몰아치면서 흙먼지를 잔뜩 몰고와 불야성을 이룬 장야궁으로 불어닥쳤다. 마침 운이 좋았던 걸은 그곳에 없었지만 천지를 뒤덮은 흙먼지는 삽시간에 장야궁과 계곡을 덮어버리고 말았다. 하늘이 내린 벌이었지만 포악한 걸은 아랑곳하지 않았다.

이 사건이 있은 뒤에도 그는 옛날과 다름없이 향락 추구에만 정신이 팔려 있었다. 한번은 말희가 비단 찢는 소리에 즐거워하자 국고로 쌓아둔 각종 비단을 갖고 오게 한 다음 갈기갈기 찢게 하여 그녀의 환심을 사기에 급급했다.

어느 날 후궁의 궁녀 한 사람이 갑자기 용으로 변하여 흉측한 이빨과 발톱을 드러내고는 마구 날뛰었다. 아무도 그 용을 당해낼 수 없었다. 그런데 용이 잠시 후 다시 미녀로 둔갑하는 것이었다. 모두 두려워서 벌벌 떨고 있었지만 걸은 무서워하기는커녕 더욱더 그녀를 총애했다. 이 괴상한 여자는 매일 사람을 잡아먹고 살았는데 걸은 하루도 빠짐없이 사람을 갖다 주고는 '교첩蛟妾'이라고 불렀다. 일설에 따르면 이 괴녀는 걸에게 길흉화복을 점쳐주었다고 한다.

### 이윤

걸에게는 관룡봉關龍逄이라는 현신이 있었다. 그는 왕의 황음무도한 짓에 관하여 언제나 직간을 했다. 화가 난 걸은 그를 가둔 뒤 결국 죽여버렸다.

관룡봉 외에 이윤伊尹이라는 현신도 있었다. 이윤은 원래 은나라 탕왕의 신하였는데 자신이 중용되지 않자 걸을 찾아가 어선관御膳官[58]을 맡고 있었다. 한번은 걸이 요대의 주지육림에서 한창 놀아나고 있을 때 이윤이 잔을 들어 권하며 간언했다.

"국왕께서 저의 말을 듣지 않는다면 머지않아 나라가 망할 것입니다."

이 말을 듣는 순간 걸은 탁자를 내리치면서 벽력 같은 소리를 질렀다. 하지만 조금 지나 생각해보니 그럴듯하기도 해서 씩 웃으며 반쯤 취한 목소리로 꾸짖었다.

"너 이놈! 요사스런 말로 사람을 현혹시키지 말지어다. 내가 천하

---

**58** 왕의 음식을 담당하는 관리.

를 가지고 있는 것은 하늘에 태양이 있는 것과 같다. 그 누가 태양이 멸망한다고 하더냐? 태양이 멸망한다면야 나도 망하지. 하하하, 허튼 소리 작작해라. 얼토당토않은 놈 같으니."

이처럼 걸은 언제나 과대망상증에 사로잡혀 있었다. 그는 스스로를 천주天父라고 부르면서 자신을 하늘의 태양에 비유하곤 했다. 그리고 백성들의 원한에는 아랑곳하지 않고 오히려 태양을 향해 욕을 퍼부었다.

"이놈의 태양, 왜 죽지 않느냐? 네놈이 죽으면 나도 함께 멸망할 텐데."

걸이 조금도 회개할 낌새가 없다는 것을 눈치챈 이윤은 착잡한 심정을 억누르면서 집으로 돌아올 수밖에 없었다. 길거리를 지나는데 휘영청 밝은 달빛 아래 술 취한 사람 몇 명이 어깨를 나란히 하고 걷는 모습이 보였다. 그들은 비틀거리면서 이상한 노래를 흥얼거리고 있었다.

왜 박亳으로 가지 않는가?
왜 박으로 가지 않는가?
박은 크기만 한데…….

그러자 가만히 보니 처마 밑 컴컴한 곳에서도 똑같은 노랫소리가 들려왔다. 알고 보니 노랫소리는 온 시가지에서 들려오고 있었다.

이윤은 깜짝 놀랐다. 박이라면 은의 탕왕이 세운 도읍지가 아닌가. 왜 이곳 사람들은 다들 박으로 돌아가라는 노래를 부르는 것일까? 하의 백성들조차 탕왕을 흠모하고 있는 것을 보니 과연 그는 듣던 대로 현군이 틀림없단 말인가? 집으로 돌아온 그는 서재에서 곰곰이 생각해보았다. 그러나 아무리 생각해도 의문은 풀리지 않았다. 그때 또다시

**하나라의 걸왕, 한대 석각화**
걸왕은 스스로를 태양에 비유하며 충신의 의견을 듣지 않았다.

근처 골목에서 격앙된 목소리로 부르는 노래가 들려왔다.

깨어나라! 깨어나라!
나의 운명은 이미 결정되었다네!
암흑을 버리고 광명을 찾을지니.
무엇이 걱정이란 말인가?

이윤은 그제서야 깨닫는 바가 있었다. 자신을 위해 부르는 노래임이 틀림없었다. 옛날에 은의 탕왕을 버리고 하의 걸왕을 섬기다니 얼마나 어리석은 짓이었던가? 당시 자신이 비록 중용되지는 못했지만 탕왕은 역시 현명한 군주가 아니었던가? 언제 자신을 중용할지도 모르는 법. 이윤은 드디어 결단을 내렸다. 밤새도록 행장을 꾸려 날이 밝기가 무섭게 노새를 타고 하의 도읍 추성鄒城을 빠져나와 박으로 향했다.

하걸에게는 비창費昌이라는 총신도 있었다. 그가 한번은 황하의 강변에서 노닐고 있었는데 갑자기 하늘에서 두 개의 태양이 빛나기 시작했다. 동쪽에 있는 태양은 휘황찬란한 빛을 발하며 노을빛으로 물든 구름에 떠받들리고 있는 반면 서쪽에 있는 태양은 빛도 없이 회색 구름에 싸여 서산으로 지고 있었다. 바로 그때 하늘에서 들리는 우레 같은 소리가 천지를 진동시켰다. 이처럼 이상한 광경을 목격한 그는 불현듯 민간 전설 하나가 생각났다.

하늘에는 두 개의 태양이 있을 수 없고〔天無二日〕
사람에게는 두 군주가 있을 수 없네〔人無二王〕.

등골이 오싹해진 비창은 수신水神 하백河伯에게 물었다.
"두 개의 태양 중 어느 것이 은이고 어느 것이 하입니까?"
"그야 물론 동쪽에 있는 것이 은이고 서쪽에 있는 것이 하지."
이렇게 되자 그는 하의 멸망이 머지않았음을 알고는 가족과 함께 탕왕을 찾아가 몸을 의탁하고 말았다.
그런데 이윤은 어째서 탕왕에게 중용되지 못했을까? 여기에는 재미있는 고사가 있다. 전하는 바에 따르면 옛날 동방에 신莘이라는 작은 나라가 있었다. 하루는 이곳의 소녀가 바구니를 들고 뽕잎을 따러 갔다가 뽕나무 숲 속에서 아기 울음소리를 들었다. 가까이 가보니 속이 텅 빈 뽕나무 안에서 웬 갓난아기 하나가 울고 있었다. 기이하게 여긴 소녀는 아기를 데리고 와 국왕에게 바쳤다.
국왕은 이 아기를 주방의 요리사에게 기르게 하고는 사람을 보내 자세한 내력을 알아오도록 했다. 얼마 지나지 않아 돌아온 그는 자세히 고했다

아기의 어머니는 원래 이수伊水 가에서 살고 있었는데 임신하여 배가 부른 어느 날 밤에 꿈을 꾸었다. 꿈속에서 신인神人이 나타나 다음과 같이 말하는 것이었다.

"내일 강에 절구가 떠오르거든 곧장 동쪽만 향해서 걸어가거라. 절대 뒤를 돌아보아서는 안 되느니라."

과연 이튿날이 되자 신인의 말대로 절구가 강에 떠올랐다. 그녀는 재빨리 이 이야기를 이웃 사람들에게 알려주고는 그의 말대로 곧장 동쪽만 바라보면서 걸었다.

한편 그녀의 말을 믿은 자들은 함께 행동했지만 공연한 수작이라고 여긴 사람들은 집에 남아 있었다. 그녀가 계속 걸어 10리쯤 갔을 때였다. 갑자기 그녀는 집과 이웃 사람들이 궁금해져 그만 뒤를 돌아보고 말았다. 아뿔싸! 그 순간 마을은 벌써 망망대해가 되어 있었고 흉흉한 파도는 혀를 날름거리면서 삼킬 듯이 뒤쫓아오고 있었다. 깜짝 놀라 비명을 지르는 순간 그녀의 몸은 어느새 속이 텅 빈 뽕나무로 변해 급류 한가운데 우뚝 서 있었다. 며칠이 지나자 파도가 치던 곳에서 물이 빠졌다. 그때 마침 소녀가 뽕잎을 따러 온 것이었다.

이 이야기에 대해서는 동행했던 이웃 사람들이 증명해주었고 결국 이 아기의 내력이 밝혀졌다. 그 어머니가 이수 가에 살았기 때문에 그는 이윤伊尹으로 불리게 되었다. 이윤은 요리사의 부양 덕분에 무럭무럭 자라 어느새 훌륭한 요리사가 되었다. 뿐만 아니라 열심히 공부하여 학문을 상당히 쌓았기 때문에 궁중의 가정교사가 되어 국왕의 딸을 가르치기도 했다.

그 뒤 어느 날 성탕成湯이 동방을 순수巡守하다가 신나라를 지나게 되었다. 신나라의 공주가 아름답고 총명하다는 이야기를 들은 그는 그녀를 아내로 삼고 싶었다. 탕왕의 인품을 익히 알고 있었던 국왕은 그

**탕왕을 도와 하나라를 정벌한 이윤**
이윤은 걸왕의 신하였으나 천하의 대세와 민심을 깨닫고 탕왕에게 귀의한다.

의 청혼에 흔쾌히 동의하여 마침내 당시 풍속에 맞추어 혼례를 올리기로 했다.

이윤은 옛날부터 탕왕을 흠모하고 있었다. 어떻게 하면 자신의 재능을 마음껏 발휘할 수 있을지 고민하고 있었지만 기회가 없던 차에 이 일을 계기로 하여 배신陪臣 자격으로 따라가겠다고 자원하고 나섰다. 마침 신나라 국왕은 뽕나무에서 태어난 수염투성이의 이윤을 그다지 중시하지 않았기 때문에 대수롭지 않게 생각하고 그의 요구를 들어주었다. 공주를 모시고 탕왕에게 간 그에게 교사의 재능보다는 요리사의 재능을 발휘할 기회가 먼저 찾아왔다. 혼사를 앞둔 궁중은 부산하게 움직였고 이에 따라 검은 피부에 난쟁이처럼 키가 작고 볼품없이 생긴 그도 자신의 요리 솜씨를 한껏 발휘할 수 있었다.

과연 그의 솜씨는 탕왕과 빈객들로부터 대대적인 찬사를 받았다. 흥이 오른 탕왕은 야심만만한 이 청년 요리사를 따로 불러 만났다. 이윤은 이 절호의 기회를 살리기 위해 각종 산해진미에서부터 천하의 치도治道에 이르기까지 자신이 품은 소견을 거침없이 이야기했다. 이때부터 탕왕은 그의 재능과 학식을 높이 평가하고 다른 요리사들보다 우대해주었지만 그렇다고 해서 그를 중용하지는 않았다.

이렇게 한두 해가 지나자 탕왕의 뜻을 알게 된 이윤은 굴욕감마저 느끼게 되었다. 결국 그는 탕왕을 떠나 하나라의 걸왕에게 갔다. 그러나 그는 하나라에서도 일개 요리사에 불과했다. 뿐만 아니라 모든 사람들이 포악무도한 걸왕의 폭정 때문에 골머리를 앓고 있었다. 백성들의 원성은 갈수록 심해졌고 동방에서 일어난 은나라는 오히려 흥성하고 있었다. 민심은 이미 탕왕에게 기울고 있었다. 천하의 대세와 자신의 앞날을 곰곰이 생각해본 그는 마침내 하의 걸왕을 버리고 은의 탕왕에게 가기로 결심했던 것이다.

# 3
## 은

은 민족이 자신들의 조상으로 받든 인물은 계다. 그는 옛날에 제비 알을 먹고 임신했다는 유융씨의 딸 간적이 낳은 아들이다. 전설에 따르면 그는 우임금을 도와 치수에 참여하기도 했는데 이때 공을 세워 순임금이 교육을 담당하는 관리로 임명하면서 상商[59]이란 곳에 봉했다고 한다.

그 뒤 성탕이 하나라를 멸망시키고 박[60]에 도읍을 정하면서 나라 이름을 상商이라고 했다. 이후 10여 대를 지나 반경盤庚에 오면서 몇 번의 천도를 거쳐 마지막으로 은殷[61]에 도읍을 정함으로써 나라 이름을 다시 은으로 바꾸었다. 말하자면 은나라는 곧 상나라인 셈이다.

### 해

탕왕 이전의 6, 7대조까지만 해도 은 민족은 동방의 초원에서 유목 생활을 하고 있었다. 당시 그들에게는 해亥라는 유명한 왕이 있었

---

**59** 지금의 섬서성 상현商縣.
**60** 지금의 하남성 상구현商邱縣 서남쪽 일대.
**61** 지금의 하남성 언사현偃師縣 서쪽.

다. 해는 소나 양을 몰고 다니면서 유역有易(또는 有扈)이라는 부족에게 가서 무역을 하기도 했다. 그는 은 민족의 왕이었기 때문에 왕해王亥라고도 불렸는데, 특히 가축을 사육하는 데 능해서 그가 기른 소나 양은 살이 찌고 번식력이 강해 늘 모범이 되곤 했다. 그래서 그가 왕위에 오른 뒤 얼마 되지 않아 은나라는 소나 양으로 가득 차게 되었다고 한다.

이제 가축도 많이 불어나고 백성들의 생활도 어느 정도 여유가 생기자 그는 새로운 궁리를 했다. 즉, 남아도는 소나 양을 서방의 유호有扈로 몰고 가서 그곳의 산물인 금속이나 비단과 바꾼다면 백성들의 생활이 더욱 윤택해질 것 같았다. 당시 유호에는 소나 양이 부족했기 때문이었다.

왕해는 이 계획을 동생인 왕항王恒과 상의했는데 동생은 물론 백성들까지도 그 계획을 적극 지지하고 나섰다. 그래서 형제는 전국에서 우수한 소와 양을 모은 후 목동들과 함께 서방의 유호로 떠났다.

유호는 지금의 섬서성 일대에 자리 잡은 부족이었는데 은 민족과는 황하를 사이에 두고 있었다. 두 나라의 왕은 서로 친한 친구 사이였다. 게다가 이번에 왕해와 왕항이 가축을 몰고 가자 황하의 수신이었던 하백도 크게 감동하여 이들을 도와 무사히 황하를 건너도록 했다.

유호의 왕은 금신綿臣이었는데 동방에서 두 귀빈이 소 떼를 몰고 온다는 소식을 듣고 무척 기뻐했다. 그는 친히 신하를 대동하여 먼 곳까지 나와 이들을 영접했다. 그는 우선 이들을 편히 쉴 수 있도록 해줌으로써 기나긴 여행에 지친 심신을 풀도록 했다. 비록 산지에 자리 잡은 나라였지만 풍요로워 각종 산해진미가 있었으며 집집마다 맛있는 술이 있었고 아름다운 음악도 흘러 나왔다.

두 사람은 외국에서 쾌적하게 생활하고 각종 진귀한 음식을 즐긴 덕분에 몇 개월이 지나자 살이 많이 쪘다. 먹는 것이라면 건장한 체구의 왕해로서는 천부적인 소질이 있었다. 무엇이든지 먹고 소화할 수 있었던 그는 정식 연회든 야외 연회든 그때만은 국왕 신분을 잠시 떠나 실컷 즐겼다. 그가 식사하고 있는 모습을 그린 그림을 보면 그의 왕성한 식욕을 알 수 있다. 양손에 거대한 들짐승을 받쳐 든 채 머리부터 먹어 치우고 있는 모습은 누가 보아도 입에 침이 흐를 정도다.

왕해의 동생 왕항도 형 못지않게 식욕이 왕성했지만 그만큼 정열적이지는 못했다. 그는 다른 곳에 정신이 팔려 있었다. 산해진미보다는 이곳의 미녀에 더 관심이 많았다. 그는 전국을 온통 뒤져 미녀를 찾아보았지만 국왕 금신의 아내만큼 뛰어난 미인은 없다는 사실을 알게 되었다. 그녀는 미모뿐만 아니라 풍류까지 겸비하고 있었다. 원래 이 방면에 소질이 있었던 왕항은 맹렬한 기세로 국왕의 아내에게 구애를 했고 의외로 쉽게 목적을 달성할 수 있었다.

그러나 너무 성급한 사랑은 쉽게 끝나는 법이다. 그녀는 왕항처럼 정열적인 남자를 수없이 봐온 터여서 그 점을 누구보다도 잘 알고 있었다. 아무리 왕항을 살펴봐도 그의 성실한 형인 왕해보다는 못한 것 같았다. 왕해의 짙은 눈썹과 커다란 눈 그리고 과묵한 성격, 앉아 있는 모습은 마치 한 그루의 거목 같아 보였다. 연회석상에서는 방약무인인 듯 성난 야수처럼 왕성한 식욕을 자랑하지만 한가할 때면 마치 부모가 자식을 대하듯 양 떼를 보살피는 것이었다. 그의 이 같은 인품은 여인의 환심을 사기에 충분하였다. 드디어 그녀는 왕해에게 사랑의 공세를 펴기에 이르렀고, 얼마 지나지 않아 그는 그녀의 애정의 포로가 되고 말았다.

왕해는 사랑에서도 산해진미를 대하는 듯 왕성한 정열을 지니고 있었다. 오랜만에 여인의 체취를 느낀 그는 우리를 벗어난 호랑이 같아서 그 누구도 막지 못했다. 사랑의 불꽃은 걷잡을 수 없을 정도로 타올랐고 두 사람은 거의 이성을 상실한 듯했다. 다들 그들의 추악한 행위

**은나라의 시조인 왕해**
유목민의 왕으로 동물을 길들였다고 전해진다.

에 눈살을 찌푸리고 있었지만 늙은 국왕 금신은 이를 까마득히 모르고
있었다.

그들의 애정을 처음 눈치챈 사람은 물론 왕항이었다. 그는 뜻밖의
사실에 격분한 나머지 어찌할 바를 몰랐다. 게다가 형으로부터 최근에
일어난 애정 행각을 모두 듣고 나자 미칠 것만 같았다. 어찌 보면 형이
은근히 압력을 가하는 것 같기도 했다. 그는 형의 위세와 권력이 두려
워 겉으로는 웃어 넘겼지만 끓어오르는 분노로 이를 악물었다.

왕해와 왕항의 이번 사건에 불만을 품은 자가 또 있었으니 다름 아
닌 금신의 젊은 위사衛士였다. 그는 왕해 형제가 오기 전부터 그녀와 미
묘한 관계에 빠져 있었는데 이제 모든 것이 수포로 돌아가자 정신적인
타격이 이루 말할 수 없었다. 게다가 이민족의 왕에게 밀려났다는 일종
의 민족적 수치심까지 느끼고 있었다. 그는 이 추문을 국왕 금신에게

밀고했지만 증명할 만한 물증이 없어 오히려 꾸중만 듣고 말았다. 결국 그는 적당한 기회에 왕해를 처치하기로 결심했다.

사랑의 쓴맛을 겪은 왕항과 위사는 동병상련의 처지에서 잠시나마 동지가 되어 함께 대처하기로 했다. 즉, 왕항이 주위의 장애 요인을 제거하면 젊은 위사가 왕해를 처치하여 분풀이를 함으로써 비록 약소민족이지만 이민족에게 본때를 보여줄 참이었다.

그들의 계획은 차츰 실행에 옮겨졌다. 왕항은 형의 행적을 어느 정도 잘 알고 있었기 때문에 그의 동정을 살피기로 했고 위사는 직접 행동에 옮기기로 했다.

그러던 어느 날 드디어 기회가 왔다. 달빛이 몽롱한 밤에 왕항이 사람을 보내 위사를 불러오게 했다.

"기회가 왔다. 왕해와 군졸들이 사냥에서 돌아와 식사를 마치고 술에 취해 왕궁의 후문으로 들어갔다. 해치우려면 바로 이때다."

청년 위사는 고개를 끄덕였다. 더 이상 아무 말도 필요 없었다. 그는 날이 시퍼런 도끼를 품속에 숨긴 채 후문을 향해 걸어갔다. 평소 낯익은 길이기 때문에 쉽게 담을 넘어 곧장 왕후의 침실로 들어갈 수 있었다. 그가 창을 통해 들여다보니 희미한 촛불 아래로 거구의 사내 한 사람이 보였다. 그 사내는 옷과 신발도 벗지 않은 채 왕후의 침대에 드러누워 코를 골고 있었다. 이 광경을 보는 순간 위사는 노기가 충천했다. 다짜고짜로 방문을 걷어찬 그는 침실로 쳐들어갔다. 그리고 두 손으로 도끼를 움켜쥔 채 개기름이 번득이는 목을 향해 힘껏 내리쳤다. 순간 검붉은 피가 샘처럼 솟으며 목 밑으로 흘러 내렸다. 곧이어 다시 한번 내려치자 목이 뎅그렁 떨어지고 말았다.

그러나 눈을 반쯤 뜬 채로 목이 잘린 왕해는 그래도 국왕의 풍채를 간직하고 있었다. 그의 몸에서는 광채가 났고 건장한 체구에는 과거의 경력을 말해주듯 초원의 풀 냄새와 수많은 양 떼의 그림자가 얼룩져 있는 듯했다.

질투와 분노에 사무친 청년은 잘려 나간 머리를 향해 다시 한번 도끼를 내리쳤다. 눈과 입이 두 동강이 났다. 그러나 그는 쉬지 않고 계속 도끼질을 하여 두 팔과 다리를 모두 잘라버리고 말았다. 드디어 왕해의 시체는 모두 일곱 토막이 되어 여기저기 나뒹굴었다. 참으로 비참한 애정의 종말이었다.

살인자는 급히 이불을 뜯어 도끼와 몸에 묻은 피를 닦아내고 침실을 빠져나와 왕궁 밖으로 도망치기 시작했다. 그러나 어찌된 노릇인지 방문 밖으로 몇 발자국 나가기도 전에 뒤쪽에서 "살인이야!"라고 외치는 궁녀들의 자지러진 목소리가 들려왔다. 그 순간 정원의 숲 속에서 몇 명의 호위병들이 뛰쳐나왔다. 위사는 미처 대항할 겨를도 없이 사로잡혔다. 그리고 흉기를 빼앗긴 채 국왕 금신 앞으로 끌려나갔다.

금신이 심문한 결과 사건의 진상이 백일하에 드러났다. 금신의 분노는 이루 말할 수 없었다. 그는 우선 명령을 내려 왕해가 데리고 온 목동과 소와 양을 몰수한 다음, 평소 달갑지 않게 느꼈던 왕항에게는 추방령을 내렸다. 한편 청년 위사에게는 마땅히 능지처참형을 내려야 했으나 그의 충성심을 고려하여 죄를 묻지 않기로 했다. 이제 남은 것은 왕후 처리 문제였다. 그녀는 며칠 동안 눈물을 흘리며 자신의 결백을 주장하려 안간힘을 썼다. 결국 마음이 약해진 금신은 모든 책임을 왕해에게 돌리고 비로소 노기를 거두었다.

한편 강제 출국을 당한 왕항은 체면이 말이 아니었다. 홀로 본국으로 돌아온 그는 사건의 진상을 제멋대로 날조하여 퍼뜨렸다. 그러자 초원의 백성들은 막대한 재산인 소와 양을 강탈당했을 뿐만 아니라 국왕마저 살해된 데 격분을 금치 못했다. 그들은 왕항을 새 국왕으로 옹립

하고 장수를 선발하여 군대를 훈련시켜 장차 유호 왕에게 복수를 할 계획이었다.

왕항은 백성들의 노기를 부채질하여 결국 국왕 자리에까지 올랐지만 막상 전쟁을 치르게 되자 은근히 겁이 났다. 유호까지 가서 싸우다가 만에 하나 사건의 진상이 밝혀지는 날에는 자신의 왕위는 물론 목숨까지 온전하지 못하게 될까 봐 두려웠다. 결국 그는 자신이 직접 유호로 가서 빼앗긴 소와 양을 되찾아올 터이니 결과를 봐서 천천히 군대를 움직여도 좋을 것이라고 백성들을 설득했다. 그의 유연한 정책에 백성들은 불만을 품었으나 그가 강경하게 나오자 하는 수 없이 따르기로 했다.

왕항은 이제 일국의 국왕 신분으로 수행원들을 대동하고 두 번째로 유호를 찾게 되었다. 한편 유호의 왕 금신은 은 민족이 호락호락한 나라가 아닌 데다 왕항이 두 번째로 방문하는 만큼 전보다 성대한 예를 갖추어 손님을 맞았다. 뿐만 아니라 예전에 몰수한 소와 양과 목동도 왕항의 말이 떨어지기가 무섭게 고스란히 갖다바쳤다.

이제 막대한 재물을 손에 쥐게 된 왕항은 어느새 생각이 바뀌었다. 소와 양은 은나라 백성들의 것이기 때문에 귀국하면 되돌려줘야 했다. 초원의 장막 속에서 빈곤한 국왕 노릇을 하기보다는 아예 산해진미와 가무가 가득하고 옛 애인이 있는 이곳에서 부호 노릇이나 하며 사는 편이 더 나을 것 같았다. 자신과 같은 탕아로서는 일생을 통해 만나기 힘든 더없이 좋은 기회가 아닐 수 없었다. 결국 그는 귀국 날짜는 정하지도 않고 유호에서 유유자적하며 지냈다.

왕항의 이러한 소행에 대해 유호의 국왕은 어쩔 도리가 없었다. 게다가 그 많은 소와 양이 자신의 나라에 있다는 것도 그리 나쁜 일은 아니었다. 그래서 그는 모른 척하고 눈감아주고 있던 터였다. 이렇게 하여 왕항은 몇 년을 그곳에서 지냈다.

한편 여러 해가 지나도 왕항이 돌아오지 않자 은의 백성들은 무슨 변고가 생긴 것으로 오해하고는 그의 아들인 상갑미上甲微를 재빨리 새 국왕으로 옹립했다. 장차 나라에 몰아닥칠지도 모를 위기에 대처하기 위해서였다.

상갑미는 젊지만 영명하고 재능이 뛰어난 현왕이었다. 그로서는 유호가 백부를 죽이고 막대한 재물까지 강점한 데다 이제 자신의 아버지마저 가두자 이를 좌시할 수 없었다. 결국 군대를 동원하여 유호를 치자는 결정이 내려졌다.

원정을 떠난 은나라의 대군은 황하에 이르러 먼저 수신 하백을 찾아 무사히 강을 건너게 해달라고 도움을 청했다. 그러나 하백은 두 나라 모두와 가까웠기 때문에 어느 한쪽을 지원하기가 곤란했다. 그렇다고 해서 은나라 측의 요청을 매정하게 거절할 수도 없었기 때문에 못 이기는 척하며 군대를 도하시켜주었다.

한편 은나라의 상갑미가 대군을 이끌고 쳐들어오고 있다는 소식을 들은 금신은 크게 당황했다. 틀림없이 왕항이 귀국하지 않았기 때문에 군대가 온 것이라고 판단한 그는 급히 사신을 보내 사건의 자초지종을 설명했지만 상갑미는 반신반의했다. 게다가 군대를 이곳까지 진군시킨 이상 무작정 되돌릴 수도 없는 노릇이어서 이번 기회를 구실로 아예 영토를 확장하고 싶은 야욕이 생겼다. 결국 그는 다짜고짜 사신의 목을 베고 진격을 개시했다.

가련한 왕 금신은 평소 전쟁 준비를 해두지 않았기 때문에 적군이 쳐들어오자 허무하게 무너졌다. 몇 번 싸워보지도 못한 채 금신의 군대는 와해되었고 마지막으로 남은 작은 왕성마저 함락되었으며 그 자신도 죽고 말았다. 대군이 입성하자 상갑미는 군졸을 풀어 아버지를 찾도록 했다. 그러나 아무리 찾아도 그는 발견되지 않았다. 알고 보니 격분

**하백**
하백은 멸망한 유호족을 모아 새로운 민족으로 변화시켜 다른 지방으로 옮겨 살게 한다.

한 유호의 백성들이 이미 그를 살해한 후였다.

일이 이렇게 되자 아버지가 갇혀 있다고 추측했던 것이 사실처럼 여겨졌다. 비통과 분노에 치를 떤 그는 군대를 풀어 성 안과 성 밖을 막론하고 닥치는 대로 도륙하고 강간과 약탈을 자행하여 유호 민족을 거의 멸종시켜버렸다. 사람들 대부분이 죽어버린 나라 안은 도처에서 흉측한 들짐승들이 날뛰었고 시체만이 가득할 뿐이었다.

유호를 멸망시킨 상갑미는 의기양양하게 귀국길에 올랐다. 하백은 그를 함부로 대할 수가 없어 병사와 말은 물론 전리품까지 고스란히 황하를 건너게 해주었다. 상갑미가 돌아가자 하백은 폐허가 된 유호국을 돌아보았다. 나라 안은 너무도 비참했다. 번화했던 왕성은 잿더미로 화했고 전야는 잡초와 가시덤불로 가득 차 있었다. 요행히 죽음을 모면한 노약자나 어린이들은 폐허 속을 헤집고 다녔다. 하백은 너무나도 애통

한 나머지 남아 있는 유호족을 모아 새로운 민족으로 변화시켜 다른 지방으로 옮겨 살도록 했다. 이들이 바로 요민搖民(또는 嬴民)으로서 새의 다리를 하고 있었으며 나중에 진秦나라의 조상이 되었다고 한다.

한편 유호와 벌인 전쟁에서 대승을 거둔 은 민족은 이때부터 강성해졌다. 그리고 상갑미로부터 6, 7대를 거쳐 성탕에 와서 박에 도읍을 정하면서부터는 동방의 강국으로 등장하게 되었다. 그 뒤 은은 하를 멸망시키고 천하를 차지하였는데 이후 먼 조상들의 공덕을 기리기 위해 왕해와 왕항 그리고 상갑미에게 성대한 제사를 올렸다. 그중에서도 목축 사업에 공이 많았지만 외국에서 불행하게 죽은 왕해에 올리는 제사가 특히 성대하게 거행되었다. 복사卜辭[62]에서는 심지어 그를 고조高祖 왕해라고 칭하고 있는데, 최대 3백 마리의 소를 제물로 바친다고 했다. 한편 유호와의 전쟁에서 하백도 일익을 담당했던 만큼 은 민족은 그에게도 제사를 지내고 맛 좋은 술과 양고기를 바쳤다.

---

**62** 은허 복사殷墟卜辭의 준말. 은 왕조의 복사卜師가 쓴 점占의 기록.

# 4

## 성탕

　성탕은 은나라 왕 주규主癸의 아들이다. 그는 9척이나 되는 훤칠한
키에 삼각형의 흰 얼굴, 짙은 색 머리, 양쪽 뺨에 난 수염 등 누가 봐도
범인과는 다른 당당한 외모를 자랑했다. 외모만 뛰어난 것이 아니라 마
음씨도 매우 인자했다. 어느 날 성탕이 교외로 사냥을 나갔는데 마침
사면에 그물을 치고 새를 잡는 자가 있었다. 그는 일하면서 노래를 흥
얼거렸다.

　　하늘에서 떨어진 놈이나
　　땅에서 솟는 놈
　　사면팔방에서 날아오는 놈은
　　모두 이 그물 속으로 떨어져라.

　이 노래를 들은 성탕이 말했다.
　"에끼, 여보시오, 안 될 말씀이오. 그렇다면 이제 새는 모두 당신
그물에 걸리고 말 텐데. 어디 하나라의 걸 같은 폭군이나 할 짓을……."
　그러면서 그물의 3면을 떼어내고 한쪽만 남겨두게 했으며, 다른
노래를 가르쳐 주었다.

옛날 거미가 줄을 치자

이제 사람이 그것을 본받았네.

자유로운 새들아!

왼쪽으로 날고 싶거든 왼쪽으로 날고

오른쪽으로 날고 싶거든 오른쪽으로 날렴.

높이 날고 싶거든 높이 날고

낮게 날고 싶거든 낮게 날아라.

나의 그물에 걸려

스스로 죽음을 찾지는 말지어다.


이렇듯 그의 인덕은 짐승에게까지 미치고 있었다. 성탕의 이야기를 들은 한수漢水 이남의 수많은 소국들은 감복한 나머지 다투어 그에게 귀의하였는데 그 수가 무려 40여 나라나 되었다고 한다.

### 성탕의 유폐

한편 하나라의 걸왕은 자신의 신변에 커다란 위험—성탕—이 존재한다는 사실은 전혀 눈치채지 못한 채 여전히 흉악무도한 놀이에만 빠져 있었다. 그는 심지어 궁중에서 기르고 있던 호랑이를 시중에 풀어 놓아 놀란 사람들이 도망치는 모습을 즐기곤 했다. 가끔 신하 중에 자신의 비행을 간하는 자가 있으면 가차 없이 목을 쳤고 무고하게 죽은 자가 줄을 이었다.

성탕은 걸왕에게 억울하게 죽은 자들의 원혼을 달래주기 위해 신하를 보내 그 가족을 위로했다. 이 사실을 전해들은 걸은 그가 민심을 꾀어 모반을 일으키려 한다며 노발대발했다. 간신 조량趙梁의 상주를 받은 걸은 먼저 그가 의심하지 않도록 온갖 감언이설로 달랜 후 경도京

都로 오게 하여 그를 잡으라고 명했다

아무 영문도 모르고 있던 탕왕은 걸왕의 조서를 받고는 즉시 경도
로 왔다. 아니나 다를까 걸은 그를 하대夏臺의 중천重泉에 가두고 말았
다. 하대란 하 왕조가 특별히 만든 중범 감옥으로 균대鈞臺라고도 하는
데 지금의 하남성 우현禹縣의 남쪽에 있다. 중천은 종천種泉이라고도 하
는데 지하실에 물을 채워놓은 감옥으로 짐작된다.

갇힌 신세가 되고 만 탕왕은 너무도 고통스러워서 하마터면 죽을
뻔했다. 다행히 그의 신하가 금은보화를 잔뜩 싣고 와 뇌물 공세를 펴
자 평소 탐욕스러웠던 걸은 눈이 멀고 말았다. 결국 걸은 후환을 생각
해보지도 않고 탕왕을 석방하고 말았다.

### 이윤의 보필과 하의 멸망

탕왕이 석방된 후 걸왕은 대장군 편扁을 시켜 민산岷山을 공격하게
했다. 민산은 당시 서남방에 있는 작은 나라였는데 걸의 군사를 감당하
기에는 역부족이었다. 하루아침에 패망한 민산은 미녀 두 사람을 바치
고 항복해왔다. 이 두 미녀의 이름은 완琬과 염琰이었는데 걸은 이들을
매우 총애한 나머지 그 이름을 옥석에 새겨 늘 몸에 지니고 다녔다고
한다.

원래 걸에게는 총비 말희가 있었지만 이제 나이가 들고 미모도 예
전보다 못해 헌신짝 팽개치듯 낙수 가의 궁으로 쫓아낸 뒤였다. 그로부
터 버림받은 말희는 분을 참을 수가 없었다. 옛날 궁중의 요리사였던
이윤과 모종의 관계가 있었던 말희는 그를 이용하여 복수를 하고 싶었
다. 그녀는 몰래 사람을 보내 이윤과 내통하면서 하나라의 모든 국가
기밀을 남김없이 알려주었다.

이때 이윤은 탕왕의 신임을 받는 은의 재상으로서 야심만만한 정

치가가 되어 있었다. 그는 탕왕을 보필하며 천하 제패를 꿈꾸고 있던 상황에서 귀중한 정보를 얻게 되자 뛸 듯이 기뻤다. 그래서 사람을 말희에게 보내 각종 선물을 건네며 그녀의 환심을 사기에 바빴다.

가을에 곡식이 익어 머리를 숙이면 농부는 이를 베어 간다. 이처럼 걸의 음란과 폭정도 마침내 종말을 고할 때가 도래하고야 말았다. 탕왕은 천병天兵을 발동함과 동시에 천하의 제후들을 규합하여 걸을 토벌하는 위업에 나섰다. 옛날에 귀순해온 비창費昌이 탕왕의 수레를 몰았는데 그는 두 손에 거대한 도끼를 들고 있었다. 수레에 몸을 실은 탕왕은 언뜻 보기만 해도 위풍당당한 기세를 뿜냈다. 당시 걸에게는 위韋와 고顧 그리고 곤오昆吾라고 하는 세 제후가 있었는데, 이윤과 탕은 우선 이들부터 멸망시킨 다음 최후에 걸을 치기로 했다.

걸은 탕왕의 도발에 당황하지 않을 수 없었다. 그는 우선 승산이 별로 없어 보이는 장수를 보내 맞아 싸우게 하는 한편 "급하면 부처님 다리라도 잡는다"라는 속담처럼 각종 희귀한 제물을 총동원하여 천제에게 제사를 올렸다. 그러나 하늘은 그의 편이 아니었다. 걸의 장수 하경夏耕은 몇 번 싸워보지도 못하고 전사하고 말았다.

하경은 장산章山을 수비하고 있던 대장이었다. 그는 오른손에 창을, 왼손에는 방패를 들고서 늠름하게 섰다. 하지만 탕왕의 칼을 맞고는 너무도 허무하게 목이 떨어져 나갔다. 목이 잘려 나간 그는 엉금엉금 기다가 목이 없어진 사실을 알자 냅다 도망치기 시작했다. 그는 무산巫山까지 도망쳐서 한적한 곳에 은신하고는 더 이상 세상에 나오지 않았다고 한다.

탕왕의 군대는 파죽지세로 걸의 도성까지 진격했다. 그때 상제의 명을 받든 한 대신이 그에게 와서 말했다.

"상제께서 당신을 도우라고 하셨습니다. 성 안은 벌써 아수라장이 되었으니 이때를 틈타 쳐들어가십시오. 나는 당신으로 하여금 대승을 거두도록 할 것입니다. 성의 서북 모퉁이에서 불이 오르거든 그곳을 향해 진격하도록 하십시오."

말이 끝나자마자 그의 모습은 온데간데 없었다. 탕왕이 가만히 생각해보니 형상이 사람의 얼굴에 야수의 몸뚱이를 한 것으로 보아 화신 火神 축융 같기도 했다. 어쨌든 누가 누구인지 알 수가 없어 그는 한참 골몰하고 있었다.

바로 그때, 누가 크게 외쳤다.

"성의 서북쪽에서 불이 오르고 있습니다!"

탕왕은 급히 장막 밖으로 뛰쳐나갔다. 과연 거대한 불꽃이 칠흑 같은 밤을 훤히 밝히고 있었다. 그는 그제서야 화신 축융의 조화였음을 깨닫고는 급히 공격 명령을 내렸다. 투항해온 걸의 군대마저 총동원하여 공격해 들어가자 평소 철옹성 같았던 도성도 삽시간에 무너지고 말았다.

성이 함락되자 걸은 혼비백산하여 말희와 궁녀 몇 명만 데리고 곧장 명조鳴條로 달아났다. 명조는 지금의 산서성 안읍현安邑縣에 자리한 곳으로 걸의 도성[63]과는 수백 리나 떨어져 있었다. 한편 탕왕은 가려 뽑은 전차 70량과 결사대원 6천 명을 데리고 며칠을 달려 명조까지 추격했다. 양쪽 병사들이 맞닥뜨리자 걸의 군대는 미처 손도 써보지 못한 채 붕괴되기 시작했다. 군사와 말들이 밟고 밟히는 와중에 거의 도망쳐버렸고 남은 사람은 몇 안 되는 졸개들뿐이었다.

걸은 병사 몇 명과 말희 그리고 몇 명의 궁녀를 데리고 낡아빠진 목선 몇 척에 의지한 채 어느 신비로운 강을 저어 갔다. 그들은 강을 따

---

63 지금의 하남성 공현鞏縣 서남쪽.

392

라 계속 남하하다가 남소南巢까지 가게 되었다. 남소는 지금의 안휘성 소현巢縣으로 부근에 소호巢湖라는 커다란 호수가 있다. 걸이 어떻게 해서 그곳까지 도망쳤는지는 모르겠지만 어쨌든 거기까지 밀려 온 그는 나이도 많이 들고 정신마저 혼미하여 곧 죽고 말았다고 한다. 울분을 가득 안은 그는 임종 당시 한 맺힌 목소리로 말했다고 한다.

"정말 후회스럽다. 옛날 성탕 녀석을 하대에서 죽였어야 하는 건데. 그랬더라면 오늘과 같은 비극은 없었을 것을……."

이 얼마나 우둔한 걸인가? 설사 성탕을 죽였다고 해도 박해를 받았던 수많은 백성들은 어찌 당해낼 수 있었을 것인가?

## 천자 성탕

걸을 멸망시킨 탕왕은 이제 천하를 얻게 되었다. 그러나 그가 천자가 된 지 얼마 지나지 않아 7년간의 한발이 몰아닥쳤다. 강물은 말라붙은 지 오래였고 돌은 불덩이처럼 달아올랐다. 백성들의 고통도 이루 말할 수 없을 지경이었다. 기우제를 몇 번이나 올렸건만 아무런 효험이 없었다. 그때 어느 사관史官이 점을 쳐서 탕왕에게 아뢰었다.

"비가 내리려면 사람을 희생물로 바쳐야 하옵니다."

탕왕은 깜짝 놀랐다.

"뭣이? 기우제를 지내는 것은 백성을 위함인데 반드시 사람을 바쳐야 한다면 내가 희생물이 되겠다."

그러고는 허름한 옷을 입고 손에는 흰 풀 한 묶음을 들었다. 그는 흰 말이 끄는 흰 수레에 올라 은 민족의 성지라 할 수 있는 상림으로 갔다. 자신이 직접 기우제를 지내기 위해서였다.

한 무리의 사람이 세 발 달린 솥을 어깨에 메고 기를 꽂은 채 음악에 맞춰 걸어갔다. 탕왕의 수레는 이들 뒤를 천천히 따르고 있었다. 무사巫師는 이상한 주문을 소리 높이 외우고 있었다.

일행은 드디어 상림에 도착했다. 탕왕은 수레에서 내려 친히 제단을 향해 걸어갔다. 그리고 묵묵히 기도를 올린 다음 빌었다.

"저에게 죄가 있다면 백성들을 괴롭히지 말아주시고, 그들에게 죄가 있다면 이 몸이 달게 받겠나이다."

기도를 마친 그는 가위로 자신의 머리카락과 손톱을 잘라 신단 앞의 불구덩이에 던졌다. 백성을 위해 희생물이 되겠다는 표시였다.

옛날 오나라에 명검을 만드는 솜씨로 유명한 간장干將이 살았다. 그가 한번은 보검을 만들게 되었는데 그의 처 막야莫邪는 남편이 성공적으로 보검을 만들 수 있도록 스스로 화로에 몸을 던졌다. 그 뒤 두 자루의 보검이 완성되었는데 신기한 섬광을 발했다고 한다. 그래서 후세 사람들은 웅검雄劍을 간장, 자검雌劍을 막야라고 불렀다고 한다.

탕왕은 비록 막야처럼 몸을 불 속에 던지지는 않았지만 그래도 천자의 체면에 머리카락과 손톱까지 잘랐다는 것은 그의 정성을 간절히 표시한 것이라고 할 수 있다. 이처럼 그는 백성을 위해 자신을 희생했던 그야말로 성왕聖王이었다고 할 수 있다. 그가 머리카락과 손톱을 불속에 던지는 순간 사해四海의 구름이 모여들면서 순식간에 비가 쏟아져 7년 한발은 자취도 없이 사라졌다고 한다.

# 제9장 하나라
# 이후(下)

하나라를 멸하고 천자국이 된 은나라도 말기에는 주왕이라는 폭군의 등장으로 주나라에 의해
멸망당한다. 주의 문왕과 무왕은 백성을 보살피고 나라를 부강하게 해 제후의 지지를 받았다.

# 1
## 주왕

하나라 말기에 걸왕 같은 폭군이 있었던 것처럼 은나라 말기에도 비슷한 폭군이 있었으니 다름 아닌 주왕紂王이다. 주왕의 행적은 얼핏 보면 걸왕의 복사판이라고 해도 과언이 아니다. 두 사람의 이야기뿐만 아니라 등장인물조차 비슷한 점이 너무도 많다. 이를테면 걸왕에게 말희가 있었다면 주왕에게는 달기妲己가 있었는데, 모두 중국 역사상 망국을 부른 '악녀'로 유명하다.

또한 걸에게 성탕이라는 정적이 있었다면 주에게는 주周의 문왕文王이나 무왕武王이 있었다. 또한 성탕이 걸을 공격할 때 현명한 신하 이윤이 보필했듯이 문왕과 무왕이 주를 칠 때는 여망呂望이라는 신하가 있었다. 더욱 묘한 것은 걸이 성탕을 하대에 가두었다가 풀어주었듯 주역시 문왕을 유리羑里에 가두었다가 석방한 적이 있다는 점이다.

이처럼 두 폭군의 고사에 너무도 유사한 점이 많았기 때문에 후세사람들 중에는 동일한 전설이 분화된 것이 아닌지 의혹을 품은 경우가많다. 즉, 역사적 사실에 어느 정도 접근해 있는 주왕의 고사를 아득한옛날의 폭군 걸에게 견강부회시켰을 가능성이 많다는 것이다.

어쨌든 두 고사는 대체로 윤곽이 거의 일치하고 있지만 세부적인내용은 그래도 큰 차이가 있음을 알 수 있다. 이 장에서는 걸의 신화에 이어 주왕의 고사에 대해 알아보겠다.

주왕의 용모는 어떠했을까? 그 역시 걸처럼 커다란 키에 당당한 체구, 용맹한 성격 등 얼핏 보아 영웅의 자질을 모두 갖추고 있었다. 게다가 맨손으로 맹수를 때려잡는가 하면 몇 마리의 소가 끄는 수레를 되잡아 끌고 달리기를 하고 집의 대들보를 뽑을 만큼 힘이 장사였다. 뿐만 아니라 뛰어나게 총명했고 거침없는 달변가여서 아무도 그의 구변을 당해내지 못했다. 학식도 풍부하여 신하의 간언을 막기에 충분하였으며 아울러 자신의 과실을 가리는 데도 능숙했다. 게다가 신분마저 높고 보니 오만이 극에 달해 안하무인으로 신하들을 대했다. 아무도 자신을 능가할 자가 없다고 했으며 득의만만한 나머지 스스로를 '천왕天王'으로 봉하기도 했다.

이 '천왕'도 향락을 위해서라면 사치의 극을 다했다. 백성의 고통쯤은 아랑곳하지 않고 수천 명의 백성을 노예로 부려 도읍지 조가朝歌에 녹대鹿臺라는 초호화 누각을 짓기도 했다. 무려 7년이나 걸려 완성한 누각은 길이가 무려 3리에 높이는 1천 자가 넘었고 정각亭閣만 해도 헤아릴 수 없을 만큼 많았다. 녹대에 오르면 비와 구름이 발 아래에서 놀았다고 한다.

그는 여기에 만족하지 않고 결국 경궁傾宮이나 경실瓊室 등과 같은 거대한 누각까지 축조하면서 전국의 옥석玉石을 총동원하여 장식했다. 뿐만 아니라 각종 준마와 명견, 그리고 민간에서 잡아들인 미녀들로 궁을 가득 채웠는가 하면 화원에는 진기한 금수가 우글거렸다. 그는 귀족들과 함께 이곳에서 놀아나면서 각종 음란한 짓을 다했다. 술로 연못을 파고[酒池] 고기를 나뭇가지에 매달아[肉林] 벌거벗은 남녀들로 하여금 마음껏 즐기게 했다.

또한 악사 사연師涓에게 각종 음탕한 가무를 짓게 하여 그들의 놀이에 흥을 돋우게 했다. 이처럼 그들은 종일토록 무위도식하면서 상상하기 힘든 음란한 짓을 하고 있었던 것이다.

주왕은 신하들의 간언과 백성들의 원성을 틀어막기 위해 포락炮烙이라는 기상천외한 형벌을 만들어내기도 했다. 먼저 구리 기둥에 기름을 바르고 밑에는 이글거리는 숯덩이를 쌓아놓은 다음 죄인에게 그 위를 걷게 한다. 맨발인 데다 이미 달아오른 구리 기둥은 불덩이나 다름없다. 게다가 기름까지 발라놓았으니 죄인은 뒤뚱거리다가 이내 이글거리는 숯더미에 떨어지고 만다. 곧이어 사람 타는 냄새가 코를 찌르면 주왕과 총비 달기는 깔깔대고 웃는다. 이처럼 '포락'은 그들에게 하나의 유희였던 것이다.

주왕의 천성은 포악하기 이를 데 없어서 즐거운 때나 화가 날 때면 살인을 일삼았다. 한번은 이런 일이 있었다. 요리사가 웅장熊掌[64]을 상에 올렸는데 불을 약간 잘못 다루어서 맛이 그다지 좋지 않았다. 화가 난 주왕은 당장 그를 죽여버렸다.

어느 날 새벽, 그가 녹대에서 놀고 있는데 멀리 조가성朝歌城 밖의 기수淇水 가에서 한 노인이 발을 걷어붙인 채 강을 건너는 모습이 보였다. 노인은 물길이 세어서 한참이나 주저하듯 이리저리 배회하고 있었다. 걸왕이 그 까닭을 묻자 좌우의 시종이 대답했다.

"늙으면 죽어야지요. 늙은 놈의 뼈다귀는 골수가 시원치 않아 새벽 날씨에도 발이 시려 저렇게 쩔쩔매고 있는 것이옵니다."

이 말을 들은 주왕는 갑자기 호기심이 발동했다. 그는 즉시 호랑이보다도 표독스러운 위사衛士에게 명하여 그 노인을 잡아오게 했다. 노인이 잡혀 오자 그는 다짜고짜 노인의 발목을 도끼로 찍고 뼈를 들여다

---

[64] 곰의 발바닥.

보는 것이었다.

주왕의 형제 중에는 은의 왕자 비간比干이라는 인물이 있었다. 그는 매우 충직한 신하여서 주의 이러한 횡포에 대해 늘 진지한 간언을 했다. 그러자 한번은 참다못한 주왕이 말했다.

"듣자 하니 성인의 심장에는 구멍이 일곱 개나 뚫려 있다는데 어디 네놈도 그런지 보아야겠다."

그는 즉시 사람을 시켜 비간의 심장을 꺼내 사실 여부를 확인했다. 비간이 죽은 것은 물론이다.

또한 나라 안에 구후九侯라는 자가 있었는데 그에게는 아름답기로 유명한 딸이 있었다. 평소 그녀에게 눈독을 들이고 있었던 주왕는 그녀를 비빈으로 삼고 싶었지만 포악한 그를 요조숙녀가 좋아할 리 없었다. 그러자 화가 난 그는 그녀와 구후를 죽여 젖을 담가버렸다. 이 부녀父女를 죽일 때 마침 현장에는 악후鄂侯라는 자가 있었다. 그는 사리의 부당함을 들어 적극 간언하고 나섰다. 주왕이 이를 들어줄 리 만무했다. 결국 악후마저 죽이고 그의 살을 발라내 건육乾肉을 만들어버렸다.

### 서백의 유폐

당시 서백[65] 주 문왕周文王은 주왕의 횡포에 대해 익히 듣고 있었다. 구후와 악후까지 죽일 정도이니 더 이상 간언해봐야 쓸모없는 짓임을 잘 알고 있었다. 그는 그저 탄식만 할 뿐이었다. 그러나 불행하게도 그 광경을 간신 숭후호崇侯虎에게 들키고 말았다. 숭후호는 즉시 주왕에게 고해 바쳤다.

"서백 녀석을 조심하셔야겠습니다. 평소 호인인 양 가장하여 민심

---

[65] 서방 제후의 장이라는 뜻. 이름은 창昌이다.

**주 문왕**
은나라의 주왕은 주 문왕을 유리에 가두었지만 문왕의 기지에 속아 놓아주고 만다.

을 모으고 있는데 그 결과 현재 많은 제후들이 그를 따르고 있사옵니
다. 이번에 대왕께서 구후와 악후를 처단하자 녀석이 탄식한 것을 보면
머지않아 못된 짓을 할 것으로 보입니다."

주왕은 그의 참언을 듣고는 즉시 서백을 잡아오게 하여 유리에 가
두고 말았다. 유리란 지금의 하남성 탕음현湯陰縣의 북쪽에 자리한 곳으
로 당시 이곳에 은나라 최대의 감옥이 있었다. 주위는 하늘을 찌를 듯
한 담으로 둘러쳐져 있어 나는 새도 밖에 나갈 엄두를 못 낼 정도였다
고 한다.

문왕에게는 '문왕사우文王四友'로 불리는 네 명의 충신이 있었다.
태전太顚, 굉요閎夭, 산의생散宜生, 남궁괄南宮适이 그들이었는데 문왕이
유리에 갇혔다는 소식을 듣자 급히 달려왔다. 이들은 갖은 어려움을 헤
치고 경비가 삼엄한 유리의 어둠침침한 감방에서 문왕을 면회했다. 물론
옆에서는 옥리가 감시하고 있었기 때문에 제대로 말도 할 수가 없었다.

그러나 총명했던 문왕은 재빨리 몇 번 신호를 보냈다. 즉, 먼저 오른쪽 눈을 깜빡거려 주왕이 호색한이니 빨리 미녀를 뇌물로 바치라고 전했다. 또한 활 끝으로 자기 배를 두드려 주가 자신의 재물까지 탐내고 있으니 얼른 바치라고 전했다. 마지막으로 발꿈치를 찧어서 늦으면 죽을지도 모르니 빨리 서두르라고 재촉했다. 충신들은 문왕의 뜻을 정확히 이해하고 즉시 돌아와 뇌물을 준비하기에 바빴다.

당시 문왕의 큰아들 백읍고伯邑考는 은나라에 인질로 잡혀 와 주의 수레를 몰고 있었다. 옛날에는 천자가 제후들이 반역을 꾀할까 두려워 그들의 아들을 인질로 잡아두곤 했다. 백읍고도 그래서 이곳에 잡혀 있게 된 것이다.

그러나 포악하기 이를 데 없었던 주왕은 문왕이 몹시 의심스러웠기 때문에 그를 유리에 가두고도 직성이 풀리지 않아 자기의 수레를 몰고 있던 백읍고까지 끓는 솥에 넣어 삶아 죽이고 말았다. 그리고 고깃국〔肉湯〕을 만들어 한 사발을 문왕에게 주면서 좌우의 신하들에게 비웃듯이 말했다.

"제 놈이 성인이라면 자기 아들의 국은 마시지 않을 테지."

그러나 사자가 돌아와 말했다.

"문왕이 자기 아들의 국을 마셨습니다. 조금도 주저하지 않고 다 마시더군요."

이 말에 우둔한 주왕은 무척 기뻐했다.

"그럼 그렇지, 어떤 놈이 서백을 성인이라고 했더냐? 제 자식의 국도 구별 못하는 놈을. 에잇! 더러운 놈 같으니라고."

이 일이 있고 나서부터 주왕은 문왕에 대해 그리 신경을 쓰지 않았다.

한편 굉요, 산의생 등의 '문왕사우'는 돌아오기가 무섭게 수많은 보화와 미녀를 모았다. 미녀는 신나라에서 데리고 왔다. 앞 장에서 이야기한 것처럼 옛날 성탕이 동방을 순유하던 중 신나라에서 미녀를 만나고 현신 이윤까지 얻음으로써 은 민족이 강성해져 결국 천하를 제패했다. 이번에도 신나라의 미녀가 주왕에게 바쳐졌는데, 그 결과가 성탕 때와는 전혀 달랐다. 이 밖에도 그들이 바친 뇌물은 수없이 많았다. 이를테면 견융犬戎의 문마文馬는 오색 반점이 있는 몸에 갈기가 붉고 황금 눈, 닭꼬리 같은 목을 하고 있다 하여 '계사지승鷄斯之乘'이라고 불렸다. 이 말을 타고 다니면 횡사하지 않는 한 1천 살까지는 살 수 있다고 한다. 또 임씨국林氏國에서 가져온 '추오騶吾(또는 騶虞)'라는 희귀한 동물도 있었다. 이놈은 호랑이와 비슷한데 꼬리는 세 배나 더 길다. 역시 몸에 오색 반점이 있는데 이놈을 타면 하루에 1천 리를 달린다고 한다. 이 밖에도 각지에서 수집한 괴수와 미옥美玉, 대패각大貝殼 그리고 각종 가죽이 수없이 많았다.

문왕사우는 준비한 뇌물들을 주왕에게 바칠 준비를 마쳤다. 당시 주에게는 비중費仲이라는 총신이 있었는데 뇌물을 바치려면 먼저 그부터 매수해야 했다. 문왕사우는 마침내 비중의 도움을 받아 뇌물을 헌상할 수 있었다. 호색호탐의 주왕은 궁전 중앙에 앉아 자신에게 바쳐진 뇌물을 내려다보았다. 천하의 각종 진귀한 보물이 다 있었고 미녀들까지 얻게 되자 여간 기쁘지 않았다. 특히 신나라의 미녀를 보고는 아름다운 자태에 경탄을 금치 못했다.

"미녀 하나만으로도 서백을 풀어줄 수 있는데 이렇게 많은 보물까지 있으니, 원 참! 하하하."

이렇게 하여 주왕은 유리에 갇혀 있던 서백을 풀어주고 본국으로 돌아가게 했다. 용이 대해로, 호랑이가 심산으로 돌아간 격이 되고 말았으니 은의 멸망도 머지않게 되었다.

# 2
## 주 문왕

주 문왕은 동토에 버려졌다는 후직의 후손이다. 후직의 어머니 강원은 들에서 거인의 발자국을 밟고 후직을 낳았다고 한다.

문왕은 키가 훤칠하고 피부가 검었다. 나면서부터 특이한 근시近視였다고 하는데 당당한 외모에 학자로서의 품덕까지 넘쳐흘렀다. 유리에서 돌아온 그는 아들 백읍고의 처참한 죽음과 주왕의 흉악무도, 백성들의 고통 때문에 하루도 마음이 편하지 못했다. 그는 우선 본국부터 잘 다스려 제후들을 병합한 다음 시기를 봐서 주왕을 토벌하여 백성들의 고통을 덜어주고 싶었다. 그렇게 하면 자식의 원수도 갚을 뿐만 아니라 자신의 원대한 이상도 달성할 수 있으리라 생각했다. 그 이상을 실현시키려면 현명한 신하가 필요했다. 그에게는 '문왕사우'가 있기는 했지만, 중요한 때 결정적으로 도움을 줄 만한 신하는 없는 상태였다. 그래서 언제나 현신을 구하기 위해 동분서주하고 있었는데, 가끔씩 꿈속에서 한 사람이 나타나 그에게 미소를 지으며 손짓하곤 했다.

문왕이 한 번은 이상한 꿈을 꾸었다. 검은 옷을 입은 천제가 영호진令狐津이라는 나루터에 서 있고 그 뒤에 수염과 눈썹이 흰 노인이 서

---

**66** 천자의 스승.

있었다. 천제가 문왕을 부르면서 말했다.

"창昌! 그대에게 훌륭한 스승이자 현신이 될 수 있는 자 한 사람을 하사하겠다. 그의 이름은 망望이라고 하느니라."

문왕이 급히 예를 갖추어 읍을 하자 이번에는 뒤에 서 있던 노인도 똑같이 예를 올리는 것이었다.

문왕은 꿈에서 깨어났다. 꿈이 너무 이상한 나머지 그 자신도 의아해했다. 그러고 보니 언젠가 그와 비슷한 이야기를 들은 것 같기도 했다. 즉, 국내에 어느 현자가 있는데 이름과 사는 곳은 알 수 없다던 이야기였다. 결국 그는 시종을 데리고 사냥을 한다며 궁 밖을 돌아다니곤했다. 사방을 다니며 그 같은 현자를 만나기 위해서였다.

### 태공망

문왕이 한번은 사냥을 나가면서 태사 편編에게 점을 치게 했다. 편은 한참이나 주문을 읊조리더니 드디어 입을 열었다.

위수 가에서 사냥을 하십시오.
커다란 수확이 있을 것입니다.
교룡도 아니고 용도 아니며
그렇다고 호랑이도 곰도 아닌
현자를 만나게 될 터이니
그것은 천제가 하사하신 훌륭한 현신.

이 말을 듣고 날듯이 기뻤던 문왕은 즉시 거창한 인마를 갖추고 사냥개와 매까지 동원하여 곧장 위수 가의 반계蟠溪라는 곳까지 갔다.

그런데 막상 도착하긴 했지만 우거진 숲 속 저쪽 벽수가 잇닿은 곳

**태공망**
주 문왕과 무왕을 도와 주나라가 은나라를 정벌하는 데 큰 역할을 했다.

에 웬 흰 수염을 한 노인만이 보일 뿐 특별한 것이라고는 아무것도 없었다. 노인은 흰 풀을 깔고 앉은 채 머리에는 대나무 삿갓을 쓰고 있었으며 푸른 옷을 입고 묵묵히 낚싯대만 응시하고 있었다. 마차와 사람 소리에도 아랑곳하지 않고 마치 선계라도 온 양 꼼짝도 하지 않았다. 약간 근시였던 문왕은 수레에 앉아 미간을 찌푸리면서 한참이나 주시하다가 자신도 모르는 사이에 소스라치게 놀라고 말았다. 그가 바로 꿈속에서 본 그 노인이었기 때문이었다.

문왕은 황급히 수레에서 내려 조심스레 노인에게 다가가 말을 걸었다. 그러나 노인은 조금도 자세를 흐트러뜨리지 않은 채 대답만 할 뿐 여전히 낚싯대만 응시하는 것이었다. 대화를 나눈 지 얼마 안 돼 문왕은 그 노인이 바로 자신이 꿈에도 그리던 현자임을 알고는 기뻐서 어쩔 줄을 몰랐다. 그는 예를 갖추어 점잖게 말했다.

"영감님, 이미 작고하신 선친 태공太公께서 말씀하시기를 머지않아 현인이 찾아올 것이니 우리 주 민족은 크게 흥성할 것이라고 하셨습니다. 당신이 바로 그 현인이 아니십니까? 선친 태공께서는 당신을 너무도 오랫동안 흠모하셨습니다."

문왕은 특별히 준비해둔 수레에 노인을 태우고는 직접 수레를 몰아 기산岐山의 도성으로 돌아왔다. 그는 즉시 노인을 국사國師[66]로 추대하고는 '태공망太公望'이라 불렀다.

태공망은 본성이 강姜이었기 때문에 사람들은 그를 강태공姜太公이라고 불렀다. 옛날 그의 조상이 우를 도와 치수에 공을 세워 여呂라는 곳에 봉해졌다고 해서 여상呂尚 또는 여망呂望이라고도 불렀다. 그러나 그 자신은 초야에 묻혀 지내는 일개 천인으로 뜻을 미처 펴지 못하고 있었다. 그는 학식이 매우 뛰어났기에 늘 자신의 재능을 펼쳐보고 싶었다. 그러나 불행하게도 기회를 만나지 못해 인생이 다 가도록 초야에 묻혀 지낼 수밖에 없었던 것이다. 전하는 바에 따르면 그는 심지어 옛날 조가朝歌에서 백정 노릇까지 했는가 하면 맹진孟津에서는 주막까지 경영하는 등 비천한 일도 수없이 했다. 그러다가 나이가 들자 기력이 떨어져 하는 수 없이 위수로 오게 되었던 것이다. 그는 위수 가에 초막을 지어놓고 낚시로 연명하면서 여생을 보내고 있던 중이었다. 하지만 마음 깊은 곳에서는 늘 커다란 이상이 꿈틀거리고 있었다. 즉, 언젠가는 문왕과 같은 현군을 만나 이상을 마음껏 펴보이리라고. 그러나 세월은 덧없이 흘러가고 기회는 좀처럼 찾아오지 않았다. 위수 가의 낚시가 즐거운 때도 있었지만 어느덧 머리는 백발로 뒤덮였고 늘 앉아서 낚싯대를 드리우던 곳은 이미 깊게 패여 있었다. 꿈속에 그리던 현군의 발자국 소리는 여전히 멀기만 했다. 기다리다 지친 그는 마침내 자신의 이상을 포기하고 낚시나 하면서 여생을 마치기로 결심했다. 그러나 너무도 뜻밖의 현실이 찾아오고야 말았다. 어느 날 이미 늙을 대로 늙은 그는 예나 다름없이 위수 가에 앉아 낚싯대를 드리우고 있었다. 그런데 깊은 숲 속 저쪽에서 개 짖는 소리와 말 울음소리 그리고 왁자지껄한 사람들 소리가 들려오는 것이 아닌가? 몇십 년이나 갈망했던 이상이 드디어 요란한 소리와 함께 목전에 닥친 것이다. 희미하게 꺼져가고 있던 불씨는 경각지간에 그의 가슴에 이글거리는 야망의 불을 지피고 말았다. 검은 피부의 건장한 젊은이가 늠름한 자태로 다가오는 순간, 그의 가슴은 미칠 듯이 뛰었다.

'아! 이분이 바로……'

세간의 온갖 역정을 몸소 겪어온 그는 두근거리는 가슴을 가까스로 억제하면서 겉으로는 평소와 다름없이 조용히 낚싯대만 응시했다. 하루도 현신을 잊지 않고 미친 듯이 전국을 찾아헤맸던 문왕은 조용한 자태 뒤에 감춰둔 그의 야망을 미처 눈치채지 못했다. 극적인 해후가 마침내 끝나고 몇 번 주고받은 이야기 속에서 문왕은 직감적으로 그를 알아볼 수 있었다. 인마를 성대히 갖추어 궁으로 돌아오는 도중에도 그는 당시 현자에게 올리는 최대의 예를 갖추어 몸소 수레 앞쪽에 앉아 말을 몰았다. 여망의 눈가에는 눈물이 흘러내리고 있었지만 문왕은 전혀 눈치채지 못한 채 들뜬 마음으로 궁에 돌아왔다.

태공과 문왕의 만남에 관해서는 여러 전설이 전한다. 어느 전설에는 태공이 너무나 가난한 나머지 아내에게 쫓겨나 조가의 길거리에서 백정 노릇을 했는데 도마 위의 고기가 썩을 정도로 그를 찾아오는 자가 없었다고 한다. 그리고 후에 문왕을 만나 고난의 여생을 마무리 지었다고 한다.

또 다른 전설에 의하면 문왕이 유리에 갇혀 있을 때 문왕사우가 전국 각지를 돌아다니면서 각종 보화와 미녀를 모아 주에게 바쳤다. 이들 덕분에 풀려난 문왕이 그의 인품을 듣고 그를 중용하기 시작했다고 한다.

여망이 위수 가에서 낚시를 했다는 점에 관해서도 또 다른 전설이 있다. 어느 날 그는 사흘 밤낮 동안 낚싯대를 드리웠지만 한 마리도 낚지 못했다. 화가 치민 나머지 그는 옷과 모자를 벗어 내팽개쳤다. 그때 마침 한 농부가 낚시 방법을 일러주었다. 즉, 낚싯줄은 반드시 가는 것을 사용해야 하며 미끼는 고기가 좋아하는 것으로 고를 것과 낚싯대를 드리울 때는 인내심을 가지고 침착하게 던져야 고기가 놀라지 않는다는 내용이었다. 농부가 일러준 대로 낚싯대를 드리우자 순식간에 커다란 붕어가 물렸고 조금 지나자 잉어까지 물려 올라왔다. 잉어의 배를 갈라보니 이상한 문구가 있었다고 한다.

　　　여망이 제齊에 봉해지다.

또 다른 전설에 따르면 그는 미끼도 없이 낚시를 했는데 50년 동안 한 마리도 낚지 못하다가 마침내 거대한 잉어를 낚았는데 그 뱃속에서 병인兵印 한 개가 나왔다고 한다.

이상은 강태공과 문왕의 해후에 관하여 후세인들이 각색한 이야기라고 할 수 있겠다.

태공이 문왕을 만나고 난 후의 일에 관해서도 재미있는 전설이 전한다. 문왕은 그를 관단灌壇이라는 곳으로 보내 조그만 관직을 맡겼다. 태공은 그 지방을 너무도 잘 다스렸고 1년이 지난 후에는 나뭇가지에 바람조차 일지 않았다. 그러던 어느 날 밤 문왕이 이상한 꿈을 꾸게 되었다. 꿈속에서 한 아름다운 부인이 통곡하며 그의 길을 가로막고 있었다. 그 까닭을 묻자 부인이 말했다.

"저는 태산泰山의 산신 딸입니다. 동해의 해신에게 시집을 갔다가 지금 친정에 가는 길인데 그만 관단의 향장鄕長에게 길이 막히고 말았습니다. 제가 외출할 때는 반드시 폭풍우를 동반해야 하는데 그렇게 되면 성망 높은 향장에게 누를 끼쳐 천벌을 받을까 두렵습니다. 그렇다고 폭풍우 없이 갈 수도 없으니 진퇴양난이랍니다."

문왕은 꿈이 하도 이상해서 태공을 소환했다. 태공 역시 영문을 몰라 난처해하고 있었는데 마침 사람이 와서 고하기를 엄청난 폭풍우가 관단을 지나갔다고 했다. 그제서야 모든 것을 깨달은 문왕은 태공을 대사마大司馬로 승진시켰다고 한다.

# 3

## 주 무왕

주 문왕은 강태공을 얻고부터 부근의 작은 나라들을 차례로 병합하고 수도를 기岐<sup>67</sup>에서 풍豊<sup>68</sup>으로 옮겼다. 이제 주 민족의 판도는 동쪽으로 몇백 리나 뻗어 나갔고 차츰 주왕의 도읍지인 조가朝歌<sup>69</sup>까지 육박하게 되었다. 이 같은 형세를 주왕의 여러 신하들이 보고했지만 그는 들은 척도 하지 않았다.

"나는 천자로서 천명을 받은 사람이다. 그놈이 나를 어떻게 할 수 있단 말인가!" 하고는 여전히 음락에만 빠져 있을 뿐이었다.

풍으로 천도한 지 얼마 안 돼 문왕이 죽고 그의 아들 발發이 왕위를 계승하니 그가 곧 주 무왕周武王이다. 강태공은 여전히 국사國師로 있었다. 무왕은 문왕과 비슷한 면이 많았다. 그 역시 약간 근시였다고 하는데 치아가 안쪽으로 겹으로 나 있었다고 한다. 이런 사람은 대체로 고집이 세다고 한다. 그가 태자로 있을 때의 일이었다. 그는 냄새가 고약한 생선포를 무척이나 좋아했는데 그때마다 늘 스승인 강태공에게 꾸지람을 듣곤 했다. 제사상에 올릴 수 없는 음식이기 때문에 존귀한

---

**67** 지금의 섬서성 기산현岐山縣 이북 일대.
**68** 지금의 섬서성 운현雲縣 동쪽.
**69** 지금의 하남성 기현淇縣 이북.

태자가 먹을 것이 못 된다는 이유에서였다. 개성이 강한 그였지만 차마 스승의 뜻을 거역할 수가 없어 몰래 사람을 시켜 먹었다고 한다.

## 은의 멸망

무왕은 등극한 지 얼마 지나지 않아 군사를 대대적으로 일으켜 주왕을 토벌하는 일에 나섰다. 강태공은 그의 정벌을 적극적으로 지지하고 나섰다. 무왕은 관례대로 출병 전에 우선 태사를 불러 점을 치게 했다. 그런데 점괘가 뜻밖에도 대흉으로 나타났다.

깜짝 놀란 문무백관이 주저하고 있을 때 강태공이 천천히 걸어 나왔다. 그는 옷소매를 걷어붙이고 점에 사용되었던 거북이 등딱지며 시초를 마구 짓밟으면서 큰 소리로 말했다.

"말라빠진 거북이 껍데기와 시든 풀이 무슨 놈의 길흉을 판단한단 말이오? 이 따위 잡물 때문에 우리들의 대사가 방해받을 순 없다. 출병합시다!"

강태공의 용기에 무왕은 은근히 힘이 났다. 그는 즉시 3군에게 명하여 군사를 움직이도록 했다. 문무백관도 용기백배하여 만반의 준비를 갖추었다. 때는 문왕이 죽고 미처 장사도 지내지 않은 상태였다. 그래서 무왕은 한 사람을 문왕으로 분장시켜 전차 앞에 모셔놓고는 문왕의 이름으로 천하의 제후에게 주왕 토벌을 선포했다. 제후들은 아들 무왕의 호소에 적극 호응했지만 당시 고죽군孤竹君의 두 아들—백이伯夷와 숙제叔齊—만은 달랐다. 백이와 숙제는 형제였는데 서로 왕이 되기 싫어 왕위를 양보하다가 끝내 외국으로 도망쳐 나왔다. 그들은 주의 문왕이 노인을 공경한다는 말을 듣고 그에게 가려던 참이었다. 그러나 뜻밖의 일이 벌어지고 있었다. 주나라에 도착해보니 문왕은 죽었고 아들무왕이 부친의 시신을 묻지도 않은 채 군사를 출동시키고 있지 않은가.

그들은 무왕의 태도가 심히 불만스러웠다.

출병하던 날 백이와 숙제는 말머리를 가로막고 무왕의 불인不仁과 불효를 간언했다. 무례한 짓을 본 무왕의 좌우 위사들은 창으로 그들을 찌르려고 했다. 그러자 강태공이 말했다.

"그만두시오, 그들은 현자니까."

그러고는 주위 사람을 시켜 두 사람을 정중히 모셔 가게 했다.

한편 무왕의 군대는 곧장 동쪽을 향해 파죽지세로 쳐들어가 순식간에 낙읍[70]까지 이르렀다. 그들이 막 맹진孟津을 건널 무렵 갑자기 날씨가 변하더니 하늘이 캄캄해지고 눈과 비가 억수같이 쏟아졌다. 일행은 더 이상 진군할 수가 없었기에 하는 수 없이 군대를 낙읍 일대에 묶어두어야 했다. 그러나 눈이 10여 일이나 계속 내려 몇 길이나 쌓였고 천지는 온통 은색 세계로 바뀌고 말았다.

어느 날 아침, 신분을 알 수 없는 다섯 대의 마차가 군영을 향해 달려왔다. 수레에는 모두 다섯 명의 장사가 타고 있었는데 그 뒤를 두 명의 기사가 말을 탄 채 따르고 있었다. 그 일행은 군영 앞에 이르자 마차를 세우고 무왕을 알현하기 위해 특별히 이곳까지 왔노라고 말을 전했다. 무왕은 그들이 전쟁에 참여하기 위해 작은 나라의 제후가 보낸 병사들인 줄 알고는 잠시도 만나주지 않았다. 그때 강태공이 밖을 내다보고 말했다.

"안되옵니다. 즉시 그들을 접견하셔야 합니다. 눈이 이렇게 쌓였는데도 자국조차 남기지 않은 것을 보면 심상한 인물은 아닌 것 같습니다."

무왕이 내다보니 정말 그들은 눈에 발자국을 남기지 않았다. 깜짝 놀란 그는 이들을 접견하고자 했지만 도대체 상대방의 정체가 무엇인

---

[70] 지금의 하남성 낙양시洛陽市 서쪽.

지 몰라 안타까울 뿐이었다. 공연히 실례를 범했다가는 오히려 해가 될 것 같아 주저하고 있는데 강태공이 묘안을 생각해냈다. 그는 급히 사자를 시켜 뜨끈한 국을 보내 맛을 시키도록 했다.

"현재 황상께서는 공무에 바쁘신 중이라 잠시 지체되고 있습니다. 날씨가 추우니 우선 국이라도 드시라고 하셨습니다만 어느 분부터 드려야 할지……."

그러자 말을 타고 있던 두 기사가 나와 이들을 차례로 소개했다.

"먼저 이분께 드리도록 하시오. 남해군南海君이시고 다음 분은 동해군, 서해군, 북해군, 그리고 마지막으로 우리 풍백과 우사에게 주시면 될 것이오."

사자는 국을 한 그릇씩 순서대로 바치고 돌아와 강태공에게 보고했다. 강태공은 다시 무왕에게 아뢰었다.

"이제 저분들을 접견하십시오. 알고 보니 그들은 사해의 해신과 풍백, 우사였습니다. 남해의 해신은 축융이고 동해의 해신은 구망, 그리고 북해의 해신은 원명, 서해의 해신은 욕수라고 하지요. 그러니 문관門官에게 그분들의 성함을 순서대로 부르게 하시고 접견하십시오."

무왕은 그제서야 군중의 막사에서 그들을 접견했는데 문관이 하나하나 호명을 하자 그들은 소스라치게 놀랐다. 아직 접견을 시작하지 않았는데 자신들의 이름까지 알고 있으니 과연 무왕은 보통 인물이 아닌 것 같았다. 그들은 즉시 무릎을 꿇어 예를 표했고 무왕도 답례를 했다.

"대신大神 여러분께서 혹한을 무릅쓰고 이곳까지 오셨다면 무슨 분부라도 계시는지요."

그러자 제신들이 말했다.

"천제의 뜻으로 주나라를 도와 은나라를 멸망시키기 위해 왔습니다. 삼가 본뜻을 받아들여 풍백과 우사에게 직분을 맡겨주신다면 미력

**풍백, 우사, 뇌공 출병도(일부)**
풍백과 우사, 뇌공은 천제의 명을 받들어 주 무왕을 도와 은나라 정벌에 나섰다.

하나마 최선을 다할 것입니다."

기뻐서 어쩔 줄 몰랐던 무왕과 강태공은 즉시 그들에게 임무를 주어 명령을 기다리도록 했다. 날씨가 좋아지자 무왕은 대군을 움직여 한밤중에 맹진을 건넜다. 강물은 거울처럼 잔잔했고 하늘에는 흰 구름이 널려 있었으며 달빛이 대낮처럼 비추고 있었다. 8백 제후의 군대가 일제히 노래를 부르니 사기는 하늘을 찌를 듯했다.

배가 맹진을 중간쯤 지날 때 갑자기 거대한 벌 떼가 무왕의 배로 몰려들었다. 벌을 본 무왕은 그 아름다운 모습을 기旗에 그려 넣도록 했다. 전쟁이 끝난 후 무왕은 당시를 기념하기 위해 그 배를 '봉주蜂舟'라고 이름 지었다.

맹진을 무사히 건넌 군대는 사기가 충천해 있었다. 이제 머지않아 주왕이 있는 조가에 이를 참이었다. 군대는 조가에서 남쪽으로 30리쯤 떨어진 목야牧野라는 곳에서 숙영을 했다. 이튿날 아침 무왕은 목야에서 8백 제후에게 승리를 맹세했다.

한편 무왕의 대군이 쳐들어오고 있다는 소식을 들은 주왕은 친히 병마를 인솔하여 응전해 왔다. 목야는 양쪽의 대군으로 가득 찼고 창과 칼이 번뜩거리며 살기가 넘쳐흘렀다. 아직 싸움을 시작하지도 않은 전장 위의 하늘에서는 굶주림에 지친 까마귀 떼가 괴성을 지르며 배회하고 있었다. 일대 유혈전의 서막을 알리는 듯한 광경이었다.

무왕의 군대는 정의의 군대였다. 포악무도한 주왕을 토벌하기 위해서라면 누구나 기꺼이 목숨을 바칠 각오가 되어 있었다. 그중에서도 파촉巴蜀의 군대가 가장 용감했는데 그들은 진을 칠 때면 각종 악기를 불고 춤을 추면서 희열을 만끽했다. 그들에게 적은 안중에도 없었고 전쟁을 그저 연회에 참가하는 정도로 생각했다.

반면 주왕의 군대는 전혀 달랐다. 대부분이 노예들로서 부족한 병력을 보충하기 위해 징집된 자들이었다. 그들은 주왕의 종말을 눈앞에서 보고 있었던 만큼 그를 위해 싸운다는 것은 상상도 할 수 없었다. 인심은 이미 주왕을 떠나 있었다.

무왕이 왼손에 황금색 도끼를, 오른손에는 흰 쇠꼬리로 맨 기를 흔들며 진두 지휘하자 사기충천해 있던 군졸들은 봇물 터지듯 진격해 들어갔다. 주왕의 군대는 순식간에 와해되고 말았다.

그때 주왕은 산등성이에서 열심히 북을 치면서 독전했지만 대세는 이미 기울고 있었다. 오히려 반역자가 속출하여 창끝을 주왕에게 돌리는 자까지 나타나게 되었다. 평소 포악무도한 데 대한 보답이었다. 그러고 보니 이번 전쟁은 풍백이나 우사의 도움을 빌릴 겨를도 없이 결단이 난 셈이었다.

대세가 기울어진 것을 눈치챈 주왕은 급히 도성으로 달아났다. 그는 녹대鹿臺에 올라 미리 준비해두었던 주옥으로 장식된 옷을 걸쳐 입고 스스로 불 속에 뛰어들어 죽고 말았다. 물론 수많은 보물이 그와 함께 잿더미로 변하고 말았지만 오직 '천지옥염天智玉琰'이라는 다섯 개의 미옥만은 타지 않고 남아 그의 시체를 보호해주고 있었다. 그래서인지 그의 시체는 불탔지만 일그러지지는 않았다고 한다.

이상이 주왕의 최후 모습인데 다른 전설에 의하면 그는 두 총비와 함께 녹대의 잣나무에 목매달아 죽었다고 한다. 또 다른 전설에는 도성이 함락된 뒤 혼자 저항하다가 끝내 피살되었다고도 한다. 어쨌든 희대의 폭군 주는 비참하게 죽었고 무왕은 그의 목을 잘라 백기에 걸어 만인에게 보였다고 한다.

### 달기

이야기가 여기까지 진행되고 나면 독자들은 한가지 의문이 생길 것이다. 중요한 인물 한 사람이 빠져 있기 때문이다.

주왕의 총비 달기가 바로 그 인물이다. 이는 나의 의도적인 안배인데, 사실 그녀가 썩 중요한 인물은 아니었기 때문에 주와 함께 등장시킴으로서 독자의 시선을 흐리게 하고 싶지 않았기 때문이다. 이제 주에 관한 이야기가 일단락된 만큼 그녀에 대해 알아보자.

달기, 그녀는 본래 제후 유소씨有蘇氏의 딸이었다. 유소씨가 주왕의 폭정에 반기를 들자 주왕은 그를 치고 달기를 노예로 잡아왔다. 그러나 그녀는 워낙 총명했던 데다 미모까지 갖춰 주의 총애를 받기에 충분했다. 결국 주는 그녀의 환심을 사기 위해 백성들의 고혈을 짜내는가 하면 온갖 보화를 총동원하기까지 했다. 바로 이 점 때문에 후세 사람들은 그녀를 망국의 원흉으로 보지만 사실은 그렇지 않다. 은나라의 멸망에는 물론 그녀의 영향도 없지 않았다. 그러나 그녀가 결정적인 역할을 했던 것은 아니었다. 설사 달기가 없었더라도 은나라의 비극을 바꾸어놓지는 못했을 것이다. 바로 이 점이 앞에서 그녀를 등장시키지 않은 주된 이유이다.

그녀의 최후 역시 주왕처럼 비참했다. 무왕이 그녀의 목까지 백기에 매달았기 때문이다. 그러나 또 다른 전설에 의하면 그녀는 다른 총비—아마도 옛날 문왕이 바쳤다는 신나라의 미녀일지도 모르지만—와 함께 정원의 숲 속에서 목매달아 죽었다고 한다. 어쨌든 노비의 몸에서 일약 총비까지 오른 달기는 이 같은 종말을 통해 자신의 죄를 속죄했는지도 모른다.

### 백이와 숙제

이번 비극의 최후 1막은 역시 백이와 숙제의 죽음이라고 할 수 있다. 무왕이 은나라를 멸망시키고 천하를 통일하자 두 노인은 주나라의 양식을 먹는 것이 굴욕스럽다 하여 수양산首陽山에 은거해버렸다. 그곳에서 둘은 고사리를 캐어 먹으면서 자신들의 비애를 달래고 있었다.

하루는 산에 올라 고사리를 캐고 있는데 어느 부인이 와서 물었다.

"듣자 하니 당신들은 현자라고 하던데 도의상 주나라의 곡식을 먹지 않는다면서요? 그렇다면 묻겠습니다. 이 고사리는 주나라의 것이 아니고 무엇입니까!"

가만히 듣고 보니 그도 그럴 듯했다. 백이와 숙제는 할 말이 없었다. 기분이 다소 언짢았지만 일개 산골 아낙네의 무지한 이야기로 여겼다. 그들은 계속 고사리로 연명했다.

그러나 얼마 지나지 않아 이번에는 산 밑에 살고 있던 왕마자王摩子라는 사람이 찾아왔다. 이자는 전에 왔던 아낙네와는 달리 학식을 꽤 갖춘 사대부였다. 그 역시 똑같은 방법으로 힐문했다.

"두 분께서는 주나라의 양식은 먹지 않겠다고 하시면서 주나라의 산에 은거하면서 주나라의 산나물을 먹고 있으니 도대체 어찌된 노릇입니까?"

　그는 아예 도망갈 틈도 주지 않고 몰아붙이는 격이었다. 그래서 두 사람은 너무도 상심한 나머지 고사리조차 먹지 않고 굶어 죽기로 결심했다.

　그러나 사건이란 종종 의외로 발전하는 수가 있다. 이들이 굶기 시작한 지 7일째 되던 날, 이들의 뜻을 가상히 여긴 천제가 흰 사슴을 보내 젖을 먹이게 했다. 거의 죽어가고 있던 두 노인은 사슴의 젖을 먹고 기사회생했다. 이렇게 해서 또 며칠이 지났다. 하루는 끓어앉아 열심히 젖을 빨고 있는데 갑자기 욕심이 생겼다.

　"이렇게 살찐 사슴을 잡아먹으면 얼마나 좋을까?"

　그 순간 신록神鹿은 벌써 눈치를 채고 말았다. 오랫동안 고기 맛을 못 본 그들이었던지라 사슴을 보자 갑자기 욕심이 동한 것이다. 덜컥 겁이 난 사슴은 도망치고 말았다. 이제 먹을 것이라고는 아무것도 없게 되었다. 그래서 결국 그들은 굶어 죽었다고 한다.

# 4
# 주 목왕

## 소왕의 비극

　주나라의 무왕은 은나라의 주왕을 정벌하여 마침내 천하통일을 이룩했다. 그러나 그의 증손자인 소왕昭王 때부터 주나라는 쇠미해지기 시작했다. 당시 남방에는 월상국越裳國이라는 조그마한 나라가 있었다. 마침 이 나라에서 흰 야생 닭을 소왕에게 바치기 위해 준비를 마치고 있었는데 가는 길이 워낙 험해 출발을 미루고만 있었다. 놀기 좋아했던 소왕은 이 소식에 참을 수가 없어서 직접 시종을 데리고 월상국으로 갔다. 그러나 가는 도중에 수많은 나라를 거치면서 백성들에게 끼친 피해가 이만저만이 아니었다. 다들 소왕 일행에 대하여 불만이 많았는데 그 중에서도 초楚나라의 백성들이 심했다. 결국 그들은 묘안을 생각해냈고, 소왕 일행이 돌아올 때 본때를 보여주기로 했다.

　얼마쯤 지나자 과연 소왕 일행이 야생 닭뿐만 아니라 각종 짐승까지 잔뜩 싣고는 마냥 신이 나서 돌아오고 있었다. 그들이 한수漢水까지 왔을 때였다. 갑자기 하늘이 어두워지더니 폭우가 쏟아질 것 같기도 하고 무슨 변고가 당장 일어날 것만 같았다. 놀란 닭과 토끼들이 우리 안에서 우왕좌왕하며 야단을 쳤다. 초나라 사람들은 그들을 위해 이미 강에 배를 정박시키고 그들이 오기만을 기다리고 있는 중이었다. 소왕 일

420

행은 비가 올 듯하자 급히 선창으로 뛰어들었다. 하늘은 여전히 어두웠지만 비는 오지 않았다. 이윽고 배가 뭍을 떠나 강 한가운데까지 왔다. 그곳은 마침 급류가 소용돌이치면서 흐르고 있었다.

그 순간 갑자기 찢어지는 듯한 소리가 들리더니 뒤이어 비명과 절규로 배 안은 아수라장이 되고 말았다. 배가 박살이 나서 순식간에 사람과 말, 수레 그리고 야생 닭이 모조리 급류에 휘말려 떠내려가고 있었다. 이것이 바로 초나라 사람들이 꾸며 낸 음모였다. 그들은 소왕 일행이 타게 될 배를 풀로 교묘하게 붙여놓았던 것이다. 그래서 배가 강의 중간쯤 가자 그만 물에 녹아 참사를 빚고 말았던 것이다.

그때 소왕의 마부 가운데 신여미辛餘靡라는 자가 있었는데 팔이 길고 힘이 장사였다. 그는 허우적거리다가 간신히 반죽음이 된 주인—소왕—을 찾아냈다. 그는 있는 힘을 다해 왕을 옆구리에 끼고 한 손으로 물을 저어 결국 건널 수 있었다. 그러나 강기슭에 올라 보니 얼마 전까지 신이 나 있던 소왕은 이미 숨이 끊어져 있었다. 신여미는 나중에 충성심을 인정받아 후작에 봉해졌다고 한다.

소왕의 시체는 돌아왔지만 모략에 의해 죽었기 때문에 천자로서 체면이 말이 아니었다. 사람들은 그가 창피한 나머지 몰래 묻어주었다고 한다.

### 목왕의 천하 유력

소왕이 죽자 아들 만滿이 뒤를 이어 즉위하였는데 그가 유명한 주목왕周穆王이다. 그는 놀고 즐기는 데는 아버지 소왕을 훨씬 능가했다.

한번은 서방의 끝에 있다는 어느 나라에서 화인化人이라는 마술사가 찾아왔다. 그의 마법은 워낙 뛰어나서 불 속에 뛰어들어도 수염 하나 까딱하지 않았다. 뿐만 아니라 허공에 매달려도 떨어지지 않았고, 도시를 이리저리 옮길 수도 있는 등 그야말로 가히 신력을 갖춘 자였다. 목왕은 그를 신처럼 모시며 온갖 예우를 다했다. 그러나 어찌된 영문인지 그는 목왕이 바치는 화려한 침실이며 산해진미, 음악, 미녀 등에 대해 늘 불만이었다. 심지어는 마치 쓰레기 대하듯 하는 것이 아닌가.

하루는 화인이 목왕을 자기 나라로 초대하였다. 떠나는 날 목왕이 그의 소매를 잡자 갑자기 하늘로 오르더니 한참 동안 정지해 있었다. 그의 인도로 화인의 궁궐을 본 목왕은 눈앞에 펼쳐진 휘황찬란한 장식에 정신이 아찔했다. 도처에 금과 은, 보석이 널려 있었으며 궁전은 온통 황금색을 띠고 있었다. 보고 듣고 먹는 것들이 인간 세상에서는 도저히 볼 수 없는 것들이었다. 머리 숙여 자신의 궁전을 내려다보니 초라하기 그지없었다.

화인은 또 다른 곳을 안내해주었다. 그곳은 각종 아름다운 광채에 눈이 부실 정도였고, 귀를 녹일 듯한 음악까지 흐르고 있었다. 목왕의 마음은 음악에 홀려 혼미해질 것만 같았다. 목왕은 너무 오래 머물 수가 없을 정도였다. 어서 빨리 인간 세계로 데려가달라고 하자 화인은 그를 살짝 밀었다. 순간 목왕은 공중에서 곧장 떨어졌다.

목왕이 눈을 떠보니 자신은 별궁에 단정히 앉아 있었고 좌우의 시종들도 그대로 있었으며 상 위의 반찬에서는 아직도 김이 솟고 있는 것이 아닌가! 그는 도대체 영문을 알 수 없었다. 신기하기도 하고 궁금하기도 해서 좌우의 시종에게 물었다. 그러자 시종들이 이구동성으로 한다는 말이 아무 데도 가신 곳이 없고 그저 잠시 넋을 잃고 있더라는 대답이었다. 옆에 서 있던 화인도 비슷한 이야기를 했다.

"저와 국왕께서는 잠시 신선놀음을 즐겼을 뿐이지요. 몸은 조금도 움직이지 않았답니다."

이 사건은 주 목왕으로 하여금 세상을 유람하고 싶은 마음을 더욱 부채질한 격이 되고 말았다. 신선놀음이 그렇게 재미있으니 실제로 전국을 유람한다면 몇 배나 더 재미있을 것 같았다. 결국 그는 모든 것을 팽개친 채 여덟 마리의 준마가 끄는 수레를 타고 천하를 주유하기로 했다.

### 조부

목왕의 8준마에게는 심상치 않은 내력이 있다.

옛날 유명한 어자御者(말몰이꾼)로 조부造父라는 자가 있었다. 8준마는 그가 과부산에서 잡아와 길들여 바친 것인데, 그 말들은 다름 아니라 옛날 무왕이 주를 쳐서 천하를 평정할 때 동원하였던 말의 후손이었다. 전쟁이 끝나자 무왕은 말들을 화산華山(과부산)에 풀어놓았는데 그들이 번식하여 지금의 말이 되었다고 한다. 과연 이 말들은 옛날 명마의 후손답게 훌륭한 혈통을 지니고 있었다.

조부는 말을 모는 데 뛰어났을 뿐 아니라 길들이는 데도 능했는데 8준마는 그의 걸작이라고 할 수 있었다. 그들은 각기 화류驊騮, 녹이綠耳, 적기赤驥, 백희白犧, 거황渠黃, 유륜踰輪, 도려盜驪, 산자山子라고 불렀는데 어느 기록은 더욱 아름다운 이름을 붙이기도 했다. 그들은 땅을 밟지 않고 달렸는데 나는 새보다도 빠르고 하룻밤에 1만 리를 달렸다. 뿐만 아니라 등에 날개가 있어 하늘을 마음대로 날 수 있었다는 등의 매우 신비로운 이야기가 전한다.

조부가 8준마를 바치자 목왕은 이들을 동해의 섬에 있다는 용천龍川에서 기르게 했다. 그곳에는 용추龍芻라는 유명한 풀이 자라고 있었는데 보통 말도 이 풀만 먹으면 하루에 1천 리를 달린다고 하니 8준마는 말할 나위가 없었다. 그래서 옛날 속담에 "한줄기의 용추에서 한 마리의 용마가 난다"는 말이 있는데 바로 이 신비한 풀을 두고 하는 말이다.

조부의 말 모는 솜씨는 스승인 태두泰豆에게서 배운 것이다. 태두는 땅에 겨우 발을 들여놓을 수 있을 정도로 나무를 꽂은 다음 조부에게 그 사이를 달리게 했다. 절대로 넘어진다거나 옷깃을 닿아서도 안 되었다. 열심히 노력한 결과 그는 사흘 만에 익혔는데 스승조차 깜짝 놀랐다고 한다.

"정말 민첩하구나. 사흘 만에 배우다니."

그는 그때부터 수레 모는 법을 전수해주기 시작했다. 태수에게 모든 것을 사사한 조부는 열심히 연구하고 익혀 마침내 유명한 어사가 되었다.

목왕은 천하를 주유하기 전에 먼저 길일을 택하고는 8준마를 몰고 몇 명의 시종과 함께 출발했다. 멀리 북방부터 유람하여 남방으로 이어지는 여정이었는데 양우산에서 수신 하백을 만났는가 하면 곤륜산에서는 황제의 궁전을 구경하기도 했다. 한편 적오족赤烏族은 미녀를 바쳐왔다. 흑수黑水에서 목왕은 자신을 친절히 대해준 장비국長臂國 사람들에게 관직을 주기도 했다. 그 다음 8준마를 곧장 대지의 서쪽 끝으로 달려 태양이 진다는 엄자산까지 가서 평소 사모하던 서왕모를 만나기도 했다.

목왕은 서왕모에게 각종 보물을 바치고 이튿날에는 요지에서 성대한 잔치를 베풀었다. 원래 서왕모는 "쑥대머리에다 비녀를 꽂고 표범의 꼬리와 호랑이의 이빨"을 한 흉측한 괴물이었지만 옛날에 예가 그녀에게 불사약을 받은 뒤 1천 년이 지난 지금에 와서는 상당히 변모해 있었다. 옛날의 흉측한 모습은 온데간데없고 이제는 꽤 우아한 자태에 예의까지 갖춘 미녀가 되어 있었다.

잔치가 벌어지기 전에 목왕이 그녀를 위해 그럴듯한 시 한 수를 읊었다. 그러자 서왕모도 흥이 나서 답시를 읊었다. 서로 번갈아 노래를 부르면서 흥은 절정에 이르렀다. 이를 기념하기 위해 목왕은 엄자산 꼭대기로 수레를 몰게 했다. 그는 그곳에 "서왕모의 산"이라고 새긴 비를 세우게 했고 그 앞에 기념 식수까지 했다. 이윽고 떠나는 순간이 되자 아쉬움에 젖은 서왕모는 이별의 시를 한 수 읊었으며 두 사람은 석별의 정을 나누면서 마지못해 헤어져야 했다.

### 언사

엄자산에서 돌아오는 도중에 어떤 자가 손재주가 뛰어난 언사偃師라는 사람을 목왕에게 헌상해왔다. 목왕은 그에게 물었다.

"너는 도대체 어떤 손재주가 있단 말이냐?"

그러자 언사가 대답했다.

"말씀하시는 것은 무엇이든지 만들 수 있지요. 제가 정성 들여 만든 것이 하나 있는데 보시겠습니까?"

"좋지, 나중에 갖고 와보아라. 어디 한번 볼 테니."

이튿날이 되자 언사는 복장이 기이한 사람 하나를 데리고 목왕을 알현했다. 목왕이 물었다.

"같이 온 이자는 누구냐?"

"노래를 부르는 사람인데 제가 직접 만들었습니다."

목왕은 소스라치게 놀랐다. 자세히 보니 일거일동이 사람과 똑같지 않은가? 자기가 직접 만들었다고 하지만 도무지 믿어지지 않았다. 목왕은 우선 노래부터 들어보기로 했다.

공연이 시작되었다. 그 괴인은 노래를 부르면서 춤도 추는 등 동작 하나하나가 박자에 딱 들어맞았다. 게다가 온갖 자태를 취하면서 손짓 발짓을 자유자재로 구사하여 어색한 데라고는 조금도 없었다. 목왕은 볼수록 의심이 생겼다. 정말 사람이 아니고 무엇이란 말인가? 공연이 끝날 무렵 괴인은 목왕의 좌우에 있는 미녀에게 눈짓을 보냈다. 마치 자신의 애정을 고백하기라도 하듯이. 이것을 재빨리 눈치챈 목왕이 격분하여 언사의 목을 치라고 불호령을 내렸다. 소스라치게 놀란 언사는 아무것도 모르고 계속 놀아나던 괴인을 낚아채더니 온몸을 마구 뜯어내기 시작했다. 머리, 손, 발, 가슴, 신장, 창자…… . 이렇게 하나하나 끄집어내었는데 인간이 갖추고 있는 오장육부가 모두 들어 있었다.

목왕은 다시 한번 깜짝 놀랐다. 자세히 보니 짚과 나무, 헝겊 등으로 만든 가짜 인간이 틀림없었다. 그것은 정말 언사가 만들었던 것이다. 어지럽게 널려 있던 조각들을 언사가 다시 맞추자 괴인은 똑같은 놀이를 다시 되풀이하는 것이었다.

목왕은 이제 겁이 났다. 즉시 괴인의 심장을 도려내도록 하자 괴인은 노래를 뚝 그쳤다. 또 이번에는 간장과 눈을 파내자 방향 감각을 잃고 허둥대기 시작했으며 신장까지 떼어내자 다리도 움직이지 못하게 되었다. 그제서야 안심이 된 목왕은 탄식하듯 말했다.

"사람의 손재주가 신의 경지까지 이르렀구나. 정말 기묘한 일이로고."

그러고는 호화 마차 한 대를 준비하여 언사를 태우고 함께 귀국했다.

## 서 언왕

목왕은 귀국하는 도중에도 각 지방을 돌며 유람을 즐겼다. 한번은 남방의 서 언왕徐偃王이 반란을 일으켜 낙읍을 향해 진격하고 있다는 소식을 접하게 되었다. 그제서야 당황한 그는 급히 조부에게 수레를 몰게 하고는 몇 명의 정예병과 함께 급히 귀국길에 올랐다. 그러나 어찌된 노릇인지 돌아와보니 서 언왕은 군사를 거두어 심산에 숨어버린 뒤였다. 이렇게 하여 반란은 쉽게 평정되었는데 이때 공이 컸던 조부를 조성趙城에 봉해주었다. 조부는 후에 조나라의 시조가 되었다고 한다.

서 언왕이 갑자기 군대를 거두어들인 데에는 나름대로 재미있는 신화가 전한다.

옛날 서徐나라[71]의 궁전에 어느 궁인이 있었는데 갑자기 임신하더니 열 달이 지나자 둥근 고깃덩어리를 낳았다고 한다. 그런데 다들 불길하다 하여 강에 버리고 말았다. 마침 부근에 사는 어느 과부 할머니가 혹창鵠蒼이라는 개를 기르고 있었는데 이 개가 우연히 강에 나갔다가 그것을 보게 되었다. 개가 고깃덩어리를 물고 와서 계속 품는 것이 아닌가? 그런데 묘하게도 하루 이틀이 지나자 그 속에서 어린아이가 태어났다. 그 아이는 태어날 때 개처럼 누워서 태어났다고 하여 '언偃'[72]이라는 이름이 붙었다고 한다. 그러나 어느 전설을 보면 살만 있고 뼈가 없었다고 하여 그렇게 불렀다고도 한다.

어쨌든 이 사실은 그 궁인에게 알려지게 되었고 궁인은 결국 다시 아기를 데리고 가버렸다. 이 아기가 장성하여 서군徐君의 뒤를 이어 국왕이 되었는데 그가 바로 서 언왕이라고 한다. 언왕은 왕위에 오르자 선정을 베풀고 이웃 나라와도 친하게 지냈다. 이렇게 되자 백성들은 그를 무척이나 존경했고 천하의 제후들 간에도 칭찬이 자자했다. 서나라는 점차 강대해졌다.

그는 목왕처럼 국사를 팽개친 채 방탕하게 놀기만 했던 그런 무도한 국왕은 아니었지만 기이한 사물을 좋아하는 버릇이 있었다. 그래서 늘 부하를 시켜 산이나 강에서 괴물을 잡아오게 해서 이들을 궁전에 전시하여 틈나는 대로 감상하곤 했다. 그러나 국사에는 아무런 피해를 주

---

71 지금의 안휘성安徽省 사현泗縣 이북.
72 누웠다는 뜻이다.

지 않았다.

당시 주 목왕이 서방으로 순유를 나가 몇 년이 되도록 돌아오지 않는 바람에 주나라의 국사는 관리들에 의해 엉망이 되어 있었다. 반면 서나라는 날이 갈수록 강성해지고 있었던 만큼 언왕이라고 해서 야심이 없을 수는 없었다. 그는 이 기회에 아예 주 목왕의 천자 자리를 빼앗아 천하를 호령해보고 싶었다.

언왕은 조심스레 일을 진행시켰다. 우선 근처 나라들이 눈치채지 못하게 하기 위해 교통이 불편하다는 구실로 진陳[73]과 채蔡[74]나라 사이에 운하를 팠다. 수로를 이용하여 북진할 생각이었다. 한참 운하를 파고 있을 때 땅속에서 붉은 활과 화살이 발견되었다. 하늘이 내린 길조라고 여긴 그는 야심이 더욱 불타올랐다. 이 소식은 삽시간에 퍼져 장강長江이나 회하淮河 일대의 제후들도 신궁神弓을 얻었다는 소식에 천자가 될 길조라고 여겨 속속 귀의해와 순식간에 36개국이나 충성을 표했다. 드디어 언왕은 북상하여 주나라를 치기로 했다.

그러나 상황은 기대와 약간 달랐다. 비록 대단한 야심을 갖고 있었지만 그에게는 그 야심을 실행할 만한 박력이 없었다. 일단 군사를 일으켰으면 여러 제후에게 대대적으로 알려 명분을 세우는 것이 중요한데도 그는 소심했던 나머지 그저 탐색전만 펴고 있었다. 결국 서방으로 순유차 나가 있던 목왕에게 시간을 준 꼴이 되고 말았다. 그는 8준마에 유능한 마부—조부—까지 있었던 만큼 하루에 1천 리 길을 달려왔던 것이다.

주 목왕의 기세에 압도당한 언왕은 도저히 승산이 없을 것으로 생

---

각하고 무고한 백성을 희생시키기보다는 병력을 거두는 것이 좋다고 판단했다. 평소 인자하여 백성의 고통을 차마 볼 수 없었던 그의 성품에 어울리는 행동이었다고 하겠다. 결국 그는 주 목왕의 군대가 오자마자 군사를 거두어 팽성彭城, 무원현武原縣의 동산東山까지 퇴각해버리고 말았다. 심산에 숨어버린 그는 끝내 나오지 않았다. 이렇게 하여 언왕의 개인 영웅주의는 용두사미로 끝나고 말았다.

그러나 어느 전설에 의하면 수많은 백성이 그를 따라 심산에 들어가 야인 노릇을 했다고 하는데, 이런 까닭에 그 산을 서산徐山이라 부르게 되었다고 한다.

언왕은 산속의 동굴에 석실을 마련하고는 죽을 때까지 그곳에서 살았다고 한다. 그가 죽자 신하들이 그의 신상神像을 세워주었는데 이 신상은 영험이 있어서 많은 후세 사람들이 찾아와 기도를 올린다고 한다.

한편 주 목왕은 어떻게 되었을까? 전설에 따르면 그를 따라 남하한 병사들은 전쟁이 채 끝나기 전에 모두 둔갑해버렸다고 한다. 즉, 군자는 원숭이나 학으로, 소인은 흙이나 곤충으로 변했다고 하는데 아마도 이번 전쟁에서 많은 병사가 죽었음을 뜻하는 것이리라. 주 목왕의 변신에 대해서는 자세히 기록되어 있지 않은데 그가 장수했다는 정사正史의 기록으로 보아 둔갑하지 않았는지도 모른다. 게다가 그는 천하를 소유했을 뿐만 아니라 각국에서 바친 각종 보물에 묻혀 일생을 영화 속에서 보냈다고 할 수 있다.

그는 온갖 진기한 보물을 갖고 있었는데 그중에서도 서호西胡가 바친, 옛날 곤오昆吾가 옥玉을 잘랐다는 보검이라든지 밤에도 빛이 가득 차는 술잔이 대표적인 것이다. 보검은 길이가 한 자쯤 되는데 옥을 마치 두부 자르듯 했다고 하며 술잔은 희귀한 백옥으로 만든 것인데 크기가 세 치쯤 되고 밤이 되면 사방을 대낮처럼 밝혔다고 한다. 밤에 잔치를 벌일 때면 그는 늘 이 술잔을 정원에 진열하곤 했는데 새벽이 되면 술잔 가득 향기 나는 이슬이 모여 있었다고 한다. 이 이슬을 마시면 장수한다고 하는데 주 목왕이 바로 이 감로甘露 덕분에 일생을 영화롭게 보낼 수 있었던 것 아닐까?

# 5
## 주나라 말기의 폭군

### 선왕

목왕이 죽고 몇 대가 지나 여왕厲王이 등극했는데 주나라는 이때부터 극도로 쇠락하게 된다. 여왕은 탐욕스러웠을 뿐만 아니라 포악무도하기까지 하여 결국 백성들에게 쫓겨나 머나먼 이국에서 객사하고 말았다. 여왕을 계승한 이는 아들인 선왕宣王이다. 그가 아버지의 일을 거울로 삼아 선정을 베푼 결과 주나라는 어느 정도 부흥되었다. 그래서 지금도 역사가들은 그를 현군으로 평가하고 있다.

그러나 이 같은 현상은 오래가지 못했다. 정치적인 착오로 인해 선왕 말기부터는 또다시 종전의 쇠미 상태를 벗어나지 못했다. 선왕에게도 약간의 패덕 행위가 있었는지 전설에는 그가 원귀의 복수 때문에 비참하게 죽었다고 되어 있다. 사건의 내용은 다음과 같다.

옛날 두杜나라에 항恒이라는 제후가 있었다. 그는 조정에서 대부大夫를 맡고 있다가 후에 두杜[75] 지방에 봉해졌다고 하여 두백杜伯이라고도 불렀다. 당시 선왕에게는 여율女鳩이라는 총비가 있었는데 그녀는 젊은 미남이었던 두백을 몹시 사모했다. 하루는 그녀가 그를 유혹했지

---

75 지금의 섬서성 장안현長安縣 동남쪽.

만 정직했던 그는 응하지 않았다. 그는 그녀의 청을 완곡하게 거절했는데 그녀가 그래도 물러서지 않자 나중에는 정색을 하면서 화를 냈다. 그러자 수치심을 느낀 그녀는 선왕에게 가 울면서 온갖 모함을 늘어놓았다.

"그 못된 두백이라는 놈이 대낮에 저에게 부정한 짓을 하고 말았습니다."

화가 머리끝까지 치민 선왕은 사건의 진상을 조사해보지도 않고 즉시 두백을 잡아 초焦[76]에 가두고는 설보薜甫와 기심錡審이라는 두 신하를 시켜 죽도록 때렸다. 결국 그는 누명을 쓴 채 억울하게 죽어가면서도 끝내 자신의 결백을 주장했다.

한편 이 사실을 알게 된 두백의 친구이자 대신이었던 좌유左儒는 격분한 나머지 감히 선왕의 어전에서 그를 변호하고 나섰다. 좌유가 몇 번이나 두백을 위해 간언했지만 우직하기만 한 선왕은 아랑곳하지 않고 오히려 힐책하는 것이었다.

"너 이놈! 황상의 뜻을 어기면서까지 친구를 두둔하느냐?"

그러자 좌유가 말했다.

"제가 듣자옵건대 황상의 행위가 옳고 두백이 그르다면 당연히 황상의 뜻을 좇아 친구를 나무라야 할 줄 압니다. 그러나 그렇지 않을 때엔 친구를 두둔한다고 해서 황상의 뜻을 거역하는 것은 결코 아니라고 사료됩니다."

그러자 선왕은 더욱 노기충천했다.

"대담한 놈 같으니라고. 방금 한 말을 취소한다면 목숨만은 살려주겠지만 그렇지 않으면 네놈도 죽여버릴 테다."

---

**76** 지금의 하남성 섬현陝縣 이남.

그러나 좌유는 웃으면서 태연하게 말했다.

"옛부터 절개 있는 선비는 함부로 죽을 짓을 하지 않지만 죽는다고 해서 자신의 주장을 바꾸지도 않는다고 들었습니다. 죽음이 두렵지는 않습니다. 저는 기꺼이 죽음으로써 두백의 무죄를 밝히고 황상의 이번 처사가 심히 부당함을 증명하고자 합니다."

격분한 선왕은 당장 두백을 죽이고 말았다. 그러자 선왕의 위인됨을 잘 알고 있던 좌유도 집에 돌아오자마자 자살해버렸다. 두백은 죽음을 앞두고 한 맺힌 한마디를 남겼다.

"억울하게 죽게 되었지만 나는 결백하다. 죽음으로써 모든 것이 끝난다면 모르겠으나 그렇지 않다면 3년 안에 반드시 선왕에게 복수하고 말 테다."

세월은 빨라서 어느덧 3년이 지나갔다. 이제 그의 유언을 기억하고 있는 사람은 별로 없었다. 그러나 그날은 기어이 오고야 말았다.

하루는 선왕이 제후들과 함께 포전圃田[77]에서 사냥을 즐기고 있었다. 수백 대의 수레와 수천 명이나 되는 군졸이 동원되었고 깃발이 온 산을 덮을 정도로 일대 성황을 이루었다.

태양이 머리 위에서 비추는 정오가 될 무렵 갑자기 군중 속에서 이상한 수레가 나타났다. 말과 수레가 온통 흰색이었는데 수레에는 붉은 옷과 모자를 걸친 사람이 붉은 활과 화살을 쥔 채 앉아 있었다. 그는 바로 3년 전에 죽은 두백이었던 것이다.

두백은 죽을 때의 형상 그대로였고 얼굴에는 복수의 살기를 잔뜩 띠고 있었다. 사람과 말 들이 혼비백산 달아나기 시작했고 선왕도 걸음아 나 살려라 하고 도망갔다. 두백이 그의 마차를 추격하자 뒤를 돌아

---

[77] 지금의 하남성 중모현中牟縣 서남쪽.

본 그의 얼굴은 백지장처럼 질리고 말았다. 선왕은 있는 힘을 다해 활시위를 당겼지만 질풍같이 뒤따라오던 두백은 어느새 수레 앞에 와 있었다.

두백은 활시위를 힘껏 당겼다. 그러자 화살은 유성처럼 날아 선왕의 심장에 꽂히고 말았다. 선왕은 "윽!" 하는 외마디 소리와 함께 화살을 안은 채 고꾸라지고 말았다. 순간 음침한 바람이 휘몰아치면서 두백의 모습은 온데간데없이 사라졌다. 사방으로 달아났던 제후들의 수레가 개미떼처럼 모여들기 시작했고, 반쯤 쓰러진 선왕의 시체에는 아직도 체온이 남아 있었다. 시체를 끌어내어 보니 두백의 화살은 심장을 꿰뚫은 채 척추까지 박혀 있었다.

## 유왕

선왕이 죽자 아들 유왕幽王이 뒤를 이었다. 당시 조정은 귀족 윤씨尹氏가 지배하고 있었기 때문에 국정이 엉망이었고 민심마저 날로 악화되었다. 다들 원성이 대단했지만 후환이 두려워 그저 이를 악물고 있었다. 그러나 언제 폭발할지 모르는 위기감이 어딘지 모르게 팽배해 있었다.

윤씨는 대가족을 이루었다. 여러 대를 거치도록 분가를 하지 않아 그의 집에는 시종까지 합하여 수천 명이 우글거렸다. 한번은 이런 일이 있었다고 한다. 어느새 기근이 들어 윤씨의 집도 음식이 넉넉하지 못했다. 굶주린 가족이 거대한 솥에 달라붙어 죽을 긁어 먹고 있었는데 그 소리가 10리 밖까지 들렸다고 한다. 뿐만 아니라 밥을 먹고 난 뒤 사람 수를 세어 보니 30명이 보이지 않았다. 아무리 찾아도 없었는데 알고 보니 거대한 솥 밑바닥에서 죽을 긁어 먹고 있었다고 한다. 얼마나 대가족이었는지 상상이 되고도 남는다.

그 당시 권신들의 횡포로 국정은 극도로 문란해졌고 백성은 도탄에 빠져 있었다. 자연히 기이한 소문〔奇聞〕이 많이 나돌았다.

기산岐山에서 발원하는 경수涇水와 위수渭水 그리고 낙수洛水가 한꺼번에 말라붙었는가 하면 주 민족의 발상지라 할 수 있는 기산마저 붕괴되었다고 한다. 뿐만 아니라 소가 갑자기 호랑이로 변하는가 하면 양떼가 굶주림에 지친 이리 떼로 변하여 날뛰기도 했다. 백성들은 낙수의 남쪽에 이들을 막기 위해 방축을 쌓아야 했다고 한다. 이처럼 당시에 떠돈 소문은 수없이 많다.

옛날부터 이런 재변은 장차 국가가 망할 징조로 인식되었는데 고대의 역사가들도 이러한 전설을 사서史書에 고이 기록해두곤 했다.

사서에 보면 다음과 같은 신화 전설이 기록되어 있다. 당시 유왕의 총비에 포사褒姒라는 미녀가 있었다. 그녀는 사고무친의 고아였는데 포국褒國[78]의 어느 백성이 속죄를 하기 위해 유왕에게 후궁으로 바쳤다. 포사도 처음에는 유왕의 후궁에서 다른 수많은 노비들처럼 전혀 이목을 끌지 못했다. 그러다가 우연한 기회에 후궁으로 산책 나온 호색한 유왕의 눈에 띄어 일약 청운에 오르게 되었다.

어쩌다 청운의 뜻을 펴게 된 그녀였지만 이상하게도 왕실의 부귀영화나 낯선 남자의 총애에 즐거움을 느끼지 못했다. 마음 한구석에는 어딘지 모르게 어두운 그림자가 가시지 않았고 세상의 모든 것이 귀찮기만 했다. 어찌 보면 이 세상에서 자신이 가장 외로운 사람 같기도 했다. 부모형제마저 없으니 자신이 어떻게 태어났는지도 모를 일이었다. 한편 뭇 궁녀들의 갖은 교태에 신물이 난 유왕은 그녀의 우울한 자태에 오히려 흥미를 느끼고 있었다. 그는 포사의 환심을 사기 위해 수단과

---

78 지금의 섬서성 포성현襃城縣 동남쪽.

방법을 가리지 않았다. 그 결과 두 사람 사이에는 백복伯服이라는 아들까지 태어났다.

당시 왕후는 신후申后였다. 그는 신후申侯의 딸로서 의구宜臼라는 아들이 있었다. 성년이 된 의구는 이미 당당한 태자로 책봉되어 있었다.

그러나 포사가 백복을 낳자 유왕의 생각이 달라졌다. 신후를 폐위시키고 태자 의구를 죽여 포사를 새로운 왕후로 봉하고 백복을 태자로 삼은 것이다.

한번은 이 사건이 일어나기 전에 유왕과 태자 의구가 궁원에서 노닐던 적이 있었다. 흑심을 품고 있던 유왕은 우리에 가두어두었던 호랑이를 풀어 태자를 잡아먹게 했다. 그러나 대담했던 태자는 꼿꼿이 서서 호랑이를 노려보면서 큰 소리로 꾸짖었다. 그 자태가 호랑이의 조련사와 흡사했기 때문에 무섭게 달려들던 호랑이도 그만 겁이 나 꽁무니를 빼고 말았다고 한다. 태자를 죽이려던 계획은 수포로 돌아가고 말았다.

이 일이 있고 난 뒤 얼마 지나지 않아 결국 유왕은 신후를 폐하고 태자를 쫓아낸 뒤 포사와 백복을 세우고 말았다. 당시 주나라의 사관이었던 백양伯陽은 유왕의 처사가 심히 못마땅했다. 그래서 그는 주나라의 사서를 두루 훑어보았다. 그러다가 찢어진 사서의 한 귀퉁이에 기록되어 있던 신화를 보고 현재의 왕후 포사가 원래 '요녀'였음을 알고는 탄식을 금치 못했다.

"아! 드디어 화는 터지고야 말았구나. 주나라도 이제 머지않아 망하게 되었으니 이 일을 어찌하면 좋단 말인가?"

백양이 본 신화는 다음과 같다.

옛날 하 왕조의 기운도 거의 끝나갈 무렵, 갑자기 하늘에서 용 한 쌍이 궁궐에 떨어졌다. 용들은 어전에서 태연하게 교미를 하면서 자신들은 옛날 포국褒國의 국왕과 왕후라고 했다.

깜짝 놀란 신하들은 이들을 어떻게 처치해야 할지 몰랐다. 죽여버릴까? 아니면 쫓아낼까? 결국 점을 쳐봤는데 점괘가 매우 불길하게 나왔다. 그러자 어떤 사람이 용의 정액을 모아 점을 치면 대길할 것이라는 기발한 제안을 했다. 그리하여 옥과 말, 가죽, 구슬, 규圭, 비단 등 여섯 가지의 보물을 용 앞에 놓은 다음 간책簡策에 소원을 적고 오히려 용의 축수를 빌었다. 용의 동의를 구하기 위해서였다.

결국 효과가 있었는지 용은 흔적도 없이 사라져버렸고 그 자리에는 정액이 남아 있었다. 하나라 왕은 이 정액을 상자에 담아 정중히 모시도록 했다. 이 상자는 은을 거쳐 다시 주나라까지 전해 내려왔지만 아무도 감히 상자를 열어보지 못했다.

그러나 주나라 여왕厲王 말기에 오자 상황이 달라졌다. 그는 호기심 때문에 견딜 수가 없어 끝내 상자를 열어보았다. 순간 그는 돌이킬 수 없는 화를 자초하고 말았다. 용의 정액이 전당에 흘러내려 비리고 더러운 냄새가 천지를 진동시켰다. 사람들이 아무리 닦으려 해도 도무지 닦이지 않았다.

여왕은 할 수 없이 후궁의 부녀자들로 하여금 벌거벗은 채 정액을 향해 외치도록 했다. 악마를 쫓기 위해서였다. 그런데 이상하게도 그들이 외치자 정액이 응집되면서 거대한 검은 물고기로 변하여 후궁 쪽으로 달아나는 것이었다.

한편 후궁에 있던 궁인들은 웬 괴물이 달려오자 혼비백산하여 달아나버렸다. 7, 8세쯤 되어 보이는 어린 궁녀 하나만이 세수를 하다가 미처 도망치지 못해 괴물과 부딪히고 말았다. 훗날 그녀는 성인이 되어 딸을 낳게 되었는데 아무런 까닭도 없이 아기가 태어났기 때문에 겁을 먹고는 궁의 담 너머로 던져버렸다. 이때는 이미 여왕이 죽고 그의 아들 선왕이 등극한 뒤였다. 그녀가 아기를 낳기 1, 2년 전 도성의 길거리에서는 한 떼의 어린이들이 다음과 같은 노래를 부르고 다녔다.

> 산의 뽕나무로 만든 활과
> 콩대로 엮은 화살통
> 이 때문에 주나라는 망하리라.

이 노래는 차츰 널리 퍼져 사방에서 들리기 시작했고, 나중에는 왕실의 선왕도 알게 되었다. 노래의 내용을 음미해본 선왕은 소스라치게 놀랐다. 그는 몰래 사람을 보내 노래의 발원지를 찾게 했는데, 그때 마침 어느 시골의 부부가 산에서 난 뽕나무로 만든 활과 콩대로 엮은 화살통을 들고 이리저리 돌아다니며 팔고 있었다. 그들은 목청 높여 외쳐댔다.

> 자! 산의 뽕나무로 만든 활과
> 콩대로 엮은 화살통이 있소.
> 싸게 팔 테니 어서들 사 가시오.

부하는 급히 궁으로 돌아와 선왕에게 보고했다. 선왕은 즉시 위사를 보내 이들 부부를 잡아와 죽여버리도록 했다. 하지만 이 사실을 눈치챈 어떤 사람이 부부에게 빨리 도망치라고 재촉했다. 부부는 황급히 활과 화살통을 챙겨 달아났다.

그러나 불행히도 너무 급했던 나머지 이들은 방향을 잘못 잡아 왕궁 쪽으로 달아나고 말았다. 부부는 미로를 헤매듯 이리저리 도망쳤지만 끝내 헤쳐 나오지 못하고 허둥댔고, 어느덧 해가 지고 말았다. 사방은 칠흑 같은 밤이 되었다. 부부는 다급해서 어찌할 줄 모르고 있었다.

그런데 그때 마침 근처 그리 멀지 않은 곳에서 갓난아기의 울음소리가 들려왔다. 소리 나는 곳으로 가보니 갓난 계집아이가 궁성의 담 밖에 버려진 채 울고 있었다. 희미한 달빛을 통해 자세히 보니 매우 귀엽게 생긴 아기였다.

부부는 너무 측은한 나머지 자신들이 쫓기고 있다는 사실도 잊은 채 갓난아기를 데려가 기르기로 했다. 활을 담았던 보자기로 임시 요람을 만들어 눕혔더니 이내 곤히 잠이 들었다. 어린 아기의 얼굴에는 귀여운 웃음이 흘러넘치고 있었다. 부부는 번갈아 보자기를 매면서 이리저리 쫓겨다니다 동이 틀 무렵 성문을 출입하는 군중 틈에 끼어 무사히 도성을 빠져나왔다. 그리고 곧장 서남방에 있는 포국으로 달아났다. 포후褒姁라는 귀족의 노예로 들어가기 위해서였다.

갓난아기는 부모가 노예인 환경에서 자랐기 때문에 자신도 노예가 될 수밖에 없었다. 그녀는 이름도 없이 지냈는데, 후에 주인이 포사라는 이름을 지어주었다.

한번은 그녀의 주인 포후가 공무차 도성에 가게 되었다. 그런데 어찌된 노릇인지 그는 국법을 어겨 투옥되는 신세가 되고 말았다. 다급해진 그는 자신이 데리고 있는 노비 포사를 떠올렸다. 워낙 외모가 예쁘기 때문에 속죄물로 바친다면 자신이 풀려날 것 같았다. 결국 그는 포사를 왕실에 바쳤고 무사히 풀려날 수 있었다.

이상이 주나라의 사관 백양이 사서에서 읽었다는 신화의 줄거리이다. '요녀'인 포사가 어떻게 왕실을 출입하게 되었는지 상세히 알려주는 내용이다. 물론 여기에는 백양의 상상력도 적지 않게 가미되었겠지만 이야기 자체는 꽤 흥미롭게 전개되고 있다.

설사 '요녀'라는 선입견을 배제한다고 해도 새 왕후가 된 포사에게는 확실히 남과 다른 '요기妖氣'가 넘쳐흘렀다. 우선 잘 웃지 않는다는 점이 그러했다. 왕이 그토록 총애하여 왕후로 봉해 세상의 부귀영화를 모조리 바쳤지만 웃기는커녕 미소조차 보이지 않았다. 일개 노예에서 일약 왕후까지 올랐다면 꿈속에서도 웃었을 법한데 도무지 그녀는 웃지 않았다. 왕은 모든 수단과 방법을 동원해보았지만 끝내 허사였다. 그것은 바로 그녀의 요기 때문이라고 볼 수밖에 없었다.

수천 년이 지난 지금도 이 수수께끼는 풀리지 않고 있다. 노비의 가슴 깊이 묻혀 있는 환락과 고통을 그 누가 알 수 있겠는가? 아련한 옛 사랑의 미련 때문일까? 아니면 수치와 모욕 때문에 괴로워서일까? 그러나 쓸데없이 이 문제에 집착할 필요는 없다고 본다.

어쨌든 그녀를 웃기는 데 실패한 유왕은 묘안을 생각해냈다. 자기 스스로는 매우 기발한 착상이라고 여겼지만 사실은 어리석기 그지없는 생각이었다. 그는 사람을 시켜 봉화대에 불을 올리고 큰 소리로 북을 치게 했다. 그러자 불을 본 각지의 봉화대에서도 똑같이 불이 오르면서 북을 치는 것이었다.

봉화대는 정식 명칭인 봉수대烽燧臺라고 표기하는 것이 정확하다. 즉, 낮에 지피는 불을 '수燧'라고 하는데 늑대의 똥을 태운다고 하여 '낭연狼煙'이라고도 한다. 바람이 아무리 불어도 연기가 곧바로 올라가기 때문에 멀리서도 쉽게 볼 수 있었다.

한편 밤에 지피는 불을 '봉화'라고 하는데 대 위에 쇠 광주리를 올려놓고 그 안에 나무를 쌓는다. 이 불은 국사에 위급한 일이 있을 때만 점화하게 되는데 커다란 불길이 하늘을 찌를 듯 솟는다고 한다.

옛날에는 도읍지에서부터 변방에 이르기까지 중요한 길목마다 봉수대를 설치하고는 전담 관리를 두어 지키게 했다. 즉, 봉수대란 도읍지나 변방 가릴 것 없이 국가가 존망의 위기에 처했을 때만 사용했던 일종의 통신 시설로서 매우 중요한 존재였던 것이다. 그러나 우둔한 유왕은 포사를 웃기기 위해 끝내는 이것마저 유희의 대상으로 삼고 말았다.

한편 도성에서 봉화가 오르자 각지의 제후들은 유왕에게 무슨 변고가 생긴 줄 알고 부리나케 군대를 동원하여 몰려들었다. 그러나 막상 도성에 당도하고 보니 변고는커녕 태평스럽기만 했다. 유왕의 장난이었음을 알게 된 제후들은 실망과 분노의 빛을 감추지 못한 채 돌아갔다.

그러나 봉수대에서 유왕과 함께 이 광경을 지켜보고 있던 포사는 그제서야 파안대소했다. 뚫려 있는 길목마다 병사와 말과 깃발로 가득했고 수레 부딪치는 소리, 화난 장군들의 호령 소리, 그리고 병사들의 원망 섞인 소리 등이 뒤범벅되어 들려왔다. 뿐만 아니라 여기저기에서 제후들 간에 충돌이 벌어져 병사와 말이 나뒹굴었으며 다른 사람들은 서로를 물끄러미 쳐다보고 있었다.

이렇게 되고 보니 아무리 웃지 않는 포사인들 파안대소하지 않을 수 없었다. 멍청한 유왕은 그녀가 웃자 마치 묘방이라도 얻은 듯 의기양양했다. 유왕은 드디어 총애하는 포사를 웃게 했다는 자신감에 도취되었다.

이때부터 그는 포사를 즐겁게 해주고 싶을 때면 늘 봉수대에 불을 올리게 했다. 한두 번 속아서 달려왔던 제후들도 이제는 더 이상 속고 싶지 않았다. 봉수대에 불을 올려도 군사를 몰고 오는 제후는 갈수록 줄어들었다. 제후의 군대가 줄어든 만큼 포사의 미소도 줄어들어 끝내는 비참한 최후를 맞게 된다.

한편 유왕의 장인인 신후는 유능하고도 막강한 제후였다. 유왕이 자신의 딸 신후를 폐위시킨 데다 아들 의구마저 죽이려고 하자 그의 분노는 극에 달했다. 그런데 마침 유왕이 악인 괵석부號石父를 재상에 임명하자 백성들의 불만이 비등하고 있었다. 그는 이 기회를 틈타 회繪, 서이西夷, 견융犬戎 등의 민족들과 연합하여 마침내 유왕을 치기로 했다.

유왕은 연합군이 쳐들어오자 당황한 나머지 급히 봉화를 올려 원병을 부르게 했다. 그러나 아무리 불을 높이 올려도 원병은커녕 그림자도 보이지 않았다. 결국 그는 포사를 데리고 달아나다 여산驪山<sup>79</sup> 아래에서 비참하게 피살되었고 포사는 견융에게 잡혀 서방으로 끌려가고 말았다.

이상이 주의 유왕과 포사에 관한 전설이다. 후세 사람들은 주나라가 멸망하게 된 원인을 포사에게 뒤집어씌워 하나라 걸왕의 말희와 은나라 주왕의 달기와 함께 '망국삼녀걸亡國三女傑'로 부르지만 사실 포사를 보면 불공평한 점도 없지 않다.

유왕이 죽자 제후들은 신후의 나라에서 태자 의구를 천자로 추대하니 이가 곧 평왕平王이다. 그는 날로 강대해지고 있던 견융의 침략을 피하기 위해 도읍을 종전의 호경鎬京에서 동쪽에 있는 낙읍洛邑으로 옮겼으니 이것이 곧 동주東周다.

이때부터 주나라는 날로 쇠퇴하여 명목으로만 천자로서 존재했을 뿐 실제로는 거의 멸망한 상태나 다름없었다. 뒤이어 출현한 것이 유명한 춘추전국시대로서 이때부터는 비교적 상세하고도 진실된 역사가 기록되기 시작했다. 중국의 신화나 전설시대는 이와 함께 종말을 고하게 되었다.

---

**79** 지금의 섬서성 임동현臨潼縣 동남쪽.

# 옮긴이의 말

3년 전 유학 시절의 일이다. 당시 가깝게 지낸 후배 가운데 한 사람이 요즘 우리나라에서 신화 연구가 활발히 진행되고 있는데 우리와 밀접한 관계가 있는 중국의 신화를 소개하면 연구자들에게 큰 도움이 될 것이라면서 중국 신화를 소개해달라고 권유했다. 이 의견을 듣고 처음 생각한 것은 과연 이 작업이 실천에 옮길 만한 가치가 있느냐는 점이었다. 그 후 며칠간 곰곰이 생각해보고는 중국 신화를 소개해야겠다는 결론에 이르렀다.

흔히 우리는 한·중 양국의 관계를 순망치한脣亡齒寒이니 일의대수一衣帶水니 하여 매우 밀접하게 강조하곤 한다. 실제로 그 사실을 부정할 사람은 아무도 없을 것이다. 두 나라는 지리적 환경 때문에 예부터 동일문화권을 형성하면서 매우 밀접한 관계를 유지해온 것이 사실이다. 그럼에도 불구하고 과연 우리가 중국을 이해하기 위해 얼마나 노력했느냐는 물음에는 명쾌한 답변을 할 수 없었던 것 또한 사실이다. 서양 문물이 급격히 전래되었기 때문에 잠시 소홀했다고 가정하자. 그러나 우리 문화의 뿌리를 찾는다는 의미에서도 우리는 중국을 이해하지 않으면 안 되는 상황이다. 우리가 중국학을 연구하는 까닭도 결국은 그들의 문화를 이해함으로써 우리의 문화를 발양하는 데 있지 않을까?

막상 중국 신화를 소개하겠다고 결심하고 나니 저본底本 선정이 문제였다. 도서관과 서점을 두루 섭렵하면서 적당한 저본을 뽑아 비교해 본 결과 위앤커의 책이 가장 체계적이고 종합적이라는 사실을 알게 되었다.

위앤커〔袁珂〕는 1946년 가을에 '허수상許壽裳'이라는 인물의 요청으로 대만편역관臺灣編譯館에 들어갔고, 나중에 이곳을 장개석蔣介石이 폐지시키자 대신 기능이 대폭 축소된 편심위원회編審委員會로 옮겼다.

그러나 그곳의 조직과 기능에 불만이 많았던 그는 편심위원회 일 보다는 자신이 어렸을 때부터 관심을 가져왔던 중국 고대의 신화와 전설을 새로운 관점에서 정리할 계획을 세우게 된다. 부족한 자료를 수집하고 허수상에게 조언을 구하면서 계획을 착실히 진행시키던 중인 1948년에 갑자기 허수상이 국민당에 의해 피살되는 사건이 일어났다. 이에 충격을 받은 그는 허수상의 죽음을 애도하고 국민당의 비열함을 폭로하기 위해 더욱 집필에 전력했다고 한다.

대략 이상과 같은 계기로 이 책이 완성되기는 했지만 당시 국공내전國共內戰 때문에 출판이 지연되다가 1950년에 드디어 상해上海의 상무인서관商務印書館에서 초판이 간행되었다. 그 뒤 해마다 개정판이 나왔고 1957년에는 기존 자료의 부족을 자신의 상상력으로 보충하여 초판보다 약 네 배나 되는 대증보판을 간행하니 이것이 제7판이다.

저본이 결정되고 나니 이제는 나 자신의 문제에 봉착하게 되었다. 중국 신화 전공자가 아닌 데서 오는 학문상의 어려움과 유학 생활에서 오는 시간적인 제약 때문이었다. 결국 전자는 최대한 많은 자료를 참고함으로써 어려움을 줄이고자 했고 후자는 스스로 시간을 쪼개어 해결할 수밖에 없었다. 이렇게 하다 보니 어느덧 1년이 소요되었다.

작업을 끝내고 나니 이제는 지은이의 의도를 올바르게 전달했는지 염려된다. 미흡한 점이 적지 않겠지만 최대한 노력했다는 자부심 속에서 독자의 양해가 있을 줄로 여겨 용단을 내렸다. 덧붙이자면, 비록 졸역을 면치 못하겠지만 독자들은 이 책을 통하여 중국 신화가 지니는 특수한 시대적 배경과 그들의 민족성을 이해할 수 있을 것이다. 이와 함께 원시 인류의 사유 형태는 동서양을 막론하고 동일하다는 점과 중국 신화가 우리에게 끼친 영향이 적지 않다는 점을 발견할 수 있으리라고 믿는다. 이 책의 출현이 국내의 연구자와 독자들에게 도움이 되었으면 하는 심정이 간절하다. 끝으로 이 책이 출판되기까지 도와주신 많은 분들과 문예출판사 여러분에게 감사드린다.

1987년 9월
전시재傳是齋에서 옮긴이

# 위앤커(袁珂) 연보

1916    중국 쓰촨성 청두 출생.

1946    허수상의 부탁으로 대만편역관에서 일하기 시작함.

1948    《중국고대신화 中國古代神話》 초고 완성.

1949    논문 〈산해경의 여러 신들 山海經裏的諸神〉 발표.

1950    《중국고대신화》 출판.
        충칭 서남인민예술대학에서 교편을 잡음.

1956    《중국고대신화》 중판.

1957    《중국고대신화》 7판.

1963    《신화고사신편 神話故事新編》 출판.

1980    《산해경교주 山海經校注》 출판.
        《신화선석백제 神話選釋百題》 출판.

1982    《신화논문질 神話論文集》 출판.

1984    《중국신화전설 中國神話傳說》 출판.
        《산해경교주》로 쓰촨성 철학사회과학연구성과 일등상 수상.

1985    《산해경교역 山海經校譯》 출판.
        《중국신화전설사전 中國神話傳說詞典》 출판.
        《중국신화자료췌편 中國神話資料萃編》 출판.

1988    《중국신화사 中國神話史》 출판.

1989    《중국민족신화사전 中國民族神話詞典》 출판.

1991    《중국신화통론 中國神話通論》 출판.

1996    《원가신화론집 袁珂神話論集》 출판.

1998    《중국신화대사전 中國神話大詞典》 출판.

옮긴이 **정석원**

경북 상주 출생.
연세대학교 중문과 졸업(1978).
國立臺灣 師範大學 國文硏究所 석사(문자학 전공, 1983),
臺灣 東吳大學 中文硏究所 박사(한중문화교류 전공, 1991).
1987년 이후 한양대학교 중국학과 교수로 재직.
중국의 문화와 한자를 알리는 데 힘쓰고 있다.
지은 책으로 《재미있는 漢字旅行》1·2, 《新千字文》,
《部數로 통달하는 漢字》, 《지혜를 열어주는 故事成語 120》,
《문화가 흐르는 한자》 등이 있고 옮긴 책으로는 《아Q정전·광인일기》가 있다.

## 중국의 고대신화

지은이 __ 위앤커
옮긴이 __ 정석원
펴낸이 __ 전병석·전준배
펴낸곳 __ (주)문예출판사
신고일 __ 2004. 2. 12. 제 312-2004-000005호
        (1966. 12. 2. 제 1-134호)
주소 __ 서울특별시 서대문구 충정로 2가 184-4
대표전화 __ 393-5681  팩시밀리 __ 393-5685
E-mail __ info@moonye.com

제1판 1쇄 펴낸날 __ 1987년 11월 20일
제2판 1쇄 펴낸날 __ 2012년 1월 20일

ISBN 978-89-310-0711-4 03210

이 도서의 국립중앙도서관 출판시도서목록(CIP)은 e-CIP 홈페이지
(http://www.nl.go.kr/ecip)와 국가자료공동목록시스템
(http://www.nl.go.kr/kolisnet)에서 이용하실 수 있습니다.
(CIP제어번호 : CIP2012000024)